U0592796

《高等学校军事理论教程》编写委员会

编委会主任　赵利宁

编委会副主任　石丽文　刘彦强

委　　员（以姓氏笔画为序）

马　丽　王　龙　王新中　王亮刚

吕　新　汪金权　周树农　侯　荣

高宗池　黄少云　张玉龙

主　　编　魏国孝　方　非

副 主 编　李　民　张美纪　朱兴成

编　　委　郭红光　杨晓燕

高等学校
军事理论教程

GAODENG XUEXIAO
JUNSHI LILUN JIAOCHENG

主　编 / 魏国孝　方　非
副主编 / 李　民　张美纪　朱兴成

兰州大学出版社

图书在版编目(CIP)数据

高等学校军事理论教程 / 魏国孝,方非主编. —兰州:兰州大学出版社,2012.7

ISBN 978-7-311-03420-7

Ⅰ.①高… Ⅱ.①魏…②方… Ⅲ.①军事理论—高等学校—教材 Ⅳ.①E0

中国版本图书馆 CIP 数据核字(2012)第 178855 号

策划编辑 王庚辰
责任编辑 张宏发
装帧设计 管军伟

书　　名 高等学校军事理论教程
主　　编 魏国孝　方　非
出版发行 兰州大学出版社 (地址:兰州市天水南路 222 号 730000)
电　　话 0931-8912613(总编办公室) 0931-8617156(营销中心)
　　　　 0931-8914298(读者服务部)
网　　址 http://www.onbook.com.cn
电子信箱 press@lzu.edu.cn
印　　刷 兰州奥林印刷有限责任公司
开　　本 787 mm×1092 mm 1/16
印　　张 17.75
字　　数 391 千
版　　次 2012 年 8 月第 1 版
印　　次 2014 年 7 月第 3 次印刷
书　　号 ISBN 978-7-311-03420-7
定　　价 29.80 元

(图书若有破损、缺页、掉页可随时与本社联系)

前 言

普通高等学校开设军事课程、学习军事科学是法定的公民义务，也是教育基本规律的客观要求，这有利于提高大学生国防意识，振奋民族精神，树立“居安思危”的忧患意识；有利于加强国防后备力量的建设；有利于培养德、智、体、美全面发展的“四有”新人，进一步为社会主义现代化建设服务。普通高校不仅要为学生军事训练提供必要的硬件保障，还必须根据国防教育的发展趋势，适应时代精神，推陈出新，为学生提供必要的军事科学理论教材。本教材就是本着这一精神，根据教育部、总参谋部、总政治部2007年1月联合颁发的《普通高等学校军事课教学大纲》规定的内容新编的。

本教材的修订严格按照新《教学大纲》的要求编写，认真贯彻新《教学大纲》的精神进行了修改。在编写过程中，按照宁夏回族自治区教育厅的要求，结合民族地区的具体实际，把大学生最关心的热点问题，最新的科技信息，军事科技新动向、新发展以及实战演练作为重点，尽力拓宽大学生在军事领域的知识面。在一定程度上更加注重结合现代科学技术的发展成果和趋势，针对当代大学生知识结构、心理需求的特点，紧密联系高等院校军事教学实际，使得本书比之原教材不仅在结构布局、资料类别、信息量等方面有所提高，而且融时代性、科学性、知识性和趣味性于一体，更具针对性和实用性。

本教材共计九章：

第一章　中国国防

第二章　军事理论

第三章　军事战略环境

第四章　军事高技术

第五章　信息化战争

第六章　中国人民解放军共同条令与队列训练

第七章　轻武器射击

第八章　军事地形学

第九章　综合训练与战术基础动作

在编写过程中，我们自始至终得到国防大学和军事科学院有关领域的专家和学者的悉心指导和帮助，在此表示衷心的感谢。本书引用、参考、借鉴了一些专家学者的著作、研究成果中的数据、资料，在此谨向各位专家学者表示诚挚的谢意。

编　者

2012年6月于宁夏大学

目录

第一章　中国国防

第一节　国防概述

我国是一个具有五千年历史的文明古国，国防也有着悠久的历史。我们有过声威远播、天下归心的辉煌，也有过遍体鳞伤、不堪回首的屈辱，近代外国列强赤裸裸的侵略更激起中华民族不屈不挠的抗争。历史证明，只有国家统一、民族团结、军民一致共同抵御外来侵略，才是民族自强的根本、国防力量的源泉。

一、国防的含义及现代国防的类型与特征

(一)国防的含义

国防，顾名思义，就是国家的防务。它的基本含义是：为了捍卫国家的主权统一、领土完整和安全，防备外来侵略和颠覆而进行的军事及与军事有关的政治、经济、外交、文化、科技、教育等方面的活动。

国家是阶级斗争的产物，国防随着国家的产生而产生，随着国家的发展而发展，最终也将随着国家的消亡而消亡，所以，国防的主体是国家，国家之间的国防对抗是整个国家综合国力的较量。

(二)现代国防的基本类型

现代国防是一个完整的系统，主要包括以下方面：武装力量建设、国防体制建设、国防经济、国防外交、国防科学技术研究、国防工业建设、国防工程建设、战场建设、军事交通、国防动员准备、国民国防教育、建立国防法规等。这些都属于国防的范畴。然而不同性质、不同制度、不同政策的国家，却有着不同目标和不同特征的国防，归纳起来大体可分为四类。

第一类是扩张型，就是奉行霸权主义侵略扩张政策的国家，为了维护本国在世界许多地区的利益，打着防卫的幌子，对别国进行侵略、颠覆和渗透，把国防作为侵犯别国主权和领土、干涉他国内政的一种工具。其中，美国是典型，它在世界各地建立了众多的军事基地，其目的就是在全球各地实行军事力量"前沿存在"的国防，用以维护美国的利益，同时对他国内政进行侵犯和干涉。

第二类是自卫型，主要是依靠本国力量，广泛争取国际力量的支持，以维护本国的安全

以及周边地区和世界的和平与稳定。我国的国防就属于自卫型。

第三类是联盟型,也就是国家之间取长补短,以结盟形式弥补自身力量的不足。从联盟国之间的关系来看,还可分为一元体联盟和多元体联盟。所谓一元体联盟,就是有一个大国处于盟主地位,其他国家则从属于它,目前的日本、韩国的国防属于此种类型,都是以美国为盟主建立的国防。所谓多元体联盟,则是各国基本处于伙伴关系,共同协商防卫大计,如北约组织和前苏联解体后的独联体组织。在联盟型的国防中,也可以分为扩张和自卫两种情况。

第四类是中立型,一些中小国家为了保障本国的安全,严守和平中立的国防政策,制定总体防御战略和寓兵于民的防御体系。瑞士、瑞典即如此。

(三)现代国防的基本特征

现代国防与传统国防相比,有相同之处,但其在内涵、范围、方式上却有了很大的变化和发展,所以从某种意义上来讲又可称之为社会国防、大国防、全民国防,是一种全新的观念和国防实践活动,主要有以下五个方面的特征:

1. 多种斗争形式的角逐

现代国防的斗争除了军事实力的战场较量以外,还有非武力的角逐,如政治斗争、心理斗争、经济斗争、科技斗争以及外交谈判、军备控制等等。这些斗争有以下共同点:①不像武力斗争,可以在较短时间内分出胜负,而常常是一种长期的较量。②战争是国家与国家之间解决矛盾的最高形式,这些非武力斗争到最后也必将为这一目的服务。③这些斗争的主体不是单一的武装力量和某些国防部门,而是全体国民和一切可以联合的力量。

2. 战争潜力的转化

现代国防实力依然是以军事力量为主体、核心,但它不单纯指军事力量,还包括国家潜力所能转化的作战实力,如:国土面积、地理位置、自然资源、人口的数量和质量、地形气候、生产能力、科技和文化水平、交通运输、通信状况、社会制度、国家政策、管理能力、国际关系和国际地位等。现代国防越来越重视战争潜力的发挥,虽然其中有一些客观因素在一定条件下是不可改变的,比如国土面积、地理位置等,但生产能力、科技和文化水平等却是挖掘战争潜能的主要方面。

3. 综合国力的抗衡

现代国防,是综合国力的较量。综合国力主要由人力、自然力、政治力、经济力、科技力、精神力和国防力等组成。其中经济实力、国防实力和民族凝聚力是综合国力的基本要素,经济实力是基础,国防实力是支柱,民族凝聚力是灵魂。现代国防与国家的综合国力有着密切的联系,国家的发展水平制约着武器装备的发展水平和国防力量的总规模。事实证明,没有强大的综合国力,国防建设只能是空中楼阁。

4. 质量建设的道路

在历史上,兵多将广曾是一支军队强大的标志。科学技术的发展,改变了战争样式,打破了“兵多必胜”的传统观念。这就要求我们利用现在相对和平的时期,科技强军,走精兵、利器、合成、高效的质量建设之路,走精干的常备军和强大的后备力量相结合的质量建设之路。

5. 威慑作用的功能

威慑是和平时期国防的主要功能。它不进行直接冲突,而是凭借强大的国防力量,采用多种手段,发挥最大的影响力,给对方造成巨大的压力,使对方不敢动用武力,以保证本国获得最大的利益。富国强兵,不战而屈人之兵,是各国国防的最佳选择,但是,威慑是否有效还要看一个国家是不是有足够的实力。

综上所述,以上五个方面的特征是相辅相成、协调发展的,只有这样,才能发挥一个国家最大的国防效能,取得最佳的安全效益、社会效益、经济效益。

二、中国的国防历史

(一)古代及近现代国防史

我国古代的国防具有几千年的历史,这一历史时期的主要成就是:建立和完善了兵制制度;古代军事思想逐渐形成并出现了比较系统的军事理论体系;边、海防不断得到巩固,为中国最终成为多民族、大疆域的国家奠定了基础。

兵制,即现代的军制,也就是军事制度,包括武装力量体制、军事领导体制、兵役制度等。兵制建设是我国古代国防建设的一个重要内容,其取得的成就是显而易见的:首先是使军队专职化,提高了战斗力;其次是加强了中央集权,便于统一管理、指挥;再次是文武分职,促进了军事理论和军事思想的发展;最后是将兵制法规化,有利于上述内容的实施、发展。

古代军事思想的逐渐成熟是古代国防的又一重要成就。涌现出了一大批军事家、政治家。孙武、吴起、孙膑等即是其中的佼佼者,他们在战争舞台上或登台拜将,或运筹帷幄,留下了《孙子兵法》《吴子》《孙膑兵法》等一大批军事理论的定鼎之作。这些著作、思想,不论是在当时或是现在,也不论是在军事或是其他领域,都有着极其重要的意义,关于这一点,将在第二章详细说明。

边、海防得到了巩固。主要表现在当时的历史条件下,抵抗外敌入侵,保卫了领土完整,促进了民族团结。著名的万里长城,就是秦统一六国后,为了防御匈奴的入侵而修建的,长城在当时的国防中发挥了重要的防御作用。

1840年的鸦片战争,宣告中国进入了伤痕累累、充满耻辱的近代国防时期。从1840年到新中国成立的近110年时间里,世界上大大小小的近20个帝国主义列强,抓住了我们“国防不固、军队不精”这一致命的弱点,对我国进行了赤裸裸的侵略。当时腐败无能的统治阶级,在列强的大炮和火枪的威逼下,被迫签订了众多不平等条约,使我国在政治上、经济上、文化上遭受了巨大的损失和耻辱。

为了反抗外来侵略,争取民族独立,优秀的中华儿女进行了不屈不挠的抗争,他们赴汤蹈火、前仆后继,抛头颅、洒热血也在所不惜。他们或外争国权,实业救国;或启迪民智,教育救国;或改革文艺,激励民心;或武装起义,重塑中华。涌现出了一大批可歌可泣的英雄人物,如林则徐、关天培、邓世昌、龚自珍、孙中山……他们是中华民族的脊梁,是中华民族的骄傲,人民不会忘记他们,历史不会忘记他们。

辛亥革命虽然推翻了清朝政府,但并没有结束中国任人宰割的历史。1921年7月中国共产党成立了,1927年8月中国共产党建立了人民军队,开始独立领导武装斗争。中国共产党领导全国人民经过土地革命、抗日战争、解放战争,于1949年10月1日建立了新中国,从而翻开了中国国防历史新的一页,从此结束了100多年来中华民族有国无防的屈辱史。

(二)新中国国防建设的回顾

新中国的建立,人民的当家作主,使我国国防的性质发生了根本的变化。从某种意义上说,从这时起,我们才有了真正的国防。

1. 第一阶段:恢复时期(1949—1953年)

中国近代的伤痕尚未恢复,日本帝国主义却又对灾难深重的中华民族发动了侵略战争,在八年惨无人道的侵略中,侵略者的铁蹄踏遍了大半个中国,烧、杀、抢、掠,无恶不作,3000多万人死于其屠刀之下。抗日战争后,中国共产党又领导中国人民进行了艰苦卓绝的解放战争。解放战争胜利之后,我国的国防处在边建设社会主义,边维护新中国的独立,边巩固新生的人民民主政权的阶段。这一阶段大致分为以下三个时期:

(1)继续向全国进军,解放了祖国大陆。1949年10月1日,朱德总司令在北京天安门举行的开国典礼上发布命令,命令全军指战员继续向全国进军,迅速肃清国民党反动军队残余,解放一切尚未解放的国土。当时,参加国庆阅兵的部队,有许多就直接开到了前线。

(2)依据国防的需要,建立合成军队。据资料记载,从1840年到1949年,外国列强从海上入侵我国的次数就达470次之多。新中国成立后,毛泽东庄严宣告:"我们将不但有一个强大的陆军,而且有一个强大的空军和一个强大的海军。"表达了一个站起来的民族的决心。在这个时期,毛主席对新中国的国防事业倾注了大量的心血。1953年2月,毛主席曾用5天6夜的时间连续视察了"长江"舰和"洛阳"舰,他在两艘军舰上题写了完全相同的词:为了抵御帝国主义的侵略,我们一定要建设强大的海军。这足以表现出新中国领导人和新中国人民对建设一个强大国防的信心和渴望。在这种力量的推动下,我军胜利地完成了从单一陆军向诸军兵种全面建设的过渡。

(3)抗美援朝,保家卫国。1950年6月25日朝鲜战争爆发,美帝国主义企图以朝鲜为跳板,把战火引入我国。1950年10月25日,中国人民志愿军应朝鲜民主主义人民共和国政府的请求,跨过鸭绿江,赴朝作战。我国先后动员了3批共25个野战军的207万志愿军,协同朝鲜人民军,经过两年零九个月的艰苦作战,连续进行了5次战役,歼敌109万人(其中美军39万人),把以美国为首的"联合国军"赶到了"三八"线以南,取得了抗美援朝的胜利。侵朝联军总司令克拉克悲伤地说:"我是美国历史上第一个在没有取得胜利的停战协议上签字的将军。"特别是在1950年底(11.26—12.24)的第二次战役中,我志愿军取得歼敌36000余人的辉煌战绩,其中歼灭美军24269名,从而扭转了朝鲜战局。朝鲜战争的胜利,以铁的事实向世界宣布:站起来的中国人民不可欺,人民解放军将不惜一切代价捍卫国家的尊严。

2. 第二阶段:调整时期(1953—1965年)

在这个阶段,我国连续3年发生自然灾害,同时,蒋介石在美国的支持下,策划反攻大陆,当时的苏联又单方面撕毁合同,中苏关系一度紧张。面对帝国主义的封锁及其他国际势力施加的压力,我们备感国防强大的重要性。这一阶段是我国国防现代化建设突飞猛进的重大时期。

(1)拉开国防和军队现代化建设的序幕。朝鲜战争结束后,国防和军队应该如何建设的问题自然地摆在党和国家领导人面前。1953年12月7日,我国第一次全国军事系统党的高级干部会议提出了国防和军队建设的方针和总任务:建设一支优良的现代化的革命军队,以保卫国家的社会主义建设,防御帝国主渝的侵略。在全军要实行"统一装备、统一编制、统一训练、统一制度、统一纪律"的正规化建设。这次会议成为我军建设史上的一个里程碑。在这次会议之后,我军首先压缩了军队规模,连续进行了四次大规模的精简整编,兵员数量由1951年最多时的611万人降到了1957年的237万人,裁减了近2/3的兵员,是人民解放军人数最少的时期之一;第二是重新划分了军区,1955年把以前的六大军区划分为十二个大军区:沈阳、北京、济南、南京、广州、武汉、成都、昆明、兰州、新疆、内蒙古、西藏,1956年又增设福州军区,提高了战略防御区的指挥效能;第三是调整了军队领导体制和武装力量体制。1958年,将中央军委的总参谋部、总政治部、总后方勤务部、训练总监部、武装力量监察部、总干部部、总财务部、总军械部八个总部系统,恢复为总参谋部、总政治部、总后勤部三个总部,同时将陆、海、空、防空、公安五大军种,改为陆、海、空三大军种。通过这些措施,我军走上了一条建设正规化、现代化军队的道路,新的合成军队体制建立起来,现代条件下的协同作战能力已经形成。

(2)依法建设,确立国防现代化是国家的奋斗目标之一。在1954年召开的第一次全国人民代表大会上颁布的《宪法》,首次以"法"的形式确立了新中国国防的地位和作用,首次提出包括国防现代化在内的工业、农业、国防、科学技术四个现代化建设的奋斗目标。

(3)贯彻独立自主、自力更生的方针,依靠自己的力量发展国防科研和国防工业。在这十几年的时间里,我国的国防科研和国防工业有了较大的发展,常规武器基本上实现了国产化:1954年第一架喷气机试飞成功,1956年步兵武器实现了制式化,1957年我国自制的鱼雷潜艇、护卫舰、扫雷舰下水,1959年坦克实现国产化;特别是1960年我国第一枚导弹试射成功,准确命中目标;1964年10月16日15时,壮观的蘑菇云在罗布泊上空升起,中国从此有了自己的原子弹,这极大地提高了我国进行防御战争的能力,提高了中华民族的国际地位。

(4)与国内外敌人做斗争,保卫国家的安全。20世纪50年代末,蒋介石在美国支持下,疯狂叫嚣"反攻大陆",命令大小金门岛上的国民党部队炮击福建沿海村镇。为了打击美蒋嚣张气焰,1958年8月23日17时30分,我军部署在厦门地区的地面炮兵和海岸炮兵骤然开火,上万发炮弹飞掠海空,落到金门岛上,炮击金门的战斗开始了。

在我国的西南方向,1962年10月到11月,我军进行了中印边界自卫反击战,先后击毙、伤、俘印军官兵近9000人,清除了印军在我国领土上非法设立的几十个侵略据点,彻底粉碎了印军的进攻。

在我国北部,1959年10月7日,一架国民党高空战略侦察机从浙江温岭进入大陆并窜至北京通县上空,其飞行高度为18000米,当时,我军的米格—19飞机的最大升限是17500米,还差500米,但我军刚组建不久的地空导弹部队将其击落,首开了世界防空史上用地空导弹击落高空侦察机的先例。

3. 第三阶段:文化大革命时期(1965—1976年)

在文化大革命中,由于林彪、"四人帮"的干扰和破坏,我国的国防受到了一定程度的削弱,但当时异常紧张的安全环境,仍促使我们的国防建设始终没有放松。

(1)提出了"立足于早打、大打、打核战争"的战略方针。在这十年间,我国的安全环境非常紧张,美、苏对我进行核讹诈、核垄断,而且在我国周边部兵摆阵,虎视眈眈:在北面,前苏联在中苏边境上部署了百万大军;在东面和南面,美国不断进行武装挑衅,第七舰队不时在台湾海峡游弋,国民党叫嚣要"反攻大陆"。为了保卫国家的安全,我们在国防上提出了"立足于早打、大打、打核战争"的战略方针。

(2)国防实力取得了重大发展。在这个时期,针对林彪、江青一伙对我国国防的严重破坏,毛泽东严肃地指出"还我长城"。我国发展国防尖端技术的工作始终没有放松。继1964年第一颗原子弹爆炸成功后,1966年10月27日,我国成功地进行了地地导弹核武器试验,精确地命中目标;1967年6月17日, 我国第一颗氢弹爆炸成功;1969年我国成功地进行了地下核试验;1970年4月24日,我国第一颗人造地球卫星发射成功。这些不仅是中国人民在攀登现代科技高峰的征途中创造的非凡的人间奇迹,而且极大地增强了我国的国防实力。

随着第一颗原子弹爆炸成功并投入到军事应用当中,1966年7月1日, 中国人民解放军战略导弹部队领导机关在北京宣告成立,周总理亲自为这个部队命名:第二炮兵。从此,人民解放军的军种由陆、海、空变为陆、海、空、二炮。

(3)北反南击,捍卫国家的主权。在我国北部边疆,1969年3月2日至17日,前苏联军队悍然入侵我黑龙江虎林县内的珍宝岛,我军民英勇奋战,打退苏军三次进攻,用鲜血保卫了祖国领土的完整。这次战斗虽小,但意义重大。它是我们在1858年《中俄瑷珲条约》、1881年《中俄伊犁条约》等条约中割去我国150万平方千米国土之后,第一次对苏俄的领土保卫战。

在我国南海,1974年1月19日至20日,我海军南海舰队所属部队与陆军、民兵协同作战,对入侵西沙群岛的南越军队进行了反击作战, 击沉南越护卫炮舰1艘, 击伤驱逐舰3艘,击毙、伤100余人,俘虏49人,保卫了我国领海主权。这是新中国的海上力量与外国海军在远离大陆的海域进行的第一次海上局部战争。

在海南岛上空,1965年到1968年间, 我海军航空兵连续击落美国从越南入侵我国的飞机7架,击伤1架,而我无一伤亡,取得了辉煌战绩。

4. 第四阶段:现代化建设时期(1977—1989年)

粉碎"四人帮"之后,1978年12月18日至22日,中共十一届三中全会在北京召开,这是具有伟大历史意义的大会, 会议决定全党的工作重心和国防建设指导思想实行战略转变,国防建设步入了快速发展的轨道。

(1)调整了国防和军事战略方针。十一届三中全会以后,有关真理问题的大讨论解放了思想。当时,国防和军事理论研究中最活跃的,当数关于积极防御战略方针的研究。几十年来,毛主席所强调的和我国所执行的战略方针一直是:积极防御,诱敌深入,打人民战争,打运动战,打歼灭战,即"二十一字方针"。 历史发展到20世纪70年代末80年代初,军事领域的斗争样式、战争对象、军事科学技术、军事装备、编制体制等等,都有了很大变化。我们对未来战争的认识是:主要军事大国发动的侵略战争将是陆、海、空一体,前、后方一体的立体战,军队的机动性和战争的突然性都大大提高了,将使用强大兵力实施宽正面、大纵深、高速度的突击;进攻的战略目标也绝不会仅限于边远地区,打击和夺占纵深战略要地,瘫痪作战能力,已经成为重要的军事手段。在这种进攻面前,如果死守"诱敌深入"的方针,在战争初期就将敌人放进来,而敌人又没有为此付出惨重代价,其后果将不堪设想。因此,1980年底,以邓小平为核心的第二代党中央领导集体,确立了新的军事战略方针:以阵地战为主,以坚守防御为主,不放过有利条件下的运动战和歼灭战。坚守防御,主要是依托纵深配置的既设阵地,坚决抗击敌人在战争初期的强大突击,以空间换取时间,制止敌人长驱直入,争取到足够的时间,以掩护国家转入战时体制,掩护我军主力部队战略展开,为夺取下一阶段的胜利创造有利条件。

有了理论上的突破,还必须有实践的检验。1981年9月27日,新华社向全世界发布消息:我军在华北地区举行了军事演习和盛大阅兵式。这是一则非常简单的通讯,然而却向世人透露出一个重大事件——华北大演习。

这次演习,是我军历史上规模最大的一次诸军兵种联合实战演习。参加演习的建制有陆军军、师、团、营,空军航空兵大队和空降团,以及后勤分部、医院等。

这次大演习,同时也告诉世人一条重要信息:中国人民解放军军队正在向建设一支现代化、正规化的革命军队的伟大目标迈进。

到了1985年5月的军委扩大会议,我国国防和军队建设指导思想实施了战略性转变,也就是:从立足于"早打、大打、打核战争"的"盘马弯弓箭不发"的全面战争,转变到和平时期现代化建设的轨道上来。

(2)以国防和军队现代化建设为重点。我国在20世纪50年代曾提出过国防现代化建设的问题,但是连续不断的战争使我国总是处于应付战争的临战状态,我国的国防现代化建设也只是在准备全面战争条件下的现代化建设。到了和平与发展时代,我国提出走"精兵、合成、高效"的国防建设之路。

首先是精兵,裁减军队员额。根据第三次全国人口普查的数字,1982年我军现役人员为423.8万,到1987年裁到300万。13个大军区减为7个,即沈阳、北京、兰州、成都、广州、南京和济南军区。减少部队,精简机关,节省开支,用以更新武器装备。

其次是合成,进行编制体制改革,走军民兼容的国防发展道路。譬如,陆军全部整编为合成集团军,提高合成程度。在海军中,1980年5月5日,人民解放军海军陆战队第1旅正式成立,至此,海军成为具有海上、空中和陆上综合作战能力的军种。在公安部队中,1982年6月,党中央决定,组建中国人民武装警察部队,担负维护国家安全和社会稳定的任务。在预备役部队中,已经组建的预备役师、团正式列入人民解放军的建制序列,并授予番号和军旗,形成了常备军与后备力量相结合的新体制,解决了平时少养兵、战时多出兵这一重大问题。

再次是高效,以科学技术推动国防现代化建设的发展,把教育训练提高到战略地位。1978年全国第一次科技大会胜利召开,"科学技术是第一生产力"的著名论断极大地拓展了人们的思想。1986年3月5日,邓小平同志在王大珩、王淦昌、杨嘉墀、陈芳允4位科学家"关于发展我国高技术、跟踪世界先进水平"的建议书上作出批示:"此事宜速决断,不可拖延"。关系中华民族能否在世界高科技领域占有一席之地的跨世纪发展的高科技计划——"863计划"由此启动。在全军院校中,实行指挥军官初、中、高级三级培训体制。初级指挥院校按中专、大专、本科三个层次培养各军兵种初级指挥员。军事学院、政治学院、后勤学院合并为国防大学，作为全军最高军事学府，培养高级指挥人员和高级参谋人员，国防大学被誉为“将军的摇篮”。

(3)进行边境自卫还击作战，保卫国家安全。1979年2月17日凌晨，我军从广西和云南两个方向对越南进行了处罚性的自卫还击作战，共毙敌37000余人，俘敌2200余人，向越纵深攻击达40千米，打乱了敌防御系统。3月16日，我军撤回国内，而越南却将我们撤出的国界骑线点地区占为已有，特别是利用制高点对我实施骚扰和破坏，威胁我边境安全。在此情况下，我边防部队被迫又在林山、老山、者阴山等战略要地进行了战斗，维护了国家利益。

5. 第五阶段：历史性飞跃发展时期(1989年至今)

1989年11月，江泽民同志出任中央军委主席和中华人民共和国军事委员会主席，我国的国防建设进入了一个历史性飞跃发展的时期。在这个时期，世界格局发生了根本性的变化：前苏联解体，东欧巨变，两大阵营的冷战结束了，世界由两极变为一超多强。

(1)提出了军队建设的总要求和新时期的军事战略方针。随着国际形势和战略格局发生重大变化，1993年初，江泽民同志主持制定了我军新时期的军事战略方针，即：把军事斗争准备的基点放在打赢现代技术特别是高技术条件下的局部战争上。随后，又提出实现“两个根本转变”，即：在军事斗争准备上，由应付一般条件下的局部战争向打赢现代技术特别是高技术条件下的局部战争转变；在军队建设上，由数量规模型向质量效能型转变，由人力密集型向科技密集型转变。

(2)坚持走精兵、利器、合成、高效相结合的国防建设之路。1991年1月17日到2月28日，爆发了海湾战争，这是二次世界大战以来现代化程度最高的一场战争。经过38天的空中战役(1月17日到2月23日)和仅100多个小时的地面战役(2月24日到2月28日)，以美国为首的多国部队集中使用大量高技术兵器，凭借高技术的明显优势，夺取了地、海、空、天、电磁等战场的主动权，使伊拉克始终处于被动挨打的境地。拥有数千枚战术防空导弹、800多枚“飞毛腿”、“侯赛因”地对地导弹、4000多辆坦克、近万门大炮、近百万军队，号称世界第四军事强国的伊拉克，在多国部队的“电子轰炸”的软杀伤、反辐射导弹的硬杀伤、隐身飞机和巡航导弹的高密度精确打击下，其军队成了“瞎子”、“聋子”、“瘫子”。从“沙漠风暴”到“沙漠军刀”，短短的42天时间，伊拉克在伤亡8.6万人，损失坦克、装甲车约5400辆、火炮2917门、飞机324架的情况下，宣告彻底失败。然而多国部队却损失轻微，仅死亡400多人，伤3000多人。海湾战争的结果，对我国国防的发展，具有深远的影响。

从此以后，我国提出了“精兵、利器、合成、高效”的国防和军队建设方针。在1985年裁减军队员额100万的基础上，1997年，江泽民主席在党的十五次代表大会上又向全世界宣告：我国将再裁减军队员额50万，人民解放军总规模保持在150万。在12年间，我们裁减军队员额150万，使我们这支曾经是世界上人数最多的军队，变得更加精干。此后，江主席又多次强调：我们必须抓住难得的机遇，加速国防科技和武器装备的发展，尤其是重点发展打高技术战争必需的武器。为了加强对我军武器装备的集中统一领导，1998年春天，江泽民主席亲自决策，组建了中国人民解放军总装备部。这样，解放军由三总部变成了四总部，形成了全系统、全受命、集中统一的装备管理新体制，促进了我军武器装备的发展。常规武器已进入自行研制的新阶段：T88和T90型主战坦克，双37自行高炮，激光制导火炮，052A型导弹驱逐舰，新型潜艇，歼八—2M型歼击机，红旗系列防空导弹，东风系列地地导弹，以及引进的Su—27飞机、C—300型防空导弹等陆续装备了部队。这表明我国国防科技和武器装备有了较大的发展，我军打赢未来高技术条件下的局部战争的能力有了显著的提高。

(3)外扬国威，内镇台独，驻军港澳，保护人民利益。1992年4月16日，我工程兵部队，在大队长李金勇的率领下，乘坐两架伊尔—76大型运输机从南苑机场起飞，踏上了赴柬埔寨维和的行程。这是中国军队第一次参加联合国维持和平行动。

军舰历来被称为“流动的国土”。1997年2月2日，由“哈尔滨”号导弹驱逐舰、“珠海”号导弹驱逐舰和“南仓”号综合补给船组成的中国海军舰艇编队，从湛江出发，历时98天(到5月28日)，横渡太平洋，跨越东西、南北半球，历经寒暑四季，总航程2.4万海里，首先访问了美国的夏威夷和古巴的圣地亚哥，然后折向东南，沿美洲大陆海岸航行，继续访问了墨西哥、秘鲁之后，来到美洲最南端的智利。这次远航是我海军舰艇编队首次横渡太平洋，首次抵达美国本土和南美大陆。

与此同时，1997年2月27日至3月30日，我海军东海舰队的113号导弹驱逐舰和542号导弹护卫舰组成的舰艇编队，航程7000海里，先后跨越东海、台湾海峡、南海、泰国湾、新加坡海峡、马六甲海峡、马尼拉湾，出访泰国、马来西亚、菲律宾3国。

空军方面，成功飞越“第一岛链”。太平洋西部有一串珍珠般美丽的岛屿，地理学上称之为“第一岛链”。这是一条神奇又充满危险的航线——航线经过的某处潜藏有大量含铁物质，改变了地球磁场的分布，直接影响飞机仪表的工作，使飞机无法正常飞行，当时世界上只有极少数国家的飞机能够在这条航线上飞行。飞向太平洋，飞越这串险恶的岛屿，一直是各国航空兵努力的目标。1986年5月，年轻的飞行员陈威驾驶着我国自行研制生产的轰炸机，首次深入太平洋，飞越“第一岛链”。这次行动惊动了西方某超级大国，其战斗机紧急起飞，一步一步逼过来，而我们则沉着勇敢地迎上前去，双方穿梭成了一个方队，飞行员彼此的模样都看得清清楚楚。一番较量之后，某超级大国的飞机无可奈何地给标有鲜红“八一”标志的“雄鹰”让路。我们的驾驶员微笑着说，从今天起，这里的飞行权，不再是他们的专利了。

1999年9月上旬，我军在浙东的舟山、粤南的湛江地区两个方向上，先后举行了大规模的诸军兵种联合渡海登陆作战实兵演习。这是继1996年3月，我军在台湾海峡一个方向上，举行陆海空三军联合作战演习之后的又一重大联合演习。这充分显示了我们完全有决心、有办法、有能力，采取国家认为必要的手段，捍卫国家的主权与领土完整，实现祖国统一。

1997年，人民解放军奉命组建驻香港部队并进驻香港，成为我国对香港恢复行使主权的重要象征和标志。1999年12月20日，我驻澳门部队，在我国对澳门恢复行使主权之际进驻澳门。

三、中国国防历史的重要启示

我国几千年的国防史为我们积累了丰富的经验，留下了宝贵的历史文化遗产，激励着一代又一代的中华儿女为祖国而战，为民族而战，为反对侵略而战，证明了中华民族是不可欺凌、不可战胜的。在现阶段建设社会主义现代国防的过程中，历史仍给我们以重要而有意义的启示：

1. 国防强大的基础是经济实力的强大

"富国强兵"是古代军事思想的重要内容，春秋时期齐国政治家、军事家管仲就认为"国富多粟生于农……粟多则国富，国富者兵强，兵强者战胜，战胜者地广"。从秦到清，这一思想在各个朝代的前期都得以贯彻实施，统治者通过一系列的改革、变法，在一定程度上解放了生产力，促进了经济的发展，所以秦有统一六国的大业，唐有贞观之治，清有康乾盛世，这些都是统治者重视经济发展的结果。相反，各个朝代的衰败、更替，大多是其末期的政治腐败、经济落后所导致的。

在这一点上，现代国防与古代国防具有极大的共同性，所以邓小平同志提出了改革开放、解放生产力、提高国民生活水平的战略方针，经过二十几年的实践，这一高瞻远瞩的策略取得的成就举世瞩目。

2. 巩固国防的根本是政治昌明

一个国家要长治久安，就必须深得民心，政治昌明。历史上，凡是兴盛的朝代，除了大力发展经济外，大都修明政治，实行比较开明的治国之策。秦之所以能统一六国，很大程度上取决于此，而到了秦朝后期，政治腐败、统治专横、实行暴政，最终激起了农民起义。

3. 国家统一、民族和睦、军民一致是强大国防的保证和关键

国家统一、民族和睦、军民上下团结一致是一个国家自强的根本，是国防力量的源泉，只有这样，才能筑起国防真正的钢铁长城，才能让任何侵略者望而却步。

在抗日战争时期，中国共产党紧紧抓住这一战略，放手发动人民战争，同全国军民一道有效地打击了日本帝国主义，最终取得了全面胜利。

总之，中国的国防史是一部可歌可泣的历史，其中的成功与失败、教训与启示，永远值得我们记取。

第二节　国防法规

国防法规是国家法律的重要组成部分，是加强国防和武装力量建设的基本法律依据，是调整国防领域中各种关系，坚持依法治军，全面提高部队战斗力的重要保证，也是做好战争准备、赢得战争胜利的根本保障。

一、国防法规概述

（一）国防法规的概念

国防法规是指国家为了加强防务，尤其是加强武装力量建设，用法律形式确定并以国家强制手段保证其实施的行为规则的总称。国防法规作为国防活动的基本法律规范，其主要任务是调整和规范国家在国防领域中的各种社会关系，把国防建设纳入法制轨道，确保

军队革命化、现代化、正规化建设总目标的实现。

(二)我国现行国防法规的主要内容和等级

国防法规是以国家宪法为依据，根据国防建设的实际需要而制定的。目前，我国现行的国防法规有规范国防建设基本任务、方针原则、领导体制及制度的《中华人民共和国国防法》，有规范我国兵役和兵役制度的《中华人民共和国兵役法》，有规范武装力量作战、训练、管理等内容的行政法规，有规范军官和士兵服役、军衔等内容的国防人事法规，还有规范发展武器装备、保护军事设施的《中华人民共和国国防科技法》《中华人民共和国军事设施保护法》等。

根据宪法规定和立法权限及立法原则，我国现行的国防法规从纵向结构上可划分为以下五个等级：

1. 全国人民代表大会及其常务委员会制定颁布的基本法律及其他法律

《中华人民共和国国防法》《中华人民共和国兵役法》等是由国家最高权力机关——全国人民代表大会制定颁发的，处于国家基本法的地位；《中国人民解放军军官服役条例》《中国人民解放军军官军衔条例》等是由全国人大常务委员会制定颁布的，属于基本法之外的其他法律。

2. 国务院、中央军委制定颁布的行政法规

《军人抚恤优待条例》、《退伍义务兵安置条例》等是由国务院制定颁布的；《内务条令》《纪律条令》《队列条令》等是由中央军委制定颁布的；《征兵工作条例》《警官警衔制度的具体办法》等则是由国务院和中央军委联合制定颁布的。

3. 国务院各部委和中央军委各总部制定颁布的法规和规章

有《应征公民体格条件》《交通战备科研管理暂行规定》等。

4. 各军兵种和大军区制定颁布的法规细则

陆军颁布的《战斗条令》、海军颁布的《舰艇条令》、空军颁布的《飞行条令》等均属这一等级。

5. 各省、自治区、直辖市人大和政府制定的地方性法规规章

譬如《关于加强人武部建设意见》《征兵工作若干规定》《国防教育条例》等。

二、《中华人民共和国国防法》

《中华人民共和国国防法》于1997年3月14日由中华人民共和国第八届全国人民代表大会第五次会议通过，同日中华人民共和国主席第84号令颁布，号令指出《中华人民共和国国防法》自颁布之日起施行。它是中华人民共和国第一部国防基本法，是指导、规范国防和军队建设的基本依据，在国家法律体系中占有重要位置。它是为建设和巩固国防、为保障社会主义现代化建设的顺利进行依宪法而制定的。该法包括总则，国家机构的国防职权，武装力量，边防、海防、空防，国防科研生产与军事订货，国防经费和国防资产，国防教育，国防动员和战争状态，公民、组织的国防义务和权利，军人的义务和权益，对外军事关系，附则。共12章70条。主要内容有：

1. 规定了国防法的适用范围

凡是国家为防备和抵抗侵略，制止武装颠覆，保卫国家的主权、统一、领土完整和安全所进行的军事活动，以及与军事有关的政治、经济、外交、科技、教育等方面的活动，均适用本法。

2. 规定了国防的地位、性质和原则

明确国防是国家生存与发展的安全保障。国家独立自主、自力更生地建设和巩固国防，实行积极防御战略，坚持全民自卫原则；国家对国防活动实行统一领导；国家在集中力量进行经济建设的同时，加强国防建设，促进国防建设与经济建设协调发展。

3. 规定了国家机关的国防职权

全国人民代表大会依照宪法规定，决定战争与和平的问题。全国人民代表大会常务委员会依照宪法规定，决定战争状态的宣布，决定全国总动员或者局部动员。国家主席根据全国人民代表大会的决定和全国人民代表大会常务委员会的决定，宣布战争状态，发布动员令。国务院领导和管理国防建设事业，包括编制国防建设发展规划和计划；制定国防建设方面的方针、政策和行政法规；领导和管理国防科研生产；管理国防经费和国防资产；领导和管理国民经济动员工作和人民武装动员、人民防空、国防交通等方面的有关工作；领导和管理拥军优属工作和退出现役的军人的安置工作；领导国防教育工作；与中央军事委员会共同领导人民武装警察部队、民兵的建设和征兵、预备役工作以及边防、海防、空防的管理工作等。中央军事委员会领导和统一指挥全国武装力量，包括决定军事战略和武装力量的作战方针；领导和管理中国人民解放军的建设，制订规划、计划并组织实施；向全国人民代表大会或者全国人民代表大会常务委员会提出议案；根据宪法和法律，制定军事法规，发布决定和命令；决定中国人民解放军的体制和编制，规定总部以及军区、军种、兵种和其他军区级单位的任务和职责；依照法律、军事法规的规定，任免、培训、考核和奖惩武装力量成员；批准武装力量的武器装备体制和武器装备发展规划、计划，协同国务院领导和管理国防科研生产；会同国务院管理国防经费和国防资产等。还规定了地方各级人民代表大会和县级以上地方各级人民代表大会常务委员会以及地方各级人民政府的国防职权。

4. 规定了武装力量的组成、性质、任务和建设方针、原则及目标、要求

明确中华人民共和国的武装力量由中国人民解放军现役部队和预备役部队、中国人民武装警察部队、民兵组成。中华人民共和国的武装力量属于人民，受中国共产党的领导。它的任务是巩固国防，抵抗侵略，保卫祖国，保卫人民的和平劳动，参加国家建设事业，全心全意为人民服务。它的规模应当与保卫国家安全和利益的需要相适应。它应当适应现代战争的要求，加强军事训练，开展政治工作，提高保障水平，全面提高战斗力。国家加强武装力量的革命化、现代化、正规化建设，增强国防力量。国家禁止任何组织或者个人非法建立武装组织，禁止非法武装活动，禁止冒充现役军人或者武装力量组织。

5. 规定了公民、组织的国防义务和权利

指出中华人民共和国公民应当依法履行国防义务，保卫祖国、抵抗侵略是中华人民共和国每一个公民的神圣职责，依照法律服兵役和参加民兵组织是中华人民共和国公民的光荣义务。要求公民应当接受国防教育，公民和组织应当保护国防设施，遵守保密规定，支持

国防建设。企事业单位应当按照国家的要求承担国防科研生产任务，接受国家军事订货，提供符合质量标准的武器装备或者军用物资；应当按照国家规定，在交通建设中贯彻国防要求。明确公民和组织有对国防建设提出建议的权利，有对危害国防的行为进行制止或者检举的权利。公民和组织因国防建设和军事活动在经济上受到直接损失的，可以依照国家有关规定取得补偿。

6. 规定了军人的义务和权益

要求现役军人必须忠于祖国，履行职责，英勇战斗，不怕牺牲，捍卫祖国的安全、荣誉和利益；必须模范地遵守宪法和法律，遵守军事法规，执行命令，严守纪律；应当发扬人民军队的优良传统，热爱人民，保护人民，积极参加社会主义物质文明、精神文明建设，完成抢险救灾任务。规定军人应当受到全社会的尊重。国家采取有效措施维护现役军人的荣誉、人格、尊严，对现役军人的婚姻实行特别保护。现役军人依法履行职责的行为受法律保护。国家和社会优待现役军人，保障现役军人享有与其履行职责相适应的生活福利待遇，并实行军人保险制度。国家妥善安置退出现役的军人，为转业军人提供必要的职业培训，保障离退休军人的生活待遇。国家和社会抚恤、优待残疾军人，对残疾军人的生活和医疗依法给予特别保障。国家和社会优待现役军人家属，抚恤、优待烈士家属和因公牺牲、病故军人的家属，在就业、住房、义务教育等方面给予照顾。

7. 规定了对外军事关系

申明中华人民共和国在对外军事关系中维护世界和平，反对侵略扩张行为。坚持互相尊重主权和领土完整、互不侵犯、互不干涉内政、平等互利、和平共处五项原则，独立自主地处理对外军事关系，开展军事交流与合作。支持国际社会采取的有利于维护世界和地区和平、安全、稳定的与军事有关的活动，支持国际社会为公正合理地解决国际争端、军备控制和裁军所做的努力。遵守同外国缔结或者加入、接受的有关条约和协定。

此外，国防法还对边防、海防和空防，国防科研生产与订货，国防经费和国防资产，国防教育，国防动员和战争状态等重大问题做出了规定。

《国防法》的公布实施，为加强国防和军队建设提供了重要的法律保障，对于适应社会主义民主与法制建设的新形势，加快国防现代化建设的步伐，保障改革开放和经济建设的顺利进行，保证国家长治久安，具有重要的现实意义和深远的历史意义。

《国防法》作为国家的一个基本法和国防建设的母法，它的内容涵盖了国防和军队建设的方方面面，集中体现了具有悠久历史的社会主义中国的大国精神、大国特色、大国传统和大国气概，反映了中国国防在国际社会生活中应有的地位和作用。

《国防法》规范了我国国防建设的基本任务、基本方针和基本制度，反映了我国社会主义国防的性质和全民参与国防的特点，是一部具有中国特色、能够指导和规范国防和军队建设的重要法律。学习和贯彻好《国防法》，是各级组织和每一个公民义不容辞的责任。

三、《中华人民共和国兵役法》

《中华人民共和国兵役法》由1984年5月31日中华人民共和国第六届全国人民代表大会第二次会议通过，同日中华人民共和国主席第14号令颁布，从1984年10月1日起施行，共12

章65条。其主要内容是：

1. 规定了中华人民共和国武装力量的组成

中华人民共和国的武装力量由中国人民解放军现役部队和预备役部队、中国人民武装警察部队和民兵组成。中华人民共和国实行义务兵役制为主体的义务兵与志愿兵相结合、民兵与预备役相结合的兵役制度。中华人民共和国公民不分民族、种族、职业、家庭出身、宗教信仰和教育程度，都有义务依照兵役法的规定服兵役。

2. 规定了公民服兵役的法定年限

国家根据军队需要，每年征集年满18岁的公民服现役。当年未被征集的，在22岁以前仍可以被征集服现役。现役士兵包括义务兵和志愿兵。义务兵服现役期限为：陆军3年，海军2年、空军4年。专业技术骨干由本人申请，经师级以上机关批准，可以改为志愿兵。志愿兵服现役的期限，从改为志愿兵之日起，至少5年。

3. 规定了现役军官的补充形式和途径

现役军官一般必须经过军事院校及有关培训机构培训。军事院校可以从青年学生中招收学员，学员完成学业考试合格的，可按照规定被任命为现役军官或者文职干部。从现役士兵中招收的学员也适用此规定。在战时，还可以任命士兵、征召预备役军官和适合服现役的非军事部门的干部为现役军官。

4. 规定了民兵和预备役人员的组成与训练

民兵是不脱离生产的群众武装组织，是中国人民解放军的助手和后备力量。凡18~35岁符合服兵役条件的男性公民，除应征服现役的以外，都编入民兵组织服预备役。民兵分为基干民兵和普通民兵。28岁以下的退出现役的士兵和受过军事训练的人员以及被选定参加军事训练的人员，编为基干民兵，其余编为普通民兵。根据需要，吸收女性公民参加基干民兵。预备役军官包括下列人员：退出现役转入预备役的军官，确定服军官预备役的退出现役的士兵，高等院校毕业学生，专职人民武装干部和民兵干部，非军事部门的干部和专业技术人员。对预备役人员和高等院校、高级中学学生实施军事训练。

5. 规定了战时兵员动员制度

在国家发布动员令以后，现役军人停止退出现役；预备役人员按通知到指定部队报到服现役。战时遇有特殊情况，国务院和中央军事委员会可以决定征召36~45岁的男性公民服现役。

6. 规定了优待、安置和优抚制度

对现役军人及其家属实行优待。对退出现役的军人实行安置。对革命伤残军人、革命烈士家属、牺牲、病故军人家属实行优抚。对民兵、预备役人员在集训期间给予误工补贴。对家居农村的义务兵家属，由乡、民族乡、镇的人民政府采取平衡负担的办法给予优待，对家居城镇的义务兵家属，生活困难的，由县、自治县、市、市辖区的人民政府给予适当补助。

7. 规定了对拒绝、逃避兵役登记和征集的公民的处罚

对有服兵役义务的公民拒绝、逃避兵役登记，应征公民拒绝、逃避征集，预备役人员拒绝、逃避军事训练，并经教育不改的，基层人民政府应当强制其履行兵役义务。在战时，预备役人员拒绝、逃避征召或者拒绝、逃避军事训练，情节严重的，应依法予以处罚。

《兵役法》是国家关于公民参加军队和其他武装组织或在军队外接受军事训练的法律。它从国家的国情和军情实际需要出发，主要规定了国家武装力量的组成和实行什么样的兵役制度，公民服兵役的条件、形式、期限，后备力量的建设体制，以及公民由服兵役而产生的权利和义务等。我国的《兵役法》是由国家最高权力机关——全国人民代表大会依据宪法制定的，目的在于保障军队平时和战时的兵员补充，保证兵员质量，加强武装力量建设，以满足我军现代化建设和未来可能的反侵略战争的需要。因而，它是我国兵役制度的根本大法。

有无完善的兵役法规，对一个国家的武装力量建设和国防建设关系极大。新中国成立后，国家一直重视兵役法的制定工作。1955年7月30日，我国颁布了第一部《兵役法》。1984年5月31日，又颁布了新的《兵役法》。1998年12月29日，第九届全国人民代表大会常务委员会第六次会议通过《关于修改〈中华人民共和国兵役法〉的规定》规定："中华人民共和国实行义务兵与志愿兵相结合、民兵与预备役相结合的兵役制度。"简而言之，就是"两个结合"的兵役制度，这也是1998年《兵役法》修改的最核心内容。重新修改的现行《兵役法》共12章68条，它对我国现行的兵役制度，兵员的平时征集与战时动员，士兵与军官的现役和预备役，民兵、预备役人员的军事训练，高等院校和高级中学学生的军事训练，现役军人的优待和退出现役的安置，以及对违反《兵役法》的惩处等，都作了明确规定。该法的颁布实施，对完善我国的兵役法法规，增强全国人民的国防观念，提高全国人民依法服兵役的意识，加强国防现代化建设具有十分重要的现实意义。

在高等院校就学的大学生参加军训，不仅是履行兵役义务的一种形式，更重要的是，军训能使他们牢固树立和平时期居安思危的国防观念，增强保卫祖国的责任感，从而大大激发他们积极投身现代国防建设的热情。当今世界，无论是社会主义国家还是资本主义国家，都非常重视学生的军事训练，都把学生军训作为加强国防后备力量建设的重要措施。这种寓兵于民、寓官于校的做法，无疑是一个平时少养兵，战时多出兵、出精兵的好办法，无论是对国家的国防建设还是经济建设，都有很大的益处。

同时，对大学生进行军训又是培养德、智、体、美全面发展人才的重要途径。军训可以给大学生提供接触社会、接触军人的机会，能提高广大青年学生自觉履行兵役义务的光荣感和责任心，进一步加深他们对党、对祖国、对军队的感情。通过军训，广大青年学生不仅能学到一些军事技能，受到人民解放军光荣传统的教育，而且还能体验到严格、紧张的军营生活，促进智力开发，增强体魄，培养高度的组织纪律性和勇敢顽强、坚韧不拔、吃苦耐劳、不怕困难的革命英雄主义精神，从而为在新的历史时期加强我国现代化建设，造就德才兼备、文武双全的高素质人才和浩浩荡荡的科学技术队伍打下基础。因此，对高等院校的学生实施军事训练，也是教育改革和全面落实党的教育方针的一项重要措施。

四、《中华人民共和国国防教育法》

《中华人民共和国国防教育法》是我国第一部全面调整和规范国防教育的重要法律。

《国防教育法》是为了适应我国国情和我国所面临的国际安全形势而制定的。它以毛泽东、邓小平、江泽民同志关于加强国防教育的重要论述为指导，以《国防法》和《教育法》为依据，科学地总结了我国国防教育的理论成果和实践经验，并采取一系列有效措施，加强新形势下的全民国防教育。《国防教育法》明确了国防教育是建设和巩固国防的基础，是增强民族凝聚力、提高全民素质的重要途径；明确了国防教育贯彻全民参与、长期坚持、讲求实效的方针，实行经常教育与集中教育相结合、普及教育与重点教育相结合、理论教育与行为教育相结合的原则；要求针对不同对象确定相应的教育内容，分类组织实施；明确了国防教育的领导体制和各级国防教育工作机构的职责，并确定国家设立全民国防教育日。同时，《国防教育法》还对学校国防教育、社会国防教育、国防教育的保障以及法律责任都作了明确的规定。这部法律的制定，集中反映了各方面的意见和建议，充分体现了广大人民群众的意愿，为全民国防教育健康、持久、深入地开展下去，提供了可靠的法律保障。

依法普及和加强国防教育是全社会的共同责任，依法接受国防教育是每个公民的权利和义务，一切社会组织和每个公民都有责任和义务学习贯彻好《国防教育法》。高等学校担负着为国家培养全面合格人才的重任，应带头学习和贯彻好《国防教育法》，紧密结合高校实际，加强国防教育。《国防教育法》明确了学校的国防教育是全民国防教育的基础，是实施素质教育的重要内容；要求教育行政部门将国防教育列入工作计划，加强对学校国防教育的组织、指导和监督，并对学校国防教育工作定期进行考核；学校应当将国防教育列入学校的工作和教学计划，采取有效措施，保证国防教育的质量和效果；应当设置适当的国防教育课程，采取课堂教学与军事训练相结合的形式，对学生进行国防教育。

五、其他法规

我国非常重视国防法律、法规的建设，50多年来，已颁布了数十部国防法律、法规、条例和实施办法，除已经介绍的《国防法》《兵役法》《国防教育法》外，主要的法规还有：《中华人民共和国预备役军官法》《中华人民共和国军事设施保护法》《中华人民共和国军事设施保护法实施办法》《中华人民共和国现役军官法》《中国人民解放军军官军衔条例》《中国人民解放军现役士兵服役条例》《民兵工作条例》《军人抚恤优待条例》《中国人民解放军军警备条令》《中国人民解放军共同条令》等。现简要介绍一下《中华人民共和国预备役军官法》和《中华人民共和国军事设施保护法》。

（一）《中华人民共和国预备役军官法》

《中华人民共和国预备役军官法》于1995年5月10日由中华人民共和国第八届全国人民代表大会常务委员会第十三次会议通过，同日中华人民共和国主席第48号令公布，自1996年1月1日起施行。该法分总则，预备役军官的来源和选拔，预备役军官的职务等级和职务，预备役军官的军衔，预备役军官的登记和征召，预备役军官的培训，预备役军官的待遇，预备役军官的退役，法律责任，附则，共10章56条。它是中华人民共和国第一部关于预备役军官制度的重要法律，主要内容是：

1. 规定了预备役军官的分类和管理机构的职责

预备役军官按照职务性质分为军事军官、政治军官、后勤军官和专业技术军官。在预备役部队任职的和预编到现役部队的预备役军官为第一类军官预备役，其他预备役军官为第二类军官预备役。全国的预备役军官管理工作在国务院、中央军事委员会领导下，由中国人民解放军总政治部主管；大军区、省军区（卫戍区、警备区）、军分区（警备区）政治部负责本区域的预备役军官管理工作；县、自治县、不设区的市、市辖区人民武装部负责本行政区域预备役军官的具体管理工作。国务院有关部门、地方各级人民政府根据职责分工，依照本法和有关法律、法规的规定，做好预备役军官的有关管理工作。

2. 规定了预备役军官的来源和选拔程序

预备役军官从退出现役的军官和文职干部、退出现役的士兵、人民武装干部和民兵干部、非军事的高等学校毕业的学生、符合预备役军官基本条件的其他公民中选拔。退出现役的军官和文职干部，经部队团级以上单位政治机关提出转服军官预备役的意见，按照规定的权限批准后，到安置地区的县人民武装部办理预备役军官登记。从其他人员中选拔的预备役军官，按照上级下达计划、推荐、审核、培训、审批、登记的有关程序办理。

3. 规定了预备役军官的职务等级设置和任免、批准权限

预备役军事、政治、后勤军官的职务等级设置为：正师职、副师职、正团职、副团职、正营职、副营职、正连职、副连职、排职。预备役专业技术军官的职务等级设置为：高级专业技术职务、中级专业技术职务、初级专业技术职务。退出现役转服军官预备役的人员，其职务等级的确定依照现役军官相应职务等级的任免权限办理。其他服军官预备役的人员的职务等级的确定，依照有关规定的权限批准。

4. 规定了预备役军官的军衔和授予权限

预备役军官军衔共设预备役将官（预备役少将）、预备役校官（预备役大校、上校、中校、少校）、预备役尉官（预备役上尉、中尉、少尉）三等八级。预备役军官和预备役专业技术军官实行职务等级编制军衔。预备役少将、大校，由中央军事委员会主席批准授予；预备役上校，由大军区单位正职首长批准授予；预备役中校、少校，由有军官职务任免权的军级单位正职首长批准授予；预备役上尉、中尉、少尉，由有军官职务任免权的师级单位正职首长批准授予。此外，预备役军官军衔的晋级、降级、剥夺，预备役军官的退役等，本法中也作了规定。

5. 规定了预备役军官的登记和征召

预备役军官的登记，由县人民武装部办理。预备役军官因工作调动或者迁居需要变更预备役军官登记地的，应当办理转出手续，并在到达新的工作单位或者居住地之日起30日内，到所在地的县人民武装部办理转入手续。预备役军官接到征召的通知后，必须按照规定时间到指定地点报到。由于伤病等原因暂不能应召的，经县人民武装部核实，并报上一级兵役机关批准，可以暂缓应召。

6. 规定了预备役军官的培训

未服过现役或者未接受过军事专业培训的人员，被选拔为预备役军官的，在确定预备役军官职务等级前，应当接受军事专业培训。在预备役部队或者预编到现役部队任职的预备役军官的培训，由其所在部队组织实施；其他预备役军官的培训，由兵役机关组织实施。国务院和中央军事委员会在必要的时候，可以决定对预备役军官实施应急训练。

7. 规定了预备役军官的待遇

预备役军官履行兵役义务的工作实绩，应当作为其所在单位晋升其职务、工资等级的依据之一；立功或者授予荣誉称号的人员，享受国家和地方给予同等立功受奖者的奖励和优待。预备役军官参加国庆节、建军节或者其他重大庆典活动时，可以穿着预备役军官制式

服装，并佩带预备役军官军衔肩章、符号标志。预备役军官在参加军事训练、执行军事勤务等军事活动中牺牲、伤残者，参照国家关于军人抚恤、优待的规定办理。

8. 规定了预备役军官的退役

预备役军事、政治、后勤军官平时服预备役的最高年龄分别为：担任师级职务的，55岁；担任团级职务的，55岁；担任营级职务的，50岁；担任连级职务的，45岁；担任排级职务的，40岁。少数预备役军官确因工作需要，经过批准，平时服预备役的最高年龄可以适当延长，但是延长的年龄不得超过5岁。预备役专业技术军官平时服预备役的最高年龄分别为：担任高级专业技术职务的，60岁；担任中级专业技术职务的，55岁；担任初级专业技术职务的，50岁。未达到平时服预备役最高年龄的预备役军官，由于伤病残或者其他原因不能继续服预备役的，应当退出预备役。

此外，本法还规定了违反预备役军官法的法律责任、退出现役的中国人民武装警察部队人员服军官预备役等问题。

（二）《中华人民共和国军事设施保护法》

《中华人民共和国军事设施保护法》于1990年2月23日由中华人民共和国第七届全国人民代表大会常务委员会第十二次会议通过，同日中华人民共和国主席第25号令颁布，自1990年8月1日起施行，共8章37条。其主要内容是：

1. 规定了军事设施的保护范围

保护范围包括指挥机关、地面和地下的指挥工程、作战工程；军用机场、港口、码头；营区、训练场、试验场；军用洞库、仓库；军用通信、侦察、导航、观测台站和测量、导航、助航标志；军用公路、铁路专用线，军用通信、输电线路，军用输油、输水管道以及国务院、中央军事委员会规定的其他军事设施。

2. 规定了军事设施保护的主管机关及其保护方针

中国人民解放军总参谋部在国务院和中央军事委员会的领导下，主管全国的军事设施保护工作；军区司令机关主管辖区内陆军、海军、空军的军事设施保护工作。国家对军事设施实行分类保护、确保重点的方针。军事设施改作民用的，军用机场、港口、码头实行军民合用的，需经国务院和中央军事委员会批准。

3. 规定了军事设施保护区域的划定等级及其保护措施

国家根据军事设施的性质、作用、安全保密的需要和使用效能的要求，划定军事禁区、军事管理区；没有划入军事禁区、军事管理区的军事设施，也应当采取保护措施。军事禁区和军事管理区，由国务院和中央军事委员会确定，或者由军区根据国务院和中央军事委员会的规定确定。

4. 规定了军事禁区、军事管理区范围的划定或调整原则

划定或调整原则是指在确保军事设施安全保密及使用效能的前提下，兼顾经济建设、自然环境保护和当地群众的生产、生活。县级以上地方人民政府编制经济和社会发展计划时，应考虑军事设施保护的需要，并征求有关军事机关的意见；安排建设项目或者开辟旅游点时，应避开军事设施；确实不能避开、需要将军事设施拆除或者改作民用的，由省、自治区、直辖市人民政府和军区级军事机关商定，并报国务院和中央军事委员会批准。

5. 规定了违反本法的处置

对非法进入军事禁区的,在军事禁区或者禁区外围安全控制范围内,非法进行摄影、摄像、录音、勘察、测量、描绘和记述的,进行破坏、危害军事设施活动的,军事设施管理单位的值勤人员应予制止,不听制止的,可依照国家有关规定,采取必要的强制措施。在危及军事设施安全或者值勤人员生命等紧急情况下可以使用武器。此外,还规定了破坏、危害军事设施的各类违法犯罪行为应负的法律责任。

（三）公民国防权利和义务

《中华人民共和国宪法》规定:保卫祖国、抵抗侵略是中华人民共和国每一个公民的神圣职责。作为中华人民共和国的公民和组织,应依法履行国防义务和依法享有一定的国防权利。国家通过开展国防教育,使公民增强国防观念、掌握国防知识、发扬爱国主义精神,自觉履行国防义务,行使国防权利。

1. 公民的国防权利

《宪法》规定,国家和社会保障残废军人的生活,抚恤烈士家属,优待军人家属。

《国防法》规定,公民有对国防建设提出建议的权利,有对危害国防的行为进行制止或者检举的权利。

公民因国防建设和军事活动在经济上受到直接损失的,可以依照国家有关规定取得补偿。

《预备役军官法》规定,国家依法保障预备役军官的合法权益。预备役军官享有法律规定的因服军官预备役而产生的权利,享受国家规定的有关待遇。

民兵、预备役人员和其他人员依法参加军事训练,担负战备勤务、防卫作战时,应当履行自己的职责和义务;国家和社会保障其享有相应的待遇,按照有关规定实行抚恤优待。

2. 公民的国防义务

我国《宪法》第五十五条规定,保卫祖国、抵抗侵略是中华人民共和国每一个公民的神圣职责。依照法律服兵役和参加民兵组织是中华人民共和国公民的光荣义务。

根据有关法律法规,公民应承担的国防义务主要有以下几个方面:

(1)应征服兵役。《兵役法》规定,中华人民共和国公民,不分民族、种族、职业、家庭出身、宗教信仰和教育程度,都有义务依照法律规定服兵役。

(2)参加民兵组织。凡18岁至35岁符合服兵役条件的男性公民,除应征服现役的以外,编入民兵组织服预备役。

(3)参加军事训练。民兵预备役人员和在校学生要依法接受军事训练。

(4)接受国防教育,保护国防设施,保守军事机密。

(5)预备役军官要依法履行登记手续,按规定参加军事训练和军事活动,接受政治教育,随时准备应召服现役。

(6)公民应当支持国防建设,为武装力量的军事训练、战备勤务、防卫作战等活动提供便利条件或者其他协助。

各类组织应承担的国防义务:

《国防法》规定,国家机关、社会团体和企业事业单位应当依法完成民兵和预备役工作,协助兵役机关完成征兵任务。

各类组织应当支持国防建设,为武装力量的军事训练、战备勤务、防卫作战等活动提供便利条件或其他协助。

第三节　国防建设

一、国防领导体制

国防领导体制是指国防领导的组织体系及相应制度。一般设有最高统帅、最高国防决策机构、国家行政机关中管理国防事务的部门、武装力量领导指挥系统等。我国根据宪法、国防法和有关法律,建立和完善了国防领导体制。中国共产党、中华人民共和国对国防活动实行高度集中的统一领导。

中华人民共和国成立以来,为了适应国家政治、经济、科技特别是军事发展和保障国家安全的需要,国防领导体制实行了多次调整改革,在实践中不断发展完善。根据宪法和国防法规定,中华人民共和国的国防领导职权由中共中央、全国人大及其常务委员会、国家主席、国务院、中央军委行使。

中共中央在国家事务包括国防事务中发挥着决定性的领导作用。关于国防、战争和军队建设的重大问题,都由中共中央、中央军委、中央政治局及其常务委员会作出决策并通过必要的法定程序,作为党和国家的统一决策贯彻执行。

全国人民代表大会及其常务委员会在国防建设方面的职权主要有:

决定战争与和平的问题;制定有关国防方面的基本法律;选举中央军事委员会主席;根据中央军事委员会主席的提名,决定中央军事委员会其他组成人员,并有权罢免以上人员;审查和批准包括国防建设计划在内的国民经济和社会发展计划以及计划执行情况的报告;改变或者撤销全国人民代表大会常务委员会在国防方面的不适当决定,监督中央军事委员会的工作。

中华人民共和国国防部是国务院的军事部门,领导和管理国防建设事业。凡需由政府负责的军事工作,经国务院做出相应决定后再通过国防部或以国防部的名义组织实施,并由总参谋部、总政治部、总后勤部、总装备部分别办理。国防部在接受国务院领导的同时,也接受中央军委的领导。

1982年9月,第五届全国人民代表大会第五次会议通过的第四部宪法规定,设立中华人民共和国中央军事委员会,领导全国的武装力量。与此同时,中共中央军事委员会继续存在,其职能和人员组成均与国家中央军委完全相同。这表明中央军委同时有两个名义:一个是中共中央军委,一个是国家的中央军委,从而确立了党和国家高度集中地行使领导职权的国防领导体制。党的中央军事委员会负责党和国家的最高军事决策和军事指挥,根据党的路线、方针、政策和国家的安全与发展需要，确定国家军事战略，领导和组织国防与军队建设；它是中国人民解放军的最高统帅机关，其组成人员由中国共产党中央委员会决定。国家的中央军事委员会实施对全国武装力量的领导，由主席、副主席、委员组成，实行主席负责制；主席由全国人民代表大会选举产生，对全国人大及其常委会负责；其他成员由全国人大或其常委会根据主席提名决定；任期与每届全国人民代表大会任期相同。

中央军委之下，设有人民解放军总部机关，即中国人民解放军总参谋部、总政治部、总后勤部、总装备部。总参谋部是中央军委领导下负责组织武装力量建设和作战指挥的军事领导机关。总政治部是中央军委领导下负责军队政治工作的领导机关。总后勤部是中央军委领导下负责军队后勤工作的领导机关。总装备部是中央军委领导下负责全军装备工作的领导机关。各级人民武装委员会是群众武装建设的专门机构，其主要任务是研究贯彻党中央、国务院、中央军委有关民兵建设的各项方针、政策和指示；根据上级地方党委和军事机关的批示，结合本地区情况，研究解决民兵工作中的重大问题；研究贯彻有关民兵动员和复、转、退伍人员安置工作的方针、政策。

中华人民共和国武装力量由中国人民解放军现役部队和预备役部队、中国人民武装警察部队及民兵组成。人民解放军是国防力量的骨干，是抵抗侵略、维护国家主权的主要力量；武警是担负国内安全保卫任务的武装部队；民兵是人民解放军的助手和后备力量。国家武装力量的基本任务是巩固国防、抵抗侵略、保卫祖国、保卫人民的和平劳动、参加国家建设事业、努力为人民服务。

二、国防建设的成就

建国五十多年来，我们取得了国防建设的辉煌成就。这些成就主要体现在军队建设、国防科技与国防工业、国防动员三个方面。

1. 建设了一支现代化的合成军队

(1)优化结构。通过调整军队编制体制，变革军事力量结构，科学合理地确定各军兵种比例、战斗部队与保障部队比例、官兵比例等，以求军事力量实现合成化，实现整体优化。

陆军从最初的“步兵老大哥”发展至今，已经成为融以装甲兵和步兵组成的地面突击力量，以炮兵、防空兵、陆军航空兵组成的火力支援力量，以侦察兵、通信兵、工程兵、防化兵和电子对抗专业部(分)队组成的作战保障力量，以运输、输油管线、卫生、气象、军需等专业部(分)队组成的后勤保障力量，以装备供应、修理、器材等专业分队组成的装备技术保障力量为一体的集团军，堪称铁甲雄师，大大提高了现代条件下的合成作战能力。

如今陆军中装甲兵、炮兵、陆军航空兵等技术兵种所占的比重已达70%。部队的机动作战、火力打击等能力今非昔比。海军已发展成为拥有水下潜艇、水面舰艇、航空兵、陆战队、岸防部队五大兵种的海上精锐之师，具备现代海上综合作战能力，也可协同其他军种进行海上作战。空军已拥有航空兵、空降兵、地面防空兵、雷达兵等诸多兵种，具备较强的空中攻防作战能力。在全国范围内，构成了航空兵和地面诸兵种合成的完整防空体系。第二炮兵是我军的一个新军种，起步虽晚但发展快，目前已形成了核导弹与常规导弹兼有，近、中、远程和洲际导弹齐备，能独立或协同其他军种对敌实施自卫核反击和纵深常规打击能力；特别是核潜艇导弹和车载式机动洲际导弹的发射成功,标志着我国具有了机动、隐蔽的二次核打击能力。

总而言之,50多年来,中国人民解放军由单一军种发展成为诸军兵种合成的强大军队,高技术兵种已成为我军战斗力的骨干力量。

(2)提高素质。当前,现役人员的学历结构发生了重大变化。仅改革开放30多年来培养的近百万新生军官中,有15万余人获本科以上学历,其中2万余人获硕士学历,此外,还培养了函授学员20余万人。目前,全军有65%以上的军官获得大专以上学历,23%以上的军官获得本科以上学历。我军军官队伍的整体素质,特别是科学文化素质发生了根本性变化,为国防现代化奠定了基础。

(3)强化训练。军事训练逐步实现系统化、科学化、现代化。首先是改革训练体制,对于新兵和技术兵,由各单位、各部门的分散训练,转变为教导团、训练团、训练基地的集中训练;对于干部,实行在职训练与进校训练相结合;初、中、高级干部必须进行相应的院校培训。其次是改革训练内容,由重点抓士兵训练转到抓干部训练,由传统的“三打三防”训练(打坦克、打飞机、打空降,防核、防生物、防化学武器)转到现代的新“三打三防”训练(打隐形飞机、打巡航导弹、打武装直升机,防精确打击、防电子干扰、防侦察监视),由单一兵种训练转到诸军兵种合同训练、联合训练。再次是训练手段日益现代化,由实兵训练转变为作战模拟训练,以模拟器材代替实枪实弹。训练手段的现代化,缩短了训练周期,节约了训练经费,提高了训练质量。

2. 形成了综合的国防工业和国防科研体系

1949年新中国成立时进行了第一次大阅兵。当时参加阅兵的装备是“万国牌”的,大部分是缴获的,有美式卡车、飞机和火炮,有日本的坦克、飞机和小高炮,还有英制的枪支。海军只有2个排,空军只有17架缴获的飞机。

1954年国庆5周年进行了第二次大阅兵。当时参加阅兵的装备,不论是车辆、火炮,还是坦克、飞机,基本上都是苏式的。那个时候,我国的国防工业和科研刚刚起步,主要是引进一些装备。

1959年国庆10周年进行了第三次大阅兵。第一个接受检阅的坦克方队,装备的是我国制造的59式中型坦克;在受阅的6种型号的火炮中有5种型号是我国自己制造的;从天安门上空飞过的,也是我们自己制造的“歼—5”型飞机。

1984年国庆35周年进行了第四次大阅兵。那次阅兵使用的全部都是国产的新式装备,主要有:作战飞机117架,包括战略导弹在内的导弹189枚,坦克装甲车205辆,火炮126门,火箭布雷车18辆,轻武器6429支,汽车2216辆,46个方队或飞行梯队。在此次阅兵中战略导弹是第一次对外展示,充分说明我国的国防工业和国防科研已具有自主研制、自主生产的能力。

1999年国庆50周年进行了第五次大阅兵。主战坦克更新换代为88式和90式,步兵登上了新式步兵战车、新型履带式装甲输送车,队伍里有了防空导弹方队、自行高炮方队。两人操作的一门4管25毫米自行高炮的火力足以顶上20世纪80年代的一个高炮连。蓝白相间的4种型号的海军舰空导弹、舰舰导弹方阵,装备着我国20世纪90年代自行研制生产的、具有低空反导能力的舰空导弹和反舰导弹。16台白色和16台深绿色的"一车四箭"新型导弹发射车，是具有当代先进水平的防空武器。我战略导弹部队向世界展示的，都是当今世界上最现代化的固体地地导弹。空中飞行的拥有132架战机的10个梯队，首次由陆海空三军航空兵联合组成，无论是兵种构成、梯队规模、飞机数量还是装备性能都是我军阅兵史上前所未有的。被称为"中国飞豹"的歼击轰炸机，具有很强的对空对地攻击能力。第一次公开展示的空中加油机，向人们传达了一个新的信息：中国空军远程作战能力已取得战略意义上的突破。陆军航空兵武装直升机和攻击直升机预示着今天的陆军已具备了"空地一体"的立体作战能力。

2009年国庆大阅兵是我们党执政能力和综合国力的充分展示。这次阅兵达到了"四个一流"即一流的组织领导、一流的武器装备、一流的训练成果和一流的精神面貌。参阅陆军涵盖主要兵种专业，海军、空军、二炮展示了最新型的武器装备，可以说这次阅兵参阅要素之全、装备之多、兵种专业之广都是以往历次阅兵所没有的。

航天工业：我国已成为世界上少数几个能独立研制和发射人造卫星，第三个掌握卫星回收技术，能够提供国际航天发射服务的国家，跻身于世界空间大国的行列。从1970年4月24日成功发射了第一颗人造地球卫星以后，我国又成功研制和发射了科学技术试验卫星、返回式卫星、地球同步静止轨道通信卫星、气象卫星等多种多颗人造卫星，初步形成了通信、气象、科学试验和对地观测卫星系统。我国长征运载火箭已形成比较完整的系列，先后共进行了多次发射，成功地发射了近百颗国内外卫星。1980年5月18日，我国向南太平洋发射的远程运载火箭，准确地命中目标，这标志着我国运载火箭技术达到了一个新水平，同时也说明我国完全有发射洲际导弹的能力。我国自行研制的长征系列运载火箭已具备发射地球近地轨道、地球同步静止轨道和太阳同步轨道等多种轨道、多种载荷卫星的能力，可以满足现有国内外不同类型卫星的发射需要。1981年9月20日，我国一箭三星发射成功，这也是我国空间技术的一次重大突破。此外，我国还用长征二号丙改进型火箭，6次以"一箭双星"的方式将美国铱星送入预定轨道。近10年来我国在国际商业发射服务市场所占份额约为7%至9%，我国还先后与70多个国家建立了航天领域的技术交流与合作关系。"神舟"号宇宙飞船的成功发射和空中对接顺利返回，结束了少数大国垄断太空的历史，并将极大地推动我国国防工业的发展。

船舶工业：为中国人民海军设计建造的包括核潜艇在内的各类舰艇、辅助船舶达100余万吨。1971年8月23日，中国第一艘核潜艇首次以核动力驶向试验海区。1974年"八一"建军节，中央军委命名第一艘核潜艇为"长征一号"，正式编入海军序列，中国海军由此跨入世界核海军的行列。1981年4月，中国第一艘弹道导弹核潜艇下水。"远望"三号、四号航天测量船、大型综合补给船等军辅船舶已装备部队，大大增强了中国人民海军的战斗力。自1985年至今，海军军舰编队十余次出访外国，跨越印度洋、大西洋、太平洋，出访的6个种类的23艘(次)舰船全部是我国自行建造的，充分显示了我国船舶工业的实力。

航空工业：自1956年10月第一架喷气式歼击机研制成功，到目前为止，我国已研制生产了包括歼击机、强击机、轰炸机、运输机、侦察机、直升机等在内的多种军用飞机，以及1400多架民用飞机。我国还有相当数量的飞机具有可投放核武器的能力，具有机动核反击的能力。以"歼—8"系列为代表的一批高空高速歼击机,特别是"飞豹"歼击轰炸机,可与世界上先进的作战飞机相媲美。

3. 建立了比较完善的国防动员体制

常备军和后备力量是现代国防的两大基本要素。我国实行的是解放军、武装警察部队和民兵"三结合"的武装力量体制。精干的常备军与强大的后备力量相结合,形成了以常备军为骨干、后备力量为基础,二者互为补充、互相依赖、协调发展的国防力量统一体。当前,我们已经基本建立了一套比较完善的国防动员体制,基本做到了平时少养兵、养精兵,战时多出兵、出好兵,迅速将国防潜力转化为军事实力。

(1)健全了国防动员机构。动员,包括人力、财力、物力诸方面的动员。因此,国家的动员领导体制是一个涉及各个领域的复杂体系。我国的动员体制,是在中央军委下设人民武装委员会,负责指导和协调全国后备力量建设和动员工作。国务院部分部委设有动员机构;各省、市、自治区的政府动员机构,有的设在计委或经委,有的设在国防工办或机械电子工业厅局。同时,我们还设有国家交通战备领导小组,这是由铁道、交通、邮电等部门和总后勤部军事交通部的各系统的最高机构共同组织的交通战备领导组织。

军队从总部机关到各集团军、海军基地、军区空军、第二炮兵基地都设有动员机构和动员军官,特别是在大军区一级设有动员部。省军区、军分区、人民武装部,既是同级党委的军事部门,又是政府的兵役机关,是集后备力量建设与动员工作于一体的机构。

(2)建设了强大的后备力量。国防后备力量包括预备役部队和民兵。如果说常备军是国家武装力量的主体,那么,国防后备力量则是常备军的力量源泉和动员扩编的基础,是在和平时期制约战争、维护和平的重要国防威慑力量,是夺取未来战争最后胜利的战略力量。1984年5月全国人大通过的新《兵役法》,确立了我国民兵与预备役相结合的国防后备力量体制,本着"控制数量、提高质量、抓好重点、打好基础"的原则,到1987年各大军区都建立了预备役部队,按解放军的编制组建,有正式的番号和军旗,实现了我国国防后备力量的新发展。在50周年国庆大阅兵中,臂挂"Y"字臂章的预备役部队,与首都民兵一起,分成三个方阵,同在阅兵序列中。目前,我国民兵已发展成为一支拥有炮兵、防空兵、通信、工兵、防化以及海、空军等专业技术分队的强大群众武装。预备役部队已拥有不同军兵种的师、团和专业技术部(分)队,其快速动员和执行作战任务的能力大大提高。

三、国防建设目标和政策

(一)国防建设目标

1. 建立强大的国防军

在长期的革命战争中,由于客观历史条件的限制,人民解放军基本上是靠步兵作战。中华人民共和国成立后,毛泽东提出了建立强大的国防军的思想,对如何建立强大的国防军提出了基本要求,并采取了一系列措施和步骤。强大的国防军必须是现代化的诸军兵种合成军队。解放战争后期和建国初期,随着武器装备的发展,人民解放军在陆军的基础上组建了海军和空军,后来又组建了战略导弹部队,并逐渐增加了炮兵、装甲兵、工程兵、通信兵、防化兵等特种兵在军队员额中的比例,从而由单一的陆军发展成为诸军兵种合成的现代化的军队。强大的国防军必须实行正规的体制、编制和制度。毛泽东指出：与现代化装备相适应的，就是要求部队建设的正规化，就是要求实行统一的指挥、统一的制度、统一的编制、统一的纪律、统一的训练。为此，中央军委先后颁布了一系列条令、条例和军事法规，建立了正规的体制、编制和制度，改变了过去那种不集中、不统一、纪律不严和游击习气等问题。

现在，人民解放军正向精兵、合成、高效的方向不断发展。强大的国防军必须建立高效能的司令机关。在现代战争条件下，没有健全的、具有头脑作用的、拥有科学的组织和分工的司令机关是不行的。在建立诸军兵种合成军队的同时，人民解放军加强了各级司令机关的建设，挑选了一批优秀的、富于组织和指挥才能的指挥员到各级司令机关中工作，创造了司令机关新的作风和新的气象。

强大的国防军必须掌握先进的军事科学技术。建国以后，中央军委十分重视部队的教育训练，举行了多种规模、多种样式的诸军兵种协同作战演习，提高了部队在现代战争中的协同作战能力，并陆续创办了100多所军事院校，形成了初、中、高三级院校培训体制，为军队培养了一大批掌握先进军事科学技术的指挥人才和专业技术人才，在建设强大的国防军的过程中发挥了重要作用。

毛泽东等老一辈革命家关于"建立强大的国防军"的思想，是对马克思主义关于人民军队建设学说的继承与发展，为我们在新的历史条件下加强人民解放军的现代化建设指明了方向。党的十一届三中全会以后，邓小平发出了建设强大的现代化、正规化革命军队的号召，强调要在国民经济不断发展的基础上，改善武器装备，加速国防现代化。这是对"建立强大的国防军"思想的继承与发展。目前，人民解放军正沿着建设强大的现代化正规化革命军队的道路，为达到政治合格、军事过硬、作风优良、纪律严明、保障有力的要求而继续奋斗。

2. 建设强大的国防后备军

国防后备军，是除现役部队以外的一切可用于战争或为战争服务的后备武装力量的总称。它是国家武装力量的重要组成部分，主要包括民兵、预备役组织和人员，以及人民防空、交通战备专业队伍等。建国初期，中国的国防后备军主要指民兵，它是惟一的群众性武装组织，是中国人民解放军的有力助手和后备力量。

1949年9月，第一届政协会议通过的《共同纲领》规定，中华人民共和国实行民兵制度，保卫地方秩序，建立国家动员基础，并准备在适当时机实行义务兵役制。

1952年5月，中央军委发布了《关于加强民兵建设的指示》，对民兵的组织、政治教育和军事训练提出要求。

1952年12月，中共中央发布《关于实行普遍民兵制准备实行义务兵役制的宣传教育指示》，进一步强调：实行普遍民兵制度尤其是基干民兵制度，并准备实行义务兵役制，建设强大的国防后备军，这是目前国防建设的重要组成部分，是使我们的军队完全走上正规化、现代化的重要条件之一。

1955年，中国颁布第一部《中华人民共和国兵役法》，决定在全国实行义务兵役制，同时还决定实行预备役制度，从而使国防后备军由原来单一的民兵组织发展成包括民兵、预备役人员及其他专业队伍在内的武装组织，使得中国的国防后备军结构更趋完善。

1957年6月，中央军委发布《关于改进兵役工作的指示》，决定将民兵和预备役合而为一，即服预备役的就要参加民兵，民兵就是预备役，民兵工作就是预备役工作，预备役的组织形式就是中国既有的民兵组织。民兵与预备役合而为一，不仅使民兵组织得到了加强，也使预备役工作有了较大的改进。

1962年6月，毛泽东发出民兵工作“三落实”的指示，纠正了民兵工作中出现的一些问题，保证了民兵建设的健康发展。

1984年5月，六届人大通过并颁布了第二部《中华人民共和国兵役法》，明文规定“中华人民共和国实行义务兵役制为主体的义务兵与志愿兵相结合、民兵与预备役相结合的兵役制度”，从而在法律上确立了中国的后备力量建设制度。以后，中共中央又进一步提出了民兵、预备役工作“减少数量，提高质量，抓好重点，打好基础”的“十六字”方针。经过几年的调整、整顿，民兵数量大为减少，质量更高，民兵组织结构更趋合理，队伍更为精干，更能适应战备的要求。同时，在全国各重点地区还组建了各军兵种的数十个预备役师(团)的数十万预备役部队，并逐步开展了预备役人员登记和学生军事训练工作，开展了广泛深入的国防教育活动，从而使国防后备力量的建设进入到一个新的历史发展时期。

3. 民兵和预备役相结合

建国以后，在坚持民兵制度的前提下，我国曾于20世纪50年代中后期实行过预备役制度。1955年颁布实施的第一部《中华人民共和国兵役法》，在实行义务兵役制的同时，重点抓了预备役建设，但对民兵制度的建设有所忽视。1957年6月，中共中央发出《关于改进兵役工作的指示》，决定将民兵和预备役合而为一，缓解了民兵工作和预备役工作之间的矛盾。

20世纪80年代初，在认真总结经验的基础上，参照外国预备役建设的情况，从适应未来战争的需要出发，总参谋部提出把民兵和预备役结合起来。1984年5月，六届人大第二次会议通过了修正的《中华人民共和国兵役法》，确立了民兵与预备役相结合的后备力量建设制度。该法规定：凡18~35岁符合服兵役条件的男性公民，除应征服现役者外，均编入民兵组织服预备役，退出现役符合继续服预备役条件的人员，也编入民兵组织服预备役。基干民兵为第一类预备役，普通民兵为第二类预备役。为建立民兵组织服务的单位，按照规定对符合服兵役条件的人员，进行预备役登记。预备役士兵的军事训练，在民兵组织中进行，或者单独进行。民兵是不脱离生产的群众武装组织，是进行人民战争的坚实基础。战时动员所需要的普通兵员可以从民兵中获得，但训练难度较大的军官和技术兵员，必须依靠预备役制度。实行民兵和预备役相结合，既继承和发扬了民兵制度的优良传统，又完善了预备役制度，并使两者取长补短，相互补充、相辅相成，从而推动国防后备力量建设健康发展。这是建设具有中国特色的国防后备力量的重要标志之一。

(二)国防建设政策

任何一个主权国家，都要根据其相应的军事、政治、经济、科技、文化、地理以及国际环境等条件制定相应的国防政策，国防政策的正确与否，直接关系到整个国防事业的成败，具有决定性意义。

我国国防建设的基本原则是：适应国家根本利益的需要，坚持人民战争思想，提高综合国防力量；与国家经济建设有机结合，协调发展，国防建设以经济建设为基础，并服从国家经济建设大局；坚持以现代化为中心，实现国防科技、武器装备、国防人才、国防体制现代化；突出重点，以武装力量建设为主，全面提高国防建设的综合效益；遵循独立自主、自力更生的方针，把国防建设放在自己力量的基点上，发挥自身优势，学习和借鉴其他国家的先进技术；全国军民共同努力，在中国共产党中央委员会、国务院和中央军事委员会的统一领导下，党、政、军、民通力合作，齐心协力地进行国防建设。

我国的国防政策是根据我国的国防原则，结合实际情况制定的在一定时期内关于国防建设和斗争的基本行动准则，是国家政策的组成部分。我国的国防政策主要包括以下几方面内容：

①巩固国防，抵抗侵略，制止武装颠覆，保卫国家的主权、统一、领土完整和安全；

②国防建设服从和服务于国家经济建设大局，国防建设与经济建设协调发展；

③贯彻积极防御的军事战略方针；

④走有中国特色的精兵之路；

⑤维护世界和平，反对侵略扩张。

从以上内容可以看出，我国实行的是防御性国防政策。

第四节　中国的武装力量

武装力量是国家各种武装组织的统称。在新的历史时期，中国的武装力量由中国人民解放军现役部队和预备役部队、中国人民武装警察部队以及民兵组成。

中国人民解放军是我国武装力量的主体，它诞生于1927年8月1日，经过几十年的发展建设，已由单一的陆军发展成为拥有陆军、海军、空军、第二炮兵及其他技术兵种的合成军队。

一、人民解放军

（一）陆军

陆军是一支由多兵种组成的合成军队。它是在陆地上执行主要作战任务的军种，是决定陆地战场胜负的主要力量。陆军具有强大的火力、突击力和机动力，它既可与其他军种联合作战，也可独立作战，其主要任务是：抗击军事入侵，打赢局部战争，捍卫祖国领土完整，维护国家统一和社会稳定。

1. 陆军的编成及任务

陆军按其总体任务可区分为野战军（野战部队）和地方军（地方部队）。

野战军是执行全国机动作战任务的正规军，是陆地战场上的骨干和核心力量。它通常按方面军（战时编成）、集团军（军）、师（旅）、团、营、连、排、班的序列编成，分别隶属于统帅部或大军区，主要执行超区域性的作战任务。

地方军是指在一定地区范围内（省、地、县）执行地方作战任务的武装力量。按其任务性质的不同,可将地方军区分为边(海)防部队、内卫部队和守备部队。地方军通常按独立师、团、营、连、排、班的序列编成,隶属于大军区或省军区。平时,地方军主要担负本地区的警备、守卫任务,协同地方维护治安、训练民兵、做群众工作等;战时,配合野战军完成作战任务,也可在民兵的配合下独立执行游击作战任务。根据需要,地方军也可成建制地纳入野战军的编制序列,执行超区域性作战任务。

2. 陆军各兵种的编成、任务及装备

(1)步兵。是陆军进行地面作战的主要兵种。它的武器装备简单、轻便,易于保障;作战行动受地形、气象因素影响小,具有夜战、近战和艰苦环境下独立、持久作战的能力。步兵按师、团、营、连、排、班编成。其主要任务是:独立或与其他军兵种共同夺取或扼守阵地,歼灭敌有生力量;必要时,执行机降或登陆作战任务。步兵的武器装备以轻武器为主,主要有手枪、自动步枪、冲锋枪、机枪、手榴弹、火箭筒、迫击炮、无坐力炮、反坦克导弹等。此外,摩托化步兵装备有各种轮式运输车,机械化步兵装备有步兵战车和装甲运输车。

(2)炮兵。是以火炮、火箭炮、地地战役战术导弹和反坦克导弹为主要装备的战斗兵种,是陆军的重要组成部分和主要火力突击力量。它具有强大的火力、较远的射程、良好的射击精度和较强的机动能力,能突然、迅速、连续地对地面和水面目标进行火力突击,杀伤敌有生力量,摧毁敌装备和工程设施。炮兵按师(旅)、团、营、连编成。其主要任务是:压制、摧毁敌核、生、化武器、导弹发射装置和指挥、通信、控制、情报系统及后勤支援系统;与敌炮兵做斗争,击毁敌坦克等装甲目标;歼灭敌有生力量;破坏和封锁敌交通枢纽、机场、港口、空降场;破坏敌工程设施及其他重要目标;执行迷盲、照明、散发宣传品等特殊任务;必要时,在敌设置的障碍物中开辟通路等。但是,炮兵也有其显著的弱点,比如,机动性受地形、气候、道路等的影响较大,射击准备时间较长,装备较复杂,补给困难等。炮兵的武器装备主要有:加农炮、榴弹炮、加农榴弹炮、火箭炮、迫击炮、反坦克导弹、战役战术导弹等。

(3)装甲兵。是以坦克为主要装备的战斗兵种,是现代陆军的重要突击力量。它具有较强的火力、快速的机动力和良好的装甲防护力。它既可与其他军兵种联合作战,也可独立地执行作战任务。装甲兵按师(旅)、团、营、连编成。其主要任务是:以强大的火力和高速机动能力与其他军兵种共同对敌实施穿插、迂回、分割、包围、追击、反突击、反空降等行动,歼灭敌有生力量,夺占、扼守重要目标或地区。装甲兵的武器装备主要有坦克、步兵战斗车、装甲运输车、自行火炮及其他保障运输车辆等。

(4)防空兵。是以地空导弹、高射炮和高射机枪为主要装备的执行防空任务的兵种,是陆军对空作战的主要力量。它具有密集、猛烈的对空火力、较好的射击精度和较强的机动力,能在各种气候条件下打击进犯的空中目标。防空兵隶属于集团军以下的为队属防空兵,按旅、团、营编成;隶属于大军区以上的为预备防空兵,按师、旅编成。其主要任务是:实施对空侦察、警戒和空情报知行动;制止敌空中侦察;拦截和消灭敌飞机、巡航导弹及其他飞行器,保障我方主要部署和主要作战行动的对空安全;必要时,也可对敌地面和水上目标进行射击。

(5)陆军航空兵。是以军用直升机为主要装备,具有较强的机动、火力突击和勤务保障能力的兵种。陆军航空兵按团、大队、中队编成。其主要任务是:进行战场侦察;反敌空中侦察；参加夺取制空权作战；实施近距离空中火力支援；对敌纵深重要目标实施突击；实施反敌直升机作战；实施空中机动作战和反敌空中机动作战；实施空中补给、通信、校射、救护等勤务保障任务。陆军航空兵的主要装备包括攻击直升机、运输直升机和特种用途直升机等。

(6)工程兵。是担负工程保障任务的专业兵种，是陆军执行工程保障任务和以工程手段执行战斗任务的技术骨干力量。我军工程兵于1951年3月正式成立。工程兵专业种类多，机械化程度高，技术性和完成任务的时效性强。隶属于大军区以上的独立工程兵，按旅、营、连编成；隶属于大军区以下的队属工程兵，按团、营、连编成。其主要任务是：实施工程侦察；构筑指挥所及其他重要工事；构筑和维护道路、港口、机场等，开设渡场，架设、抢修桥梁；对重要目标实施工程伪装；清除敌核、生、化武器袭击后果；设置和排除障碍；设置假目标；构筑给水站；对其他军兵种、民兵和人民群众实施的工程作业进行技术指导等。工程兵的主要装备有：地雷爆破器材(包括各种地雷、布雷、扫雷器材、工程爆破器材等)、渡河桥梁器材、工程机械、伪装器材、给水设备、工程侦察器材等。

(7)电子对抗兵。是陆军中与敌进行电子斗争的主要力量。它通常不与敌进行面对面的斗争，而是通过电磁波这一特殊手段与敌进行较量。其行动具有很强的技术性、隐蔽性和谋略性，并贯穿于作战全过程，对作战行动和结局影响很大。电子对抗兵按大队、营、连编成。其主要任务是：搜索敌电子设备的辐射信号，查明其类型、参数和部署情况，协同其他军兵种对敌指挥、控制、通信和情报系统实施干扰和火力突击，破坏敌指挥协同；干扰敌武器控制、制导系统，使其不能发挥出效能；实施电子佯动和电子伪装等。电子对抗兵的主要装备有：各种类型的电子测向仪、干扰机、角反射器等电子侦察、电子干扰和电子伪装设备等。随着现代战争中电子战的广泛展开，电子对抗兵的任务、装备也在不断更新和发展。

(8)通信兵。是担负通信联络任务、保障军队指挥连续不间断的专业技术兵种。它的装备器材复杂，通信手段多样，技术性、专业性、保密性和时效性较强。通信兵按团(站)、营、连编成。其主要任务是：组织运用各种通信手段，保障军队警报、情报报知，保障作战指挥、协同和后方通信联络；建立自动化指挥系统；组织实施无线电干扰和反干扰；组织实施观察通信、导航、军邮勤务；根据上级指示，管理、调度和使用战区内的既设通信设施。通信兵的主要装备有：各种型号的短波、超短波电台、单边带电台，超短波接力机，载波电话机、收讯机以及其他各种通信联络工具和自动化指挥设备等。

(9)防化兵。是担负防化保障任务的专业兵种，是陆军对核、生、化武器防护的技术骨干力量，并同时担负喷火和发烟任务，它的专业性、技术性和完成任务的时效性强。我军防化兵于1956年1月1日成立。防化兵按团、营、连编成。其主要任务是：实施不间断的核观测、化学观察和气象观测；对受染地域实施化学、辐射侦察兼非专业性生物侦察，并对其进行监测；对沾染人员、装备等进行沾染检查和洗消；对染毒地域进行消毒；运用喷火、纵火设备配合其他军兵种消灭敌有生力量，破坏敌装备、设施；施放烟幕，掩护重要目标和重要行动的安全；组织指导部队、地方党政机关和人民群众对核、生、化武器及燃烧武器进行防护。防化兵的主要装备有：化学侦察器材、核监测器材、个人和集体防护器材、洗消车辆、喷火器、发烟器等。

(二)海军

海军是以舰艇部队为主体,主要在海洋战场执行作战任务的军种。它具有在水面、水下和空中作战的能力,既能独立地在海上作战,又能协同陆、空军和第二炮兵作战。我国海军诞生于1949年4月23日,在保卫祖国海防的斗争中不断发展壮大,为维护祖国领海主权和保卫和平做出了重大贡献。

1. 海军的编成及任务

海军是一支由多兵种组成的合成军种。目前,海军的编制序列是:军委海军——舰队、海航——基地、舰航——水警区、舰艇支队、航空兵师——舰艇大队、团。军委海军是海军的最高领导和指挥机关,下辖3个航舰队和海军航空兵部。舰队是海军担负某一海洋战区作战任务的战役军团,受军委海军和所在战区的双重领导。舰队通常下辖海军基地、潜艇部队、水面舰艇部队、航空兵部队、岸防部队、陆战队及各种专业勤务保障部队。海军基地是担负一定海区作战任务,并为辖区内驻泊的海军兵力和过往舰船提供全面保障的海军军级组织,隶属于舰队。基地通常下辖水警区、舰艇支队、岸防部队及勤务保障部队等。水警区是担负一定海区水上警备任务的海军师级单位,通常下辖轻型水面舰艇、辅助船只、岸防部队和观察、通信等勤务部(分)队。舰艇支队是由一种或几种舰艇编成的师级作战单位,是用于完成海洋战区作战任务的基本作战单位。

海军的基本任务是:消灭敌舰艇和运输舰船,破坏敌海上交通运输;袭击敌海军基地、港口和沿海重要目标;协同陆、空军进行登陆和抗登陆作战;进行海上封锁和反封锁;保卫国家海洋资源,维护国家海洋权益。

2. 海军各兵种的编成、任务及装备

(1)水面舰艇部队。是以水面舰艇为基本装备,在水面执行作战任务的兵种,是海军的基本突击力量。它可担负多种作战和勤务保障任务,具有较强的连续作战和机动作战能力。战斗舰艇部队通常按支队、大队、中队编成;勤务舰船部队根据技术性能和所担负的任务,编成不同专业性质的大队。其主要任务是:消灭敌海上兵力,破坏敌岸上目标,参加登陆、抗登陆作战,实施封锁和反封锁作战,参加夺取制电磁权、制空权和制海权斗争,担负侦察、巡逻、反潜、布雷、扫雷、护航、救生和运输等任务。海军装备的战斗舰艇主要有导弹驱逐舰、护卫舰、导弹艇、鱼雷艇、猎潜艇、布雷舰、扫雷舰、登陆舰、气垫船等;装备的勤务舰船主要有运输船、油船、水船、冷藏船、工程船、消磁船、医院船、救生船、侦察船等。舰艇上的主要武器有中小口径的舰炮、各种型号的舰舰导弹、反潜武器、舰空导弹,有的舰艇上还装备有舰载直升机。

(2)潜艇部队。是以潜艇为基本装备,主要在水下执行作战任务的兵种,是海洋战场的重要突击力量,它具有良好的隐蔽性、强大的突击力和持续作战能力。我军第一支潜艇部队成立于1954年6月19日,经过几十年的发展,潜艇部队已经拥有了包括常规潜艇和核潜艇在内的各类型潜艇,成为海军中重要的战斗力量。潜艇部队的基本编制是潜艇支队和潜艇基地。其主要任务是:对敌陆上重要目标实施核突击,破坏敌海上交通线,攻击敌各型水面舰船,实施反潜、侦察、布雷、救援、护送特种部队登陆等行动。潜艇部队主要装备有:常规动力鱼雷潜艇、核动力鱼雷潜艇和飞航式导弹潜艇。潜艇装备有各种型号的鱼雷、水雷、飞航式导弹和弹道导弹等武器,其中携带战略导弹的核潜艇是国家战略核反击力量的重要组成部分。

(3)海军航空兵。是以作战飞机为主要装备,在海洋和濒海地域上空执行作战任务的兵种。它机动性强,活动范围大,所受各种障碍限制小,是海军的重要突击力量。海军航空兵的统帅机关是海军航空兵部,海军航空兵按师、团、大队、中队编成。其主要任务是:攻击敌方海上和空中目标,袭击敌方和保护己方海军基地、港口、机场和海上交通线,夺取海洋战区的制电磁权、制空权和制海权,从空中支援、掩护己方舰艇部队的作战行动,执行侦察、巡逻、反潜、布雷、预警、通信、运输等任务。其装备的飞机与空军航空兵基本相同,主要是各种型号的歼击机、轰炸机、强击机、水上飞机、反潜机、运输机、直升机及其他特种飞机。机上装备有航炮、航空火箭弹、航空炸弹、空空导弹、空舰(地)导弹、鱼雷和深水炸弹等。

(4)海军岸防兵。以岸炮和岸舰导弹为基本装备,部署在沿海要地,主要执行海岸防御作战任务,是海岸防御的骨干力量。岸防兵能利用岛岸、岸防,依仗地形进行持久作战,既能攻击近距离的海上目标,又能袭击较远距离的海上目标。海军岸防兵按团、营、连编成。其主要任务是:突击敌方舰船,保卫基地、港口和沿海重要地段,扼守重要海峡、水道,掩护近岸海上交通线和己方舰船,支援岛岸和要塞守备部队作战等。

(5)海军陆战队。是以两栖作战武器为基本装备,主要执行登陆作战任务的兵种,是海军实施登陆作战的重要力量。海军陆战队始建于1954年12月9日,1979年12月20日正式成为海军一个兵种。海军陆战队按旅、营、连编成。其主要任务是:独立或协同其他军兵种实施登陆作战,参加海军基地、港口、岛屿的防御作战,进行特种作战、机动作战等。其装备与陆军大体相同,主要有自动化步兵武器、反坦克导弹、防空导弹、各种火炮、火箭炮、水陆两用坦克、装甲输送车、气垫船、冲锋舟、舟桥及其他特种装备和作战器材等。

(三)空军

空军是以航空兵为主体、空防合一、以航空空间为主战场的军种,它具有高速机动、远程作战和猛烈突击的能力。我国空军成立于1949年11月11日,是我军实施空中攻击和对空防御作战的主要力量。它既可协同陆、海军和第二炮兵作战,又能独立地执行作战任务,其作战行动往往对战争的进程和结局产生重大影响。

1. 空军的编成及任务

空军的编制序列为军委空军——军区空军——空军军(空军基地)——空军师(旅)。军委空军是空军的最高领导和指挥机关。军区空军是空军的战役军团,下辖空军军(空军基地)、各兵种部队和专业勤务保障部队,主要担负战区内的空军作战任务,受军委空军和所在军区的双重领导。空军军是空军的战役战术兵团,下辖各兵种专业勤务保障部队,主要担负一个方向(地区)的空军作战任务。空军基地相当于空军军,负责对责任区内的空军各兵种部队和专业勤务保障部队实施管理和指挥,主要担负某一地区(方向)的空军作战任务。空降兵隶属于军委空军,下辖空降兵部队和专业勤务保障部队。

空军的基本任务是:国土防空,实施相对独立的空中进攻作战,协同陆、海军和第二炮兵作战,实施空降作战,实施空中威慑,实施空中运输。

2. 空军各兵种的编成、任务及装备

(1)航空兵。是装备军用飞机,在空中执行作战任务的兵种,是空军的主体。它具有强大的突击力、快速机动能力和远程作战能力，按师、团、大队、中队编成。按照所装备飞机机种的不同，航空兵又可分为歼击、轰炸、强击、侦察、运输等几类。

①歼击航空兵是以歼击机为主要装备，主要打击敌空中目标的作战力量。其主要任务是：拦截、消灭敌机，掩护己方重要目标和重要作战行动的空中安全；实施空中掩护，保障其他航空兵的作战行动；参加反空降作战，拦截敌空降兵载机，消灭敌空降兵；必要时，也可对地面和水面目标进行突击。

②轰炸航空兵是以轰炸机为主要装备，主要对敌战略、战役纵深的地面、水面目标实施突击的空中力量。其主要任务是：突击敌后方重要目标，削弱敌战争潜力；突击敌机场、指挥机构、防空设施，夺取制空权；突击敌高技术兵器、重兵集团，削弱敌作战能力；突击敌交通枢纽，迟滞敌行动等。

③强击航空兵是以强击机为主要装备，主要对敌战役、战术纵深和前沿的地面、水面目标实施突击的空中力量。其主要任务是：突击敌战役、战术纵深目标，打乱敌作战部署，削弱敌作战能力；对地面部队实施近距离空中火力支援；参加空降和反空降作战；参加夺取制空权作战等。

④侦察航空兵是以侦察机为主要装备，通过目视、照相、电子、辐射等侦察手段获取敌情报的空中力量。其主要任务是：查明敌兵力、兵器部署和行动情况，检查我军对敌突击的效果。

⑤运输航空兵是以运输机为主要装备，主要执行空运、空投任务的空中力量。其主要任务是：保障地面部队的空中机动，输送空降兵实施空降作战，运送作战物资和伤员等。

除上述兵种外，我军空军航空兵装备有电子干扰机、空中加油机和预警指挥机等。

(2)地空导弹兵。是以地空导弹武器系统为基本装备，执行防空作战任务的兵种。它是国土防空的重要力量，具有较强的战斗力、较高的射击精度和机动能力，能全天候执行作战任务。地空导弹兵按师、团、营或旅、营编成。其主要任务是：担负要地防空，保卫领空主权；参加夺取制空权作战，掩护己方主要部署和作战行动的安全。

(3)高射炮兵。是以高炮为基本装备，执行防空作战任务的兵种。它具有较强的火力和机动力，按旅(团)、营、连编成。其主要任务是：担负要地、军队集团等重要目标的防空任务，必要时可对地面、水面目标进行射击。

(4)空降兵。是以伞降或机降方式投入地面作战的兵种。它具有较强的快速反应、远程作战和全纵深作战能力。空降兵按军、师、团、营、连编成。其主要任务是：夺取或扼守敌纵深的重要目标或地域，配合主力的作战行动；突袭敌纵深的指挥机构、高技术兵器所在地、重要军事设施和后方补给系统，打乱敌作战部署，削弱敌作战能力；实施敌后特种作战。武器装备主要有步兵武器和炮兵武器，此外，还装备有轻型装甲车辆及其他一些特种装备。

(5)雷达兵。是以雷达获取空中情报的兵种，是防空预警系统的主体和实施指挥、引导的主要保障力量。它具有全天候搜索、测定和监视空中目标的能力，按旅(团)、营、连编成。其主要任务是：实施对空警戒侦察，提供空中情报；保障有关部门对航空器的指挥、引导和实施航空管制。主要装备有各种型号的超视距、超远程、中远程、中近程警戒雷达。另外，还装备有各种引导雷达、航管雷达和测高雷达等。

(四)第二炮兵

第二炮兵是装备地地战略导弹武器系统，执行积极防御战略任务的重要核反击力量。我军第二炮兵部队成立于1966年7月1日,受中央军委直接领导和指挥,与海军弹道导弹潜艇部队和空军战略轰炸机部队构成了我国“三位一体”的战略核力量。

1. 第二炮兵的编成及任务

第二炮兵主要由地地近程、中程、远程、洲际等导弹部队及各种保障部队、院校、科研试验单位等组成,按基地(相当于军)、旅、营编成。第二炮兵是我国实施积极防御战略方针的战略兵种,是对敌实施核反击的中坚力量。其使命可以概括为八个字:双重任务、双重作用。双重任务是指核反击和常规导弹作战,双重作用是指威慑与实战。和平时期,不断加强建设,增强实力,发挥核威慑作用,打破敌核讹诈,为我国的政治、外交斗争服务;战争时期,根据中央军委的命令,独立地或联合其他军兵种对敌实施核反击或常规导弹突击,达成特定的战略、战役目的。

第二炮兵的基本任务是:打击敌政治、经济中心,从政治上、心理上威慑敌人;打击敌重要经济目标,削弱敌战争潜力;打击敌空、海军基地,削弱敌远程作战能力;打击敌军政指挥中心,破坏敌战略指挥;打击敌交通枢纽,切断敌补给,阻止敌机动;打击敌重兵集团集结地,杀伤敌有生力量,削弱敌作战能力;配合其他军兵种实施常规导弹攻击。

2. 第二炮兵的主要装备

目前,我军第二炮兵装备有多种型号的地地导弹,包括近程导弹(射程在1000千米以内)、中程导弹(射程在1000~3000千米)、远程导弹(射程在3000~8000千米)、洲际导弹(射程在8000千米以上)。

二、武装警察部队

武装警察部队是中华人民共和国武装力量的重要组成部分,受中共中央、国务院和中央军委的统一领导。

中国人民武装警察部队有着悠久的历史。革命战争时期,为适应对敌斗争和巩固红色政权的需要,革命根据地曾先后建立过不同名称的担负治安保卫任务的武装组织,执行保卫首长、警卫机关、肃清特务、看押罪犯、维护社会治安等任务。1938年5月,从中央保安处特务队、检查站等单位抽调部分人员,组建延安市警察队,编3个班共35人,隶属于市公安局。1947年3月,中共中央机关撤离延安时,警察队编入战斗部队,担任掩护中央机关的任务。1949年8月,根据中国人民革命军事委员会的决定,成立中国人民公安中央纵队,担负中央机关的治安保卫任务。同时,在全国其他较大的城市成立由人民解放军担任的负责城市警备任务的警备队,或以人民解放军为骨干组建的公安总队、公安大队、纠察中队;在省、地区和县,组建警卫营、连以及公安大队、保卫队、执法队等;在铁路沿线,组建保卫铁路的公安武装部队,初步形成全国性的比较完整的内卫武装系统。中华人民共和国建立以后,于1950年1~5月,全国公安武装统一整编为中国人民公安部队。随着形势、任务的变化,从1950年9月起,这支部队的领导体制和番号几经变化,先后称中国人民解放军公安部队,中国人民解放军公安军,人民警察和解放军内卫、守备部队,中国人民解放军地方部队、边防部队和人民武装警察等。1982年5~6月，先后将看押劳改犯、守护地方重要目标和警卫省、自治区、直辖市党政机关及驻华使领馆的人民解放军部队，同公安部门原实行义务兵役制的武装、边防、消防民警，组建成人民武装警察部队。1983年4月5日，中国人民武装警察部队正式成立。1985年1月，原属人民解放军基本建设工程兵的水电、交通、黄金部队列入武警部队序列。1987年8月，武装森林警察也列入武警部队序列。

（一）武装警察部队的编成及任务

武警部队自1983年重新组建后，力量逐步扩大，构成日趋复杂，任务也日趋繁重。武警部队由内卫部队和属武警序列的公安边防、消防部队和公安警卫系统以及交通、水电、黄金、森林警察部队组成。这支遍及中华人民共和国大江南北的武警部队，既肩负着保卫国内安全的责任，又肩负着建设社会主义的重任。

1.武警总部。是武装警察部队的最高统帅机关，设司令部、政治部、后勤部等机构，下辖若干个总队、专业部队指挥部和武警院校等。其主要任务是：宣传、执行党的路线、方针、政策和国家的法律；贯彻执行党中央、国务院、中央军委关于武警部队建设的方针、原则和指示；组织领导教育训练；办好院校，为部队培养合格的干部；领导部队搞好党的建设，做好思想政治工作，全面加强部队建设，完成党中央、国务院、中央军委赋予的一切任务。

2.武警总队、支队、大队和中队。是武警总部所属部队通常采用的编制序列。各省、自治区和直辖市设立武装警察总队，隶属于武警总部，同时受省、自治区、直辖市公安厅(局)领导。总队下辖若干个直属支队和各地区(自治州、市)支队。各地区、自治州、市的武警支队隶属于武警总队，同时接受所在地区公安处(局)领导。支队下辖若干个大队。各县、旗、县级市设武警大队或中队，大队为营级，中队为连级，隶属于支队。中队是武警部队的基层单位，以执勤为中心任务。

3.武警内卫部队。其领导机关为武警总部，省以下设总队、支队、大队、中队。武警内卫部队主要担负警卫党政机关和外国使(领事)馆，守卫机场、电台、工厂、仓库、科研机构，守护重要桥梁、隧道，看守和押解罪犯，追捕逃犯，对大、中城市特定地区实施治安巡查警戒，应付各种紧急、重大情况等任务。

4.武警边防部队。受武警总部和公安部门双重领导，有关部队的军事、政治、后勤接受武警总部的指导。武警边防部队在公安部设边防局，省以下设总队、支队、边防大队、边警队，在国家开放口岸设边防检查站、公安检查站。主要担负边防巡逻警戒、边境社会治安和边防口岸、机场、国际列车出入境人员的检查，以及海上巡逻等重要任务。

5.武警警卫部队。受武警总部和公安部门双重领导，有关部队的军事、政治、后勤工作接受武警总部的指导。警卫部队设警卫局，省设警卫处，地、市设警卫科(处)，并有直属警卫队。主要担负部分国家领导人、重要外宾及重大政治活动的警卫任务。

6.武警消防部队。受武警总部和公安部门双重领导，有关部队的军事、政治、后勤工作接受武警总部的指导。武警消防部队设消防局，省以下设总队、支队、大队、中队。在各级公安机关领导下开展工作，实行“统一规划，分级管理，分级指挥”的原则，主要担负消防监督和火灾扑救任务。

7.武警水电部队。在业务方面分别归公安部门和能源部门领导，有关部队的军事、政治、后勤工作接受武警总部的指导。武警水电部队设武装警察部队水电指挥部，下辖总队、支队、营、连、排、班，还有水电学校、水电工程指挥所等。主要担负国家边远艰苦地区的水电建设重点工程的施工任务，并进行一些军事训练，协同维护社会治安，战时可作为后备军事力量。

8.武警交通部队。业务上归公安部门和交通部门领导，有关部队的军事、政治、后勤工作接受武警总部的指导。武警交通部队设武警交通部队指挥部，下辖总队、支队、营、连、排、班。主要担负国家交通重点项目的建设任务，同时也进行必要的军事训练，担负维护社会治安的任务。战时，可作为军事后备力量。

9.武警黄金部队。业务上分别归公安部门和冶金部门领导，有关部队的军事、政治、后勤工作接受武警总部的指导。它实行部队的军事建制，设武警黄金指挥部，下辖总队、支队、营、连。它是以军事化的组织形式，担负国家黄金地质勘探、生产、基建和部分群众采金管理任务的专业化经济建设部队。这支部队平时除担负施工任务外，还要进行必要的军事训练，协同维护社会治安。在战争情况下，可作为后备军事力量。

10.武装森林警察部队。在业务上归公安部门和林业部门领导，有关部队的军事、政治、后勤工作接受武警总部的指导。武装森林警察部队省设总队，下辖支队、大队、中队。这个部队担负着保卫国家2500万公顷原始森林和草原的安全防火任务。

(二)武装警察部队的主要装备

武装警察部队的主要装备包括自卫防护器具、非致命性防暴武器、致命性攻击武器、交通工具和特殊用途的装备。

自卫防护器具主要有防护头盔、防弹服、防暴盾牌；非致命性防暴武器主要有警棍、电击器、催泪弹等；致命攻击武器以轻武器为主，主要有手枪、狙击步枪、自动步枪、冲锋枪、机枪等；交通工具主要有各种车辆和防暴车等；特殊用途的装备主要包括各种探测、监视、跟踪和排爆装置等。

三、后备力量

后备力量是指经过动员可以直接为战争所用，战时能迅速直接和间接参战的军事力量。后备力量在广义上是指除常备军以外，国家可以用于战时动员的精神和物质的一切力量；在狭义上只是指国家除现役部队以外的武装组织，在我国就是指民兵和预备役部队。后备力量既是国家武装力量的重要组成部分，也是常备军扩军、补充的重要来源。

(一)后备力量的编成及任务

1. 民兵的编成及任务

民兵是不脱离生产的群众武装组织，是我国武装力量的重要组成部分，是人民解放军的助手和后备力量。平时其成员各司其业，定期进行必要的军事训练，战时就地配合军队作战。民兵有着光荣的斗争历史，在历次革命战争中都发挥了重要作用。《中华人民共和国兵役法》规定，中国实行民兵与预备役相结合的制度。民兵分为基干民兵和普通民兵。基干民兵属于第一类预备役，随时准备参军参战，或执行抢险救灾等应急任务。普通民兵属于第二类预备役。民兵通常编成团、营、连、排、班。基干民兵中还设有专业保障分队。民兵的主要任务是:积极参加社会主义现代化建设,带头完成生产和各项任务,担负战备勤务,保卫边疆,维护社会治安;随时准备参军参战,抵抗侵略,保卫祖国。

2. 预备役部队的编成及任务

预备役部队是以退出现役的军人为骨干,以预备役军官和士兵为基础编组起来的武装组织,是我军后备力量的重要组成部分,是战时实施快速动员的重要组织形式。1983年我国正式组建预备役部队,它被列入中国人民解放军编制序列,并授予番号和军旗。预备役部队按师、团、营、连、排、班编成。

依照《国防法》规定,预备役部队平时按照规定进行训练,必要时可以依照法律规定协助维护社会秩序,战时根据国家发布的动员令转为现役部队。

(二)后备力量的主要装备

后备力量的武器装备与常备军中相应的各兵种大体相同,主要有各种轻武器、火炮、通信设备、工程设备等。

第五节 国防动员

一、国防动员概述

国防动员,是主权国家为适应战争需求或临时应付重大危机、自然灾害等突发情况,以保卫国家安全为根本目的,统一调动人力、物力、财力的一系列活动。国防动员实施主体是国家,即国防动员是国家行为,是国家职能的具体体现。

随着世界新军事变革的加速发展,以信息为核心的联合作战作为一种新的作战样式在改变传统作战方式、方法的同时,也必将对国防动员产生冲击和影响,使国防动员呈现出许多新的特点,诸如动员领域多元化,动员实施一体化、精确动员、联盟动员等。美军在其《2002联合构想》中指出:"在未来的军事行动中,不仅要依靠跨军种、跨国的联合,还要准备与美国政府各部门、非政府组织、私营企业以及地区性组织和国际机构合作,在政治、军事、科技、财政、军工生产、交通运输、邮电通信等多个社会领域实施广泛动员,以满足联合作战的需要。"同样,我国国防动员必须适应世界新军事变革的发展,为在未来战争中赢得主动权而有针对性地筑实动员基础。

国防动员的基本任务和内容是发展和积蓄国防潜力,形成将这种潜力转化为战争实力的机制,一旦国家需要即可快速、高效、安全地由平时向战时体制转化,从而对国家全部力量实行统一领导、控制、调整和分配,以保障国家作战的需要,尽快赢得战争的胜利。

二、形式多样的动员

(一)按规模可分为局部动员和总动员

局部动员,是指国家安全受到局部威胁,在部分地区范围内,或部分领域和部门进行的动员。它具有规模小、时间短、相对独立的特点。进行局部动员时,国家在总体上仍实行和平建设时期的政治、经济体制。如20世纪80年代我国在对越自卫反击战时所进行的动员,就属于局部动员的一种形式。

总动员,亦称全面动员,是指在国家发生全面战争的情况下,将整个国家的军事、政治、经济、文化、科技等一切领域纳入战时体制,集中统一地调动一切人力、物力、财力为战争服务。总动员通常是在国家确已发现全面战争征候或大规模全面战争已经爆发,需要举国迎敌的情况下被迫并公开实施的。如中国的抗日战争动员、前苏联在二次大战时抵抗德国侵略的战争动员,都属于总动员的类型。

(二)按性质可分为秘密动员和公开动员

秘密动员,是在各种伪装措施掩护下,隐蔽实施的动员,其目的在于,军事上出敌不意,向敌发起突然袭击或避免暴露己方的行动企图;政治上是为了避免给敌人以发动战争的口实。在战争史上,通过秘密动员而后发动突然袭击的成功战例不胜枚举。第二次世界大战苏德战争爆发前,德国以执行"海狮计划"为名对英国佯动,并与苏联签订贸易协定,有效地迷惑了苏联,掩护了战前的动员,使其"闪击"收到了巨大的作战效益。

公开动员,是公开发布动员令,宣布进入战争状态实施的动员,通常在战争即将爆发前或爆发后进行。公开动员,传播快捷,覆盖范围广,政治号召力强,是快速动员、争取主动的有效动员方式之一。

(三)按时间可分为应急动员和持续动员

应急动员,是在战争临近或遭敌突然袭击的情况下紧急进行的动员,其目的在于以最快的速度在最短的时间内形成与战争相适应的作战力量。应急动员通常包括临战动员和战争初期动员。临战动员是指在战争一触即发的情况下进行的动员;战争初期动员是指战争爆发后较短时间内所进行的动员。现代高技术局部战争的突发性、突变性不断增强,战争进程大大缩短,争取时间对战争胜负具有决定性的意义,应急动员将成为现代条件下国防动员的主要方式。

持续动员,是在战争初期动员后所进行的中、后期动员。持续动员的目的在于不断保持和增强军队的作战实力。如在海湾战争中,美国总统布什曾三次签署行政命令或授权国防部征召预备役人员服现役,并动用后备部队,以保证"沙漠盾牌"和"沙漠风暴"行动,其中,后两次动员就带有持续动员的性质。

(四)按动员内容可分为政治动员、武装力量动员、经济动员、人民防空动员、交通战备动员、科技动员和信息动员

1.政治动员。从政治上、组织上、思想上发动人民群众和军队参加战争。目的在于激发全体军民的爱国热情,动员军队英勇作战和人民群众踊跃参战支前,并积极开展外交活动和对外宣传,争取世界人民和友好国家的同情和支援。

世界上已经发生的高技术局部战争的实践表明,当今时代,政治目的对战争手段和模式的控制力越来越大,影响度愈来愈深。而政治动员作为连接政治目的与军事行为的"桥梁"与"纽带",作为实施战争动员、保证战争潜力转化为战争实力的基础和前提,作为凝聚

人心、激发斗志、争取国内国际支持的重要途径和方法,其战略地位更加突出。面对信息化浪潮给国防和军队建设带来的新挑战和新机遇,要推进中国特色军事变革、完成我军双重历史任务,做好军事斗争准备,推进政治动员创新势在必行。

2.武装力量动员。武装力量动员是指国家为了适应战争的需要,将军队及其他武装组织由平时体制转为战时体制所采取的措施,它在国防动员中居于核心地位。武装力量动员通常包括现役部队动员、后备兵员动员和群众武装及相应的武器装备和物资等动员。武装力量动员是战争初期夺取战略主动权和取得战争胜利的关键环节,对战争的进程和结局都有着极其重要的影响,特别是对战时军队扩编和战略展开,掩护国家转入战时体制、粉碎敌人的战略突袭,具有重要意义。

现代高技术条件下的战争,大量高技术兵器投入战场,武装力量的对抗比以往任何时候都激烈,对武装力量动员的速度和质量提出了全新的要求。1973年第四次中东战争,以色列在遭到突然袭击后的10分钟就发布了动员令,不到20小时,部分预备役部队就开往前线投入了战斗,48小时总兵力增加了3倍,4天时间在北线集结了22个旅、1000辆坦克、约10万人,实施了全线反攻,很快扭转了战局。1991年海湾战争,美军动员海、陆、空军52.7万人,其中技术兵员和高技术人员占了很大比例。同时,美军动员的速度也很快,其中,陆军先头部队接到总统命令后,两天就抵达沙特阿拉伯;空军两个中队(48架F-15战斗机)在下令24小时后全部升空,15小时飞抵沙特战场;海军两个航空母舰编队,在受命当天就驶向海湾附近水域。由此可见,在现代技术特别是高技术局部战争条件下,武装力量动员仍然是夺取军事优势、赢得战争的一种不可替代的战略性手段。由于军事制度、政治制度、经济基础、科学文化水平以及地理条件等方面的原因,各国武装力量在构成上各有差异,其动员的内容不尽相同。在我国,武装力量动员主要是指现役部队动员、后备兵员动员和民兵动员。

3.国民经济动员。有计划有组织地将平时经济转为战时经济。主要是重新配置经济资源,充分调动国家的经济力量,最大限度地满足战争需要。做好经济动员工作,必须坚持平战结合、军民结合,平时就要兼顾战时需要,实现民用经济与军事经济协调发展。

国民经济动员,是国家为了保障战争的需要、赢得战争的最后胜利,有计划、有组织地使国民经济由平时状态向战时状态转换的一系列活动。

4.人民防空动员。组织民众防备敌人空袭、消除空袭后果,从而保护居民、经济设施及其他重要目标安全,减少国家及人民群众生命财产的损失,保存战争潜力。

现代高技术局部战争,空袭与反空袭已成为主要作战样式,全距离、大威力、高强度的精确打击是空袭的主要作战手段,城市及重要经济目标是空袭的打击重点。对此,我们必须以"打赢"为基点,按照未来仗怎么打、今天就怎么建的要求,更新观念、调整思路,针对弱点、突出重点,积极探索、大胆创新,扎实做好军事斗争实质性准备。

5.科学技术动员。组织调整科学研究部门和专家、学者、工程技术人员,研制先进的武器装备,为军队培养、输送专业技术人才,使军队在战争中保持科学技术和武器装备方面的优势。动员对象还包括科技经费、设备和物资以及科技成果和科技情报。

科技动员是国家战时统一组织调整科学研究部门和专家、工程技术人员,从事战争所需科学技术的开发研究所采取的措施。它是战争动员的重要组成部分。其任务是:开发应用新兴科学技术,利用科研设施和成果,研制先进的武器装备,为军队培养、输送专业技术人才,使军队在战争中保持科学技术和武器装备方面的优势。科学技术动员的广度和深度,对战争的进程和结局具有重大影响。

科学技术有其自身的发展规律,一项新的成果从研究到应用需要一定的周期,为适应现代战争的特点,世界许多国家都很重视在平时就做好科学技术动员的准备,主要措施有:①制定符合国情的科学技术发展及其动员的政策和策略,编制科学技术动员计划。②努力培养现代化的专业技术人才,造就一支精干的科学技术队伍,并有计划地为国防科研战线和军队输送技术骨干。③加强科研设施建设,在关键技术领域建立国家级实验室和工业试验基地。④不断研制先进的武器装备,提高军队武器和技术装备的现代化水平。⑤密切注视和跟踪世界高科技的发展,有重点地开发对未来战争有重大影响的新兴技术。⑥加强科学技术储备,调查登记具有国防科研能力的人才、设备和具有国防用途的科研成果。⑦完善科技管理体制,形成有效的科学技术动员体系。

6.信息动员。信息战已经上升为一种主要作战样式,以指挥、控制、通信、情报、计算机为主的C^4I是系统现代化作战指挥系统的神经中枢。必须扩大信息产品生产能力,满足军队需要;组织信息技术人员、设备支援前线;调整通信网络,组织通信防卫,抢修抢建通信线路和设施,确保通信联络安全、稳定、畅通等。

当前,战争形态正在由机械化向信息化转变。信息技术水平和信息产业实力成为国防潜力的重点要素,信息资源也成为最重要的战略资源。在此情况下,国防动员建设必须适应高技术战争的新要求,把信息动员摆在突出位置,实现自身建设的跨越式发展。

三、组织领导体制

(一)动员决策机构

国防动员的最高决策机构是一个拥有高度权威的机构,它在国家遭受侵略时,宣布战争状态,决定局部动员或者全国动员,发布动员令等。我国的动员决策机构是全国人民代表大会常务委员会。中华人民共和国主席根据全国人民代表大会的决定和全国人民代表大会常务委员会的决定,有权"公布法律","宣布战争状态,发布动员令"。

动员决策机构的主要职责是:预测判断战略环境,适时做出国防动员准备决策;制定、颁布动员法律;发布动员令和复员令。

(二)动员协调机构

动员协调机构,是在各级政府中负责动员组织、计划、议事、协调的职能机构。为了使国家的人力、物力、财力在动员活动中得到合理的分配和使用,世界各国通常在中央政府设有国家一级指导、协调战争动员的机构,其成员由政府部门、社会团体和军队系统等方面的代表组成。如美国的"紧急行动委员会"、英国的"国防参谋部作战需求委员会"、法国的"国防总秘书处"、日本的"国防事务局"等。

我国为了加强对国防动员工作的领导,在各级人民政府设有国防动员委员会,下设综合办公室、政治动员办公室、人民武装动员办公室、经济动员办公室、人民防空办公室、交通战备办公室、科技动员办公室、信息动员办公室等办事机构。国防动员委员会是我国国防动员体制的重要组成部分,在实现国防动员决策中具有极其重要的辅助作用。

各级国防动员委员会负有组织实施本级国防动员工作,协调国防动员工作中经济与军事、军队与政府、人力与物力之间的关系的重要任务。其主要职责是:贯彻党中央、国务院、中央军委有关国防动员工作的方针、政策和指示;组织拟订国防动员工作的法律、法规和措施;组织制定国防动员规划、计划;检查督促国防动员法规的实施和国防动员计划的执行;协调军事、经济、社会等方面的重大国防动员工作;组织领导本地区的人民武装动员、国民经济动员、人民防空、交通战备等工作;行使党委和政府赋予的其他职权。

(三)动员执行机构

动员执行机构,既指各级政府和军队组织中负责动员工作的职能部门,又指对上级负责的下级动员机关。下级动员机关相对于上级,它是执行机关,对下级又是本级动员范围内的领导机关。政府和军队中的动员职能部门,既是本级政府或军事指挥机关的动员业务部门,又接受上一级动员职能部门的指导,其主要职责是:根据上级动员工作的指示、命令、计划,结合本级动员范围的实际,制定本级的动员计划和方案;组织实施并检查、指导、督促所属范围动员活动的展开。

四、人、财、物准备

为战时迅速实施动员,平时对人力、物力、财力进行统筹安排,是战争准备的重要组成部分,是国防建设的重要内容之一,同时也是国防动员的基础和前提条件。

(一)国防动员人力准备

国防动员人力准备主要包括军事人力准备和支援保障人力准备两大部分。

军事人力准备,主要包括保持必要的现役部队规模、组建预备役部队、组织群众武装、落实后备兵员制度等。现役部队、预备役部队、民兵、人防、交通战备等专业队伍和大中专院校学生等都属于国防人力准备的范畴。其中,现役部队称为国防常备军,除现役部队以外的一切可供国防动员使用的群众性武装力量统称为国防后备军。

支援保障人力,主要包括支援前线的人力、战时社会生产和社会管理方面的人力,它是战争力量的重要组成部分,是战时人力使用的重要方向。

支援前线人力,是战时担负各种支前勤务人员的统称。支前勤务包括:动员人民群众为军队运送弹药、给养和其他物资;抢救、运送伤员;修筑与护卫工事、道路、仓库、机场、码头等军事设施,筹集和提供生活物资、施工器材、运输工具;在后方参加为战争服务的其他各种勤务等。支援前线的人力准备,主要是做好支前人员的登记统计工作和搞好支前编组。

战时社会生产和社会保障人力,是军事人力以外的具有劳动能力的全部社会人口。对这一部分人力的安排,主要是根据战时生产、管理、生活的安排,合理区分各行业、各部门对人力的需要量。通常国家采用人口普查或抽查办法,对各种职业人口进行统计核查,以确定战时的生产规模和人力使用规划。

(二)国防动员物资准备

国防动员物资准备,是指为保障国防需要而对国家重要的物质资料进行筹集、储备和分配等一系列活动,是国防动员准备的主要内容和整个国防动员的物质基础。国防动员物资准备主要包括战略物资储备、军队物资储备和动员物资储备三种。

战略物资储备,是指国家在平时有计划建立的关系国计民生的重要物质资料的储存或积蓄,其目的是为了应付战争和其他意外情况,保障国民经济正常运行和国防需求,是国家为保障非常时期物资供应的一种重要方式。

军队物资储备,是指军队保障供应而预先进行的物资储存,是物资保障的基本内容。储备的物资主要有武器、弹药、车辆、油料、给养、被装、药材、维修零部件和军种、兵种专用物资器材等。有无充足、合理的物资储备,关系到军队建设、作战等任务能否顺利进行。

动员物资储备,是指国家直接控制和掌握的主要用于临战和战争初期急需的物资储存。是国家物资储备的重要组成部分。通常是为扩大军品生产和军队扩编,以及为保障交通运输、邮电通信、医疗救护等提供必需的重要原材料、设备、零配件和产品。在国家发生其他紧急意外情况时,动员物资储备也起应急作用。

现代高技术战争对物资的依赖性越来越大,国防物资准备的程度,将对未来可能发生的战争的胜负具有举足轻重的影响。

(三)国防动员精神准备

国防精神准备,指国家在和平时期,根据未来战争的要求,为创造战时有利的政治、精神条件,提高政治动员效能所采取的一系列措施。国防精神准备分为国内和国际两部分。国内的精神准备,就是对全国军民进行深入持久的国防教育和爱国主义教育,特别是要广泛宣传公民在国防动员中的责任和义务,增强国防观念,提高动员承受能力。国际的精神准备,就是加强同各国的友好往来和军事联系,为战时建立和扩大国际统一战线创造良好条件。

(四)国防动员组织准备

国防动员组织准备,包括完善动员体制,健全动员法规,制定动员计划等。完善国防动员体制是指在平时的国防动员准备过程中,本着组织健全、精干高效、上下贯通、责权分明、整体协调等原则,不断增强国防动员机构的领导决策和整体协调功能,确保国防动员工作落实到位。

国防动员法规,是平时进行国防动员准备,战时实施动员的法律依据。完善各级国防动员法规,既是国防动员工作规范有序的重要保障,也是增强动员效率的主要因素。国防动员法规的完善,通常本着"先平时、后战时","先基本法,后具体法"的原则,有组织、有计划、分步骤地进行,并逐步齐全配套。

国防动员计划,是国家及有关部门(行业)、地区及企事业单位,为了满足未来战争的需求,对国防动员的准备与实施预先做出的部署与安排。国防动员计划主要由综合动员计划、专项动员计划、具体动员方案等组成,其内容一般包括制定动员计划的依据,动员的任务、程序、范围、时限、要求和措施等。国防动员计划通常由上而下、分层次制定。

五、将国防潜力转化为战争实力

将国防潜力转化为战争实力,使国防动员由准备付诸实施,由计划变成行动,是国防动员的实质性和决定性阶段。将国防潜力转化为战争实力的基本程序是:

(一)动员决策

动员决策是在正确分析国家安全形势的基础上，按照法定程序对动员做出决定的过程。决定实施动员的权限属于国家最高权力机关。现代战争具有爆发突然、进程短促、强度大的特点,对动员决策提出了更高更新的要求,不仅决策要准确地符合国家安全的实际,而且必须迅速果断。

1982年英阿马岛战争时,阿根廷突然出兵攻占马岛后的当晚,英国首相撒切尔夫人就召开了内阁紧急会议,次日成立了战时内阁,并决定紧急派遣一支特混舰队远征马岛,两日后舰队主力就已起航开赴战区。英国此次作战的主要经验之一,就是政府首脑果断决策,目标明确,为迅速进行战略机动,夺取战争最后胜利创造了有利条件。

(二)发布动员令

动员令是指国家宣布转入战时状态的命令,通常分为局部动员令和总动员令,按发布动员令的方式又可分为公开和秘密两种。动员令的主要内容包括:敌国发动战争的企图和本国面临的战争危险;国家抵抗侵略、保卫疆土的意志和决心;全国或者局部地区转入战时状态的实施要求;国家战争动员领导机构的组成和权限;动员实施的开始时间及完成时限等。

(三)优化国防动员机构

国防动员机构平时与战时无论在体制上还是工作性质上均有所不同。为了保证动员机构能够快速组织各项动员工作，要强化各级政府和军事指挥机关在动员中的领导指挥职能,明确各级地方政府和政府部门主要负责人在动员中的领导责任,并赋予其相应的权力;要赋予动员领导机构较高的指挥权威,司法部门对于干扰和阻碍国防动员机构行使职权者依法严惩;要完善动员执行机构,战时由于任务的转换和加重,依靠原有的编制员额难以完成繁重的工作任务,必须对机构和人员进行充实调整;要按战时需要完善机构内部设置,并协调好相互之间的关系。

(四)修订动员计划

修订动员计划必须以国家的动员令为基本依据,由上而下组织实施。具体工作常由动员业务部门负责,并吸收有关人员参加。

我国战时动员计划的修订,由各级国防动员委员会负责,具体工作分别由人民武装力量动员、政治动员、经济动员、人民防空、交通战备、科技动员、信息动员等机构负责。修订时,如果平时计划对动员需求的预测基本准确,只需适当修改,否则就要作较大的修改,甚至重新制定。

(五)组织调动国防资源

把一切可用于战争的人力、物力、财力进行定向聚集,将其平时的使用方向改变为服务于战争。主要包括:

组织兵员动员,保证武装力量按战时编制扩编补充;国民经济各部门迅速转入战时轨道,扩大军工生产;交通运输部门迅速转入战时体制,利用交通运输线、设施和运输工具,保障军队兵员和武器装备、作战物资的运输;

组织科研部门、科研人员,有针对性地加速研制新式武器装备;疏散城市居民,健全警报系统，组织人民防空专业队伍抢修抢险，保护重要目标和交通运输线，配合军队防空作战，消除空袭后果；组织地方武装参战，组织人民群众支前，征用或购买军需物资，筹集战争经费，对公民开展宣传教育和争取国际盟友。

（六）检查与评估

国防动员的检查，通常是派工作组深入实际掌握情况、规定下级汇报制度、利用信息技术手段收集动员信息等。检查的目的在于指导、帮助下级的工作，使本级的动员意图得到落实。

国防动员的评估，通常分为阶段性评估和动员结束后的评估。阶段性评估有利于及时加强对动员工作的领导，动员结束后的评估可为总结经验提供科学依据。

六、发展趋势

科学技术在军事上的广泛应用，使得战争方式和保障需求出现了一系列新的变化。这些变化给国防动员的准备与实施带来了较大冲击。

（一）局部战争动员成为今后一段时期内国防动员的主要模式

由于国际战略格局的变化、科学技术的进步、武器装备的发展、经济条件的制约，以及世界某些地区民族、宗教、领土争端等各种因素的影响，局部战争已成为现代战争的主要形式。适应局部战争动员需要，在服从国家经济建设大局的前提下，进行适度规模的国防动员准备，是正确处理国家经济发展与国防建设的关系的必然选择。

（二）科学技术动员日趋成为国防动员的重点

在高技术条件下，动员对象的构成发生了很大变化，其中最明显的是科技要素突出，需要动员能够适用于高技术战争的人力和物力，特别是让高技术武器装备服务于战争。

把科学技术作为战争动员的重点，首先表现在，各国特别是军事大国都采取多种措施，千方百计地研制与开发高技术武器装备。而生产高新技术武器装备，必须依靠高水平的科技人员、设备和材料等。

其次，与高技术的武器装备相适应，还必须动员高质量的兵员和专业技术人才。就兵员结构而言，主要是专业技术兵及专业保障人员的比例增大。如英国在马岛战争中所动员的1500名预备人员中，绝大部分是医务、工程、机械维修和飞行员等。

此外，重点进行科学技术动员，还表现为平时大力发展科学技术，有针对性地进行科技人才、科技成果的储备。

（三）综合国力对国防动员的制约作用越来越强

综合国力是一个国家的政治、经济、军事、科技、自然资源及民族精神等方面实力的总称。现代条件下，能否卓有成效地进行国防动员，最基本的因素在于是否具有雄厚的战争潜力。战争潜力寓于综合国力之中，而不是仅仅依靠某一领域的单项实力。科威特虽然国民收入很高，但1990年在伊拉克入侵面前，没有任何还手之力，其根本原因还是综合国力薄弱。由此可见，只有大力促进国民经济增长和发展科学技术，全面提升综合国力，并在此过程中贯彻军民结合、平战结合的原则，才能积蓄强大的国防动员潜力，适应未来高技术战争条件下国防动员的需要。

(四)国防动员的内容和范围日益广泛

科学技术的进步和社会生产力的发展,引起了社会分工和协作的不断深化,新部门、新行业不断涌现,各行各业的联系日益加深,致使各个部门和行业对于国家的安全都具有不可缺少的作用。

动员的领域和对象越来越多。现代战争的需求是多领域、多方面的。国防动员涉及整个国家的各个系统、各个领域、各种对象。在世界近期的几场局部战争中,参战各国动员的物资达成千上万种。

动员的地域范围进一步扩大。高技术条件下的局部战争动员,并不意味着仅仅在局部地区进行动员,还可能涉及全国各个地区甚至于国际范围。如在海湾战争中,美陆军一次就从42个州、陆战队从24个州征召了预备役人员。美国除动员本国各工业部门加紧生产外,还要求其他盟国提供大批物资支援,德国、英国、日本、韩国、新加坡等国的一千多个公司为美军提供了3200多个品种的军用物资,价值达数亿美元。

(五)法规制度和计划在国防动员中的作用日益突出

在现代条件下,能否快速实施国防动员,除是否具备雄厚的动员潜力之外,还在于是否具有完善的国防动员法规制度和计划作保证。由于科学技术的发展和社会分工与协作的深化,社会各个领域、各个经济部门、各个生产环节之间的联系更加紧密和复杂。例如,科技与经济,工业与交通、通信,人力资源与科技、教育,主体生产部门与配套生产部门之间,互相依托,互相制约。要使各领域、各部门、各环节能够互相配合,形成整体的有序运动,就必须有一定的规则。因此,动员法规、制度和计划完善配套了,动员对象向战争领域转变才能迅速有效。

思考题:

1.国防的含义是什么?

2.国防有哪些基本类型?

3.国防法规的含义是什么?

4.我国的国防建设目标是什么?

5.我国武装力量由哪几部分组成?

第二章 军事理论

第一节 中国古代军事理论概述

一、中国古代军事理论的形成与发展

战争,作为人类社会发展到一定历史阶段的产物,始终伴随着中华文明发展的进程。丰富多彩的战争实践,为中国古代军事理论的产生和发展提供了丰厚的土壤。

(一)上古至秦汉:中国古代军事理论的孕育和形成

早在原始社会末期,华夏先民们便已经开始尝试总结战争实践经验,探索战争的奥秘。原始部落战争在远古时代就有了,通过传说保留在古文献里。相传约公元前3000年,中国就出现过黄帝、炎帝、蚩尤部落间的战争,以后又有尧、舜、禹攻三苗之战。从一些保存在中国古代典籍里的零星资料看,在这些战争中,人们就开始了对战争问题的思考。

夏、商、周是奴隶制社会形成和发展的时期,也是中国古代军事理论孕育和逐步产生的时期。夏朝是我国军事史的开端,也是作战指挥开创之时,是原始公社解体、奴隶制确立的分水岭,从此战争成为阶级斗争的最高形式。约公元前2100年,夏朝已经出现了专门进行战争的军事组织——军队。夏朝的军队已由以血缘为基础的武装发展到以地域、财产为基础的奴隶主国家的武装,贵族军制也渐趋完善。军队的出现,标志着作战指挥开始成为现实。

到商朝时,青铜兵器取代石兵器成为主要武器,车战成为主要的作战方式,车兵为主要兵种。车战在战争中具有绝对统治地位。战车成为军力和国威的象征,"千乘之国"为大国之称。

这一时期最著名的战争,有夏初的少康复国之战、周灭商的牧野之战等。近代出土的殷商甲骨卜辞中,有关于商朝军队追击、袭扰、用间战法的记载,说明人们在这些战争中已注意谋略的运用。在我国早期古代文献《尚书》《诗经》中,也可以看到记述夏、商、周战争的内容和一些军事谋略思想。《周礼》对西周的军事制度和军事职官,有相当详细的记述。根据资料推断,最迟在春秋中期以前,《军政》《军志》《令典》等"舍事而言理"的专门的军事著作已经问世,这可以被认为是中国古代军事理论产生的一个重要标志。夏商时期的军事理论是散见于国家的典章法令和其他文献之中的,这说明当时的军事思想只能从古代文献典章中

的一些军事理论片断中得到反映。

春秋战国时期是中国社会由奴隶制向封建制过渡的剧烈动荡和变革的时期，也是中国古代军事理论兴盛发展并逐渐走向成熟的时期。社会的急剧变革和动荡，为一大批社会地位较低的文士投身政治军事舞台、施展自己的才华和抱负提供了机遇和条件。他们或聚徒讲学、授业传道，或游说诸侯、著书立说，形成了百家争鸣的局面。另一方面，在富国强兵的政策中，军事上首先得到改进的是武器。春秋时期的青铜兵器有了较大改进，变得更轻便和更有杀伤力。同时，随着冶炼技术的发展，更锋利坚硬的铁制武器便被发明和逐渐应用于战场，这标志着中国社会开始进入以铁兵器代替铜兵器的时代。这一时期，铁兵器逐步武装了军队，步兵、骑兵和舟师等新兵种在战争中发挥了更大的作用，郡县征兵制和募兵制取代世袭兵制。由于争霸和兼并战争日益频繁，战争在社会生活和国家兴亡中的地位更加重要。作战规模的扩大、作战样式的变化、作战方法的创新，使人们对战争的认识更加全面、深刻，战争成为诸子百家关注和探讨的最重要的课题之一。他们或倡导义战，反对杀人"盈城盈野"的兼并战争；或诅咒"兵者为不祥之器"，强调"柔弱胜刚强"；或主张"兼爱非攻"，严密城守。总之，他们各抒己见，议论风生，形成了"境内皆言兵"的局面。兵家学派更是异峰突起，引人注目。其代表人物，如孙武、吴起、孙膑等，不仅直接活跃在战争舞台上，或登台拜将，或运筹帷幄，还写下了《孙子兵法》《吴子》《孙膑兵法》等一批军事理论的定鼎之作。这一时期，兵家内部各派既互相论辩驳难，又互相交流启发，有力地促进了军事理论的活跃与繁荣。战国时齐威王甚至专门建立了稷下学宫，请来自各诸侯国的学者在这里讲学著述。据说，至今保留在《管子》中的许多论兵篇章就是这些讲学活动的记录。为了创立和实践新的军事学说，军事家们呕心沥血，身体力行，他们在继承商周以来军事学说的基础上，驱除了弥漫在军事决策领域的占卜迷信的思想迷雾，摒弃了"仁义礼让"、"不鼓不成列"等陈腐戒律，以国家利益为战争决策的出发点，以克敌制胜为军事学说的核心，极大地发挥了作战和用兵的艺术，中国古代军事理论的发展至此进入一个兴盛和走向成熟的时期。

中国古代军事理论成熟的主要标志，是现存最早、举世公认的"世界第一兵书"——《孙子兵法》的问世。孙子即孙武，字长卿，诞生于春秋末年齐国一个具有军事传统的家族。后因齐国政局动荡，孙武由齐国到吴国，好友伍子胥举荐他去见雄心勃勃的吴王阖闾，献上自著的兵法十三篇。他惊世骇俗的议论，新颖独到的见解，受到吴王的盛赞，而他在以军法操练宫女时毅然处死不遵守军纪的吴王宠姬的举动，则完全解除了吴王对他指挥才能的疑虑。于是孙武被任命为将军，在后来攻破楚国，威慑齐、晋的战争中发挥了重要作用。然而，使孙武名垂青史的主要不是他的军事实践，而是一部13篇、5000余字的不朽名著——《孙子兵法》。《孙子兵法》从战略的高度，围绕战争准备与战争实施两个不同的阶段，运用五行相胜、阴阳相克的朴素辩证思维以及整体思维、定量分析、逻辑推演等方法，提出"兵者诡道"、"上兵伐谋"、"避实击虚"、"兵闻拙速"、"以迂为直"、"因敌制胜"、"致人而不致于人"、"示形动敌"、"造势任势"等一系列战略战术思想，构建起中国古代军事理论的基本体系。

秦自嬴政亲政开始，先后兼并六国，第一次建立了统一的封建集权国家。从此，中国封建社会进入了上升时期。两汉继承了秦的政治制度，在巩固国家统一方面，做出了积极的贡献。秦代修筑万里长城以"用险制塞"，汉代推行军队屯田以实边固疆，这些都丰富了中国古代国防的理论与实践。秦汉时期出现的军事理论著作并不多,但值得一提的是,汉代在搜集整理古兵书、总结古代军事理论方面做了不少工作。著名军事家张良、韩信以及军事官员杨仆、任宏等人先后奉命搜集古代兵书,归纳合并古代兵法为35家,剔除其中的重复内容,分各家著述为兵权谋、兵形势、兵技巧3类,在《孙子兵法》《吴子》等众多兵书的篇目分合、文字润色上也做了大量工作,这对后来古代军事理论的继承、古代兵书的流传都有重要意义。

(二)三国至宋元:中国古代军事理论在战争实践中不断丰富和发展

三国至隋唐数百年间,统一战争、王朝更替战争、民族战争和农民起义战争交替发生,战争规模越来越大,军事活动的空间不断扩展,战火延伸至高原、荒漠、森林和海洋,出现了骑兵远距离战略迂回、大规模江河横渡、大规模城塞防御和远距离渡海登岛等一系列新的作战样式和军事行动。在这更复杂、更广阔的战争舞台上,军事家们的聪明才智得到了更充分的体现,施展出无数令人眼花缭乱的奇谋妙计,创造出骑兵以快制敌、长途奔袭、穷追猛打,步、骑、舟、车多兵种并用,水陆配合横渡江河,多路分进合击等新的战法。同时,在这一时期,伴随着国家的分裂与统一,王朝的巩固与更替,多种政治力量的逐鹿与互动,军事战略思想得到了长足的发展。不少军事家和政治家开始注重考察现实战略与长远战略的关系,探讨联盟战略、统一战略以及制定和实施现实战略的艺术。

三国时期诸葛亮的战略分析名作《隆中对》,就是其中的重要成果。这一时期理论上最大的建树是唐代兵书《唐太宗李卫公问对》和《卫公兵法》。前者勾画了中国军事理论承传的历史轨迹,深刻归纳了《孙子兵法》的思想精髓;后者阐释了前人较少涉及的战略防御和战略持久理论,对《孙子兵法》所提倡的“兵贵神速”、“先机制敌”思想是极为有益的补充。

宋代兵冗国弱,军事上实行保守消极的战略方针,与辽、西夏、金、元军队的交锋多以失败告终,南宋时甚至连保住江南半壁山河都很困难。但就经济和文化、科技发展水平而言,宋却是一个足以辉映后世的时代。管形火器的发明及其在战争中的应用,为人类战争由冷兵器时代向热兵器时代过渡带来了第一缕曙光。自火药在唐代应用于军事领域后,这一时期,人们创造了火球、火箭等燃烧性火器。南宋时发明了世界上最早的管形火器——长竹竿火器和突火枪,这是近代枪炮的先导。元军把竹火枪改进为金属火铳,为近代枪炮的诞生奠定了基础。指南针的发明和应用对军事运输技术也做出了重大贡献。这一时期,发达的印刷术也为军事理论的广泛传播提供了更为便捷的途径。一方面,鉴于自汉代董仲舒提出“罢黜百家,独尊儒术”以来,儒学已成为中国占主流地位的意识形态,一些人以崇尚仁义的儒家价值观念否定“兵行诡道”的战争法则,兵学日渐式微;另一方面,痛感于“庙堂无谋臣,边鄙无勇将,将愚不识干戈,兵骄不知战阵”的严重危机,宋人在搜集、整理和刊印军事著作上倾注了更多的精力。

中国古代军事理论,也是中华各民族在长期文化交流过程中共同创造出来的。在整个中华民族内部分裂与统一、征战与融合的过程中,中原汉文兵书大量流入边疆少数民族地区,有些被翻译成契丹、西夏、女真、满文等民族文字,中原步兵结阵布防、筑城而守的战法往往被边疆民族所效仿。由北方游牧民族最早提倡和实施的骑兵两翼冲击战术、大规模骑兵集团迂回进攻战略等,也对汉、唐时期中原王朝组建强大的骑兵集团,实施积极防御、远途奔袭的战略有不可低估的影响。

(三)明清:西方军事理论的传入与中国军事理论的完善、改造

明代和清代前期,中国的政治、经济有了新的发展,但整个封建社会则开始走向衰落。军事上,高度中央集权的统兵制度日趋巩固;中国火器技术的缓慢发展和西方军事技术的传入,火器大量装备部队并用于实战,使作战样式更加复杂;随着武学和武举的盛行,《武经七书》成为统兵将帅和武科举子的必读书。这一时期,军事理论的发展在三个方面表现得比较突出:一是出现了将儒家政治伦理思想与兵家权谋之术相结合的倾向,强调精神感化的理学、心学学说渗透到治军领域。明代抗倭将领戚继光将儒家理论思想和治兵伦理糅合在一起,编撰了《纪效新书》《练兵实记》等兵书,强调练心、练胆、练气,提倡亲上死长、视敌如仇、视死如归。明末问世的《金汤借箸》一书在戚氏治军理论的基础上,进一步概括出忠爱、敢战、守法、勤习、敦睦、信义6条训兵原则,受到清前期将帅大臣们的普遍遵奉。二是倭寇从海上频频入侵,令古老的濒海大国——中国第一次强烈意识到海防的重要性,客观上把加强海防理论的研究要求提上了日程。戚继光、余大猷、郑若曾等人在抗倭斗争中,根据当时中国海上力量衰弱的实际情况,编写了《筹海图编》等海防著作,提出应大力发展海军,建设海岛、海岸和内陆城邑多层次的防御体系的主张。三是明代中后期西方火器的传入和中国火器的发展,一定程度上冲击了中国传统的"重道轻器"的思想倾向。明代中后期,人们开始强调在进攻时,火器配置要短长相济,步兵冲锋要鸟枪、佛朗机火炮在前,三眼铳、火箭在后,骑兵则要三眼铳、火炮交替使用,以保证火力的发挥。攻城时主张用大炮轰或穴地以火药炸开城垣。防守时注意将坚固的城防工事与火器威力相结合,构筑城壕、牛马墙、城墙等多重工事,令骑墙、敌台火力相交,修建附近敌台,以台护铳、以铳护城、以城护民,凭坚城用大炮消灭进犯之敌。记载西方传教士所传军事技术的著作《火攻挈要》,论述火器部队编成和战法内容的著作《车营叩答合编》等,就反映了当时军队装备的变化及其所带来的战术进步。

以《孙子兵法》为代表的中国古代兵学是辉煌的,但就其总体而言,毕竟是属于冷兵器时代的军事理论。随着17~18世纪欧洲资产阶级革命风暴的兴起,工业革命的出现,自然科学的蓬勃发展,战争形态亦发生了翻天覆地的变化,与之相适应的西方近代军事理论也出现了。但清王朝却长期奉行"闭关锁国"政策,对西方世界的巨大变化茫然无知。只是在1840年,西方侵略者用"坚船利炮"轰开古老中国大门的时候,中国人才惊讶地发现,自己在很多方面已经落伍了。清军在鸦片战争中的惨败,使一些睁眼看世界的有识之士开始重新认识中国古代军事理论在当时的价值。魏源在《海国图志》一书中率先提出了"师夷长技以制夷"的口号,客观上提出了改造中国古代军事理论的要求。

真正对中国古代军事理论进行改造,还是在19世纪六七十年代"洋务运动"兴起之后。"洋务运动"的代表人物李鸿章在残酷镇压太平军、捻军起义的过程中,对洋枪洋炮产生了浓厚的兴趣。他就任直隶总督、北洋大臣之后,基于列强环伺的严峻局势,开始认识到,古老的中国已面临"数千年未有之变局",西方列强的精兵利器,是中国"千古未遇之强敌",只有认真学习西方军事理论,才可以"攘夷而自立"。这一时期,中国陆续翻译了一批西方军事著作,清廷内部还对一些过去奉为圭臬的军事理论观念进行激烈的讨论,引起军事理论在国防政策和战略战术各个层面上的明显变化。19世纪70年代的"海防塞防之争",纠正了以往

“重陆轻海”的传统倾向，确立了海防、塞防并重的战略格局；中法战争期间对援越问题的争论，强烈冲击了盛行多年的“宗藩”观念，代之以维护战略边疆的“藩篱”政策；对建设近代海军、修筑铁路和电报线的争论，则为增强中国军队的海上作战能力、战略机动能力和作战指挥能力奠定了思想基础。

甲午战争后，许多清醒的爱国志士不能再容忍近代中国军事改革的缓慢曲折进程，他们大声疾呼：“今之战事非廿一史之战事所有也，今之战术非孙吴兵书中战术可尽也。”他们要求改变胶执“旧日成法”、泥古不化的错误态度，广泛吸收西方军事理论精华，建立一个适应近代战争指导需要的军事理论体系。在编练新军的过程中，许多人也抨击以往的军事改革仅及皮毛、不触动传统军事理论体系的倾向，主张仿西法采用新的编制体制，实行灵活机动、发扬火力、步骑炮兵协同配合的战术。这时，仿西人致富之本、大力发展工商业、以之为国防建设基础的思想，建立完善的军事教育体制的思想，实行义务兵制度的思想，与列强争夺海权的思想等，逐渐为大多数人所接受，中国军事理论从此步入新的发展阶段。

二、中国古代军事理论的主要内容

中国古代军事理论既源远流长，又博大精深。在这一思想宝库中，蕴含着非常丰富的对军事活动规律的科学认识，体现了中华民族在军事上的无穷智慧和伟大创造力。其中，有许多至今仍极富启迪和借鉴意义的思想精华。

(一)对待战争的态度

1. 兵者，国之大事

中国古代军事理论最先体现出了人类战争意识的觉醒和对战争问题的关注。远古时期，我们的祖先就提出：“国之大事，在祀与戎。”《孙子兵法》开宗明义第一句话就是：“兵者，国之大事也，死生之地，存亡之道，不可不察也。”这种把战争和军事问题视为应站在国家存亡的高度来认识的思想，在世界军事学发展史上具有开辟鸿蒙的意义；即使在今天，也仍不失为我们观察战争和军事问题的基本视点。由此出发，中国兵家在如何对待战争的问题上，提出了许多有价值的思想，其核心是主张“战”与“不战”或“慎战”的统一。首先，他们并不一般地反对战争，而是主张正义战争，反对非正义战争，认为如果为着正义的目的，那么“杀人安人，杀之可也；攻其国，爱其民，攻之可也；以战制战，虽战可也”。其次，他们又反对穷兵黩武，轻起战端，认为兵凶战危，王者不得已而用之。《老子》中说，以杀人为乐事的好战者，是“不可得志于天下”的；孙膑还尖锐地指出：“乐兵者亡”。他们直观地看到，“兵甲者，国之凶器也”，因此，绝不可“怒而兴师”、“愠而致战”，如果依仗国大人众而肆意发动战争，就如同玩火者一样，“将有自焚之患”。在这些论述中，蕴涵着古人以“不尚战”为武德、向往和崇尚和平的思想。

2. 得道多助，失道寡助

战争的性质以及什么是战争的决定因素，历来是战争的基本问题。中国古代军事理论在这方面也比较早地走出了蒙昧状态，为人类军事文明做出了贡献。春秋时期，对战争的价值判断就开始使用“有道”与“无道”、“曲”和“直”等概念。战国时期，“义兵”、“义战”等概念更在兵家和诸子的兵论中广泛使用。中国古代兵家对待战争问题的态度虽然不尽相同，但总体上是倡义战、反暴兵。《吕氏春秋》说:“兵苟义,攻伐亦可,救守亦可;兵不义,攻伐不可,救守不可。”

在如何区分“义战”与“非义战”的问题上,古代兵家指出,正义战争是“诛暴乱,禁不义”,目的是为了“除暴救弱”、“禁暴除害”,以战争制止战争,“非争夺也”。相反,非正义战争则是为了“杀人之父兄,利人之货财,臣妾人之子女”,“利土壤之广而贪金玉之略”。这种从利益关系中寻找战争的原因,并且把战争的目的作为界定正义战争与非正义战争的分野的观点,在很大的程度上已经触及了战争的本质。

由此,中国古代军事理论进一步揭示了战争性质与人心向背、战争结局之间的必然联系。《周易》中就有“师贞,丈人,吉无咎”的卦辞,意思是说,兴兵征伐合乎正义,又有德高望重的人来指挥,就能顺利取胜而无祸咎。《孟子》更精辟地指出:“得道多助,失道寡助。寡助之至,亲戚畔之;多助之至,天下顺之。以天下之所顺,攻亲戚之所畔,故君子有不战,战必胜矣。”并说:“天时不如地利,地利不如人和。”《淮南子》进一步指出:“得道之兵……因民之欲,乘民之力,而为之去残除贼也。”意思是顺应社会发展的正义战争,代表了民众的愿望,因而能够依靠民众的力量,实现为民众“去残除贼”的目标。尽管当时所谓的“民”与我们今天所说的“人民群众”有很大的不同,但这一论述已直观地感受到了民众在战争中的主体地位和历史作用,蕴涵了极为可贵的人民战争思想的萌芽。《淮南子》还总结出“顺道而动,天下为向;因民而虑,天下为斗”的规律,以惊人的深刻性指出了人民群众是战争中的决定因素,可以看做是人民战争必胜原理的最早的阐发。

(二)作战原则

1. 安不忘战,富国强兵

国防是与国家和战争的出现相伴相生的。有国则有防,国不可一日无防。中国古人很早就认识到国防在治理国家中的重要性。《周易》提出“安而不忘危,存而不忘亡,治而不忘乱”;《司马法》明确指出“天下虽安,忘战必危”;军事家吴起在《吴子兵法》中强调“安国家之道,先戒为宝”。先戒,就是思想上要重视,要“居安思危”,真正懂得“兵可百岁不一用,然不可一日忘也”的道理,万不可以为天下太平了,就可以“息兵偃武”、刀枪入库、马放南山。历史上因为武备废弛、文恬武嬉而导致亡国灭身的不乏其人,五代十国时期的南唐后主李煜就是一个最典型的例子。李煜酷爱诗文,但对于国家武备之事却毫无兴趣。由于长期处于歌舞升平的环境,军队将领不谙军事,士兵不习战阵。当宋朝大军挥戈南下,南唐政权已危在旦夕时,李煜却依然纵情声色,直到宋军直逼南唐都城金陵城下,他还在吟诗作赋,结果“诗未成而城已破”,成了阶下囚。他后来留下的“问君能有几多愁,恰似一江春水向东流”的著名诗句,正是他亡国后悲凉、无奈心情的写照。鉴于历朝历代安危治乱的经验教训,《明宣宗实录》中说:“善为国家者,安不忘危,治不忘乱”,“是故圣人致严于武备,为之城郭,为之关防,严甲兵以守其国,规画精密,训练有方,强御以遏,兆民以宁,天下久安长治之道也。”

安不忘战,关键要“有备”。古人认为,有备才能无患,无备则后患无穷。有备,小国也不会轻易灭亡;无备,大国也将面临灭顶之灾。因此,任何时候都要“防乱于未乱,备急于未急”。可贵的是,中国古代军事思想家已经认识到,做到“有备”,巩固国防,离不开国家经济的发展。孙膑在与齐威王讨论“强兵”问题时,认为“政教”、“散粮”、“静”等儒、墨、道家的主张，“皆非强兵之急”，只有“富国”才是“强兵”之本。国不富，不可以养兵，更谈不上强兵。而富国的前提，就是要搞好农业生产。正如《管子》所说：“民事农则田垦，田垦则粟多，粟多则国富，国富则兵强，兵强则战胜，战胜则地广。”尽管这种对富国与强兵辩证关系的认识还停留在比较朴素的阶段，甚至带有重农抑商的某些局限性，但它的基本精神在今天仍不失其价值。

2. 未战先计，政出庙算

在遥远的古代，凡国家遇有战事都要先告于祖庙，计于庙堂。由此形成了中国古代兵法中用以表述战略谋划的特定概念——庙算。强调未战先计，未战而庙算胜，是中国古代兵法的一个重要思想。《孙子兵法》在讲到战争问题时指出：“夫未战而庙算胜者，得算多也，未战而庙算不胜者，得算少也，多算胜，少算不胜，而况于无算乎？”《管子》强调：“凡攻伐之道，计必先定于内，然后兵出于境”，并把“先定谋略，便地形，利权称，亲与国，视而后动”这些对战争全局的谋划活动，称之为“王者之术”。《尉缭子》也认为“兵未接而夺敌”，首要的是“庙算之论”。

如何进行“庙算”？古代兵家强调，一是要抓住战略全局，进行宏观运筹。他们指出“视远者不顾今，虑大者不详细”，反对舍本逐末，因小失大，只顾眼前，不顾长远。二是要多方考察，进行系统筹划。《孙子兵法》对战争的制胜因素进行了前无古人的概括，强调在“庙算”中要“经之以五事，校之以计，而索其情”，就是要从政治、天时、地利、将才、法制等五个方面，全面考察敌我双方的主客观条件，从而预测战争胜负的情势，制定正确的战略策略。古代兵家不仅意识到战争本身是一个复杂的社会系统，而且注重把战争作为整个社会大系统中的一个子系统来考察。在《孙子兵法》等兵书战策中，可以看到许多对战争因素进行系统分析、综合评估、量化分析、决策优化的内容。尽管由于历史条件的局限，这些论述在许多方面还是粗略的、朴素的甚至带有猜测、知觉和思辨的性质，但谁都无法否认，这里已透射出现代系统论和运筹学的科学之光，它所表现出的早熟的系统思维令人惊叹。

在进行“庙算”和战争决策时，中国古代兵家还强调要“集众智”，发挥智囊团的作用。他们指出：“智不备于一人，谋必参诸群士。”一个人的智慧和见识毕竟是有限的，如果“无谋夫策士合奇集知，以更转其不迨”，就不可能对战争的各种因素做出全面周密的分析，做出正确的决策，那么即使贤明的君主和卓越的将帅也难免失误。这种认识完全符合现代决策科学的原理。

3. 文武并用，伐谋伐交

中国古代兵家很早就意识到战争是综合国力的较量，意识到战争与经济、政治、文化、外交等的关系，指出“有文事者，必有武备；有武备者，必有文备”；“文武并用”才是“安国全军”的“久长之策”。

在对战争的战略谋划上，中国古代军事理论从一开始就形成了大战略思想的雏形。认为战争胜负是各种因素综合作用的结果，战略目标的实现不仅靠战场上的兵刃相加、刀光剑影，还需要各种斗争手段的有机配合。《孙子兵法》写道：“故上兵伐谋，其次伐交，其次伐兵，其下攻城。”也就是说，“伐谋”、“伐交”是比“伐兵”、“攻城”更高明、更有效、更能够全面实现“全胜”战略的斗争手段。所谓伐谋，就是随时掌握敌人的战略动向，洞察敌人的战略企图,从政治上揭露他,打乱其战略部署,使其师出无名,“众不得聚”;所谓伐交,就是通过外交斗争,瓦解敌人的同盟,争取“天下之众”。中国古代战争史上,有许多把军事斗争手段和非军事斗争手段结合起来,运用高人一筹的谋略和纵横捭阖的外交斗争手段,取得“不战而屈人之兵”效果的成功范例。例如,春秋时的齐桓公,在位43年,大战23次,大多以武力做后盾,以“尊王攘夷”相号召,以盟国力量为倚借,或大兵压境、直接威慑,或游说利害、断其外交,或据其城郭、绝其内外,被人称为“九合诸侯,一国天下,不以兵车”。

伐谋伐交很重要的是要善于把握大势,利用矛盾,这在多种力量相互激荡、分化组合的多极斗争格局下尤其重要。中国军事理论中有丰富的统一战略和联盟战略思想,例如“合纵连横”、“翦其羽翼”等等。《管子》提出:“善用国者,因大国之重,以其势小之;因强国之权,以其势弱之;因重国之形,以其势轻之。强国众,合强以攻弱,以图霸;强国少,合小以攻大。”这些原则,在今天的外交、军事斗争中仍然有着重要的启迪意义。

4. 兵贵神速

兵贵神速是中国古代兵家强调较多的一个思想,也是军事上带有普遍意义的一条重要法则。即使在冷兵器时代,战争对物资的消耗也是惊人的。正如《孙子兵法》所说,“带甲十万”的大军出征,需要“日费千金”,直接影响到七十万农户不能正常从事农业生产;同时久战不胜,顿兵挫锐也会造成“国用不足”,给国家财政带来极大的压力;甚至会造成敌国趁机袭占我后方本土,陷我于两面乃至多面作战的不利境地,一旦如此,即使杰出的军事人才也无法“善其后”。更重要的是,只有运动神速,才能达到出其不意、攻其不备的目的,才能赢得和把握战场主动权。因此,中国古代兵家认为,凡是实施进攻的一方,在战略上都应当速战速决,“一决取胜,不可久而用之”。速战速决原则同样适合于一般的进攻战斗,“速则乘机,迟则生变”。速战就是紧紧抓住稍纵即逝的最佳战机,趁敌人防备最薄弱、兵力最分散、指挥最混乱、士气最低下时及时予以打击和消灭,取得胜利。否则,不仅可能劳而无功,达不到战役的目的,自己还可能陷入被包围、被消灭的危险境地。古代兵家甚至认为宁可“拙速”,不为“巧迟”,“拙速”可以胜“巧迟”。当然,“兵贵神速”并不是盲目求快求速,而是需要具备一定条件的,如要形成对敌优势,抓住敌人的致命要害,要有不打则已、打则必胜的把握等。否则,就可能徒有“迅雷不及掩耳”之名,而不能行一鼓破敌之实。

5. 以正合,以奇胜

“三军之众,可使必受敌而无败者,奇正是也。”“奇正”是中国古代军事理论中的一对重要概念,一般说来,“正”指常规的用兵之法,“奇”指不拘一格的、非常规的用兵之法。古代兵家认为,“战势不过奇正”,“奇正者,用兵之关键,制胜之枢机”,“奇正之变,不可胜穷也”,“运用之妙,存乎一心”。高明的将帅要根据瞬息万变的战场情势而灵活变换奇正战法,积极主动地去夺取胜利。

在“奇”与“正”的对立统一中,中国兵法特别强调用奇的重要性,认为战争既是力量的争锋,也是智慧的博弈。“兵者诡道也”,“兵无常势,水无常形”,“战胜不复”,战争没有一成不变的法则。一味坚持堂堂之鼓、正正之旗,墨守固定、呆板的战法是愚蠢的做法,聪明的统帅必须善于用奇,出奇制胜。正如孙子所说:“善出奇者,无穷如天地,不竭如江河。”注重反常思维,讲究反常用兵,出奇制胜,构成中国军事理论的一个重大特色。在几千年的中国战争舞台上，许多妙计破敌、出奇制胜的战例，至今仍为人们所称道。

中国古代军事理论同样深刻地认识到，所谓“奇正”是相辅相成的，无“正”即无所谓“奇”，无“奇”即无所谓“正”，“奇正相生”，互相转化。孙子提出“以正合，以奇胜”的原则。《唐李问对》说：“善用兵者，无不正，无不奇，使敌莫测，故正亦胜，奇亦胜。”又说：“所谓‘形人而我无形’，此乃奇正之极致。”

6. 知彼知己，百战不殆

“知彼知己，百战不殆”，是孙子在2500多年前提出的一条极其重要的军事原则。它揭示了一个颠扑不破的真理：要想认识战争中敌我双方的矛盾，寻求制胜之方，就要深刻了解敌对双方一切方面的情况。首先，这种“知”不能是部分的、片面的。比如，对《孙子兵法》所说的决定战争胜负的“五事”、“七情”，对敌我双方的众寡、强弱、饥饱、劳逸等状况都要了解，不能知其一不知其二，或知彼不知己。其次，这种“知”不能是表面的、肤浅的。既要看到现象，更要看到本质，不能被表面现象或敌人制造的种种假象所迷惑。“知彼”重在了解敌人的整体态势，“知己”则要详尽无遗，就是古人所说的“料敌者疏，料己者密。料敌者知敌之势，料己者知己之情”。再有，这种“知”也不是静态的、一劳永逸的。战争中敌我双方的一切情况都不是一成不变的，而是处于不断的消长、升沉变化之中。因此，“知彼知己”也要贯彻于战争活动的全过程，做到随机应变，“践墨随敌”。总之，只有做到了“知彼知己”，庙算定谋、决策用兵才有坚实的基础，才可以做到“动而不迷，举而不穷”，从而导演出一幕幕威武雄壮的战争活剧来。

7. 攻战之本，在乎壹民

战争力量的源泉在哪里？这是社会历史观和战争观必须回答的一个基本问题。在中国古代，英雄史观占统治地位，但一些进步的军事理论家已经能够直观地看到人民群众的重要作用，形成了可贵的“民本”思想，阐发了许多今天看来仍不失为至理名言的精当之论。

从“民本”思想出发，他们阐述了谋攻议战必须首先争取民心的道理。《荀子》说：“凡用兵攻战之本，在乎壹民。”得民心者得天下，失民心者失天下。《吴子》说：“百姓皆是吾君而非邻国，则战已胜矣。”“是以有道之主，将用其民，先和而造大事”。而争取民心归根到底是为了更好地发挥和利用民力。《尉缭子》认为，只有把人民群众动员起来，“使民扬臂争出农战，而天下无敌矣。”《淮南子》说：“乘众人之智，则无不任也；用众人之力，则无不胜也。”

古代军事家还论述了怎样争取民心和利用民力的问题。一是要“爱民”、“利民”。《荀子》说：“有社稷者，而不能爱民，不能利民，而求民之亲爱己，不可得也；民不为己死，不为己用，而求兵之劲，城之固，不可得也。”由此他得出“爱民者强，不爱民者弱”的结论，这是非常正确的。二是要使民众明白他们是为自己的利益打仗的。《淮南子》说：“善用兵者，用其自为用也，不能用兵者，用其为己用也。用其自为用，则天下莫不能用也，其为己用，则所得鲜矣。”这在古代兵法中是不可多得的宏论。三是正确处理养兵与卫民的关系。明太祖朱元璋认为，养兵的目的在于保卫民众，他说：“蓄兵所以卫民，劳民所以养兵，兵民相资，彼此相利。”这里不仅阐明了养兵与卫民相辅相成的辩证关系，而且已朴素地意识到兵民乃胜利之本的道理，是十分可贵的。

8. 不战而屈人之兵

中国古代兵家很早就认识到杀人“盈城”、“盈野”并不是战争的目的本身,“安国全军”才是战争应追求的最理想的目标。“全胜”比“破胜”更能反映战争的目的,体现战争的效益原则。因此,战争指导和战略运用的最高境界是“不战而屈人之兵”,就是说要以实力为依托,综合运用伐谋伐交、攻心造势等多种手段,达到兵不血刃而克敌制胜的战略目的。

被人称为“可以夸耀于世界的教益无比的战略论”——《孙子兵法》以精辟的语言写道:“凡用兵之法,全国为上,破国次之;全军为上,破军次之……是故百战百胜,非善之善也,不战而屈人之兵,善之善也。”又说:“故善用兵者,屈人之兵而非战也,拔人之城而非攻也,毁人之国而非久也。”这些论述所表达的充满辩证法而又极富想像力的战略思想,为中国战略思想的大厦奠定了基石,也给世界上一切研究战略问题的人们以无穷的启迪。孙子以后的兵家大都继承了这一思想,并做了进一步的阐发。《六韬》指出:“善战者,不待张军;善除患者,理于未生;善胜敌者,胜于无形。”并且认为“上战无与战”。

中国古代军事理论的战略思维传统与西方军事学过分强调诉诸武力的思想形成鲜明的对照。当人类从第一次世界大战、第二次世界大战等空前的战争浩劫中走出之后,“不战而屈人之兵”的东方战略思想的无穷魅力已经被越来越多的人们所认识和倾倒。利德尔·哈特在其《战略论》中甚至断言,如果《孙子兵法》在西方更早一些传播,“《战争论》的影响中掺有孙子的思想的成分,从而使这种理论不失偏颇,那么本世纪两次世界大战给人类文明造成的巨大的破坏在很大程度上本可以避免……”

9. 致人而不致于人

《唐李问对》说,古代兵法“千章百句,不出于致人而不致于人而已”。这句话,可谓一语道破了军事艺术的全部奥妙,也指出了中国古代兵法的点睛之笔。所谓“致人而不致于人”,即调动敌人而不被敌人所调动,实质上论述是战争中的主动权问题。中国古代军事理论很早就认识到主动权的争夺贯穿于战争活动的始终。主动权是军队的命脉,是胜利的枢机。《鬼谷子》说:“制人者,握权也;见制于人者,制命也。”《尉缭子》也说:“善用兵者,能夺人而不论夺于人。”

在如何“致人而不致于人”的问题上,中国古代兵家把战争中一切有关主动权的问题,诸如致敌劳、致敌乱、致敌害、致敌虚、致敌误、致敌无备等,都列入“致人而不致于人”的范畴,主张在一定的客观物质的基础上,充分发挥主观能动性,示形动敌,造势任势,并提出了“先为不可测”、“以迂为直,以患为利”、“夺其所爱”、“攻敌之短”、“变客为主”、“以逸待劳”、“避其锐气,击其惰归”等一系列谋略思路,这些构成了中国古代军事理论最精彩的部分。

10. 兵无委积而亡

“委积”原是我国早在周代就建立起来的粮秣柴草等物资储备的一种制度,后来被作为战争物资储备和保障的统称。《孙子兵法·军争》写道:“军无辎重则亡,无粮食则亡,无委积则亡。”这一论断敏锐地把握了随着战争规模的扩大和时间的延长所带来的对物资储备的依赖性,正确地指出了后勤保障对战争进程和结局的决定性影响,其一般原理在今天仍没有失去其价值。

在中国古代兵家看来,只有以充足的战争物资储备为依托,将士们才会攻守自如,一切奇谋妙计才有现实的物质基础。“有积蓄则久而不匮”,“城小而守固者,有委也”,“委积”与国家、城邑的大小相适应,方能“内可以固守,外可以战胜”。为了保障“委积”的充足,古代兵家将帅提出了一些基本原则:一是以粮为先,未出兵先筹粮,“必先有含哺鼓腹之乐,而后有折冲御侮之勇”;二是以通为利,保障及时的、源源不断的粮食、军械和兵员的供应,保障运输线路的安全;三是先储先屯,通过预先的军械储备和将士平时一面屯田一面戍边,积累战争物资;四是“取用于国”与“取粮于敌”相结合,夺取敌人的粮秣不仅可以就地解决自己的军需问题,避免长途运输的烦难,还可以打击敌人的军心士气,削弱敌人的战争能力,因此,“食敌一锺,当吾二十锺”。中国古代军事理论对于后勤保障的这些认识产生于冷兵器时代是十分可贵的,随着战争形态的发展,战斗节奏的加快,战争对后勤的依赖性越来越强,我们对“委积”应该有更加深刻清醒的认识。

11. 兵有大论,先论其器

中国自古就有“工欲善其事,必先利其器”的说法。同样,中国古代军事理论也很重视武器装备对战争的作用。古代兵家很早就指出,锋利的枪戟、紧密的甲胄、能够入坚射远的弓箭,本身就是战斗力的重要组成部分。而兵器“滥恶不利”,作为正义之师也无法战胜敌人,甚至是在拿将士的鲜血和生命开玩笑。

中国古代兵家论述武器装备最有代表性的理论出自《管子》一书。该书指出:“凡兵有大论,必先论其器,论其士,论其将,论其主。”这里,武器装备被放在军队建设诸要素中第一的位置上。该书《七法》篇在谈到战争准备的八个方面时,也认为其中两个方面与兵器制造有关,“存乎论工而工无敌,存乎制器而器无敌”。对如何保障武器装备,古人提出,首先要从实战的需要出发,本着长短兵器兼顾的原则,“长以卫短,短以救长”;其次要发挥本身的技术和资源优势进行兵器生产,“取材必以时,择材必以良,而司工者又必依傍古法,顺天之时,随物之性,用人之能”;再次,平时就要加强武器储备,这样才会装备充足,质量上乘,否则“临难铸兵,岂及马腹?”需要指出的是,中国古代“重道轻器”的文化传统对兵学理论也有很大的影响,一些古代军事理论著述对武器装备或是闭口不谈,或是语焉不详。不过正因为如此,上述有关言论才显得尤为重要。

(三)治军原则

1. 以治为胜,教戒为先

战争是军队战斗力的较量。要赢得战争的胜利,必须锻炼一支攻必克、守必固的军队。中国古代兵家把军队管理的好坏与军队战斗力的强弱和战争的胜负紧密联系起来,提出了“以治为胜”的重要思想。他们很早就认识到,由于军队特殊的职能,决定了军人不能混同于普通民众,即所谓“国容不入军,军容不入国”,强调要治军以严,最重要的就是恩威并举,赏罚分明。《孙子》说:“令之以文,齐之以武,是谓必取。”所谓“恩”,本质上是以德治军,以情感人,正如《孙子》所说:“视卒如婴儿,故可以与之赴深溪;视卒如爱子,故可以与之俱死。”所谓“威”,本质上是以法治军,以刑慑人。《商君书》说:“人情好爵禄而恶刑罚”。赏之所在,人必趋之;罚之所在,人必避之。做到“壹赏”,就可以使“兵无敌而令行于天下”;做到“壹刑”,就可以使将士“止之如斩足,行之如流水”。

在实施赏罚方面,古代兵家主要强调以下原则:一是赏贵信,罚贵必。《黄石公三略》说:

“将无还令，赏罚必信，如天如地，乃可御人。”信赏可以使士卒“感心发，而玩心消”；必罚可以使他们“畏心生，而怨心止”。二是“赏不逾时，罚不迁列”。赏罚既然是激励、劝诫军吏士卒的有效手段，就要努力把握住它的运用时机，保持其时效性。《司马法》中说：“赏不逾时，欲民速得为善之利也；罚不迁列，欲民速睹为不善之害也。”《草庐经略·督战》中指出：“有功者，即于阵前赏之；退却者，即于阵前诛之。则人知有进战之利，反顾之害，故人自为战矣。”三是赏不加于功，罚不加于无罪。“赏不可以虚施，罚不可以妄加。赏虚施则劳臣怨，罚妄加则直士恨”，甚至会影响到军队内部的和睦团结。

“以治为胜”，必须“教戒为先”。古代兵家认为，军人的素质只有通过严格的“教戒”，即教育训练才能获得。“教戒”重在先行，重在平时养成。缺少“教戒”的军队势必将吏软弱无能，队伍涣散难治，官兵关系紧张，布阵杂乱无章，“入不可以守，出不可以战”；若“教戒”得当，训练有素，则“兵劲城固，敌国不敢婴也”。

“教戒”首先是思想教育。《吴子》说：“凡建国制军，必教之以礼，励之以义，使有耻也。”《兵录·教练总说》也讲到，对军队要“教以忠义，使士卒皆有亲上死长之心，然后令之执干戈、环甲胄以御敌”，“苟不得其心，彼虽精于技艺，而不为吾用。”

在军队的训练方面，中国古代兵家强调练为战、教无常和教必严、练必精等原则。要从实战的需要出发，“使平日所习所学的号令、营艺都是照临阵的一般。及至临阵，就以平日所习者用之。”要根据战争的实际灵活确定训练内容和训练方法，“因便而教，准利而行，教无常，行无常，两者备施，动乃有功。”要严格施训，“将必先告吏士，申之以三令，以教操兵起居、旌旗指麾之变法。”要“因便而教”，灵活施教，区分不同的对象，发挥不同人的体力和智力，进行有针对性的训练。这些思想对今天的军队建设仍然有重要的参考价值。

2. 总文武者，军之将也

“存亡之道，命在于将”。中国古代军事理论高度重视将帅在战争中的地位和作用，认为将帅乃“生民之司命，国家安危之主也”，并对将帅的素质修养和知识结构有十分深刻而系统的论述。

《孙子兵法》说：“将者，智、信、仁、勇、严也。”《孙膑兵法》中提出“义、仁、德、信、智”五条。《司马法》强调将帅应具备“礼、仁、信、义、勇、智”六种德行。这些要求虽然略有不同，但总起来就是要德才兼备，智勇双全，能文能武，具有全面的素质。正如《吴子》高屋建瓴指出的：“夫总文武者，军之将也；兼刚柔者，兵之事也。”

关于将智，中国古代兵法认为：“将不智则三军大疑。”所谓将智，就是要有广博的知识、高明的谋略、深远的洞察力和清醒的判断力。“上知天之道，下知地之理，内得民之心，外知敌之情，阵则知八阵之经，见胜而战，弗见而诤。”要有良好的心理素质，遇事“不愠”、“不怒”，保持清醒的头脑，不为敌人所制造的种种假象、阴谋诡计所迷惑。关于将勇，中国古代兵法认为，“将不勇则三军不锐”，“勇则不可犯”。勇包括处事果断，“见利不失，遇事不疑”。“好谋而无决”是军之大忌。《六韬》说：“用兵之害，犹豫最大；三军之灾，生于狐疑。”将勇不是蛮勇，要“临事而惧，好谋而成”，“静以幽，正而治”，“治众如治寡”，“出门如见敌”，“虽克如始战”，“法令省而不烦”。关于将仁，中国古代兵法认为，将帅要“进不求名，退不避罪，惟人是保”。要有以身许国、马革裹尸的精神，要有仁爱宽厚、严于律己的情操，“将受命之日忘其家，张军宿野忘其亲，援枹而鼓忘其身”。关于将信，中国古代兵法强调，将帅与士卒要生死与共。“是视卒如婴儿，视卒如爱子”，“先之以身，后之以人”，“暑不张盖，寒不重衣，险必下步，军井成而后饮，军食熟而后饭，军垒成而后舍，劳役必以身同之”。关于将严，中国古代兵法强调从严治军，信赏明罚，“赏不逾日，罚不还面”。这些关于将帅素质和德行的格言，反映了将兵治军的普遍规律，千百年来成为每一个为将者的座右铭。在这种军事思想的熏陶下，中国古代涌现出了众多卓越的将帅，他们或以精忠报国、治军有方而名垂青史，或以“运筹于帷幄之中，决胜于千里之外”而扬名天下，谱写了许多令人叹为观止的战争篇章。

三、中国古代军事理论的主要代表著作

（一）《武经七书》

《武经七书》又名《武学七书》，或简称《七书》，即《孙子兵法》《吴子》《司马法》《六韬》《尉缭子》《三略》《李卫公问对》。它们是宋神宗年间校订的我国第一部兵士丛编，是我国古代战争实践经验的概括总结，是古代军事理论的精华，是古代兵书的代表，也是我国由官方刊行的军事教科书。它们对后代军事学的发展和战争实践都有很大的指导作用。

1.《孙子兵法》简介

《孙子兵法》亦称《孙子》《吴孙子兵法》《孙武兵法》，春秋末孙武所作。它是我国古代的军事名著，是我国现存最早的兵书。该书今存13篇——《计》《作战》《谋攻》《形》《势》《虚实》《军争》《九变》《行军》《地形》《九地》《火攻》《用间》。《孙子兵法》的13篇可分为3个部分：第一部分由《计》《作战》《谋攻》《形》《势》《虚实》组成，侧重论述了军事学的基础理论和战略问题，强调战略速决和伐谋取胜，还包括对战争总计、实力计算和威慑力量的深刻认识；第二部分由《军争》《九变》《行军》《地形》《九地》组成，侧重论述了运动战术和地形地貌与军队配置、攻防战术和胜败的关系；第三部分由《火攻》《用间》组成，侧重论述了战争中两个具有特殊性的问题。

《孙子兵法》是我国和世界军事史上现存最早、最有价值、最有影响力的军事理论专著，被中外称为“世界古代第一兵书”、“百世兵家之师”。它在一定程度上反映了战争的本质属性，揭示了“知己知彼，百战不殆”的指导战争的普遍规律。它从政治范畴提出了以“道”为首的战争制胜论思想，总结了具有科学价值的作战指导原则。它所提出的深刻的谋略理论，丰富了中国传统的军事思想，对后世影响很大。它反映了较丰富的朴素唯物论和辩证法思想。它那众多脍炙人口的名篇警句，使《孙子兵法》成为世人公认的“兵学经典”，在中外军事学术史上占有显赫的地位，两千多年来对后世产生了广泛而深远的影响。

2.《吴子》简介

《吴子》一书，是战国时代卫国人吴起所著，全书共2卷6篇，是一部堪与《孙子兵法》媲美的又一兵学经典著作。它传出国外后被译为英、法、日、俄等文。它以“内修文德，外治武备”为战略思想，主张首先要搞好国内的政治、经济，对民众进行道德教育，强调政治（文德）与军事（武备）并重。在作战指导上，它十分重视全面了解情况，正确判断敌情，“料敌”、“应变”，即所谓“因形用权”，恰当地选择作战方向，“审敌虚实”而后用兵的战略战术原则。在治军方面，它提出“以治为胜”的主张，把严格训练放在首位——所谓“教戒为先”。强调信赏明

罚,选贤任能,以提高部队的军事素养。

3.《司马法》简介

《司马法》亦称《司马穰苴兵法》,春秋时齐国司马穰苴所著,史书记载它有155篇,至今保存下来的只有5篇。它主张进行正义的战争,反对非正义战争,从战争和政治的关系的角度揭示了战争的本质是"正不获意则权,权出于战",提出了"以战止战"的战争观。在作战指导上,它强调"智"、"勇"、"巧",主张因敌制胜,"无复先术",避免老一套打法;在军队管理教育上,它认为"国容不入军,军容不入国",就是说,治国的一套不能治军,治军的一套不能治国。它提出的"故国虽大,好战必亡;天下虽安,忘战必危"这一国防观念的卓越见解,不仅在中国军事史上,而且在世界军事史上都是空前的精辟论断。

4.《六韬》简介

《六韬》相传为太公吕尚所撰。吕尚,姓姜,字子牙。他辅佐周文王、周武王消灭商朝、建立周朝,有"太公"、"师尚父"之称。史学家经多方考证,认为《六韬》是后人假托太公之名所作,并不真的是西周太公所撰。

全书分为"文、武、龙、虎、豹、犬"六韬,共6卷60篇。它以文王、武王同吕尚问答的形式,阐述了新兴地主阶级要求统一全国的愿望和军事思想。"文韬"主要是讲在作战前,怎样充实国家的实力和做好战争准备。"武韬"主要是讲军队的体制和法制及对敌斗争的策略。"龙韬"主要是讲军事上的指挥和部署。"虎韬"主要是讲和敌人在开阔地作战时应注意的问题。"豹韬"主要讲步、车、骑兵如何协同作战,以及如何发挥军队效能的问题。《六韬》还保存了许多关于古代军事方面的典章制度的历史资料,有着重要的参考价值。

5.《尉缭子》简介

《尉缭子》相传是战国时尉缭所撰。全书共分5卷24篇,9000余字,比较广泛地谈到了军事学术上许多方面的问题。其主要内容:一是阐述了政治与军事的关系。它说:"兵者,以武为植,以文为种。武为表,文为里。"这就把政治与军事的主从关系说得再透彻不过了。二是在战争指导上强调突然袭击。它要求战略展开要快,"故凡集并,千里者旬日,百里者一日";展开之后要大胆深入,快速推进,"卒聚将至,深入其地,错绝其道"。值得指出的是,它还论述了战争中人的地位和作用,阐明了"天官十日,不若人事"的朴素的唯物主义思想。

6.《三略》简介

《三略》又称《黄石公三略》,为西汉末年黄石公所撰,是一部专讲谋略的书。分上略、中略、下略,所以后人常把此书称为《黄石公三略》。它较广泛地论述了治军作战问题,其基本思想是:用兵要慎重——"不得已而用之";目的要明确——"将以诛暴讨乱也";将帅要贤能——"人贤之智,圣明之虑,复薪之言,廊庙之语,兴衰之事,将所宜闻";治军要严明——"将无还令,赏罚必信","与士卒同滋味而安危";企图要秘密、内部要团结、行动要迅速——"将谋密,则奸心闭;士众一,则军心结;攻敌疾,则备不及设"等。但《三略》上、中两略中对古代兵书的大量征引未免显得喧宾夺主。

7.《李卫公问对》简介

《李卫公问对》全称《唐太宗李卫公问对》,系唐太宗李世民与卫国公李靖多次研究、商讨军事问题的言论记录,世传为李靖所撰,分上、中、下3卷。此书论题广泛,内容丰富,其中尤以对“奇正”的阐发最为突出。它还把奇正同虚实、示形、分合结合起来阐述，这就丰富和发展了《孙子兵法》的思想。此外，它对阵法布列、古代军制、兵学源流以及攻防关系、教育训练等都提出了独特的见解。从中可以看出，这部杰作绝非未经战阵的文人学士所能著述的。

(二)《武经总要》

《武经总要》是宋仁宗诏明曾公亮、丁度组织编撰的官修兵书，分前、后两集，各20卷，共40卷。其中前集第16、18卷和后集第19卷各分军事组织、军事制度、军事训练、行军宿营、布阵作战、攻城守城、武器装备、军事地理等，既包括了前人理论、历史沿革，又包括了北宋现行制度和战法等。后集用15集辑录了阴阳星占。

《武经总要》反映了宋仁宗时军事思想的变化，认识到了“国家在戍，设营卫以正其旅”，从而开始否定宋太祖“守内虚外”、“以文治武”、“将从中御”的军事思想和治军原则。它重视“军不择将，以其国与敌也”的将帅作用和军队的训练赏罚，肯定了“兵贵知变”的传统观念。《武经总要》所涉及的科学内容，包括了现代的化学、声学、力学、热学、磁学等，尤其是对“指南鱼”的制作和火药配方的记载，是我国文献史上的第一次。该书在科学技术史上的地位显得十分重要，对研究我国古代军事文化的发展亦具有重要作用。

(三)《纪效新书》与《练兵实纪》

《纪效新书》和《练兵实纪》是明戚继光所著。

《纪效新书》写成于戚继光在浙江抗倭任中，卷首3篇，正文18卷18篇。其主要内容：一是重视选兵。认为“兵之贵选”，应用“乡野老实之人”，反对“用城市油滑之人”。二是强调按实战要求从难从严训练。认为“设是平日所习所学的号令营艺，都是按临阵的一般，及至临阵，就以平日所习者用之，则与操一日，必有一日之效；一件熟，便得一件之利”。三是重视将帅修养，认为将帅不仅要有带兵制敌的文韬武略，而且要精通各种技艺，做士卒的表率，与士卒共患难同甘苦。四是重视兵器在战争中的作用。认为“器械不利，以卒予敌也”。书中还记述了各种兵器的制造、形状、样式、作用、习法等。

《练兵实纪》是戚继光以都督同知总理蓟州、昌平、辽宁、保定四镇军务的任上写成的。全书分正集9卷9篇、杂集6卷6篇。其内容有：一是根据实战需要改革训练，提出车、步、骑三兵种协同作战的方针，并且记述了协同作战方法。二是提出分层次训练的训练方法。“练将册给将，练卒册给卒”，并且要求将帅不仅要背诵练将条款，还必须背诵练卒条款。三是重视兵法理论学习。认为“兵之有法，如医之有方，必须读习而后得”。

(四)《武备制》

《武备制》，明茅元仪辑。作者广采历代有关军事书籍2000余种、倾注15年心血编辑成此书，使它成为我国古代部头最大的兵学巨著。全书共240卷，约200万字，分《兵诀评》《战略考》《阵练制》《军资阳》《占度载》五大部分，各部分均绘图立说，包括军事、体育、交通、科学等，史料颇富。我国现代著名历史学家白寿彝称之为“军事学的百科全书”。

四、中国古代军事理论的特色及其影响

中国古代军事理论是中国文明之树上开出的一朵奇葩，是中华民族献给世界军事文化殿堂的一块瑰宝，是我们应该很好继承和汲取的一份宝贵的军事理论遗产。

中国素有发达、灿烂的文化,在人文社会科学、自然科学和技术科学的各个领域,中华民族都曾取得了独步一时、令人羡慕的成果,为人类文明的发展做出了巨大的贡献。然而,一般说来,由于漫长的封建社会的禁锢,在中国古代学术文化中混杂了很多陈腐僵化的东西,而军事领域则是一个少有的例外。由于军事对抗特有的生动性及其对国家民族生死攸关的重要意义,中华民族的伟大智慧和创造性思维能力在这一领域得到了最精彩、最生动、最集中的体现。惟其如此,它才显得格外引人注目,弥足珍贵。

(一)中国古代军事理论的特色

中国古代军事理论植根于中华民族传统文化的沃土,体现着鲜明的民族特色。

从军事理论角度看,中国古代军事理论以崇道尚义、贵和慎战为特色。《太白阴经》说:“先王之道以和为贵,贵和重人,不尚战也”。“自古知兵非好战”,这句格言,突出而贴切地反映了中国古代军事家研究和认识战争的基本出发点和立足点。正是基于“安国全军”的宗旨,中国古代军事理论家把“不战而屈人之兵”作为用兵的最高境界,在谋划和指导战争时,致力于能够避免或减少使用武力的方式,讲究“苟能制侵凌,岂在多杀伤”。

从军事思维方式的角度看,中国古代军事理论以朴实的唯物主义、早熟的辩证思维和原始的系统观念为特色。中国古代军事理论最先使战争从神秘化的蒙昧状态中走了出来,形成了朴素的、然而是极其可贵的唯物主义观点,指出了战争活动的胜负建立在一定的物质条件的基础上,战争是可以认识的。在考察战争问题时,中国古代军事理论注重用发展变化的眼光,从事物内部的深层联系和整体联系上把握战争,形成了以辩证思维和系统思维为特色的军事思维方法。特别是最先注意到了战争矛盾的普遍性以及矛盾双方向对立面转化的可能性,提出了军事运动中的一系列对立统一的范畴,如攻守、进退、虚实、奇正、主客等,其独到的分析蕴涵着丰富的军事辩证法思想。中国古代军事理论的战略思维,本质上是一种大战略观,几乎所有的兵书都是既言兵又不言兵,注重从政治、外交、科技等与军事的广泛联系中,来宏观地、整体地把握军事问题,进行系统的谋划。中国兵书大都具有“舍事言理”的特点,带有浓厚的哲学与思辨色彩。它们往往不拘泥于对具体战法的细节设计和描画,而是力求把对战争的认识上升到理性的层面,因而言简意赅,具有丰富的思想内涵。被人称为“百代谈兵之祖”的《孙子兵法》不过五千言,却几乎涵盖了战争活动的全部领域,从前所未有的深度和广度上揭示了战争和战争指导的最普遍规律,闪耀着超越时空的真理光辉。

从军事斗争的艺术的角度看,中国古代军事理论以精于谋略、讲究用奇为特色。中国古代军事理论并不轻视“器”——先进的军事技术和武器装备的作用,但相对而言更注重谋略,更注重战争中主体能动性的发挥。谋略之学是中国古代军事理论的主流和核心,是其最精彩的部分。漫步于中国古代兵法丛林,犹如进入一片智慧的天地,奇计妙策令人目不暇接,为之倾倒。《孙子兵法》的“诡道十二法”、《六韬》的“文伐”之法、张预的《百战奇法》以及流传甚广的《三十六计》等,都是熔铸中国传统谋略思想的智慧结晶。中国古代军事理论重谋略的特色甚至渗透到民族文化心理的底层,就连《三国演义》《水浒传》等古典文学作品中,也以诸葛亮、吴用等智谋过人、神机妙算的谋士形象,以大量出奇制胜的著名战例,而家喻户晓,妇孺皆知。

(二)中国古代军事理论的影响及现实意义

中国古代军事理论对世界军事科学的发展产生了重要的影响。与中国相比,西方军事理论的发育要晚得多。在漫长的古代和中世纪,尽管西方战争相当激烈频繁,但总结战争经验、探索战争规律的有价值的军事理论著作却寥若晨星,军事思想沉闷。正如美国著名的军事学者柯林斯所描述的,在19世纪以前的西方,“只有极少数的军事家在理论上有所著述,大多数却把写作任务留给了事隔很久才动笔的历史学家,而这些历史学家关于编制、武器、战役、战斗和战术的冗长的著述中,只含有一鳞半爪的战略知识”。在这种情况下,中国古代兵学的东传西渐,无疑具有重要的启蒙作用。据说,早在汉晋时期,中国古代兵书就已传到了朝鲜、日本等国。公元734年,日本遣唐学生吉备真备将《孙子兵法》《吴子》等兵书带回到日本国内,设帐讲学,传播中国古代军事理论。1772年,来华的法国神父阿米欧将包括《孙子兵法》《吴子》和《六韬》在内的一批中国兵书翻译成法文,作为《中国军事艺术》丛书在巴黎出版,中国古代军事理论从此正式为欧洲军事学术界知晓。这些兵学典籍在西方一经刊行,立刻引起轰动。一位法国军事家惊呼,在《孙子兵法》里他发现了“色诺芬、波利比尤斯和德萨克斯笔下所表现的那一伟大艺术的全部原理”。但《孙子兵法》等书引起欧美各国的广泛重视,还是在20世纪70~80年代以后。这一时期,《孙子兵法》被译成数十种文字,在世界上几十个国家出版发行,中国古代军事教科书《武经七书》也被翻译成英文。各国军事理论界对中国古代军事理论的辉煌成就给予了很高的评价,并注意从中汲取营养。著名英国军事理论家利德尔·哈特对《孙子兵法》推崇备至,在其《战略论》一书中,他大量引用孙子的名言,并且说:“《孙子兵法》这本篇幅不长的书,将我20多部书中所涉及的战略和战术基本原则几乎包罗无遗。”其“间接路线战略”、“理智控制战争”等观点,明显受到中国古代军事理论的影响。美国军事家也坦言,他们的“空地一体战与纵深打击理论”吸取了孙子的思想成分。

人类社会进入了21世纪,政治多极化、经济全球化和战争高技术化的趋势越来越明显,这些都迫使人们不得不重新审视战争的伦理问题、战略思维方式问题和战争的指导艺术问题等等,寻求构建新的军事理论。而锻造新的军事理论的思想元素在哪里?国际上许多军事学者认为传统的西方军事理论已经走进了死胡同,中国古代军事理论则是构建新的军事理论的一个资源富矿。首先,和平与发展仍然是新世纪人类所面临的两个根本性问题。面对当今世界上局部战争和流血冲突不止的局面,越来越多的人对西方军事理论信奉绝对战争、过于迷信暴力的倾向提出质疑。中国古代军事理论重道尚义的战争观,“安国全军”、“不战而屈人之兵”的战略模式,对人们深入思考并重新确立新世纪的战争哲学,具有重要的启迪意义。其次,在高技术条件下,中国古代军事思想揭示的战争基本法则,例如为人所熟知的“知己知彼”、“有备无患”等,并没有过时,反而更加凸显了其永恒的意义。就连拥有最先进的军事技术,一贯信奉“武器致胜”的美国军队,在海湾战争、科索沃战争和阿富汗战争中,也不讳言《孙子兵法》的原理对其战争行动的指导作用。美军为21世纪制定的最新《作战纲要》,也引用《孙子兵法》的格言,作为他们阐述战争指导原则的理论依据。第三,战争的高技术化并不意味着谋略在军事斗争中将降到无足轻重的位置,相反,高技术战争比以往任何时候都更加需要深谋远虑的战略运筹和灵活机动的作战指挥。基于这一切,在战争领域,人们正在呼唤古老的东方思维方式的回归。可以说,在未来战争中,中国古代军事理论所蕴涵的颠扑不破的军事真理和奥妙无穷的东方智慧必将进一步为世人发现和认识，放射出更加夺目的光彩。

我党历来重视对中国古代军事理论的学习与研究、继承和发展。在艰苦的战争环境里，毛泽东就请做地下工作的同志从敌战区搜求并购买一批古代兵书，随身携带，经常手不释卷。抗日战争时期，他指示有关人员对《孙子兵法》等古代兵学经典著作进行研究。在他的哲学和军事著作中，常常信手拈来中国古代军事名言和历史上的著名战例，洞隐烛微，如数家珍。毛泽东军事思想既是马克思主义军事理论与中国革命相结合的产物，也是批判地继承中国古代军事理论的结果。从毛泽东军事思想中所表现出的炉火纯青的军事辩证法、出神入化的谋略艺术中，不难看出中国军事理论源远流长的历史传统和一脉相承的文化基因。中国自古就有以兵书哺育军事人才的传统。我们党的许多老一辈革命家、军事家，都熟谙中国古代兵书。例如，被人称为“论兵新孙吴”、“有古名将风”的刘伯承元帅，在戎马倥偬的岁月里，对古代兵书披览研习不辍，并根据自己的实战经验，对《孙子兵法》作了许多富有新意、深启后人的阐发。今天，加强对中国古代军事理论的学习和研究，对于提高各级干部的素质，掌握驾驭现代战争的本领，提高军事指挥艺术和谋略水平，对于更好地继承民族优秀的军事文化遗产，繁荣和发展有中国特色的军事科学理论，同样具有重要的现实意义。

第二节 毛泽东军事思想

一、毛泽东军事思想的科学含义

毛泽东军事思想是以毛泽东为代表的中国共产党人关于中国革命战争和军队问题的科学理论体系。毛泽东军事思想是马列主义的基本原理和中国革命战争的具体实践相结合的产物，是中国革命战争、军队建设和实践经验的科学总结，是中国共产党人集体智慧的结晶，是毛泽东思想的重要组成部分。

二、毛泽东军事思想的形成过程

毛泽东是伟大的马克思主义者，是伟大的无产阶级革命家、政治家、军事家，是中国共产党、中国人民解放军和中华人民共和国的主要缔造者和领导者。在长期的革命战争实践中，毛泽东运用他的聪明才智，凝聚了全党全军的集体智慧，创造性地形成了毛泽东军事思想。

从中国共产党成立到土地革命战争时期，是毛泽东军事思想初步形成的时期。建党之初，党的纲领就明确规定了以无产阶级军队推翻资产阶级、建立无产阶级专政的历史任务，党的一些早期领导人也提出过建立革命军、打倒军阀的主张。毛泽东在《湖南农民运动考察报告》中指出，要“推翻地主武装，建立农民武装”。大革命时期，中国共产党还参与黄埔军官学校的创办，大批共产党员参加了北伐战争，但党的工作重心并没有放到独立领导武装斗争上来。大革命失败的惨痛教训，深刻地教育了中国共产党人，他们开始结合中国国情，探索中国革命的道路。毛泽东不仅最先在实践上把武装斗争的立足点放在农村，创建、发展了工农红军和农村革命根据地，而且从理论上对中国革命的道路、人民军队的建设、工农武装割据、游击战争的战略战术等问题进行了艰辛的探索，先后写出了《中国的红色政权为什么能够存在》《井冈山的斗争》《关于纠正党内的错误思想》《星星之火，可以燎原》《中国革命战争的战略问题》等许多重要著作。在这些军事实践和理论著作中，毛泽东为中国革命指明了以武装斗争为主要形式、以土地革命为中心内容、以农村根据地为依托、以农村包围城市最后夺取政权的道路，深刻揭示了中国革命战争的特点和基本规律，确立了红军作战的战略战术和指导原则，提出了如何建设新型人民军队等一系列重要问题。这一时期，以毛泽东为主要代表的中国共产党人，从中国的实际情况出发，不断地探索和总结武装斗争和军队建设的经验，提出了中国革命战争的总方针，创造性地解决了中国革命的道路问题，提出了人民战争思想及一系列人民战争的战略战术原则。至此，毛泽东军事思想的基本内容已经产生，同时也为其科学体系的形成奠定了坚实的基础。

抗日战争时期，是毛泽东军事思想趋于成熟的时期。在这一时期中，毛泽东在深入研究中外军事思想的基础上，先后撰写了《抗日游击战争的战略问题》《论持久战》《战争和战略问题》等著名的军事著作，科学地预见了抗日战争的发展进程及其规律，系统地回答了中国革命战争如何以少胜多、以弱胜强等一系列战略和策略问题。在党的七大所作的《论联合政府》的报告中，毛泽东又进一步明确提出了关于“人民战争”、“人民军队”、“人民战争的战略战术”等系统的军事思想。这表明，毛泽东军事思想作为一个具有鲜明中国特色的科学的军事理论体系已趋于成熟。至此毛泽东军事思想所涉及的无产阶级战争观和方法论、人民军队、人民战争、人民战争的战略战术等方面，都已发展成为系统的理论，形成了比较完整的军事科学体系。

解放战争时期，毛泽东军事思想得到了全面发展，并在以后的抗美援朝战争和新中国国防与军队建设中进一步完善。毛泽东和他的战友们成功地指导了人民解放战争，显示了驾驭战争全局的能力和指挥艺术。毛泽东总结提出的以集中优势兵力打歼灭战为核心的十大军事原则，是将一般战役战斗指导规律与中国革命战争的特殊规律有机结合的典范。这一时期，毛泽东具有代表性的军事理论著作有《集中优势兵力，各个歼灭敌人》《三个月总结》《解放战争第二年的战略方针》《目前形势和我们的任务》等，进一步丰富和发展了人民军队、人民战争的思想和战略战术原则。抗美援朝战争是一场挫败具有现代化装备的敌人的反侵略战争。毛泽东根据当时的具体情况和特点，提出了一系列在现代条件下进行反侵略战争的理论和原则。如对英美军实行战术小包围，打小规模歼灭战；把阵地战提高到战略地位；建立强大的后勤体系，搞好后勤保障；军事打击紧密配合政治斗争等。在抗美援朝战争中，我军取得了以劣势装备战胜优势装备之敌的大量新鲜经验，为毛泽东军事思想增添了新的内容。建国后，毛泽东提出了建设现代化、正规化的国防军，发展尖端国防科技和全民皆兵的思想，指出要在大力发展国民经济、增强国家经济实力的基础上，建立完善的国防工业体系，发展现代化的技术装备，独立自主地建设强大的国防，做好反侵略战争的准备。

在谋划和指导新中国的国防建设中,毛泽东关于国防建设的思想成为毛泽东军事思想的重要组成部分。

三、毛泽东军事思想的主要内容

毛泽东军事思想是具有鲜明中国特色和民族气节的军事思想体系,是一个完整的科学体系。其内容极为丰富,博大精深,主要包括:

(一)战争观和战争方法论

毛泽东丰富的战争实践,使他对战争问题的认识要比他的前人更深入、也更完备。他指出,战争本身就是政治性质的行动,又不等于一般的政治。政治是不流血的战争,战争是流血的政治。共产党人反对一切阻碍进步的非正义的战争,但是不反对进步的正义的战争,不但不反对,而且积极地参加。我们是战争消灭论者,我们不要战争,但是只能经过战争去消灭战争。他强调,认识和指导战争,必须把握战争的一般规律和特殊规律,要善于从战争中学习战争。对于战争中客观物质基础与主观能动性的关系,以及如何在既定的物质基础上能动地争取战争的胜利,毛泽东阐述了深刻的辩证法思想。他认为,战争的胜负,主要决定于作战双方的军事、政治、经济、自然诸条件,军事家不能超过物质条件许可的范围企图战争的胜利,然而军事家可以而且必须在物质条件许可的范围内争取战争的胜利。军事家活动的舞台建筑在客观物质条件的上面,然而军事家凭着这个舞台,却可以导演出许多有声有色威武雄壮的活剧来。武器是战争胜负的重要因素,但不是决定因素,决定因素是人而不是物。打胜仗的关键,就是要使战争的主动指导与客观实际相符合,这是正确地指导战争的前提和基础。熟识敌我双方各方面的情况,找出其行动规律,并且自觉地运用这些规律,是正确进行作战指导的基本方法。

(二)人民军队建设思想

毛泽东认为,中国革命的中心任务和最高形式是武装夺取政权,是战争解决问题。他把建立一支革命军队作为武装斗争的首要问题,提出了"枪杆子里面出政权"和"没有一个人民的军队,便没有人民的一切"的著名论断。在长期的革命战争实践中,毛泽东系统地解决了以农民为主要成分的革命军队如何建设成为一支无产阶级性质的、具有严格纪律的、同人民群众保持紧密联系的新型人民军队的问题。他指出中国共产党领导下的执行无产阶级革命政治任务的武装集团是人民军队的性质。坚持中国共产党对军队的绝对领导,是确保人民军队的无产阶级性质的根本原则。他规定了全心全意为人民服务是人民军队的惟一宗旨,制定了三大纪律八项注意,提出军队要实行政治、经济、军事三大民主,坚持官兵一致、军民一致和瓦解敌军的原则,强调党在军队的政治工作是我军的生命线。他还指出,要重视军队的现代化、正规化建设,贯彻精兵的原则,以精简、统一、效能、节约和反对官僚主义为目的,使体制编制从带游击性的旧阶段逐步发展到正规性的新阶段,主张要办好教导队和军事院校,按照团结、紧张、严肃、活泼的原则,培养具有坚定正确的政治方向、艰苦朴素的工作作风、掌握灵活机动的战略战术的优秀军事人才。

(三)人民战争思想

所谓人民战争是指广大人民群众为反抗阶级压迫或抵御外敌入侵而组织和武装起来

进行的战争。人民战争具有两个基本特征:战争的正义性、战争的群众性。人民战争的基本精神是:在中国共产党的领导下,以人民军队为骨干,坚决依靠广大人民群众,实行主力兵团与地方兵团相结合,正规军、地方武装、民兵与游击队相结合,武装斗争与非武装斗争相结合的人民战争。

人民战争是我党历来坚持的指导战争的基本路线,是毛泽东军事思想的核心内容。毛泽东极大地发展了马列主义关于人民战争的思想,把人民战争提高到了中国共产党基本的军事路线和中国革命战争的基本战略的高度。在毛泽东等老一辈无产阶级革命家的领导下,中国人民创造了世界战争史上人民战争最辉煌、最卓越的范例。在一定意义上说,中国革命的胜利,就是人民战争的胜利。人民战争的思想,是毛泽东军事思想的核心和灵魂。毛泽东认为革命战争是群众的战争,只有动员和依靠群众,才能进行战争。战争伟力之最深厚的根源存在与民众之中,动员了全国的老百姓,就造成了陷敌于灭顶之灾的汪洋大海,造成了弥补武器等缺陷的补救条件,造成了克服一切战争困难的前提。在政治、经济发展不平衡的中国社会条件下,进行人民战争,必需首先在反动统治力量薄弱的广大农村建立革命根据地,使其成为为人民军队提供人力物力支援的巩固后方和作战的良好战场,以达到保存和发展自己、消灭和驱逐敌人的战争目的。兵民是胜利之本。要以人民军队为骨干,实行主力兵团和地方兵团相结合,正规军和游击队、民兵相结合,武装群众和非武装群众相结合的体制,要组织和建立最广泛的革命统一战线,最大限度地团结一切可联合的阶级、阶层和社会集团,最大限度地孤立和打击敌人。要创造和采取与人民战争相适应的灵活多样的战略战术,并把武装斗争同政治、经济、文化、外交等斗争形式有机地结合起来。

(四)人民战争的战略战术思想

人民战争的战略战术,体现了毛泽东军事思想的战略指导原则和作战方法,是毛泽东高超的战争指导艺术的总结,它揭示了中国革命战争的指导规律,是毛泽东军事思想中十分精彩的部分。毛泽东从中国革命的战争特点和规律出发,把游击战提到战略地位,认为中国革命战争在长时期内的主要作战形式是游击战或带游击性的运动战,形成了一整套独具特色的人民战争的战略战术。他提出,要在战略上藐视敌人,在战术上重视敌人。中国革命战争应当采取积极防御的战略方针,在敌强我弱的形势下,实行战略的持久战和战役、战斗的速决战,通过战役、战斗上的歼灭战达到战略上不断消耗敌人,逐步改变战斗力量的总体对比和战略态势,最终把战略防御转向战略进攻。要贯彻战略上"以一当十"、战术上"以十当一"的思想,实行集中优势兵力、各个歼灭敌人的原则,以歼灭敌人有生力量为主,而不以保守和夺取地方为目标。毛泽东认为,适时进行战略转变,对于战争的坚持、发展和胜利具有重要意义。在作战中,运动战、阵地战、游击战三种作战形式必须紧密结合,灵活运用,并适时实行以转换主要作战形式为主要内容的军事战略转变。不打无准备之战,不打无把握之仗。每战都要尽可能有周密的计划,充分的准备,把战斗的胜利建立在稳妥可靠的基础上,以确保有把握地歼灭敌人。毛泽东的战略战术思想,以人民战争为基础,以积极防御为核心,以灵活机动为灵魂。他从来不把战略战术的原则当作僵死的教条,也从来没有规定过永远不变的作战原则,而是采取灵活致胜的方法,你打你的,我打我的,打得赢就打,打不赢就走,有什么枪打什么仗,有什么敌人打什么仗,在什么地点、时间打什么时间、地点的仗,充分体现了他在军事指挥上的伟大智慧和创新精神。

(五)国防建设思想

新中国成立后,毛泽东对如何加强国防事业,建设强大的国防,进行了新的探索。他强调:中国必须建立强大的国防军队、必须建立强大的经济力量,这是两件大事。要加强军队的现代化建设,使军队不断从低级向高级阶段发展。他提出中国要有独立、完整的国防科技和国防工业体系,坚持自力更生为主、争取外援为辅的方针,发展现代化国防技术,包括用于自卫的原子弹、氢弹等核武器,以打破帝国主义的核垄断、核讹诈。要实行军民结合,平战结合,搞“两条腿走路”。毛泽东国防建设思想包括:建设现代化、正规化的国防军,抵御外敌入侵;确立向国防科技尖端发展的战略;积极防御的战略思想。

四、毛泽东军事思想的历史地位

毛泽东军事思想是毛泽东思想的重要组成部分,是中国革命战争和人民军队建设实践的科学总结,是中国共产党集体智慧的结晶。他的一系列思想理论观点,以及渗透其中的深刻的军事辩证法,极大地丰富和发展了马克思列宁主义军事理论,使马克思列宁主义军事理论进入了一个新的更加完备和更加成熟的阶段。毛泽东军事思想是马列主义军事思想宝库中一颗璀璨的明珠,在中国军事思想发展史上具有划时代的意义,在世界军事思想发展史上独树一帜,具有重要的历史地位。毛泽东军事思想是继《孙子兵法》之后中国军事理论发展的又一座丰碑,也是人类军事文化的瑰宝。它不仅是中国革命战争和人民军队建设的根本指针,而且对世界军事科学的发展产生了广泛而深远的影响。

五、毛泽东军事思想的现实意义

毛泽东军事思想运用辩证唯物主义和历史唯物主义的原理,批判地吸取了古今中外优秀的军事思想,是更科学、更先进、更完整的军事理论。毛泽东军事思想既揭示了中国革命战争的特殊规律,又反映了现代战争和国防建设的一般规律,是经过实践检验的科学真理。尽管现在国际国内形势都发生了巨大变化,科学技术发展日新月异,但毛泽东军事思想对我军打赢高技术条件下的局部战争,仍具有普遍的指导意义。

第三节 邓小平新时期军队建设思想

邓小平的军事生涯在他光辉的一生中占有重要的位置。新民主主义革命时期,邓小平作为人民军队的创建者和重要领导人之一,为民族独立、人民解放和新中国的诞生,建立了不朽的功勋。进入社会主义改革开放和现代化建设时期,邓小平作为全党全军全国各族人民公认的、享有崇高威望的卓越领导人,在开辟建设有中国特色社会主义道路的历史进程中，开创了一条有时代精神和中国特色的军队和国防建设道路，创造性地总结和提出了关于新时期军队和国防建设的一整套理论、方针和原则，创立了以他的名字命名的新一代军事理论，即邓小平新时期军队建设思想。这是邓小平对当代中国及其军队和国防建设最重要的贡献之一，是当代中国军事思想的瑰宝，也是我军建设的科学指南。

一、邓小平新时期军队建设思想的科学含义

邓小平新时期军队建设思想，是以邓小平为代表的中国共产党人关于当代中国军事的科学理论体系。它是邓小平理论的重要组成部分，是毛泽东军事思想在新的历史条件下的继承和发展，是当代中国的马克思主义军事理论。

(一)邓小平新时期军队建设思想是马克思主义军事理论与当代中国实际和时代特征相结合的历史产物

邓小平新时期军队建设思想的产生、并被确定为新时期军队和国防建设的指导思想不是偶然的，其根本原因在于我国军队和国防建设所处的历史条件发生了重大的历史性变化。

1. 国际环境的变化

当今世界的两大主题是和平与发展，战争与革命的时代主题在特定的历史条件下转换为和平与发展的时代主题。围绕时代主题的变化，世界基本矛盾出现新的力量组合和新的斗争焦点，这对我军新时期的军事斗争和军队建设既提出了挑战，也提供了机遇。

2. 国内情况的变化

粉碎“四人帮”的胜利从危机中挽救了党和国家，中国共产党十一届三中全会以后，党和国家的工作重心转移到社会主义建设上，以经济建设为中心，实行改革开放，建立社会主义市场经济，进一步解放和发展生产力已成为党和国家的工作重点，这对军队和国防建设提出了新的更高的要求。

3. 军队建设特点的变化

自从邓小平重新主持军队工作以来，我军逐步进入了新的发展阶段。邓小平提出了以现代化为中心的军队和国防建设目标和任务，军队和国防建设指导思想实行战略性转变，军队建设走上新的征途，步入新的发展轨道。

邓小平新时期军队建设思想正是带着这样一些历史特征，适应这样的历史需要形成和发展起来的。

(二)邓小平新时期军队建设思想是毛泽东军事思想的继承和发展

作为党的第一代领导集体的重要成员，邓小平对毛泽东军事思想的形成和发展做出了重大贡献。作为党的第二代领导集体的核心，邓小平适应新时期军队和国防建设的客观需要，以大胆创新的精神和求真务实的态度，运用马克思主义军事理论和毛泽东军事思想的立场、观点和方法，提出了一系列新时期军队和国防建设的理论、方针和原则，揭示了新时期武装力量建设和军事斗争的基本规律，为创立新时期军队和国防建设的正确指导思想做出了重大贡献。

江泽民指出，小平同志既是我国经济建设和改革开放的总设计师，也是我军建设和改

革的总设计师，我军建设10年来所取得的一切成就和进步，都是他正确领导的结果，都凝聚着他的智慧和心血。他把马克思主义和我军的实际相结合，提出了新时期加强军队建设的方针原则，丰富和发展了毛泽东军事思想。

（三）邓小平新时期军队建设思想是邓小平理论的重要组成部分

邓小平在创立建设有中国特色社会主义理论体系时，也创立了新时期军队建设思想。从根本上说，邓小平新时期军队建设思想就是建设有中国特色社会主义理论体系在军事问题上的体现，在军事问题上的具体化。首先，解放思想、实事求是是邓小平理论的精髓，也是邓小平新时期军队建设思想的理论基础。第二，关于时代主题的理论，是邓小平理论的一块重要基石，是我们正确认识国际战略环境，做出一系列战略决策的重要依据，同时也是邓小平新时期军队建设思想的重要内容。第三，以经济建设为中心，坚持改革开放，坚持四项基本原则的基本路线，是邓小平理论的核心。也正是这一点构成了邓小平新时期军队建设思想的灵魂，规定了我军以现代化建设为中心，建设一支强大的现代化、正规化革命军队的总目标。

二、邓小平新时期军队建设思想的基本内容

邓小平新时期军队建设思想系统回答了新的历史条件下军队建设的一系列重大问题，反映了新时期军队建设和军事斗争的基本规律，内容极为丰富。这些内容是一个有着内在联系和逻辑结构的理论体系，大致包括以下八个方面的内容。

（一）军队和国防建设指导思想实行战略性转变

在1985年6月的军委扩大会议上，邓小平基于时代特征，根据对战争与和平问题新的判断，适应党和国家工作重心的转移，做出了军队和国防建设指导思想实行战略性转变的重大决策。这是邓小平新时期军队建设思想全面形成的一个重要标志，也是我军建设史上重要的里程碑。

1. 科学把握时代主题

时代主题是世界发展过程中不同的发展阶段带有战略性和关系全局的核心问题，它是一个时代特征的反映。在新的历史条件下，邓小平创造性地继承了毛泽东军事思想的立场、观点和方法，始终把关注和研究国际形势的发展和变化，作为军队和国防建设实施战略指导的重要前提之一。

和平与发展是当今时代的主题。20世纪初期列宁创造性地提出帝国主义战争和无产阶级革命是时代特征的论断，即"战争与革命"，并指导各国无产阶级取得了辉煌胜利。进入20世纪80年代，国际形势出现了一些新情况：第一，资本主义国家之间经济上的相互依存性越来越大，彼此间的合作得到加强，其矛盾远未达到引发战争的程度；第二，两大社会制度体系之间，以美苏为首的两大集团之间，力量大体平衡，尽管存在着激烈的军备竞赛和意识形态斗争，但也没有发展到爆发世界大战的地步；第三，资本主义国家加强了对经济的国家干预，增强了自我调节能力，生产力得到很大提高，从而缓和了国内无产阶级与资产阶级的矛盾，因而革命的条件还不成熟；第四，广大发展中国家与发达国家之间的差距越来越大，已经影响到世界经济的进一步发展；第五，国际竞争的重点已经由军事竞争转向经济技术的

竞争，各国都在制订新的经济发展战略，推行新的科技发展计划，以在国际竞争中占据有利地位。据此，邓小平以战略家的眼光，及时洞察了这些重大变化，经过长期观察和冷静分析，于1984年指出：现在世界上问题很多，有两个比较突出。一是和平问题。现在有核武器，一旦发生战争，核武器就会给人类带来巨大的损失。要争夺和平就必须反对霸权主义，反对强权政治。二是南北问题。这个问题在目前十分突出。发达国家越来越富，相对的是发展中国家越来越穷。南北问题不解决，就会给世界经济的发展带来障碍。1985年，邓小平进一步深刻地指出：现在世界上真正大的问题，带全球性的战略问题，一个是和平问题，一个是经济问题或者说发展问题。和平问题是东西问题，发展问题是南北问题。概括起来，就是东西南北四个字。南北问题是核心问题。1990年，针对国际战略格局的变化他又指出：现在旧的格局在改变中，但实际上并没有结束，新的格局还没有形成。和平与发展是时代主题的论断，表明了和平与发展具有全球战略性的意义，是全人类的重要战略任务。但是，这并不意味着世界已经进入了太平盛世，相反，和平还面临着种种威胁，发展还面临着巨大障碍。霸权主义是世界最危险的战争策源地，是危害世界和平、安全和稳定的根源，要实现世界的持久和平和人类的共同繁荣，任重道远，还需要进行长期的斗争。

2. 正确认识战争与和平问题

新中国成立后，我国对战争与和平问题的认识，经历了一个随着形势变化和认识深化而不断发展的过程。建国初期，我国在此问题上的基本看法是两句话，即存在战争可以避免和战争不可避免这样两种可能性。基本态度是倾向于乐观主义而反对悲观主义。

20世纪60年代以后，由于国际形势的变化，我国安全形势出现严重恶化的局面。中苏关系破裂后，我国曾一度面临来自多个方面的严重威胁。因此，我国对战争与和平问题的看法逐步趋于严峻，逐渐形成立足于战争，从准备大打、早打出发，积极备战，立足于早打、大打、打原子战争的思想。这一思想进一步发展成我军和国防建设的指导思想。

从20世纪70年代中期开始，主持军委工作的邓小平对战争与和平问题重新进行了观察、分析和思考，逐步形成了新的判断。其间，经历了认识发展的三个阶段。

第一阶段：20世纪70年代中期以后，邓小平预见到世界战争可能延缓和推迟，同时认为战争不可避免，仍要立足于早打、大打。

第二阶段：进入20世纪80年代以后，邓小平从全球范围对战争与和平两种力量进行科学考察，进一步明确指出战争危险始终存在，但和平力量的增长超过战争力量的增长，如果工作做得好，世界大战可以避免。

第三阶段：进入20世纪90年代后，两极格局开始终结，世界朝着多极化的方向发展。邓小平明确指出：我们过去对国际问题的许多提法，还是站得住的。尽管今天冷战思维依然存在，霸权主义、强权政治仍然是威胁世界和平的主要根源，世界仍不得安宁，但国际形势在总体上继续趋向于缓和，在一个相当长的时期内避免新的世界大战是有可能的，争取一个良好的国际和平环境和周边环境是可以实现的。

3. 军队建设指导思想实行战略性转变

邓小平关于战争与和平的新判断，具有极其重要的理论意义和实践意义。首先，这是一个非常重要的战略判断，是我们集中精力进行经济建设的大前提，也是确定军队和国防建设的正确原则和方向的大前提。邓小平指出：这个判断，对我们非常重要，我们就能安安心心地搞建设，把我们的重点转到建设上来。没有这个新判断，天天诚惶诚恐的，怎能安心地搞建设，更不可能全面改革，也不可能确定我军建军的正确原则和方向。他在1985年6月的军委扩大会议上进一步指出：党的十一届三中全会以后，我们对国防形势的判断有变化，对外政策也有变化，这是我们的两个大变化。现在看来，这两个变化是正确的，对我们是有益的，我们要坚持下去。就在那次会议上，中央军委正式做出了军队和国防建设指导思想实行战略性转变的重大决策，其转变的实质是：把军队和国防建设的指导思想从过去立足于早打、大打、打核战争的临战状态，真正转到和平时期的轨道上来，充分利用今后较长一段时间内大战打不起来的和平环境，在服从国家经济建设大局的前提下，抓紧时间，有计划、有步骤地加强以现代化为中心的根本建设，提高军政素质，增强我军在现代化条件下的自卫能力。

(二)军队要服从整个国家建设大局

邓小平提出的军队和国防建设要服从国家建设大局的思想，深刻反映了新时期军队和国防建设的客观规律，是军队和国防建设必须长期遵循的基本方针，也是富国强兵，实现军队和国防现代化的根本途径。

1. 服从国家建设大局是新时期军队建设的根本原则

经济是军事的基础，军事的发展必须依赖于经济，这是马克思主义的基本观点。马克思指出，暴力本身就是一种经济力。恩格斯在《反杜林论》一书中明确指出：暴力的胜利是以武器生产为基础的，而武器生产又是以整个生产为基础的，因而是以"经济力量"，以"经济情况"，以暴力所拥有的物质资料为基础的。由此可以看出：第一，经济基础决定着军队建设的规模、速度和水平。只有经济基础雄厚，才能为军队建设提供足够的人力、物力和财力支援，军队建设才能扩大规模，加快速度。第二，经济基础决定军队建设的质量。首先，没有强大的经济实力，军队难以装备先进的武器装备。其次，军人素质的提高也受经济条件的制约。一般说来，一个国家经济越发达，人民文化水平越高，军人素质也越高。再次，经济发展水平还决定着军队的体制编制和作战方式。第三，经济条件还决定着军队建设总体目标的实现程度。军队建设目标是通过综合国力来保障的，而构成综合国力的诸多因素中，最基本的是经济力。经济力越强，军队现代化建设可望达到的目标就越高。

根据马克思主义的基本观点，结合我国的国情和军情，邓小平明确提出了军队要服从国家建设的大局的重要思想。其基本观点：一是经济建设是我们的大局；二是经济建设为军队建设奠定了物质基础；三是军队在大局下积极行动。邓小平指出：军队各个方面都和国家建设有关系，都要考虑如何支援和积极参加国家建设。军队装备真正现代化，只有国民经济建立了比较好的基础才有可能。所以，我们要忍耐几年。当然，军队也不能被动等待，必须积极创造条件，力所能及地搞好自身建设。

2. 军队和国防建设要与国家经济建设协调发展

国防是国家主权和安全的根本保障，是国家综合国力的重要组成部分。邓小平明确指出：大家很关心军队的建设，关心军队装备的现代化，这个问题也涉及大局。四个现代化，其中就有一个国防现代化。如果不搞国防现代化，那岂不是只有三个现代化了？实践表明，没有国防现代化,社会主义现代化就是不完整的。无论从当前世界综合国力的激烈竞争来讲,还是从国家现代化建设的客观规律来讲,国防建设都应纳入国家现代化建设的总体规划和历史进程之中。

邓小平关于军队要服从国家建设大局的思想,既强调经济建设是大局,又指出军队和国防建设涉及大局;既突出全局,又照顾局部,充满全局和局部的辩证法。需要指出的是,邓小平强调军队和国防建设要服从和服务于经济建设大局,明确指出了在新的历史条件下军队和国防建设与经济建设之间存在着一个谁先谁后、谁主谁次的问题。这里,丝毫没有轻视军队和国防建设的意思,相反,他反映了相对和平时期军队和国防建设的客观规律,是一个从长远和根本上加强军队和国防建设的正确战略思想。

当前世界范围内的综合国力竞争,涉及经济、科技、军事等诸多方面,军事力量的强大始终是综合国力中固有的重要内容。经济建设是国家发展的需要,国防建设是国家安全的需要,二者都反映了国家的根本利益,不可偏废。国不富不足以养兵,兵不强不足以卫国。历史经验充分说明,只有强大的国防才有强国的地位,弱国无外交。要想屹立世界民族之林,就要有强大的国防。

(三)军队要担当起维护国家主权和安全的历史责任

维护国家的主权和安全,是新时期我军的神圣职责和历史使命。确定新时期军队建设的正确原则和方向,必须牢记我军的职责和使命。为此,邓小平强调国家的主权和安全要始终放在第一位,强调建设有中国特色社会主义需要坚强有力的安全保障,强调我军是人民民主专政的坚强柱石,是捍卫社会主义祖国的钢铁长城,是建设有中国特色社会主义的重要力量,肩负着维护国家的主权和安全,为国家的改革开放和现代化建设创造一个和平与稳定的环境的艰巨任务。

1. 国家的主权和安全要始终放在第一位

主权和安全是国家生存和发展的基础。在新的历史条件下,邓小平指出:国家的主权、国家的安全始终处在第一位,对这一点我们比过去更清楚了。这是邓小平对新时期国家安全问题最具代表性的精辟论断,是他关于国家安全问题的一贯思想。

在新的历史条件下,经济建设成为党和国家的中心工作,成为整个国家建设的大局。党和国家能够以经济建设为中心,一个重要的先决条件是有比较安全稳定的环境。国家的主权和安全尤其珍贵。当前,无论是我国的安全利益还是发展利益,都面临不同程度和不同性质的威胁。西方敌对势力不希望看到中国健康快速地发展,希望中国乱和变,他们不断采取遏制、制裁等手段对我施加压力,干扰我国的经济建设,阻碍我国的经济发展。我国国内也有少数敌对分子企图闹事,搞资产阶级自由化,搞分裂。在这种情况下,如果不把国家安全放在第一位,人民民主专政的政权就会不稳固,团结统一的多民族国家就会出现四分五裂,独立自主的人民共和国就有可能沦为西方资本主义世界的附庸,充满希望的中国社会主义现代化事业就可能夭折,现阶段国家的根本利益就会受到极大危害。所以,不论是从国家的安全利益还是从国家的发展利益出发,我们都必须把国家的主权和安全放在第一位。

2. 加强军队和国防建设是国家安全和现代化建设的基本保证

安全稳定的环境关系到国家的生存和发展, 也是我国改革开放和经济建设的先决条件,而强大的军队是国家安全和稳定的可靠保证和坚强支柱。要保卫社会主义祖国,保卫人民的和平劳动,抵御国际敌对势力的入侵,防范国内敌对分子的颠覆,维护国家统一和社会稳定,推进现代化建设事业的发展,不能没有一支强大的军队。要使我国在未来世界的战略格局中居主动地位,同样不能没有一支强大的军队。没有一支强大的军队,便没有人民的一切。过去如此,现在仍然如此,将来也是如此。

(四)实行积极防御的军事战略方针

军事战略方针是党和国家根本性的军事政策,是从全局上谋划和指导武装力量建设的总原则、总纲领。在新的历史条件下,邓小平把毛泽东积极防御战略思想与我国所面临的军事斗争实际相结合,确立了新时期积极防御的战略方针和现代条件下人民战争的战略思想。这是指导和统揽新时期军事斗争和军队建设的根本方针,为我们认识和解决新的历史条件下各种重大军事问题,提高军事斗争艺术和战略指导水平指明了方向。

1. 我国新时期军事战略方针仍然是积极防御

实行积极防御的军事战略方针,是我军一贯的传统。尽管在不同的历史时期,我军的战略方针进行了多次调整,但积极防御始终是我军军事战略的本质和核心。

20世纪70年代和80年代初,面对新的国际国内形势,邓小平重新审视军事战略方针问题,明确指出:我们未来的反侵略战争,究竟采取什么方针?我赞成就是“积极防御”四个字。邓小平这一论断基于以下考虑:一是我国国家性质和对外政策决定了新时期仍要坚持积极防御的战略方针;二是积极防御的战略思想的强大生命力决定了新时期仍要坚持积极防御的战略方针;三是新时期军队建设和军事斗争准备的客观需要决定了仍要坚持积极防御的战略方针。只有坚持积极防御战略方针,才能实现新时期军事斗争的战略目标和战略任务。在新时期,党和国家赋予军队的目标和任务是为国家改革开放和经济建设提供坚强有力的安全保证。要完成这一任务,必须实行积极防御的军事战略方针。

2. 新时期积极防御战略方针有新的历史内涵

邓小平关于新时期积极防御的军事战略方针,建筑在毛泽东积极防御战略思想基础之上,内容十分丰富,主要包括:①做好战争准备。邓小平在主持军委工作期间,明确了新时期军事斗争准备的战略任务,提出了新时期战争准备的新思路。②坚持自卫立场,实行后发制人。邓小平在指导新时期的军事斗争特别是在指导自卫还击作战中,创造性地运用了后发制人的思想,进一步丰富和发展了积极防御战略思想。③寓攻于防,攻防结合。邓小平结合新的历史条件下的军事斗争的实际,对寓攻于防、攻防结合的实质做出了进一步解释。他指出:积极防御本身就不只是一个防御,防御中有进攻。在指导新时期军事斗争的实践中,邓小平创造性地运用了这一思想,在战略指导上充分体现了积极性与防御性的高度统一。④对待强敌,持久作战。这是弱军战胜强敌的一个重要指导思想,也是积极防御战略思想的一个基本精神。正如邓小平所指出的:既然是积极防御,本身就包括持久作战。我国是一个大国,既有坚持长期战争的辽阔战场和雄厚的战争潜力,又有进行持久作战的传统以及和平时期的充分准备。任何强大敌人要想对我动手,只要我们把它拖进持久战之中,最后胜利就是属于我们的。⑤灵活运用兵力和战法。邓小平曾经说过,我们的战略问题不能太死,我们军队的好处就是活。这个“活”字,在毛泽东积极防御战略思想的运用上表现得尤为充分。在指导未来军事斗争时，我们着眼于战争的特点和发展，努力在“活”字上做文章。其中包括，灵活选择作战样式，灵活运用各种作战手段，灵活运用战法，灵活机动兵力和火力。只有这样，才能做到有理、有利、有节，在战略指导上既坚决又灵活。

3. 坚持积极防御的战略方针，必须坚持现代条件下人民战争的战略思想

坚持人民战争，适合中国的实际情况，是我们拥有的真正优势和力量所在。邓小平指出：我们的战略是毛主席制定的，毛主席的战略就是人民战争，现在我们还是坚持人民战争。虽然战争样式、规模、地点、武器装备等方面和过去相比发生了变化，但坚持积极防御军事战略，最基本的还是依靠人民战争。坚持人民战争，适合中国的实际情况，是我们拥有的真正力量所在，是我们克敌制胜的法宝。第一，我们坚持的是自卫立场，立足于维护世界和平与维护国家利益这个基本点上，正义属于我们；第二，中国地域辽阔，人口众多，敌人要占领我们的国家，消灭我们的人民，是根本不可能的；第三，中国有一支由人民解放军、武装警察部队和广大民兵组成的强大武装力量，三种武装力量相结合，必将产生巨大的整体效应和整体优势；第四，我们具有人民战争的光荣传统和丰富经验。深厚的人民战争潜力，绝不是现代化装备所能够替代的，这也是任何强大敌人不敢贸然入侵中国的重要原因。富有人民战争传统和经验的中国人民，完全可以继续赢得未来反侵略战争的胜利。

坚持人民战争，必须研究现代条件下的人民战争，发展人民战争的理论。战争的特点和规律是不断发展的。现代条件下的人民战争与我们党所领导的历次革命战争相比，必然会出现一系列新的特点。坚持人民战争的战略思想，必须结合这些新特点，探索人民战争的新规律。邓小平指出：现在的人民战争与过去不同，对象不同，装备不同，手段不同，条件不同，所表现的形式也不同。特别是人民战争的战略战术将随着战争的发展，表现出更多不同的形式，将有更多的创新。由此可见，随着时代和条件的变化，人民战争不断受到新的挑战，这绝不是对人民战争的否定，而是促使人民战争理论和实践产生飞跃的动力。

(五)建设一支强大的现代化正规化的革命军队

建设一支强大的现代化正规化革命军队，是新时期我军建设的总目标，是军队建设由低级阶段向高级阶段发展的历史必然。革命化是现代化、正规化的灵魂；现代化为革命化和正规化规定了具体的任务和落脚点，规定了检验标准；正规化是革命化和现代化的重要保证。革命化、现代化、正规化是辩证的统一，三者互相依赖，互相促进，缺一不可。

1. 要始终不渝地坚持人民军队的性质

军队的性质，是指军队的阶级属性，通俗地讲就是军队归哪个阶级领导，为哪个阶级服务。我军是共产党领导下的无产阶级的人民军队。军队革命化，从根本上讲反映的正是我军这一性质。建设一支强大的现代化、正规化革命军队，必须把革命化建设放在第一位，始终不渝地坚持人民军队的性质。坚持人民军队的性质，关系到军队建设的全局，决定着军队发展的方向，是军队革命化建设需要解决的根本问题。新的历史时期，军队建设的大环境已经出现前所未有的深刻变化，这既给军队建设增添了新的活力，又给军队建设带来了新的考验。处在这样的大背景下，邓小平以高度的政治敏感性，深刻揭示了人民军队性质的科学含义，他明确指出：我确信，我们的军队能够始终不渝地坚持自己的性质。这个性质是，党的军队，人民的军队，社会主义国家的军队。这与世界各国的军队不同。就是与别的社会主义国

家的军队也不同,因为他们的军队与我们的军队经历不同。我们的军队始终要忠于党,忠于人民,忠于国家,忠于社会主义。我确信,我们的军队能够做到这一点,几十年的考验证明我们的军队能够履行自己的责任。邓小平正是紧紧抓住新时期我军建设这一根本问题,提出了关于新时期我军革命化建设的思想。坚持人民军队的性质,做到政治上永远合格,这是贯穿于邓小平新时期军队建设思想中的基本精神,也是新时期军队革命化建设的根本出发点和落脚点。

2. 现代化是军队三化建设的中心

以现代化建设为中心,是邓小平新时期军队建设思想的重要内容,是新时期军队建设的根本方针。邓小平多次强调,谋划军队建设全局,指导思想要明确,就是要解决现代化问题。以现代化为中心,是邓小平高瞻远瞩而做出的重大决策。以现代化建设为中心反映了我军建设的客观规律,其主要目标是实现军事人才、武器、装备、体制编制和军事理论的现代化。

(1)大力培养现代化的军事人才。军队现代化建设是一项宏大的系统工程,其基础和关键是培养现代化军事人才。在新的历史条件下,邓小平深刻阐明了培养现代化军事人才的极端重要性,他始终把培养人才看成是军队现代化建设成功的关键,看成是军队建设的根本大计,看成是关系军队建设和未来反侵略战争大局的问题,并指出了培养和造就现代化军事人才的目的和根本途径。

(2)武器装备现代化是军队现代化的主要标志。武器装备是军队战斗力的物质基础,是决定战争胜负的重要因素。邓小平指出,我们一定要在国民经济不断发展的基础上,改善武器装备,加速国防现代化。

(3)科学的体制编制是军队现代化建设的重要方面。建立科学的体制编制,是军队现代化建设的一项重要内容,是实现军队整体优化和建立高效运行机制的基础,是提高战斗力的重要环节。

(4)先进的军事理论,能够揭示战争的特点和规律,从而使我们正确认识和运用军事规律,把握军队发展的趋势,正确选择军队建设的目标和途径。

(5)现代科学技术是军队和国防现代化的根本动力。现在世界上科学技术发展很快,新的科技成果往往最先应用于军事领域。高科技正在广泛渗透于战斗力等诸要素之中,对战斗力的生成和发展起着愈来愈重要的作用,是军队现代化最重要的增长点和倍增器,是现代化建设的根本推动力,没有科学技术的现代化,就不可能实现军队建设的现代化。

3. 提高军队正规化建设水平

正规化建设是军队建设的重要方面,主要是指军队的组织、管理和军制等规范化建设。正规化建设的主要内容包括:坚持依法治军,加强组织纪律,加强管理;全面建立战备、工作、生活等正常秩序;建立适应现代化战争要求的科学体制编制,使部队适应未来作战任务、武器装备发展、部队训练和管理的需要;强化体制编制的科学性和权威性等等。

正规化建设是军队发展的客观要求,也是军队建设向高级阶段发展的重要标志。没有正规化,军队就不能形成一个整体,不能凝聚成强大的战斗力,也就不可能赢得战争的胜利。恩格斯指出:任何一支由平民组成的军队,假如它得不到比较强大的正规军的巨大精神资源的陶冶和物质资源的支持,主要是正规军的基本要素即组织的陶冶和支持,就永远不会有战斗力。毛泽东等老一辈无产阶级革命家十分重视军队正规化建设,把它作为我军发展壮大的重要措施。邓小平对此进行了科学总结和高度概括,把它作为新时期我军建设总目标的一项重要内容提出来,并采取了一系列措施,大大提高了我军正规化建设水平。

(六)把教育训练提高到战略地位

把教育训练提高到战略地位,是邓小平关于新时期军队建设的突出思想和独到见解。他反复强调,把教育训练提高到战略地位,不是权宜之计,而是具有全局意识和战略远见之举,是和平时期军队建设的一个根本方针。

1. 教育训练是关系到战略全局和军队建设的战略问题

(1)把教育训练提高到战略地位揭示了军队建设的客观规律。军队建设的根本目的在于提高战斗力,战斗力是军队的生命。而军队战斗力的生成主要有两条途径,一是战争实践,二是教育训练。战斗力生成途径的最佳选择受一定社会历史条件的制约,这是不以人们的意志为转移的。在新的历史条件下,邓小平同志一再强调,我们的军队过去是在长期的战争环境中成长和发展起来的,现在不打仗,你根据什么来考验干部,用什么来提高干部,提高部队素质,提高部队的战斗力?还不是要从教育训练着手?从我们自己的经验来讲,归根到底还是要靠教育训练,因此,要把军队的教育训练提高到战略地位。这是和平时期军队建设不能违背的客观规律。

(2)和平时期提高部队的素质要从教育训练入手。邓小平之所以强调要把教育训练提高到战略地位,归根到底是因为这是解决现代战争的客观需要同我军现代化水平较低的矛盾的正确选择,是提高我军战斗力的根本途径。特别是在不打仗的情况下,只有靠从难、从严、从实战出发进行严格的教育训练,才能提高军队素质,提高军队战斗力。

提高部队的素质必须从加强诸军兵种的合成训练入手。邓小平指出:现在是合成军队作战,空中也有,地面也有,水里也有,不是过去的小米加步枪了。现在作战,已逐步发展成为诸军兵种在陆、海、空、天、电磁等多个战场、多个领域、以多种作战手段进行的整体较量,单凭哪一个军兵种都将无法赢得战争的胜利。要形成整体作战的能力,军种、兵种之间仅仅依靠编成是不能完全解决问题的,编成只是合成的基础,编起来了,未必能够“合”得起来。解决“合”的问题,要靠教育训练。况且是否编得合理,也要靠教育训练来检验。所以,加强诸军兵种合成训练,体现了现代战争的基本特征,反映了现代战争对教育训练的客观要求,是提高部队素质、提高战斗力的重要途径。

2. 办好院校是落实教育训练战略地位的重要环节

要加强军队的教育训练,一个方面是部队本身要提倡勤学苦练,军队的好传统、好作风,也要从苦练当中恢复和培养起来;另一方面是通过办学校来解决干部问题,把更多的干部放到学校中去培训。邓小平指出:过去是在战争中训练,从战争中学习,而且那个学习是最过硬的。但是现在,即使有战争,不经过学习也不行,因为装备不同了,指挥现代化战争需要多方面的知识。这里,邓小平把办好院校作为加强军队特别是干部教育训练的重要环节。

军队院校是培养干部的重要基地。邓小平指出:学校要训练干部,选拔干部,推荐干部。用形象化的语言说,就是各级学校的本身要起到集体政治部的作用,或者说起到集体干部部的作用。邓小平赋予军队院校训练干部、选拔干部、推荐干部的职能,使我军干部的成长、晋升途径发生了重大的变化。这表明军队院校的职能从传统的训练干部扩大为训练干部、选拔干部、推荐干部,表明军队院校的责任不仅是要培养部队当前需要的人才,而且还包括要培养出一代接一代的无产阶级革命事业的接班人。

(七)走有中国特色的精兵之路

1. 走精兵之路是我军建设的根本方针

军队战斗力的生成与发展,包括数量与质量两个方面。现代高技术广泛运用于军事领域的一个必然结果就是人与武器装备在结构关系上发生了变化:军队员额的作用下降,武器装备的作用上升。对战斗力的形成乃至战争结局,军队质量要素显得越来越重要,越来越突出,越来越具有决定性的意义。邓小平强调:质量问题是影响战争胜败的问题。只讲数量,不讲质量,会耽误大事,要正确处理数量和质量的关系,要把质量建设作为军队建设的根本方针,长期坚持下去。

2. 注重质量建设要贯彻精兵、利器、合成、高效的原则

兵贵精,不贵多,精兵为古今中外治军之道。冷战结束后,世界各国调整建军方针,为争夺21世纪战略优势,普遍注重军队质量建设。表现为军队从人力密集型转向技术密集型,通过提高质量增强军事实力。我国地域辽阔,科技水平从总体上讲与发达国家还有较大的差距,需要把军队数量保持在适当的水平上,但也必须适应世界潮流,注重质量建设,适当减少数量,优化结构,提高效能,坚持科技强军,使我军由人力密集型向技术密集型转变,由数量规模型向质量效能型转变,在精兵、利器、合成、高效上下功夫,不断增强总体实力。

3. 科技强军

科学技术对加强军队质量建设有着非常重要的作用。衡量一支军队质量水平的高低,主要看人员素质、武器装备、体制编制、教育训练、军事理论这几个方面,而科学技术在这几个方面中,都能起到巨大的作用。武器装备的发展过程,直接依赖于军事科技的发展。武器装备的“代差”,实际是军事科技在发展过程中留下的“脚印”。在现代军人素质中,现代军事科技素质是一个最关键的素质,只有掌握了现代科技知识,才能得心应手地驾驭现代战争。科学技术不仅是第一生产力,也是第一战斗力。

科技强军是实现我军“两个根本转变”的关键。邓小平的科技强军思想,旨在以科学技术推动军队现代化建设,实现打赢未来反侵略战争的目的。这是新时期军队建设要注重质量建设的关键所在。人类正进入高技术时代,在这个时代,科技兴则国家兴、国防兴,科技强则国力强、军队强。换言之,当今时代,国防的兴衰,军队战斗力的强弱,将集中体现在国防和军队的现代化程度上,体现在国防和军队的高科技含量上。

(八)国防建设是全党和全国人民的事业

1. 国防是国家的基本保证

加强国防建设,关系国家安危,关系社会主义现代化建设的成败,关系国家的最高利益和广大人民群众的根本利益,是全党的事业,全国各族人民的事业。

独立自主的国防是主权国家的重要标志。维护国家的主权和安全,在整个国家利益中占有重要地位。安全,是一个国家生存和发展的先决条件,是一个国家最基本的利益。确保

国家安全,是一个主权国家在国际舞台上作为独立的利益主体所必须具有的基本条件和根本标志。发展,也是国家的重要利益,但任何发展都必须建筑在国家安全的基础之上。没有安全保障的国家不会有独立的主权,也就谈不上发展。基于这个意义,可以说,国防,是立国的基础,是国家主权的象征,是国家生存和发展的安全保障。

2. 开展全民国防教育是加强国防建设的重要措施

国防观念是国防建设的社会思想基础。深入持久地开展全民国防教育,是加强国防建设的重要举措之一。没有深入持久的全民国防教育,就不可能增强全民国防观念,也就不可能坚持全民办国防的根本方针。

国防事业是全党、全军和全国人民的事业,要巩固和发展这一伟大的事业,必须广泛发动广大人民群众积极关心、参与和支持国防建设,除了国家在政策上要给予指导和保障外,主要还是要靠通过深入持久的国防教育来提高全民国防观念。新时期国防教育,其实质和中心内容是爱国主义和革命英雄主义的教育,是民族精神和民族气节的教育,是在全体人民中唤起国家主人翁的责任感、使命感的教育。

国防教育是一项宏大的社会工程,新时期国防教育需要根据形势的发展而发展,形成具有中国特色的国家、军队、社会、学校和家庭五位一体的国防教育网络,不断创造出行之有效的教育形式和教育手段,使国防教育生动、活泼,为广大人民群众喜闻乐见,只有这样才能使国防教育广泛、深入、持久地发展下去。

3. 建立有效的国防动员体制和强大的国防后备力量

要赢得未来反侵略战争的胜利,一个条件是国家综合国力要强,应付战争的潜力要雄厚;另一个条件是战争动员要快,能迅速从和平状态转入战争状态,适时、足够以至于最大限度的把已经具备的战争潜力转化为战争的现实力量。建立有效的国防动员体制对于我国的国防现代化建设具有十分重要的意义。邓小平指出:军队平时的组成要同战时结合……要制定出动员方案。平时多养兵不合算,不需要这么多兵,如果把动员方案制定好,战时指定哪些地方补充……就可以减少军队兵员数量。邓小平这一论述明确了新时期国防建设一条重要的原则,即寓兵于民,平时少养成兵,战时多出兵。要做到这一点,就必须建立有效的国防动员体制。

坚持全民办国防的方针,还需要建设强大的国防后备力量。常备军和后备力量是构成现代化国防的两大基本要素。常备军是国防武装力量的主体和骨干,后备力量是基础。就一般意义而言,进行高技术条件下的人民战争,必须以常备军为骨干,以后备力量和人民群众为基础。光有常备军,而没有后备力量,没有人民群众的参与,常备军就会成为"独臂将军"。因此,没有常备军的国防或者没有强大后备力量的国防,都是不完整的国防,都不算是强大的国防。

邓小平新时期军队建设思想八个方面的内容,系统地回答了新的历史条件下军队和国防建设的一系列重大问题,反映了新时期军队和国防建设及军事斗争准备的基本规律。这些内容有着自身的内在联系和逻辑结构,形成了一个科学的理论体系。这八个方面的内容可以分成三个部分:

第一部分,军队和国防建设指导思想实行战略性转变,这是新的历史条件下军队和国防建设的根本依据。它包括四个方面:即军队和国防建设指导思想实行战略性转变、军队要服从整个国家建设大局、军队要担当起维护国家主权和安全的历史责任、实行积极防御的军事战略方针等。这四个方面的内容,实际上都说明了军队和国防建设指导思想必须适应国际和国内历史条件的变化,这个转变既是一个重大历史事件,同时又是一个不断深化的认识和实践过程。

第二部分,建设一支强大的现代化正规化革命军队,这是新时期军队建设的总目标。它主要指第五个方面的内容,即以“三化”建设为总目标,始终不渝地坚持人民军队的性质、中心是解决现代化的问题、提高军队建设的正规化水平等。这部分内容主要是在第一部分的基础上,集中回答了新时期军队建设的目标和任务等问题,是邓小平新时期军队建设思想的核心内容。

第三部分,坚定不移地走有中国特色的精兵之路,这是新时期军队建设的总方针。包括三个方面的内容,即要把教育训练提高到战略地位、坚定不移地走有中国特色的精兵之路、军队和国防建设是全党和全国人民的事业等。这部分着重回答了新时期军队建设的方针和道路,是邓小平新时期军队建设思想重要的基本内容。

综上所述,邓小平新时期军队建设思想包含三个大的部分:第一部分是基础部分,即新时期军队建设的基础和出发点,第二、三部分是结论部分,即走有中国特色的精兵之路,建设一支强大的现代化正规化革命军队。由此可见,邓小平新时期军队建设思想的内容有着一定的内在联系和逻辑结构,构成了一个既有时代精神又有中国特色的关于当代中国军事的科学理论体系。贯穿其中的思想精髓,就是解放思想,实事求是,这是毛泽东思想活的灵魂在新的历史条件下的具体运用。学习邓小平新时期军队建设思想,最主要的是要深刻领会这一思想精髓。

三、邓小平新时期军队建设思想的地位和作用

(一)邓小平新时期军队建设思想是当代马克思主义军事理论

邓小平新时期军队建设思想作为邓小平理论的重要组成部分,产生和形成于我国社会主义改革开放和现代化建设的伟大实践之中。它的形成和发展既是邓小平对当今国际形势冷静观察和正确判断的结果,又是他对新时期我国国情、军情进行实事求是的科学分析的产物。它具有鲜明的时代特征,着眼于马克思主义军事理论在新的历史条件下的运用,着眼于对国际战略形势和我国国情的深刻分析,着眼于新时期我军建设的实际,是具有中国特色的当代马克思主义军事理论。

(二)邓小平新时期军队建设思想是军队和国防建设的科学指南

邓小平新时期军队建设思想,揭示了和平时期军队和国防建设的基本规律。它坚持把当今世界各国国防和军队建设的一般规律和原则,同我国我军的实际情况有机结合,把我军传统的经验原则同新时期的新情况有机结合,抓住我军建设的主要矛盾,创造性地回答和解决了新时期我军建设亟待解决的一系列重大理论和实际问题。邓小平新时期军队建设思想作为邓小平理论的重要组成部分,是一个完整的科学体系,是马克思主义军事理论、毛泽东军事思想在新的历史条件下的创造性运用和发展,是新时期我军和国防建设的

科学指南。

（三）邓小平新时期军队建设思想是我军做好军事斗争准备的指导原则

邓小平新时期军队建设思想，揭示了现代战争的特点和规律，为现代高技术条件下局部战争的作战指导提供了理论武器。邓小平提出的和平与发展的新理论，极大地丰富了马克思主义的战争观；他提出的现代条件下的人民战争理论，强调把建设强大的常备军与建设强大的后备力量相结合；他为我军制定了新时期积极防御战略方针，赋予了它具有时代特点的内涵；他为我军建设确定的总目标，强调以现代化建设为中心，按照现代战争的客观要求，全面加强军队质量建设，做好军事斗争准备等，不仅是新时期军队和国防建设的依据，同时也是赢得高技术条件下局部战争胜利的锐利的思想武器。

第四节　江泽民论国防与军队建设

江泽民同志作为党的第三代领导集体的核心和我军的统帅，在带领全党全军和全国人民推进建设有中国特色社会主义伟大事业的历史进程中，在国际国内形势发生重大变化和世界军事变革迅猛发展的时代条件下，提出了一系列新思想、新观点、新论断，进一步丰富和发展了毛泽东军事思想、邓小平新时期军队建设思想，为马克思主义军事理论宝库增添了时代内容。

一、江泽民关于国防与军队建设思想的主要内容

江泽民同志关于国防和军队建设的思想内容十分丰富，其中一个鲜明的主题就是：在复杂的国际环境中，我军能不能跟上世界军事发展的趋势，打赢未来可能发生的高技术条件下的局部战争；在社会主义市场经济和对外开放的条件下，我军能不能保持人民军队的性质、本色和作风，始终成为党绝对领导下的革命军队。可以说，“打得赢”和“不变质”，是江泽民同志主持军委工作以来一直关注的“两个最重要的问题”。围绕这两大历史性课题，他全面、系统地阐述了新形势下国防和军队建设的地位、作用、目标、任务、指导方针、实现途径、战略步骤和政治保证等一系列基本问题。

1. 正确认识和把握当今世界战略格局的发展变化

江泽民同志深刻指出，和平和发展仍然是当今世界局势的主流，这为我国全面推进社会主义现代化建设事业提供了难得的历史机遇。总体和平、局部战乱，总体缓和、局部紧张，总体稳定、局部动荡，成为当今国际局势的基本态势。多极化趋势在曲折中发展，称霸与反霸的斗争将长期存在；经济全球化不断加快，在推动生产力发展的同时，也加剧了世界发展的不平衡；世界新军事革命和全球军事战略调整正在深入进行，西方军事干涉主义抬头，冷战后一度影响世界和平的因素又在上升；许多国家和地区的民族、宗教矛盾激化，由此引发的武装冲突、局部战争和恐怖袭击此起彼伏。这些因素，将长时期对世界和平与安全产生深

刻影响。继续推进现代化建设,完成祖国统一,维护世界和平与促进共同发展,是我国进入新世纪的三大任务。正确认识和把握国际战略格局和国家发展大局,是筹划、指导国防和军事建设的基本依据。对此,我们要始终保持清醒的头脑。

2. 大力加强军队建设,不断增强军事实力

江泽民同志认为,军队的强弱,关系一个国家的安危,一个民族的命运。要巩固社会主义制度,保证国家的长治久安,使经济建设有一个稳定的、和平的环境,就必须有一支强大的军队,有一个巩固的国防。对和平时期军队的地位和作用,应该有更为深刻的认识。国防和军事实力是一个国家综合国力的重要体现。虽然以经济和科技为基础的综合国力竞争是国际斗争的主导方面,但军事手段仍起着重要作用。建设一支现代化的军队,一个现代化的国防,是保障国家现代化建设和国家安全的需要。在新的历史条件下,我们要把眼光放得更远一些,从战略的高度把国防和军队的现代化建设筹划好。他强调,必须正确认识和处理国家经济建设与国防建设的关系,在集中力量进行经济建设的同时,努力加强国防建设,形成二者相互促进、协调发展的机制。

3. 始终不渝地坚持党对军队的绝对领导

江泽民同志指出,坚持党对军队的绝对领导,是我们建军的根本原则,是我军特有的政治优势和永远不变的军魂。保证党对军队的绝对领导,关系我军的性质和宗旨,关系社会主义的前途命运,关系国家的长治久安,因此,始终是我军建设和发展的首要问题。他认为,坚持党对军队的绝对领导,必须坚持和落实党对军队绝对领导的一系列基本制度,切实加强军队党的建设,保证党在思想上政治上组织上牢牢掌握军队,保证我军在任何时候、任何情况下都同党中央保持一致,模范执行党的路线方针政策,一切行动听从党中央、中央军委的指挥。关键是保证枪杆子要掌握在忠于党的可靠的人手里,选拔和培训大批能继往开来、担当重任的优秀年轻干部。所选之人一要政治坚定,二要综合素质强,总之要过得了"打得赢"、"不变质"这两关。要在全军牢固树立党对军队绝对领导的观念。军队的一切改革和措施,都要有利于党的领导,坚决抵制"军队非党化"、"非政治化"等各种错误观点的影响,坚决反对把军队和党并列起来、"平起平坐"的思想和言行,不允许在这个问题上出现任何的怀疑、犹豫和干扰。

4. 全军要做到"政治合格、军事过硬、作风优良、纪律严明、保障有力"

建设一支强大的现代化正规化革命军队,是新时期我军建设的总目标。如何实现这个总目标,是个全局性、战略性的问题。江泽民同志把"五句话"作为军队建设的总要求,就是要把新时期军队建设的总目标具体化,并贯彻到各项工作中去。要在全军牢固树立和落实全面建设、协调发展的思想,防止把军队建设的各个方面割裂开来,搞"单打一"。落实"五句话",关键要端正指导思想,改进领导作风和工作方法,坚决克服形式主义、官僚主义,下功夫抓落实。军队建设的基础在基层,基层工作搞不好,抓什么都会落空。所以必须始终按照《军队基层建设纲要》的要求去做,使基层建设有一个全面的进步。"五句话"总要求的提出和确立,从认识论和方法论上解决了军队建设全面推进的指导思想,理顺了军队各个方面协同一致的关系,明确了军队建设的基本标准,成为实现新时期军队建设总目标必须遵循的行动准绳。

5. 确立新时期军事战略方针

江泽民同志认为，军事战略归根结底是治国之道。一个国家、一个民族，要生存和发展，要在竞争激烈的国际环境中站稳脚跟，就不能没有正确的战略方针。适应我国安全和军事斗争任务的发展，他主持制定了新时期军事战略方针，确定把军事斗争准备的基点由应付一般条件下的局部战争转到打赢现代技术特别是高技术条件下的局部战争上来，并强调要用新时期军事战略方针指导和统揽全局，军队的各项建设和一切工作，包括军事训练、政治工作、后勤保障、国防科研等，都要立足于打赢现代技术特别是高技术条件下的局部战争，周密规划、全面部署和深入展开。新时期军事战略方针的确立，抓住了现代化水平与现代战争要求不相适应这一我军建设的主要矛盾，明确了新形势下军事斗争的目标和任务，正确解决了我军建设和改革的发展方向问题，为新形势下国防和军队现代化建设提供了科学的依据。

6. 把思想政治建设摆在全军各项建设的首位

江泽民同志强调指出，讲政治是我军优良传统的精髓和核心，始终坚持从思想上、政治上建设部队是党领导军队的一条根本原则。必须高度重视思想政治建设，把它摆在全军各项建设的首位。新时期我军思想政治建设的使命和根本任务，就是要为"打得赢"和"不变质"提供强大的精神动力和可靠的政治保证。要认真贯彻"三个代表"的要求，不断推进思想政治建设的创新和发展，增强时代感，加强针对性、实效性、主动性。要坚持不懈地抓好用邓小平理论武装全军这个根本，开展爱国奉献、革命人生观、尊干爱兵、艰苦奋斗四个教育，确保官兵政治坚定和道德规范，使我军真正成为培养人、锻炼人的大学校。

7. 继续加强质量建设，走有中国特色的精兵之路

江泽民同志强调，加强质量建设，走有中国特色的精兵之路，这是实现我军现代化的惟一正确的选择，是我军建设的必由之路。它直接关系到我国在21世纪能否占据更加有利的国际战略地位，关系到我们能否打赢未来可能发生的高技术局部战争。加强质量建设，最根本的就是要在军队建设中，实现由数量规模型向质量效能型、由人力密集型向科技密集型的转变。江泽民同志提出，要下决心解决好军队规模、体制编制和政策制度问题，消除领导、指挥、管理、保障体制和部队编制结构中制约军队战斗力提高的因素，通过调整改革，把我军建设成为一支规模适度、结构合理、机构精干、指挥灵活、战斗力强的现代化、正规化革命军队。突出军队建设的重点，着重加强应急机动作战部队和海军、空军、二炮的建设，切实提高我军高技术条件下的作战能力。

8. 实施科技强军战略，努力完成我军机械化和信息化建设的双重历史任务

实施科技强军战略，是推进我军质量建设的根本指导方针。江泽民同志指出，科学技术是第一生产力，也是非常重要的战斗力；科技进步是经济社会发展的重要动力，也是军队现代化的重要动力。有了强大的国防和先进的科学技术，我们就能顺利实施新时期军事战略方针。因此，必须把依靠科技进步作为提高军队战斗力的基础。特别在高技术战争条件下，谁拥有技术装备优势，谁就拥有更多的战场主动权。当前，军队武器装备的高技术化已经成为世界军事的重要发展趋势，我军则要针对自身特点，有所为有所不为，科技强兵，增强部队战斗力，提高打赢高科技战争的能力。

江泽民同志还指出，当今新的军事革命，实质上是一场军事信息化革命，信息化战争将成为21世纪的主要战争形式。我军正处在机械化任务尚未完成、又要努力向信息化过渡的特殊阶段，因此，必须在加强军队机械化建设的同时，加快信息化建设，以信息化带动机械化，最大限度地发挥后发优势，实现我军现代化的跨越式发展。同时，要从国情、军情出发，走出一条投入较少、效益较高的军队现代化建设的路子。要与国家经济发展战略相协调、相配套，有计划、分步骤地实现国防和军队现代化建设的战略目标。

9. 培养和造就大批高素质的新型军事人才

江泽民同志多次强调，人才是兴军之本，是根本大计。迎接新的世界军事发展的挑战，实现国防和军队现代化建设的跨越式发展，关键在人才。不把人才培养作为一项战略任务来抓，就难以建设现代化的军队，也就难以战胜拥有高技术优势的敌人。抓人才培养是长期的任务，又是当务之急。武器装备要加紧搞上去，人才培养要先行。要在全军掀起并形成学习现代科技知识的热潮，切实加强思想理论学习和现代科技知识的学习。他强调，“治军先治校”，必须把院校教育摆在优先发展的地位上，逐步建立起规模适当、结构合理、效益较高的具有我军特色的新型院校体系，形成有利于人才成长和科研创新的培训体制和管理体制。要完善军地并举、共同培养军事人才的政策和制度，走军队干部由自己培养和依托国民教育培养并举的路子。

10. 坚持依法从严治军

江泽民同志指出，没有军队的正规化，就没有军队的现代化。为适应社会主义民主法制建设的要求，军队必须更加自觉地贯彻依法治军的方针。通过依法治军，把党关于国防建设和武装力量建设的主张，通过法定程序上升为国家意志，使党的领导同依法办事统一起来。依法治军的目的，是从制度上和法律上保证党对军队的绝对领导，保持人民军队的性质，推动军队的现代化建设。“令严方可以肃兵威，命重始足以整纲纪”。要加强军事立法工作，逐步建立适应社会主义市场经济发展的要求、符合现代军事发展规律、能够体现我军性质和优良传统的军事法规体系；要坚决维护军事法律、法规和条令、条例的权威性和严肃性，一旦违反，依法追究，严肃处理；要提高全军各级干部依法办事的能力，学会用法规制度教育、引导和管理部队。依法治军，贵在严，也难在严。只有坚持按法律、法规从严治军，才能维护我军威武之师、文明之师的良好形象，才能有战斗力。

11. 在继承优良传统的基础上大胆改革创新，丰富和发展具有中国特色的军事理论

江泽民同志指出，改革是我军发展的强大动力，创新是军队进步的灵魂。在新的历史条件下，必须在坚持优良传统的基础上大胆改革创新，使我军始终保持旺盛的生机和活力。要进一步解放思想，实事求是，深入研究和认识我军在新时期所处的社会历史条件，深入研究和认识我军建设中的新情况、新问题，积极探索新形势下治军的特点和规律、军事斗争的准备和规律、国防建设的特点和规律，着力解决新形势下部队政治工作、军事工作、后勤保障工作和国防科技工业面临的突出矛盾和问题，在实践中进一步丰富和发展以毛泽东思想和邓小平新时期军队建设思想为代表的具有中国特色的军事科学理论。他强调，军事科研要在继续加强基础研究的同时，把主要力量投入到现实问题的研究上来。当前和今后一个时期，主要抓好两大课题的研究，一是研究现代技术特别是高技术条件下“仗怎么打”的问题，

二是研究在对外开放和发展社会主义市场经济条件下“军怎么治”的问题。

12. 依靠人民建设军队、建设国防

国防和军队建设是全党、全国人民的共同事业。江泽民同志特别强调,人民战争是我们真正的力量所在,要按照人民战争的战略思想,把精干的常备军与强大的国防后备力量结合起来,在加强军队建设的同时,高度重视民兵、预备役等国防后备力量的建设;按照“平战结合、军民结合、寓兵于民”的方针,进一步调整和完善国防动员体制,提高国防动员能力。武警部队是我国武装力量的重要组成部分,要继续加强武警部队建设,发挥其在维护国家安全和社会稳定中的重要作用。要深入持久地开展国防教育,增强全民国防观念,各级党委、政府和人民群众要关心和支持军队建设,军队要发扬拥政爱民的优良传统,积极支持和参加国家经济建设。

二、江泽民有关国防与军队建设思想的指导作用

江泽民同志关于国防和军队建设的思想,是对毛泽东军事思想特别是邓小平新时期军队建设思想的继承、丰富和发展,是“三个代表”思想在军事领域的重要理论表现。它科学总结了十多年来我国国防和军队建设的实践经验,深刻揭示了新形势下国防和军队建设发展的基本规律,具有鲜明的时代性、深刻的实践性、系统的理论性和科学的指导性,是新世纪推进国防和军队现代化建设跨越式发展的根本依据和科学指南。

马克思主义军事理论,本质上是随着时代和实践的发展而不断向前发展的科学。马克思主义军事理论之所以像一棵常青之树,始终充满生机和活力,就是因为它具有植根实践、与时俱进的品格。马克思、恩格斯生前就曾根据变化了的形势和深化了的认识,修正他们自己提出的某些具体理论。列宁、斯大林和毛泽东、邓小平、江泽民在他们的军事理论创作中,无一不结合本国的国情,立足于解决时代和实践发展中提出的新课题,创造性地运用和发展马克思主义军事理论,并用以指导新的军事实践。我们要认真学习马克思主义军事理论,努力掌握其科学体系和精神实质,并自觉地把学习与运用、坚持与发展、继承与创新统一起来,不断把国防和军队现代化事业推向前进,不断开辟马克思主义军事理论的新境界。

第五节 胡锦涛对国防和军队建设的重要论述

新世纪新阶段,人民军队迎来了进一步发展的重要机遇。胡锦涛主席站在时代发展和战略全局的高度,提出了以科学发展观为根本指导方针,履行新世纪新阶段我军历史使命,推动国防和军队建设又好又快发展的思想。围绕大力加强军队思想政治建设、积极推进机械化条件下军事训练向信息化条件下军事训练转变、坚持国防建设和经济建设协调发展等重大课题,胡主席做出一系列重要论述,进一步深化了对国防和军队建设发展规律的认识。胡锦涛关于新世纪新阶段中国军事战略、军队建设和国防建设的思想理论体系,是以胡锦

涛为总书记的党中央,根据新世纪新阶段的国际战略格局、国家安全形势和经济全球化趋势而制定的中国国防建设和军队建设的纲领、路线、方针、政策的集中体现,是继承、发展毛泽东军事思想、邓小平新时期军队建设思想和江泽民国防与军队建设思想的成果,是党中央新的领导集体智慧的结晶。

一、胡锦涛有关国防和军队建设重要论述的主要内容

(一)军事战略指导方针

1. 用科学发展观指导国防和军队建设

胡锦涛指出,要坚持把科学发展观作为加强国防和军队建设的重要指导方针。科学发展观是我们党以邓小平理论和"三个代表"重要思想为指导,进一步总结我国现代化建设的历史经验,从新世纪新阶段党和国家事业发展全局出发提出的重大战略思想,是指导我们抓住机遇加快发展的世界观和方法论,是我们应对复杂的国际国内环境和各种挑战的强大思想武器。树立和落实科学发展观,关系党和国家工作的大局,关系中国特色社会主义事业的全面发展。中国特色社会主义伟大事业是一个涵盖面很广的宏大系统工程,国防和军队现代化是其中一个重要组成部分。用科学发展观统领经济社会发展全局,毫无例外包括国防和军队建设。当前,我军建设处在一个新的历史发展阶段,面临由机械化半机械化向信息化的整体转型,改革、建设、发展的任务非常繁重,许多矛盾需要化解,许多结构需要调整,许多关系需要理顺,许多工作需要统筹。只有用科学发展观统领国防和军队建设,才能把各个方面的建设统起来,把各个方面的力量协调好,把各个方面的积极性调动起来,全面提高部队战斗力,从而履行好新世纪新阶段我军的历史使命。

科学发展观的本质和核心是坚持以人为本。对军队来说,就是要坚持人民军队的宗旨,全心全意为人民服务,坚决维护人民群众的根本利益。要进一步发扬爱人民、学人民、为人民的优良传统,始终与人民群众同呼吸、共命运、心连心,在支援国家经济建设、保护人民生命财产安全、完成急难险重任务中,不断做出新的贡献。在军队建设中,必须充分尊重官兵的主体地位和创造精神,心系基层、情系官兵,公平公正地处理涉及官兵切身利益的敏感问题,切实维护官兵合法权益,满腔热情地为官兵办实事、解难事、做好事,不断改善基层的物质和文化生活条件。同时,还要关心他们的成长进步,满足他们的成才需求。

科学发展观的基本内容是全面、协调、可持续发展。结合军队建设的实际,贯彻科学发展观的精神,必须按照"五句话"总要求,以提高部队战斗力为根本出发点和落脚点,全面加强革命化、现代化、正规化建设,使军事、政治、后勤、装备建设相互配合、相互促进、共同进步;必须下工夫解决军队内部存在的某些结构失调、关系不顺的问题,进一步优化结构,理顺关系,加强体系建设,提高整体效能;必须把中国特色军事变革与军事斗争准备、机械化建设与信息化建设、当前建设与长远发展统一起来,为建设一支同我国地位相称、同国家安全和发展利益相适应的军事力量创造持续发展的条件;必须大力加强科学管理,切实转变传统的管理模式,不断提高国防和军队现代化建设的质量和效益,走出一条投入较少、效益较高的国防和军队现代化建设路子。

2. 正确认识安全形势

当前,国际形势继续发生着深刻而复杂的变化,军事因素对国际战略格局的影响在上升,国防实力对保障国家安全和维护国家利益的作用进一步凸显。和平与发展仍然是时代的主题,但影响和平与发展的不稳定、不确定因素增多,对我国安全环境产生了重要影响,加大了我国维护国家安全的压力。当前的战略机遇期,既是可以大有作为的黄金发展期,同时又是面临诸多安全威胁和挑战的矛盾凸显期。西方敌对势力不愿看到一个强大的社会主义中国出现在世界东方,总是千方百计地妄图牵制乃至遏制我国的发展。目前我国周边地缘政治军事环境相当复杂,不可预测性因素明显增加。我国参与经济全球化进程和对外开放步伐的加快,对利用国际市场、国际资源和维护国家战略利益的安全要求越来越高。新军事变革迅猛发展,世界军事强国的军队信息化优势日益增强。面对当前复杂多变的外部安全环境以及日益增长的国防需求,我国作为奉行独立自主和平外交政策的社会主义大国,具备强大的国防力量,是维护国家安全、保障社会主义现代化建设顺利进行的必不可少的条件。

国防和军队建设服务于整个国家建设大局,是以一定的国防实力为前提和基础的。能战方能言和,军队只有具备了相应的实战和威慑能力,才能为国家的和平发展提供有效的安全保障,为把握重要战略机遇奠定坚实的国防基础。胡锦涛指出,我们根据时代发展和国家安全形势的变化,提出了新世纪新阶段我军历史使命,进一步明确了我军在新的历史条件下的地位、作用,进一步拓展了我军职能,赋予了我军更加光荣而艰巨的任务。目前,我军建设的总体水平与世界先进水平相比,存在很大差距,亟待实现跨越式发展,提高现代高技术条件下防卫作战的能力。实现国防建设与经济建设协调发展,是军队履行新世纪新阶段历史使命的迫切要求。

(二)国防和军队建设思想

1. 坚持党绝对领导下的人民军队的根本性质和宗旨

我军的全部历史,就是在党的领导下不断发展壮大的历史。党对军队的绝对领导,是我们党和军队的优良传统和特有的政治优势,是我们的立军建军之本。全心全意为人民服务是我军的惟一宗旨,是我军战无不胜的力量源泉。坚持党绝对领导下的人民军队的根本性质和宗旨,是在国防和军队建设中贯彻落实科学发展观的首要问题和根本要求。胡锦涛指出,坚持党对军队的绝对领导,是我军建设和发展的首要问题。新世纪新阶段,我军建设面临着西方敌对势力推行西化、分化政治战略的严峻挑战,面临着我国改革发展进入关键时期出现的新矛盾新问题的复杂考验,面临着社会日益信息化带来的深刻影响。坚持党对军队的绝对领导,保持人民军队的性质和宗旨,才能使科学发展观真正贯彻落实好,保证我军建设的正确方向,坚决完成党赋予的各项任务;才能把人民的利益始终放在高于一切的位置,把坚持以人为本这个科学发展观的核心与坚持全心全意为人民服务这个我军的惟一宗旨统一起来,积极投身经济建设、政治建设、文化建设和构建社会主义和谐社会的伟大实践,自觉为全面建设小康社会做贡献;才能把我军建设真正纳入科学发展的轨道,走全面协调可持续发展的路子,实现又快又好发展。

2. 按照革命化现代化正规化相统一的原则加强军队全面建设

胡锦涛指出，要始终把革命化建设放在第一位，更加有力、更加扎实、更加富有成效地推进思想政治建设。要坚持以现代化建设为中心，科学统筹军队建设和改革的全局，努力发展应对多种安全威胁、完成多样化军事任务的能力。总结长期以来的历史经验，军队全面建设的基本内容是革命化、现代化、正规化。军队建设是一个有机整体，革命化是灵魂，集中体现着我军的政治本色，是保持现代化正规化建设正确方向的旗帜；现代化是中心，是解决军队建设主要矛盾、适应世界新军事变革潮流和打赢现代战争的迫切需要，是革命化正规化建设的实践基础；正规化是重要保证，是军队建设走向高级阶段的客观要求。"三化"之间相互依存、紧密联系。各个方面的工作只有相互配合、相互促进，军队建设才能顺利发展；也只有各方面共同进步，才有军队建设总体水平的提高。贯彻科学发展观，必须认真总结吸取经验教训，充分认识军队"三化"建设的系统性、辩证性特征，把"三化"建设放在军队建设的大系统中辩证思考，各就其位，各显其能，各得其所，不断提高军队建设的整体水平。

军队"三化"建设协调发展。首先，要把思想政治建设放在首位。坚持用党的创新理论指导军事实践，武装官兵头脑，强化军魂意识，抵制错误思潮，不断加强各级党组织的能力建设和先进性建设，确保党对军队的绝对领导，确保我军永不变质。要培育官兵坚强的革命意志和旺盛的战斗精神，为建设信息化军队、打赢信息化战争提供强大精神动力。其次，始终坚持以现代化建设为中心不动摇。军队建设的各项工作都要围绕中心、服务中心、突出中心、保证中心。现代化是一个由科技进步牵引和推动的发展过程，核心是提高作战能力。信息化具有军队现代化的本质规定性。所以，要以信息化为主导，以提高作战能力为标准，实施科技强军战略，扎实开展军事训练，加速武器装备发展，积极推进整体转型，全面加强军队现代化建设，提高部队信息化条件下的作战能力。再次，大力加强正规化建设，把依法从严治军真正落到实处。加强军事法制建设，维护条令条例和规章制度的严肃性、权威性，严格按照条令条例管理教育部队，推动战备、训练工作和生活秩序向正规化方向发展。

3. 把以人为本作为重要的建军治军理念

科学发展观的核心是以人为本，落实到军队，就要把以人为本作为重要的建军治军理念。军队讲以人为本，最重要的是必须始终坚持人民军队的根本性质，坚决维护人民群众的根本利益。不管时代如何发展，形势和任务如何变化，当人民的子弟兵，做人民利益的忠实捍卫者，这一条任何时候也不能改变。把以人为本作为重要的建军治军理念，就是要尊重官兵的主体地位，发挥他们在军队建设中的主体作用。人是战争的决定性因素，最终决定战争胜负的是人而不是物。人是战争中武器装备的使用者、作战方法的创造者、军事行动的实践者，人的素质和精神状态，对战斗力的形成和发挥具有重要的影响。军队讲以人为本，必须把推进军队建设与促进官兵全面发展有机统一起来。要坚定地相信和依靠广大官兵，增强他们的主人翁意识和使命感、责任感，把广大官兵中蕴藏的巨大积极性和创造性充分挖掘出来、调动起来，凝聚到军队现代化建设上来。要努力促进和实现官兵的全面发展，不断提高他们的思想政治素质、科学文化素质、军事专业素质和身体心理素质，把他们培养成为有理想、有道德、有文化、有纪律的新一代革命军人。要关心官兵的切身利益，重视解决官兵工作生活中的实际困难和问题，不断改善他们的物质文化生活条件。要维护官兵正当的民主权益，加强新形势下军队内部的政治民主、经济民主、军事民主建设。要认真研究解决新形势下官兵关系出现的新情况、新问题，广泛深入地开展尊干爱兵教育，增强基层干部和骨干依法带兵、以情带兵、科学带兵的意识和能力，进一步巩固和发展我军团结、友爱、和谐、纯洁的内部关系。把以人为本作为重要的建军治军理念，必须符合军队作为武装集团的特殊性，适应遂行作战任务的要求。要把爱护官兵生命与培育战斗精神统一起来，继承和发扬我军大无畏的英雄气概和英勇顽强的战斗作风，大力提倡为了人民的利益勇于牺牲奉献，做到一不怕苦、二不怕死。要把关心官兵个人发展与从严治军统一起来，严格制度、严格纪律、严格训练、严格管理，做到令行禁止。要把尊重官兵权益与确保一切行动听指挥统一起来，正确认识军人的义务和权益，自觉为祖国、人民和军队多作贡献。

4. 加强科学管理，落实从严治军，不断提高军队建设质量

在军队建设中要全面落实科学发展观，必须加强科学管理，不断提高国防和军队现代化建设的质量和效益。胡锦涛指出，中国正处于并将长期处于社会主义初级阶段，国家尚不富裕，要解决好军队建设需求和国防投资不足的矛盾，把有限的资源最大化地转换为国防实力和战斗力，必须加强科学管理，走一条投入少、效益高的国防和军队现代化建设路子。全军各级要强化质量效益观念，切实转变传统的人力密集型、数量规模型的管理模式，向科学管理要效益、向科学管理要战斗力。

世界军事变革不仅是一场军事技术和军队组织体制的革命，也是一场军事管理的革命。科学高效的管理，对于降低军队建设成本，提高军事系统运行效率，增强部队战斗力，具有非常重要的作用。胡锦涛就如何加强科学管理，提高我军现代化建设的效益这一问题指出，要加强战略筹划，统筹军队各方面建设，着眼全局和长远确定科学可行的发展目标和思路，有计划、有步骤、快速高效地推进部队的建设和改革。要运用综合集成的方法对各种作战要素进行系统整合，防止和克服条块分割、重复建设的问题，提高部队信息化条件下的整体作战能力。要充分发挥社会主义制度能够集中力量办大事的优势，抓住对全局具有重要影响的关键问题和建设项目进行重点突破，通过局部跃升带动整体发展。必须大力发扬艰苦奋斗精神，始终贯彻勤俭建军方针，坚持勤俭办一切事业，坚决反对大手大脚、铺张浪费、盲目攀比的风气，真正把有限的经费用在刀刃上，用出效益来。胡锦涛要求军队各级管理干部，要下工夫学理论、学科技、学管理。加强军队建设的科学管理要做到以下几方面：

(1)必须大兴求真务实之风。要充分认识求真务实的极端重要性，把求真务实精神贯彻到军队建设的全过程。要坚持理论联系实际。军队是要打仗的，我们抓各项工作，任何时候都要硬、实打实，来不得半点虚假和漂浮，否则一旦打起仗来就要吃大亏，就会付出惨痛代价。

(2)要坚决贯彻从严治军的方针。从严治军是军队建设的铁律，治军不严，祸患无穷。要把从严治军作为全局性、基础性、长期性工作紧抓不放，在军事、政治、后勤、装备工作的各个领域加大从严治军力度。各级领导干部要端正工作指导思想，要把对上级负责和对下级负责一致起来，要把工作重心放在基层，要克服形形色色的官僚主义和形式主义，把从严治军落到实处。

(3)要坚持科学决策、民主决策、依法决策。党委领导工作的主要内容之一就是做决策，

各级党委必须高度重视决策工作,要树立现代决策理念,掌握和运用现代决策方法,努力提高科学决策、民主决策、依法决策的水平。准确理解和把握党的路线方针政策是科学决策的前提,只有把党中央、中央军委的精神吃透,才能保证决策的正确方向。

(4)要努力学习现代科学技术知识。在世界科技革命和新军事变革推动下,军事领域已经成为科学技术高度密集的领域,如果不懂得现代科学技术特别是高新科学技术知识,就谈不上领导部队建设的科学发展,更谈不上对部队进行科学管理。因此,各级军队领导干部要进一步增强学习现代科学技术的紧迫感,抓紧更新知识储备,优化知识结构,提高信息化条件下组织部队建设、指挥部队作战、科学管理部队的水平。

(5)必须始终坚持党对武装力量绝对领导的原则。军队是国家或政治集团实行其阶级统治和执行其意志的专政力量与暴力工具,只有坚持党的领导,才能保证军队的性质和任务的完成,才能保证军队永远执行党的意志和命令。

5. 我军在新世纪新阶段的历史使命

我军的历史使命,从根本上规定着我军建设的发展方向、奋斗目标和指导原则。它作为一定时期军队职能任务的总概括,在不同时期有不同的内涵。新世纪新阶段,胡主席科学判断国家发展和军队建设所处历史方位,着眼实现党的三大历史任务,从维护国家和民族根本利益出发,向全军郑重提出了"三个提供、一个发挥"的历史使命。

(1)为党巩固执政地位提供重要的力量保证。我们党成为执政党,是历史的选择、人民的选择。进入新世纪新阶段,我们既面临难得的发展机遇,也面临严峻挑战。国际国内敌对势力相互勾结、相互呼应,他们的最终目的,就是颠覆我们党的执政地位,颠覆人民民主专政的国家政权,推翻中国的社会主义制度。因此,必须把坚持党对军队绝对领导的根本原则和制度,加强军队的革命化、现代化、正规化建设作为党执政的一项重要战略任务抓紧抓好,确保我军能够经受住各种斗争任务和各种复杂环境的考验,始终成为党巩固执政地位的中坚力量。

(2)为维护国家发展的重要战略机遇期提供坚强的安全保障。抓住机遇促进发展,对全面建设小康社会、加快推进社会主义现代化至关重要。维护和用好战略机遇期,就要维护国家安全、捍卫国家主权和领土完整,为国家发展 创造和平的国际环境。军队要把国家主权和安全放在第一位,履行好维护国家主权的神圣职责,为创造一个有利于全面建设小康社会、加快推进社会主义现代化建设的长期安全环境做出应有贡献。

(3)为国家利益的拓展提供有力的战略支撑。时代的进步和中国的发展,使我们的国家安全利益逐渐超出传统的领土、领海、领空范围,不断向海洋、太空、电磁空间扩展和延伸。这就使我们必须拓展安全战略和军事战略视野,不仅要关注和维护国家的生存权益,还要关注和维护国家发展利益;不仅要关注和维护领土安全、领海安全、领空安全,还要关注和维护海洋安全、太空安全、电磁空间安全以及其他方面的国家安全。

(4)为维护世界和平与促进共同发展发挥重要作用。经济全球化趋势不断发展,使世界各国的经济联系空前紧密,任何国家都难以脱离世界经济而孤立地发展。现在,中国经济和世界经济总体上形成了一种"你中有我、我中有你"的局面。中国的发展离不开世界,世界的发展也离不开中国。中国的发展强大是不可阻挡的,但我们必须正确把握世界发展趋势,根据我们社会主义国家的性质，坚持走和平发展道路，高举和平、发展、合作的旗帜，坚持依靠自身力量独立自主地建设中国特色社会主义。同时积极通过合作共赢的方式充分利用国外资源和市场，争取和平环境来发展自己，又以自身发展来维护世界和平。但也要看到，中国要实现和平发展，要维护国家安全和利益，要维护世界和平与促进共同发展，必须要有强大的军事实力作后盾，以便更好地履行维护国家安全、捍卫国家主权和领土完整的职责，发挥维护世界和平的积极作用。

这一重要论述，科学回答了新世纪新阶段国防和军队建设朝什么方向发展、如何科学发展，未来战争需要什么样的军事力量、如何科学运用军事力量的时代课题，进一步拓展了我军的职能任务，明确了国防和军队建设的发展目标，提高了军事斗争准备的标准，充实了军事力量运用的指导原则。这是科学发展观在国防和军队建设领域的生动运用和展开，体现了党的历史任务对我军的新要求，创新发展了我们党的军事指导理论。

6. 依靠科技进步加快转变战斗力

胡锦涛指出，科学技术是第一生产力，也是推动国防和军队建设又快又好发展的巨大动力。要适应建设创新型国家的要求，围绕建设信息化军队、打赢信息化战争的目标，进一步实施科技强军战略，依靠科技进步和创新，加快战斗力生成模式转变。

生成模式科学发展观，把依靠科技进步和创新、加快转变经济增长方式，作为实现经济持续快速协调健康发展的重要途径。这一思想对军队战斗力建设也具有重要指导意义。军队战斗力由人、武器以及人和武器的结合方式三个基本要素构成。科学技术特别是以信息技术为主要标志的高新技术的迅猛发展及其在军事领域的广泛运用，深刻改变着战斗力要素的内涵，从而深刻地改变着战斗力生成模式。提高军队的科学技术含量，加强以信息为主要标志的军队质量建设，成为世界军队发展的趋势。我们必须进一步实施科技强军战略，推进军队建设由数量规模型向质量效能型、由人力密集型向科技密集型的转变，把军队战斗力生成模式切实转到依靠科技进步特别是以信息技术为主要标志的高新技术进步上来，不断提高官兵的科技素质，充分发挥科技进步和创新对战斗力提高的巨大推动作用。要以指挥军官队伍、参谋队伍、科学家队伍、技术专家队伍、士官队伍这“五支队伍”建设为重点，加大实施人才战略工程的力度，加强在职学习，加强院校培训，加强实践锻炼，努力造就大批适应军队信息化建设、胜任信息化条件下作战任务的高素质新型军事人才。

7. 国防与经济建设一定要协调发展

统筹好国防建设和经济建设的关系，是贯彻科学发展观的必然要求。在国防和军队建设中贯彻科学发展观，首要的问题是必须坚持十六大提出的国防建设与经济建设协调发展的方针，正确认识和把握国防建设与经济建设的关系。集中精力把经济建设搞上去，不断增强经济实力，是解决包括国防和军队建设在内的所有问题的重要前提和物质基础。只有经济发展了，国防和军队现代化建设才能不断发展。而国防实力是综合国力的重要组成部分，强大、巩固的国防是国家安全和经济发展的重要保障。我们必须从全面建设小康社会的全局高度，把推进国防和军队现代化建设作为推进社会主义现代化建设的一项重大战略任务抓紧抓实。要坚决服从服务于国家经济社会发展的大局，自觉在大局下行动。要把国防和军队建设融入社会主义现代化建设的全局之中，依托国家经济社会发展，扎实推进国防和军队现代化建设，使国防建设与经济建设相互促进、协调发展。

要正确贯彻执行国防建设与经济建设协调发展的方针，就必须正确认识和把握国防和军队建设服从服务于经济建设这个大局的辩证关系。从国家讲，要在经济发展的基础上，逐步增加国防投入，保障和促进国防和军队现代化建设的顺利进行。从军队讲，要坚决服从服务于国家经济社会发展的大局，为经济建设保驾护航。

胡锦涛指出，经过改革开放二十多年的发展，中国的经济实力上了一个大台阶，国防和军队现代化建设的物质技术基础明显加强。新世纪新阶段中国经济社会的不断发展，必将为国防和军队现代化建设创造更加有利的条件。可以说，本世纪前20年，既是国家经济社会加快发展的重要时机，也是国防和军队现代化建设加快发展的重要时机。我们应该也有可能把国防和军队现代化建设搞得更好。要依托国家经济社会发展，把国防建设融入现代化建设全局之中，统筹国防资源和经济资源，注重国防经济和社会经济、军用技术和民用技术、军队人才和地方人才的兼容发展，进一步形成国防建设和经济建设相互促进、协调发展的良好局面。

8. 积极探索军民结合、寓军于民的发展路子

胡锦涛强调，要适应新的形势，积极探索军民结合、寓军于民的新途径新方法，全面推进经济、科技、教育、人才等方面的军民结合，从国家经济社会发展中获取国防和军队现代化建设的丰厚资源和强大支撑。

要实现两个建设协调发展的目标，关键要从完善运行机制和加强制度建设入手，建立“寓军于民、军民兼容”的发展机制，促使两个建设在结构、布局、技术、人才、信息等方面形成全方位、多层次的内在结合，从而使国防和军队建设更有效地依托国家经济社会的总体发展，更充分地发挥国民经济对国防建设的基础性支撑作用，从体制机制上保障国防和军队建设融入社会主义现代化建设的全局之中。这是科学发展观在实现国防建设与经济建设协调发展中的重要体现和基本要求。

要注重从国家战略层面上规划军民两用技术的发展，提高两个建设协调发展的高技术推动力。现代科技尤其是信息技术的飞速发展，使许多民用技术成果具有很高的军事应用价值，一些军用技术对经济发展也具有重要推动作用。这类两用技术的发展正受到越来越多国家的高度关注。我们要从国家战略层面，对军民两用技术的发展做出专项规划；加快制定两用技术标准；进一步完善两用技术的投入政策，加大两用技术的研发投入；健全两用技术的管理体制，鼓励非公有制企业参与军民两用高技术的开发及产业化运用，从而使两用技术成为国防建设与经济建设相互促进的技术支撑点和强大推动力。

军队人才培养要依托国民教育，努力实现“寓才于民”。要充分利用国民教育系统，加强军事人才基础素质特别是科技素质的培养，拓宽军地之间人才兼容、储备、交流的渠道。

军队后勤保障要依托国民经济体系，不断提高后勤的社会化保障水平。减轻军队办社会的负担，使军费投入更好地集中于军队承担的主要职能上，提高军费使用的功能性效益。

经济布局要兼顾国防原则和经济原则，努力构建有利于军民产业之间互动的空间结构。特别是国防科技工业布局，既要注意形成纵深梯次配置，提高其战时的安全性，又要与当前国家宏观经济布局向中西部纵深地区推进的幅度相衔接，注意与相应的民用产业群的

布局联系，提高军民产业互动的布局效益。

胡锦涛指出：改革是国家发展的动力，也是军队发展的动力。改革同样是建立和完善两个建设相互促进、协调发展机制的重要推动力，这是贯彻落实科学发展观的基本要求之一。当前国防建设领域改革的重点，是进一步增强市场机制在国防资源配置方面的基础性调节作用。在军工科研生产领域，要通过进一步完善军品市场建设、深化军品采购制度改革、健全相关的投融资体制、推进专业化能力重组等方面的改革措施，在整个国防科技工业中建立和完善竞争、评价、监督与激励四个机制，增强国防科技工业的内生发展动力和自主创新活力，推动军民结合、寓军于民的国防科技工业新体系的形成。在军品市场的准入方面，要在继续深化军工企业建立现代企业制度改革和推动集团化重组的基础上，积极引导非公有制资本有序进入国防科技工业建设领域，鼓励非公有制企业按有关规定参与军工科研生产任务的竞争以及军工企业的改组改制。通过深化改革，推动国防经济领域所有制结构的多样化，既有利于加速军品市场主体培育的进程，使之增强对社会主义市场经济大环境的适应能力；又有利于形成民用企业进入军工科研生产领域的长效机制，使军民结合、寓军于民方针的贯彻具有体制性保障。

9. 统筹好国防和军队建设的五个重大关系

统筹中国特色军事变革与军事斗争准备。中国特色军事变革，是迎接世界新军事变革挑战的时代要求；抓紧做好军事斗争准备，是当前我军最重要、最现实、最紧迫的战略任务。统筹好两者关系，对于建设信息化军队，打赢信息化战争，有效履行新世纪新阶段我军历史使命意义重大。必须着眼当今世界军事变革的前沿，着眼占领未来军事斗争的制高点，把军事斗争准备纳入中国特色军事变革之中，提高军事斗争准备的起点；必须边准备、边形成战斗力，推动中国特色军事变革，努力建设一支能够打赢未来信息化战争的强大的现代化军队，保持遏制战争的威慑能力，随时准备应对各种挑战和考验。

统筹机械化建设与信息化建设。机械化是信息化的重要载体，没有机械化就不能实现信息化的发展。信息化是机械化发展的必然趋势，没有信息化就不能实现机械化的跃升。现代战争形态正由机械化战争向信息化战争转变，工业时代的机械化军队正在转变为信息化军队。新军事变革的本质和核心是信息化。目前，我军正处在机械化尚未完成又需要努力实现信息化的特殊历史时期。我们不能等到走完发达国家军队机械化建设的全部过程再来搞信息化。必须在加强机械化建设的同时，加快军队信息化建设的步伐，走跨越式发展道路。要从我国国情和军情出发，以机械化为基础，以信息化为主导，以信息化带动机械化，以机械化促进信息化，努力推进机械化和信息化的复合式发展，完成机械化与信息化双重历史任务。

统筹诸军兵种作战力量建设。未来作战将是信息化条件下的诸军兵种一体化联合作战。建立精干高效的诸军兵种作战力量，既是国家强大的象征，也是维护国家安全、捍卫国家利益的重要保证。必须适应作战形式进一步从单一军种为主的协同性联合作战，向诸军兵种一体化联合作战转变的要求，以科学发展观为指导，以提高战斗力为核心，充实加强各种作战力量。要进一步优化军兵种力量结构，使军队内部结构相互协调、功能相互补充，全面提高我军的威慑和实战能力。要进一步优化军兵种内部力量结构，增加高技术装备部队比重。要进一步形成一体化作战力量体系，加强诸军兵种部队的综合集成建设，把各种作战力量、作战单元、作战要素融合为一个结构合理、协调运行的整体，使我军能够生成和发挥出最大的整体作战效能。

统筹当前建设与长远发展。我军现代化建设，是一个承前启后的发展过程，是一项长期的历史任务。要切实把现代化建设发展的阶段性和连续性统一起来，把全面发展、协调发展和可持续发展统一起来，通过抓好当前建设，为长远发展提供条件和基础；通过谋划好长远发展，提高当前建设的起点和效益。既要注重发展的现实需要，又要着眼发展的长远后劲，在抓长远性、基础性、根本性工作上下功夫，防止急功近利。要处理好现实需要和客观可能的关系，坚持量力而行，坚持有所为有所不为，从实际出发推动我军现代化建设稳步前进。

统筹主要战略方向建设与其他战略方向建设。我国陆地国界线长达22800多公里，大陆海岸线18000多公里，地缘环境复杂，安全形势严峻。在国防和军队建设中贯彻落实科学发展观，必须密切关注国际战略格局的发展变化，深刻认识国家安全问题的综合性、复杂性、多变性，切实把握好战略全局，突出重点，兼顾一般，多手准备，有备无患。

二、胡锦涛有关国防和军队建设重要论述的地位和意义

党的十六大以来，以胡锦涛同志为总书记的党中央，在领导全党全国人民全面建设小康社会的伟大实践中，创造性地提出了科学发展观这一重大战略思想。以人为本、全面协调可持续发展的科学发展观，是我们党对共产党执政规律、社会主义建设规律和人类社会发展规律进行艰辛探索的智慧结晶，是指导发展的马克思主义世界观和方法论的集中体现，是推进我国经济建设、政治建设、文化建设、社会建设的指导方针，也是解决军队建设发展问题的锐利思想武器。胡锦涛同志明确指出，要坚持把科学发展观作为国防和军队建设的重要指导方针。这一重要论述，从时代高度进一步指明了我军的兴军之策、强军之道，是党的军事指导理论的又一次与时俱进。

确立科学发展观在军事领域的指导地位，是当代中国国防和军队建设的必然选择。进入新世纪新阶段，国家安全问题的综合性、复杂性、多变性进一步增强，与军队职能使命相联系的军事任务的多样性进一步发展，国防建设与经济社会建设的融合程度进一步加深，军事斗争准备和中国特色军事变革的步伐进一步加快，军队建设中一些深层次的体制性、结构性矛盾进一步显现，从而使如何推动和实现国防和军队建设科学发展的问题，历史地摆在了我们面前。只有按照科学发展观的要求，抓住发展机遇，转变发展观念，丰富发展内涵，拓展发展思路，创新发展模式，提高发展质量，才能使国防和军队建设顺应时代大势，遵循客观规律，在新的起点上又快又好发展。从战略全局上讲，确立和坚持科学发展观重要指导方针，是用党的创新理论引领军队建设前进方向的根本要求，是有效履行新时期新阶段我军历史使命的根本保证，是解决新形势下军队建设突出矛盾和问题的根本之举，在我军建设发展史上具有新的里程碑意义。

在领导国防和军队建设新的实践中，胡锦涛同志坚持运用科学发展观思考回答军事领域面临的重大理论和现实问题，提出了一系列新思想、新观点和新论断。特别是提出的关于新世纪新阶段我军历史使命的重要论述；关于坚持把国防和军队建设融入国家现代化建设

的战略全局，在全面建设小康社会的历史进程中实现富国与强军统一的观点；关于按照革命化现代化正规化相统一的原则，科学统筹军队建设发展全局的观点；关于坚持党对军队的绝对领导，是我军建设和发展首要问题的观点；关于把思想政治建设作为军队根本性基础性建设，更加有力、更加扎实、更加富有成效地向前推进的观点；关于牢固确立以人为本的建军治军理念，把推动部队建设与促进官兵全面发展有机统一起来的观点；关于坚持以军事斗争准备为龙头，带动军队现代化建设整体发展的观点；关于依靠科技进步加快转变战斗力生成模式，提高我军信息化条件下的威慑和实战能力的观点；关于把军事训练作为重要的治军方式和管理方式的观点；关于积极推进机械化条件下军事训练向信息化条件下军事训练转变的观点；关于大力推进军事理论、军事技术、军事组织体制和军事管理创新的观点；关于坚持把从严治军作为一项全局性、基础性、长期性工作紧抓不放的观点；等等，可以说都是科学发展观在国防和军队建设中的具体展开和延伸。这些重要思想观点，坚持我们党领导国防和军队建设的根本原则，继承中华民族的优秀军事文化传统，吸纳世界军事理论的先进成果，正确回答了国防和军队建设朝什么样的科学目标发展、如何实现科学发展的根本问题，与毛泽东军事思想、邓小平新时期军队建设思想、江泽民国防和军队建设思想既一脉相承，又与时俱进，以其鲜明的时代性、深刻的实践性和非凡的创造性，开拓了马克思主义军事理论发展的新境界。

思考题：

1.中国古代军事理论的形成与发展经历了哪几个阶段？

2.《武经七书》指的是哪几本书？

3.毛泽东军事思想的科学含义是什么？

4.怎样认识毛泽东军事思想的历史地位？

5.试述邓小平新时期军队建设思想的地位和作用。

6.江泽民关于国防和军队建设思想的主要内容是什么？

7.试述胡锦涛有关国防和军队建设重要论述的重大意义。

第三章 军事战略环境

第一节 现代战略概述

战争作为战争指导者的客体,有其运动规律和本质特征。战争运动规律在战争指导者头脑中的反映,就形成了关于战争的军事理论。战略既是对战争运动规律的认识,又是依据这种认识对战争运动实施的指导。战略是指指导战争全局的方略,它是战争指导者运用战争的力量和手段达到战争目的的一种艺术。

一、现代战略的定义

现代战略的概念有狭义、广义之分。狭义的战略只限于军事范围,一般称为军事战略。由于战争不仅仅是一种军事行动,而是与整个国家的政治、军事、科技和外交等方面的举措紧密相连的,所以广义的战略超出了军事范围。

战略概念的定义有各种各样的表述。克劳塞维茨的定义是:“战略是为了达到战争目的而对战斗的运用。”美国约翰·科林斯的定义是:“战略是为达到战争目的而采取的一系列措施的总和。”前苏联格列奇科·安德烈·安东诺维奇的定义是:“战略是军事学术的组成部分和最高的领域。它包括陆海空军的备战,战争的筹划和实施,各军种的使用和指挥等方面的理论和实践等问题。” 我国伟大的战略家毛泽东的定义是:“战略问题是研究战争全局规律性的东西。”可见,战略也指军事统帅“对战争全局的筹划和指导”,包括对战争准备的筹划与指导,既指导战争力量的使用,又指导战争力量的建设,是对既定战争的准备与实施方略。

战略以军事学说为基础,以国家的经济力量为后盾,它直接产生于国家的政策并服务于这个政策。因而,战略是一个具有全局性、系统性、层次性的概念;是研究未来战争的指导规律,正确判断战争爆发及其发展概貌和特点,确定战略总方针,拟制战争计划和实施的原则;是规定战略展开和战争初期作战的指导原则以及全部武装力量的战略使用方法。

二、现代战略的基本特征

(一)系统性

系统是指以一定的程序相互联系着的要素的有机整体。整个国家建设就是一项巨大的系统工程,是一个多维、多变量、多层次、多因素的纵横交错的立体网络系统,它有着十分复杂的交叉效应。国防、军队是其中的子系统,它们受大系统的制约,反过来又影响大系统。因此,考虑军队建设时,必须从整个国家建设出发,把军队建设与其他各个领域、诸多因素之间的关系综合起来加以分析,而不能单目标、单因素地孤立地看问题。同时还要着眼于国家大系统的运动发展,在动态中把握军队建设这个子系统。

(二)时代性

人的目的与意志是现实环境的产物。人的目的与意志不是从天上掉下来的,而是人与现实环境这个矛盾的产物,是在不断运动、变化与发展过程中,人的主观对客观(社会和自然)规律认识的产物。因此,人的目的与意志必然反映出历史的、时代的特征。一般来说,在奴隶制社会环境下人们产生不了奔向资本主义的目的与意志。在封建社会,人们也产生不了奔向共产主义的目的与意志。

所以,在不同的历史时期,战略有其不同的内容,既不能超前,也不能落后,它要体现时代的特征。战略并不是一成不变的,它本身也是在不断运动、变化和发展的。

(三)层次性

战略具有系统性,而系统是有层次的,有大系统、分系统,有母系统、子系统。相应于不同层次的系统,就有不同层次的战略,国家有国家的战略,军队有军队的战略,各个具体部门又有自己的发展战略,共同构成一个战略目标体系。高层次的战略是低层次战略的依据,低层次的战略应该与上一层次的战略要求相符合,而不能相背离。同时,就战略系统的不同层次而言,战略决策与战术决策是可以相互转化的。就某一层次上的战略决策而言,在更高层次上可能成为战术性决策,而某一层次上的战术决策,就更低一层次而言,可能成为战略性决策。例如,为了取得战争的胜利,是选择渡河还是选择背水一战,对司令员(全军)来说是战术决策,而决定渡河就成了工程兵系统的战略目标。为了渡河是采用架桥、渡船还是泅渡,则是工程兵系统的战术决策。从这里可以看出,战略决策与战术决策对于不同层次的决策系统而言,具有相互转化性。就现阶段来说,各个层次的战略,都应服从于党中央提出的三大战略任务,即加紧社会主义现代化建设;争取早日实现祖国统一;反对霸权主义,维护世界和平。围绕这个总目标、总任务去确定国防建设、军队建设的目标,才能产生符合全局利益和客观实际的发展战略。

(四)实用性

军事战略问题不仅仅是个理论性很强的研究课题,而且归根到底是要拿出政策建议将国防建设的方略落实到实用上的。一切军事理论的或概念性的研究,多层次或多角度的探讨,最终都是为了寻求切实可行的政策措施,然后将之转化为坚强的军事实力,以抗御外侮,保卫祖国。因此,军事战略的研究,其最大的特点是在“用”字上,在于它的实用性。

三、战略威慑理论

(一)战略威慑的概念

关于威慑概念的由来,美国防务问题专家柯林斯在其《大战略》一书中写道:“自有战争以来就有威慑这个概念,但它成为现代国家的大战略的一个突出的组成部分,却是在全面核战争的含义为大家所了解之后。”在我国,“威慑”一词始见于汉代张衡的《西京赋》,其中写道:“威慑兕虎,莫之敢抗。”其后,三国的曹植在《七启》中也有“威慑万乘,华夏称雄”的诗句。可见,“威慑”一词由来已久,它不仅仅是核时代的产物,而早就是国际政治策略的一个组成部分。不过,从第二次世界大战后世界进入核时代以来,“威慑”一词才得到人们的特别重视。

所谓威慑,就是以武力相威胁,使对手感到可能招致无法承受的报复,而不敢贸然采取军事行动。在核时代,所谓核威慑就是以使用核力量(主要是战略核力量)相威胁,使对手感到可能招致无法承受的核报复,而不敢贸然采取军事行动。威慑战略和战略威慑是两个不同的概念,有其各自的内涵。威慑战略,即主要着眼于使对方由于顾及可能招致无法承受的报复而不敢发动战争的科学和艺术,其立足点在于制止战争而不在于从事战争。战略威慑,即以威胁使用核力量为手段,达成国家政治和军事战略目的的科学和艺术。

(二)战略威慑三要素

关于威慑的要素,主要有三个方面。美国前国务卿基辛格在《选择的必要》一书中写道:“威慑需要兼具以下要素:有力量、有使用力量的决心和使潜在的侵略者估计到这两点。”“如果有一种要素不存在,威慑就不起作用。实力不论多大,如果没有诉诸武力的决心,它也无济于事。如果侵略者不相信既有力量又有使用力量的决心,或者在他看来发动战争所冒的风险对他很有吸引力,即使威慑既有力量,又有使用力量的决心,也不会发生作用。”

我国军事学术界普遍认为:威慑必须由军事实力,敢于使用军事实力的意志,威慑信息及通道,以及这三大部分在威慑对象那里产生的遏止效应等组成。战争实力是威慑的基石,一般由基本实力(国土、人口、地理环境)、经济实力、科技实力、战略目标、国家意志等组成,从客观上对对手或潜在对手构成威慑。威慑尽管不排除虚张声势的成分,但无论如何要有使用战争实力的决心和扎扎实实的实战准备作后盾,以便在危机时,把威慑力量变成打击力量,增强威慑的可信度。否则,即使有战争实力,但没有敢于使用实力的意志,威慑也只能是色厉内荏的恫吓,起不了真正的作用。所以,战争实力与敢于使用实力的意志是威慑的双翼,缺一不可。但是威慑是一种交互行为,倘若对敌方产生不了作用,则是对军事实力的浪费。要让实力产生期望效应,就要把实力变成信息,并通过各种渠道,传输给敌方,使敌方认识并确信上述两点。三者的统一形成了威慑的内在机制。

四、中国的军事战略方针

中国的军事战略是积极防御的军事战略。以毛泽东为代表的老一辈无产阶级军事家从中国的国情和敌我双方的客观实际出发,在领导人民军队胜利地进行了国内革命战争和反侵略战争实践的基础上,创造出具有鲜明中国特色的积极防御战略思想。在革命战争年代,人民军队以这一战略思想为指导，打败了国内外强大的敌人。新中国成立后，这一思想又在捍卫国家主权和安全的军事斗争中得到了进一步的发展和运用，成为指导国家军事斗争全局的根本战略思想。

中国革命战争在一个相当长的历史时期内，处于敌强我弱的条件下，处于战略防御的地位。战略防御问题成为人民军队作战中最复杂和最重要的问题。只讲进攻、否认防御的军事上的冒险主义，以及只讲防御、否认进攻的军事上的保守主义或逃跑主义，都只能导致战争的失败。只有实行积极防御，才是弱小的人民军队战胜强大的敌人，最终赢得战争胜利的惟一正确的战略。积极防御战略的实质，就是在战略防御的前提下，把进攻与防御辩证地统一起来。它主要体现在以下两方面：其一，把战略上的防御与战役战斗上的进攻、战略上的持久与战役战斗上的速决、战略上的内线作战与战斗的外线速决的攻势作战相结合，逐步削弱敌人，实现战略防御的目的。其二，把战略防御与战略反攻和战略进攻有机地结合起来，适时地将战略防御导向战略反攻或战略进攻，在有利的条件下同敌主力进行战略决战，彻底歼灭敌人。正是在这个意义上，积极防御又称之为攻势防御、决战防御。

在不同的历史时期和战略阶段，积极防御军事战略有着不同的内容和表现形式。土地革命战争时期，红军初期作战贯彻“敌进我退，敌驻我扰，敌疲我打，敌退我追”的作战原则。后来为了打破敌人的“围剿”，红军采取了“诱敌深入”的战略方针，实行灵活的带游击性的运动战。抗日战争时期，积极防御战略表现为全国实行持久战的总方针和八路军、新四军执行“基本的是游击战，但不放松有利条件下的运动战”的方针；解放战争时期，积极防御战略核心是“以歼灭国民党有生力量为主而不是以保守地方为主”。抗美援朝战争中，志愿军在战略反攻阶段实行“以运动战为主，与部分的阵地战、敌后游击战相结合”的方针；在战略防御阶段实行“持久作战，积极防御”的方针。

中国进入社会主义革命和建设时期后，人民解放军的军事战略仍然是积极防御，但情况和内容有了很大的不同。人民解放军在战略上实行防御、自卫和后发制人的原则，已不仅仅是着眼于敌强我弱的形势，而主要是由社会主义国家的性质、任务和对外政策决定的；军事战略所要解决的已不是夺取政权问题，而是要维护国家主权和安全，保卫社会主义现代化建设事业；军事战略判断也不再局限于国内阶级力量对比，而是把重点放在国际战略格局和当代军事斗争的发展趋势上。1956年，中央军委制定了新中国成立后和平建设时期的第一个战略方针，即保卫祖国的积极防御的战略方针。60年代至70年代，主要是由于中国安全环境急剧恶化，加之对战争爆发的危险性估计得过于严重，中国因而采取积极防御、诱敌深入的方针，立足于应付最困难的情况，准备应对敌人早打、大打、打核战争。80年代初，针对未来全面反侵略战争的特点，中央军委确立了积极防御战略方针，提出坚持后发制人、坚持人民战争、坚持持久作战，立足于以劣势装备战胜敌人、立足于最复杂最困难情况下作战的战略指导原则。虽然最终没有发生世界大战和大规模的外敌入侵，但是人民解放军曾胜利地进行了几场边境自卫防御作战，积累了在现代局部战争中贯彻积极防御战略思想的丰富经验。80年代中期以来，依据邓小平提出的在较长时间内不发生大规模的世界战争是有可能的战略判断，实现了军队建设指导思想的战略性改变，即从时刻准备早打、大打、打核战争的临战状态真正转到新时期现代化建设的轨道上来，强调战略指导要从立足于随时准备对付敌人大规模入侵转变为着重对付可能发生的局部战争和军事冲突,并提出了适应当时形势要求的积极防御军事战略。进入90年代,在深刻认识国际战略格局的重大变化和军事领域中的深刻变革的基础上,中央军委重新制定了新时期积极防御的军事战略方针,确定要把军事斗争准备的基点放在打赢现代技术特别是高技术条件下的局部战争上,从而实现了军事战略新的转变。

在新的历史时期,中国的安全形势、国家利益、社会制度和内外政策,军事斗争和军队建设的客观需要,决定了中国必须继续坚定不移地贯彻积极防御的军事战略。这不仅是继承优良的传统,也符合现阶段中国的国情、军情。就是将来发展了,积极防御也仍然是解决中国国家安全问题的根本军事战略。坚持积极防御的军事战略,对于新时期军事斗争的准备具有长远而重大的指导意义。贯彻这一军事战略,要求处理好以下三个方面的关系:

第一,防御与进攻的关系。积极防御,不是单纯防御,而是攻势防御,是攻守结合。实行积极防御,一定要灵活机动。战略指导,既要坚持战略上的防御和后发制人,又要重视在战役战斗上采取积极的攻势行动和先机制敌;既要有持久作战的准备,更要力争在战役战斗上快速反应、速战速决,特别是应对高技术条件下的局部战争,当具备了战略速决条件时,就要力争战略上的速决。与革命战争年代坚持诱敌深入、先在内线歼敌再到外线歼敌的情况不同,新中国所进行的局部战争更多地是在以本土纵深为依托的边境地区争取战争的胜利。与过去长时期准备抗敌大规模入侵、立足于战略纵深决战的情况也不同,现代局部战争的战略指导着眼于近海和边境浅近纵深作战,并强调以积极的攻势行动慑止敌人。积极防御要求战略上后发制人,这并不是软弱的表现。“后发”就是“人不犯我、我不犯人”,有利于在政治上、外交上保持主动。“制人”就是“人若犯我、我必犯人”,显示出自卫还击的决心和能力。中国既不会主动惹事,也不会临事示弱。一旦国家的主权和安全遭到侵犯,中国将毫不犹豫地坚持正义的自卫战争,消灭一切来犯之敌。

第二,遏制战争与打赢战争的关系。遏制战争,就是在和平时期,利用威慑力量,从军事上和政治上设法制止或推迟战争的爆发。新时期积极防御军事战略,不仅要解决如何准备打和如何打的问题,而且要解决如何有效地遏制战争、避免打和制止打的问题;不仅要力避全面战争的爆发,而且要尽量防止局部战争的发生,保证社会主义现代化建设顺利进行。根据国家战略的需要,必要时可以运用各种军事威慑手段,与政治、外交斗争相配合,不战而屈人之兵,以达到遏制战争的目的。坚持人民战争的优良传统,把日益现代化的常规力量、强大的后备力量与可靠而又有效的有限核力量结合起来,是贯彻积极防御军事战略、发挥威慑作用的基本途径。同时必须看到,遏制战争是以具备打赢战争的能力为基础的。只有具备制胜的力量,才能有效地实施威慑。中国积极防御军事战略的立足点,从来都是准备对付战争和打赢战争。也就是从最坏的可能性着想去争取好的结果,以敢战、能战来达到不战而屈人之兵,这是中国威慑思想的基石。

第三,军事与政治的关系。军事战略必须跟整个国家的政治、外交、经济密切协调。贯彻积极防御的军事战略,最根本的还是要从政治上考虑和处理军事问题。现代局部战争受政治、外交因素的制约大,具有很强的政治性、政策性。中国未来的防卫作战,与国家的改革开放和现代化建设息息相关。军事战略指导一定要有政治头脑、政策观念和大局意识,善于把握一些大的战略关系。军事上打与不打，打什么目标，打到什么程度，何时打，何时停，都要从政治上、战略上加以全面考虑。军事斗争要严守自卫立场，充分准备，慎重初战，有理、有利、有节地行动，牢牢掌握斗争的主动权。“有理”就是坚持战略上的防御和后发制人，做到师出有名，在政治、外交上取得主动；“有利”就是把握有利的时机和条件，坚决打赢，取得有利的军事地位；“有节”就是掌握军事斗争火候，适可而止，在适当的胜利后结束军事行动。军事斗争要积极配合政治、外交和经济斗争，维护世界和平和地区稳定，努力改善国家安全环境。

第二节 国际战略格局

随着前苏联的解体，维持了45年之久的以美、苏为主导的两极格局不复存在，世界格局开始步入向多极化方向发展的过渡时期。这个时期世界战略形势的特点，表现为各种矛盾和关系的急剧变化和不断调整。

一、国际战略形势的现状和特点

(一)当今世界战略格局正处于转换和调整的过渡时期，各国和各种力量集团之间的关系在重新组合中不断进行调整

1. 世界战略格局的变化

原有世界战略格局的解体，始于两德统一(1990年10月3日)，加速于华约解体(1991年7月)，完成于前苏联解体(1991年12月25日)。目前，世界正处于向多极化格局过渡的初始阶段，各国和各种力量集团之间的关系正在重新组合并不断进行调整。主要表现为：①原来处于敌对状态的美苏关系已发生根本性变化。俄罗斯独立后，力图与西方建立“伙伴”乃至“盟友”关系。但西方却把他当作“二流伙伴”，而且对俄仍不放心，力图进一步削弱他。②西方国家的军事同盟虽然仍在继续维持，但矛盾和摩擦在增多，联盟关系的裂痕在扩大。特别是法德核心的形成，标志着西欧军事联盟机制的独立性以及对美国的离心倾向在增强。美国虽然不会放弃欧洲，并在不断采取措施维持美欧联盟，但美欧矛盾的发展必然会削弱美国对西欧盟国的控制能力，使美欧联盟趋于松散。关于美日联盟，虽然双方都一再表示要加强他们之间的“全球伙伴”关系，但日本则更加注重“同等伙伴”的意义，而且，日本与美国争夺亚太地区事务主导权的斗争日趋明显。③发展中国家同发达国家之间和发展中国家之间的关系也都在发生相应的变化和调整。比如：美印、美越、中亚各国间、中东地区各国间的关系等，也都发生了相应的变化和调整。

2. 以和平方式实现战略格局转换，过渡期较长

以往几次战略格局的转换都是通过大规模战争的方式实现的，这种格局转换，形势变化很快，过渡时期很短，有时甚至显不出过渡时期。而这次战略格局转换，是由前苏联及华

约自行解体促成的和平转换，因此，新格局的建立比较缓慢，过渡时期较长，估计需要10~15年或者更长一些时间。

(二)各国和各种力量集团都在进行相应的军事战略调整，增强以经济和科技为基础的综合国力

1. 重新估量本国或本集团在冷战后的主要对手或潜在对手，并由此构成相互间的新关系

前苏联及华约解体后，美国认为它已经没有明确的强大对手了，它的对手可能是多个现实的和潜在的地区性强国。它所面临的威胁不是可能产生于欧洲的全球性战争，而是第三世界广大地区可能出现的局部战争和武装冲突。因此，美国已将其战略重点转向如何对付不同地区军事强国可能爆发的局部战争上。在这种形势下，美国的战略重点，由里根政府提出的针对前苏联的“新灵活反应战略”调整为“地区防务战略”，把防务重点从对付前苏联及东欧集团转向防止地区性强国的崛起。

俄罗斯的防务重点已变为如何对付可能来自周边国家的威胁。俄政府认为今后不大可能出现以往强调的在各个方向上出现的可能威胁。俄罗斯正在以应付周边事件威胁的“机动防御战略”，代替以西方为对手的“纯防御战略”。强调对付在个别方向和地区可能发生的中低强度冲突或局部战争。英、法、德等西欧国家，也十分明确地将他们的防务重点从对付前苏联及东欧集团，转向应付欧洲地区可能发生的各种中、低强度冲突和局部战争。在近期的军事演习中，北约的作战思想也主要是对付来自南翼(即巴尔干地区)的进攻。

日本已不再担心来自前苏联的入侵，但仍把俄罗斯及中国和朝鲜视为潜在对手，把应付有关方面可能出现的地区冲突和局部战争作为其军事战略的重点。在此战略思想指导下的兵力布置，表现为在保持北部地区的作战能力的前提下，适当提高西部地区的兵力密度。印度仍将巴基斯坦和中国等周边国家视为其主要潜在对手，并以此为背景，在努力发展现代化军事力量的同时，加强印美以及和印尼的友好合作关系，以巩固其在南亚的霸主地位。东南亚各国担心中国和日本可能填补美、俄收缩所造成的力量真空，将此作为潜在威胁，并以此为由加强各自的军事力量。

2. 多数国家的战略趋于“内向”，力求抑制军事力量的发展，着眼于本国经济建设和综合国力的提高

美国大选中，把州长布什推上总统宝座。它表明美国人要求政府改变美国经济状况，集中力量抓好经济，注重加强以经济和科技为中心的综合国力的发展，是具有全球意义的“战略内向”的表现。俄在普京上台后，暂时放弃了争霸世界的战略目标，全面收缩战线，大幅度从海外撤军，积极推动军控和裁军谈判，将精力集中于国内经济发展，从而全面提高综合国力。德国和日本就是由于集中精力抓经济从而使它们迅速发展起来，在科技发展的同时，又以强大的经济实力向政治大国乃至军事大国的方向发展。第三世界各国，特别是亚太地区国家正是由于战略内向，集中力量发展本国经济和科技，使它们后来居上，其发展势头令西方国家瞠目。由于经济实力的增强，它们在国防事务中的地位明显提高。

3. 在继续维持原有军事同盟的同时，各国都在积极发展双边或多边军事合作，少数小国则寻求大国保护

西欧各国在强调继续维持以美国为首的北约联盟的重要性的同时，法国和德国宣布建立“欧洲军团”，德国与荷兰要组建“德荷兵团”。这些举动一方面表现出西欧国家双边关系的发展，同时又显示了欧洲国家对美关系独立性的增长。印度和越南失去了前苏联这个大靠山后，表示要在“独立自主，自立自强”的基础上同美国合作。与此同时，印度还继续谋求与俄罗斯发展军事合作关系，越南则积极活动加入东盟。日本在坚持建设“自主防卫”体制的基础上，继续加强与美国的同盟与合作关系，维护日美安全体制。美、英、澳、新、马“五国联防”在冷淡一段时间后，目前有重新活跃之势，文莱还在试探加入这一组织的可能性。美军从菲律宾撤出后，新加坡主动向美国提供海军维修补给设施，马来西亚和印度尼西亚表示欢迎美国驻太平洋的海、空军部队，以“商业方式”使用卢穆特和泗水的港口设备，以寻求美国为它们的安全提供保护。东盟各国在进一步扩大与美国的军事合作的同时，强调发展双边合作以及建立地区安全协商机制的重要性。

4. 注重质量建军，积极加强技术兵种建设

在缓和趋势继续发展的形势下，大规模扩充军备已成为过去。各国都更加注重军事高科技的投入与发展，积极加强技术兵种的建设，坚持走质量建军之路。

（三）军控和裁军谈判连获突破性进展，但军备斗争仍在提高质量和发展高技术兵器方面展开竞争

军控和裁军谈判连获突破性进展，各主要国家出现了普遍裁军的势头。继1991年7月美苏签署削减战略武器条约，规定双方各拥有战略核弹头总数不得超过6000枚之后，1992年6月17日，美俄又达成原则协议，同意签署一项削减战略武器条约的补充条约，双方宣布将各自的战略核弹头总数削减到3000~3500枚。1993年1月3日叶利钦和布什在莫斯科签署了《第二阶段削减进攻性战略武器条约》，条约规定：2003年1月1日前两国将核弹头总数从20000多枚削减到6500枚，并销毁所有陆基洲际分导式核弹头。另外美、英、法、俄还相继宣布暂停核试验。1992年3月，联合国裁军大会通过了《禁止化学武器条约》(草案)。在常规裁军谈判方面也取得了进展，1990年11月，北约和前华约国家在巴黎签订了削弱欧洲常规力量条约。1992年6月，北约和俄罗斯及东欧29个国家又签署了实施这项条约的协议书，使欧洲常规裁军和军控发展进入一个新阶段。1995年5月联合国审议和延长了《不扩散核武器条约》(NPT)，1996年9月10日第50届联合国大会又通过了《全面禁止核武器条约》(CTBT)，进一步缓和了国际紧张局势，推动了核裁军进程。

（四）大战危险更趋减小，战争趋势向着高技术局部战争方向转变

1. 世界大战危险更趋减小

(1)爆发大战不利于世界经济发展。世界大战的影响和破坏力很大，不利于包括超级大国在内的世界各国集中精力抓经济，尤其是前苏联的解体，从反面向各国敲响了不抓经济就吃大亏的警钟，日本和德国从正面向各国展示了集中精力抓经济的好处。因此当前世界各主要国家都在收缩战线，战略内向，集中精力抓经济，尽可能避免可能导致世界战争的武装冲突和局部战争。

(2)大国无力打世界大战。当然美、俄仍是有资格打世界大战的军事强国，但它一衰一伤，亦无力发动世界大战。海湾战争表明，当今惟一的超级大国——美国，为了把海湾战争

进行到底尚且求助于日本、德国、沙特、科威特等国资助，如果发动规模更大的世界战争，美国也难以支撑，更不用说其他国家了。

(3)国际社会的制约，使热点不会升级为世界大战。前苏联解体，冷战结束，世界进一步趋向缓和，原来的热点大都降温，虽然欧洲南部及欧亚之间又出现了一系列新的热点，但在国际社会，特别是在联合国的干预下，交战双方的战争行为受到不同程度的遏制，这些热点将会逐渐平息下来。通过谈判和平解决国际争端是当前国际政治和军事斗争走向的大趋势，因此，新的热点不会升级为世界大战。

(4)世界经济一体化制约着世界大战的爆发。在现代科技力量的推动下，世界经济一体化程度加快，各国经济交往和联系越来越频繁，越来越密切。各国大都处于你中有我、我中有你的经济共同体中。同时，由于经济的发展，垄断资产阶级完全可以利用其经济和科技优势来达到以往只能通过战争才能达到的政治目的，而且经济手段的效果可能更好。所以，霸权主义国家不会频频向发展中国家发动大规模的侵略战争。即使矛盾突出，但还不到需要动武的白热化程度，而且它们之间的协调机制仍可能遏制其矛盾升级到爆发战争甚至全球大战。

(5)世界反战的和平力量更加有力地阻止世界大战的爆发。社会主义阵营虽然解体，但仍在坚持社会主义政治制度的中国和原社会主义国家的广大人民群众，依然是反对战争、遏制侵略的强大力量。再加上正在发展壮大的第三世界以及资本主义国家内部的人民和各种反战和平力量，战争势力就更难把世界大战强加到世界爱好和平的人民头上。

2. 局部战争此起彼伏，世界和平与稳定仍然受到威胁

(1)局部战争和武装冲突的原因。导致当前乃至今后一段时间局部战争和武装冲突的原因很多，概括起来有如下十大类：①格局转换，力量失衡，这是当前导致局部战争增多的根本原因。如两极格局解体，美俄力量失衡；世界两大体系——社会主义阵营和资本主义阵营力量失衡；资本主义内部，由于德、日崛起和美国相对衰弱引起的力量失衡；由于美、俄实行战略收缩在局部地区造成力量真空引起的力量失衡。②超级大国霸权主义继续推行强权政治，由此引起反抗和斗争。③地区霸权主义在超级大国力量薄弱的地方企图建立主导权引起的反抗和斗争。④各国之间，特别是新独立的国家之间的领土和边界纠纷引起的矛盾和斗争。⑤民族矛盾和阶级压迫引起的国内战争。⑥种族问题，特别是种族隔离、种族歧视、种族压迫引起的反抗和斗争。⑦为了争夺资源而进行的斗争。海湾战争可以说是为了争夺石油资源而进行的战争。由于地球资源日趋减少，人们甚至担心未来会由于水资源日益缺乏，可能引起抢水战争。⑧宗教信仰的差异可能酿成冲突和战争。比如当前基督教和伊斯兰教之间的斗争，不仅对所在国，而且对局部地区的和平与稳定都构成威胁。⑨国际贩毒集团日益成为引起一些国家和地区不安并可能酿成局部冲突和战争的因素。⑩国际恐怖活动不仅造成了许多不幸，也可能引发局部冲突和战争。在“9·11”之后，这个原因越来越突出，阿富汗战争就是最突出的事例。

(2)世界局部战争的发展趋势。统观世界全局和力量的相互制约关系，今后世界局部战争的发展趋势是：

①目前正值格局转换初期，局部战争有上升趋势。随着相对稳定的多极格局的形成，各

种力量将逐渐趋于平衡，局部武装冲突和战争会逐渐减少。但由于引发局部战争的因素依然存在，因此，局部战争在相当长的时期内不会消失，只是呈现此起彼伏、此消彼长的状态罢了。

②由于国际社会的干预，特别是联合国组织正在采取措施遏制局部战争的蔓延和升级，因此目前仍在进行的局部战争不会升级为世界大战。

③目前受"9·11"影响，全球进入反恐时代。伊拉克战争虽已结束，萨达姆被捕，但恐怖主义阴影仍萦绕在人们心头。除此而外，世界上还有许多不稳定因素，特别是印巴问题、朝鲜核问题、巴以冲突、台湾问题以及车臣问题等都未很好地解决，因此，不排除在一定条件下部分地区再次出现新的对抗热点的可能性。

④现代战争中，由于交战双方都可能通过各种渠道寻求国际力量的支援，使交战各方的力量关系和背景非常复杂，任何一方想以绝对优势战胜另一方都是极其困难的。在战争难见胜负且又消耗巨大的情况下，最后大都会在国际社会的调解下，通过和平谈判的方式解决其矛盾和冲突。

二、国际战略形势的发展趋势

(一)联合国的作用与日俱增

近年来，特别是面对美俄全球争霸的战略态势已发生根本性改观，地区间问题逐渐突出的形势，联合国在许多国家的推动下，逐步改变长期以来为美国和前苏联所控制的局面，不再是美俄在国际政治舞台上争霸的竞技场，越来越显示出协调和处理重大国际安全问题的权威性和有效性。例如：在海湾战争及其危机期间，联合国安理会接连通过了12个决议，为最终迫使伊拉克从科威特撤军发挥了主导作用；南斯拉夫内战升级，联合国在关键时刻予以介入，派出50名观察员和1.4万人的维和部队；为确保柬埔寨和平协议的贯彻实施，联合国向柬埔寨陆续派出2.2万人的维持和平部队和文职人员。目前联合国在世界各地的维持和平部队已有十多支，总数达5万多人。可以预计，在新的国际军事格局中，联合国将会在处理危机、维持和平、监督停火、军备控制以及力量平衡等方面发挥越来越大的作用，协调并维持各地区的和平与稳定。

(二)大国间相互制约的势头正在上升

随着德国、日本等国的崛起，美国在西方世界的实力地位相对衰落。在处理国际和地区危机中，美国更多的是发挥带头作用，而不是领导作用。从某种意义上讲，美国超级军事大国的地位虽然存在，但正在被削弱，并受到了来自盟友的越来越大的挑战。如在欧洲安全会议问题上，德国和法国提出了建立"欧洲军团"的主张，明显要把美国排斥在欧洲以外，而美国则坚持在北约的框架内解决欧洲安全问题。在处理南斯拉夫危机问题上，欧洲国家从一开始就拒绝美国插手，即使在欧共体斡旋失败的情况下，宁可要联合国出面干预，也不愿向美国求援。第一次海湾战争期间，德国和日本曾几度在战争费用问题上与美国讨价还价，客观上造成了"德、日出钱雇佣美国打仗"的局面。前不久，美国透露出其国防部制定的"五年防务计划"指导文件的内容，即刻便遭到其盟国的非议。即使在联合国安理会，由于多国的制约，美国再也不能像以前那样为所欲为了。由此可见，在未来军事格局中，大国之间相互制约的“多极化”特点，将成为维护国际安全的重要因素之一。

(三)各种国际和地区安全机制逐步完善

当前，世界各主要国家在安全问题上逐步取得共识，正通过各种方式建立和完善国际和地区安全机制。

1.“联合国机制”发挥越来越大的作用。

2.传统的“军事集团机制”也在进行调整和完善。北约根据近年来欧洲军事形势的变化，开始由军事组织向政治军事组织演变，并且在加强内部协调的同时，还邀请一些欧洲地区国家参加北约会议，建立外向联系程序。

3.“安全会议机制”在不断加强。各种国际会议接连举行，在交流信息、增进了解、建立信任、协调立场、制定措施等方面发挥了重要作用。

4.“合作组织机制”也开始出现新局面。一些经济或政治合作组织，如“东盟”等，越来越注重安全问题，甚至把安全问题作为这些组织今后发展的主要议题之一。

5.随着形势的变化，“安全条约机制”也注入了一些新的因素。例如，前苏联解体后，美日安全条约的侧重点已开始从共同对抗前苏联转向联手处理地区安全问题。

6.“裁军和军控机制”有了较大的发展。随着中导条约、欧洲常规裁军条约和削减战略武装条约的签署，相应建立起保证这些条约贯彻实施的各种措施，如相互信任措施、核查措施等，这也为美、俄等国进一步大幅度裁减核武器和常规力量奠定了基础。

在新的国际军事格局中，这些机制将交相发挥作用，从结构和制度上维护国际安全与稳定。

三、21世纪初国际战略形式的预测

(一)过渡时期是历史新旧格局交换时期，它既有旧格局遗留下的痕迹，又有新格局形成的雏形

旧格局的痕迹很多，比如军事强国美国和俄罗斯虽然一衰一伤，但它们仍然是世界军事力量的主要力量。美国等西方国家动辄挥舞人权、民主大棒对一些国家实行制裁，干涉这些国家的内政，这是旧格局中强权政治的表现；北约作为维护地区国家利益的军事政治组织依然存在，并继续为西方推行强权政治服务。新格局发展的雏形主要表现在第三世界力量的增强及其对超级大国的霸权主义的反抗和制约，特别是包括中国在内的亚太地区各国经济的迅速发展，不结盟运动的重新活跃，使他们对世界事务的影响力日益增强。另外，日本和德国的崛起，使他们各自成为一支对世界事务有重要影响的社会力量。

(二)未来世界将以美、欧、俄、中、日为基本构架，形成多极化的战略格局

在过渡时期相当长的一段时期内，美国仍然维持“一超独霸”的格局，它仍然是对全球安全形势有决定性影响能力的惟一超级大国。但由于其经济衰退，政治问题增多，仅2000年以来就有19个城市发生种族大骚乱，使其实力地位不断削弱。从长远的发展趋势看，美国“一超独霸”的局面只是过渡时期的一种形态。未来美国将同其他正在上升的力量一起，构成力量基本平衡的多极化战略格局。当然，由于美国的实力毕竟相当雄厚，因此，它仍可能

是其中最强大的一极。

俄罗斯虽然因其社会和经济危机使其失去了前苏联的超级大国地位，但是由于它继承了前苏联76%的领土、52%的人口、70%的国民生产总值和86%以上的军事实力，加上其丰富的自然资源、雄厚的科技实力等条件，俄罗斯仍是一个仅次于美国的军事强国。对世界事务有相当影响力，必然独占一极。德国和日本在冷战期间迅速发展，使他们成为对世界事务有重要影响力的经济大国，而且它们都在谋求政治大国地位和欧亚安全的主导权，都在争取成为联合国安理会常任理事国。特别是欧洲一体化的发展，使欧洲日益成为一个统一强大的政治力量，因此，欧洲和日本各作为一极参与世界事务势在必行。

中国经济的飞速发展和政治上的高度稳定为世人瞩目，可以肯定地说，中国不仅是未来社会中的一极，而且可能会是重要的一极。总之，未来世界战略格局的演变，将以美、欧、俄、中、日为基本构架，构成一个力量基本均衡，局势较为稳定的多极化国际战略格局。

第三节　我国周边安全环境

周边安全环境是指一个国家周边有无危险和受到威胁的情况及条件的综合，是一个国家对其周边国家或集团在一定时期内对自己国家主权、领土完整是否构成威胁、有无军事入侵、渗透颠覆等情况的综合分析和评估。它是关系国家和民族兴衰存亡的大事，是制定国防战略的首要依据。

一、我国周边概况与海洋国土观念

（一）周边概况

我国地处亚洲东方，陆地边界线总长2.2万余千米，海岸线总长1.8万千米。我国陆地与15个国家相接壤，与8个国家的大陆架或200海里专属经济区相连接，还与日本、美国等许多国家隔海（洋）相望。我国既是一个陆地型大国，也是一个海洋型大国，陆地国土面积为960万平方千米，海洋国土面积300余万平方千米，陆海相连，总面积达1260万平方千米，疆域辽阔，美丽富饶。

旧中国在长期封建地主阶级的统治下，国弱民贫。从元末明初起，帝国主义先后对我国发动大规模侵略战争20余次，腐朽没落的清朝政府前后与帝国主义列强签订了500多个不平等条约，割地赔款，丧权辱国。仅1842年、1860年、1895年、1901年，列强发动四次侵华战争，清政府就割让国土160余万平方千米，赔款七亿一千多万两白银。由于外敌入侵，至今我国边界仍遗留有很多历史问题，陆地疆界尚有2600千米还没有最后划定，隶属我国的海洋国土还有100余万平方千米存在重大争议。岛屿被侵占，海域被分割，资源遭掠夺的严酷事实依然摆在我们面前。亚太地区一些国家和地区近年来在经济上有所发展的同时，国防拨款明显增加，纷纷制定国防发展新战略，武装力量悄然崛起，有的已向世界军事强国迈进，这必然对我国的安全产生重大影响。

(二)海洋国土观念

我国濒临黄海、东海、南海,不仅拥有内海渤海,而且拥有漫长的海岸和6500多个岛屿。根据联合国《海洋法公约》,应划归我国管辖的海洋国土,除内海、领海、毗连区外,还包括大陆架和经济专属区,共计三百余万平方千米。辽阔的海洋国土蕴藏着丰富的渔业资源、油气矿产资源和海洋能源。守护我们的海洋国土,开发利用我们的海洋资源是历史赋予我们的神圣职责和权力。1996年5月,国务院副总理李岚清在视察祖国沿海地区时,明确提出我国人民要增强海洋国土意识,这是大势所趋,形势所迫。我国人民对于祖祖辈辈用汗水和生命开垦和保卫的每一寸土地有着深厚的感情,守土意识非常强烈。而对海洋和海洋权益则缺乏应有的关注,对海洋国土的丢失和海洋资源被掠夺,缺少应有的"疼痛感",与西方发达的资本主义国家相比,反差相当明显。

海权是国家的一种综合力量,是国家安全的门户,操之在我则存,操之在人则亡。新中国成立之前的一百多年,我国被侵略和掠夺的历史告诉我们,没有海权,唇亡而齿寒,国家无安宁可言。海洋及海洋国土是我国经济发展的战略资源,与我们中华民族今后的生存与发展息息相关。科学家预言,21世纪将是海洋世纪,在海洋经济时代,谁拥有海洋,谁能在海洋开发中占有优势,谁就能在世界上取得更多的利益、更大的生存权力。事实上,当今世界为争夺海洋国土和海洋权益的斗争日趋激烈,越来越多的国家早已将目光投向海洋,海洋上的经济争夺、军事斗争已向我们提出了严峻挑战。我们是社会主义国家,我们不要别人的一寸土地、一滴海水,但也决不容许他人侵占我国的滴水、寸土!这就要求我们全国人民强化海洋国土意识,抓住机遇,发展经济,不断增强我国的综合国力,在捍卫我国领土主权和海洋权益的斗争中,掌握主动权,在公正合理的基础上解决与有关国家的争端。

二、我国周边安全环境面临的威胁与挑战

亚太地区形势相对稳定,短期内不至于发生牵动全局的战乱,外敌大规模入侵我国的可能性基本排除,我国国内形势稳定,周边安全环境获得重大改善。但是,周边地区一些固有的矛盾没有完全解决,影响和平安定的因素依然存在,我国周边安全仍面临不同对象和不同程度的威胁。对我国周边环境面临的威胁与挑战,仍应引起我们的高度关注和审慎对待。我们应居安思危,增强忧患意识,做好工作以防不测。我国周边安全环境面临的威胁和挑战主要有:

(一)美国的霸权主义和冷战思维对我国周边安全的影响是综合性的和长期的

从地理位置上讲,美国与我远隔万里,但其对我国安全的影响却近在眼前。中美关系像天气一样,时有变化。近期中美关系出现一个新的热烈气氛,但从长远看美国不会爱上中国。美国曾经对我国安全构成严重威胁,并与我国进行过战争较量。中美建交后,两国实现了关系正常化。但从美国的国家性质、战略目标、特别是两极格局终结后的政策走向来看,无论是遏制派还是接触派,其实质都是企图延缓中国上升为世界强国的速度。为此,在政治、经济、军事等方面,美国对我国处处制造事端,甚至鼓动、唆使我周边国家与我对抗,从而成为对我国威胁最大的国家。

1.美国推行全球霸权主义与“和平演变”战略，与我国存在着根本利益冲突。美国是当今世界最大的全球霸权主义国家，冷战结束后，美国称霸世界的野心进一步膨胀，企图以经济实力为后盾，打着“民主”、“自由”的幌子，采取军事威胁、政治渗透，实现其独霸世界和“消灭共产主义”的野心，视我国为长期战略对手，力图以政治、经济手段“西化”、“分化”和遏制中国。以所谓人权为借口，干涉我国内政。美国统治集团认为，社会主义中国日益强大终将对美国的利益构成“威胁”，因而始终对我怀有敌意。其对华接触政策的实质是诱压兼施，两手促变，归根结底是企图最终将中国纳入西方体系。

2.美国军力强大并在亚太地区保持前沿部署，具有威胁我国安全的军事实力与潜在企图。美国是世界头号军事强国，其经济和军事力量均对我国形成绝对优势。近年来，美国重新把我国列为“敌性国家”和潜在作战对象。其在亚太的军事部署有明显针对我国的一面，一旦形势需要，随时都可对我挑起事端。

3.美国推行实质上的“一中一台”政策，是我国实现祖国统一的严重障碍。台湾与祖国统一最大的外部阻力来自美国。近年来，美国更加明目张胆地推行实质上的“一中一台”政策，暗中支持“台独”活动，其目的就是将台湾问题作为牵制中国的重要战略筹码，并连通西太平洋一线对中国达成包围态势。美国在台湾问题上的立场和政策，是我国实现祖国统一的严重障碍，也是诱发台湾政局动荡的重要根源。

4.美国插手我国周边国家事务。美国进一步插手朝鲜半岛事务，与我国周边一些国家重归于好，讨论所谓“共同利益”；和日本签订安保条约，其目的就有针对我国的一面，从而增加了亚太地区的不稳定因素。目前我国周边安全环境所面临的诸多麻烦，几乎都有美国的背景。

(二)日本将我国视为假想敌国，对我国安全构成的潜在威胁呈上升趋势

近百年来，在世界列强中，日本是加害中国最重的国家。目前，中日摩擦的焦点集中在四个问题上：台湾问题，历史问题，钓鱼岛问题和日本扩军问题。近年来，日本对华政策中的消极因素明显上升，随着日本经济、军事力量进一步增强和政治野心的不断膨胀，日本对我国安全构成的潜在威胁呈上升趋势。

1.日本急于谋求政治大国地位，急于成为安理会常任理事国，提出修订联合国维和行动合作法，以解除日军参加维和部队的限制。日本提出，对周边爆发战争将进行积极对应，其所指就是我国。

2.日本加快扩军步伐，防务开支高居世界第二位，已成为军事技术领先的潜在军事大国，对我国的潜在军事威胁逐步增大。

3.日本与我国存在着钓鱼岛和东海大陆架争议，不能排除在一定情况下挑起事端的可能性。

4.日本积极插手台湾问题，坚持“台湾归属未定论”，支持台独，追随美国推行“以台制华”政策。

(三)俄罗斯对我国安全有着长远的影响

中国与俄罗斯的友好国际关系将继续发展下去，特别是两国领导人多次互访，先后签订了一系列联合声明和和平友好条约。我国与俄罗斯已经建立不对抗、不结盟、以“和平共

处五项原则"为基础的友好和互利的合作关系，目前中俄关系正沿着健康轨道稳步发展。

（四）我国与周边国家尚存在诸多领土、领海、海洋权益的争议

我国除与日、俄等存在领土争议外，与周边其他一些国家也存在领土、领海和海权争议，亟待制定并采取有效措施，以维护我国主权。

1.由于历史的原因，中印边界全线都存在着争议。在中印边界12.55万平方千米的争议区中，我方控制面积约占全部争议区的26%。印度是既得利益者，不会放弃霸占我国领土、插手我国西藏事务的顽固立场。中印之间尽管达成一定谅解，但分歧依然存在。

2.我南海传统海疆线内海域大部被别国分割，海洋资源被掠夺，岛屿被侵占。南沙问题国际化趋势加快。今后，东南亚一些国家与我国围绕南海主权的斗争将十分突出，潜藏着危机。尤其是海上领土争端和近海大陆架、海洋专属经济区划分问题日趋紧迫和表面化，可能导致海上局部战争的潜在动因增加。

（五）祖国统一面临现实而严峻的挑战

祖国统一问题主要是台湾问题，台湾问题本来是中国的内政，但是由于外部势力插手，致使台湾问题变得复杂化，成为我国必须认真面对的重大安全问题。

20世纪80年代初以来，海峡两岸由对抗走向对话，由紧张走向缓和，由隔绝走向交往。台商在祖国大陆的投资项目增多，两岸人员交流大幅度增加，从探亲、旅游扩大到经济、科技、文化、教育、新闻、学术等多方面的合作与交流，两岸关系得到进一步改善，但是在祖国统一问题上却困难重重。1979年元旦，全国人大常委会发表《告台湾同胞书》，标志着"一国两制，和平统一"阶段的开始。

实现祖国统一的最大障碍是台湾当局在一些外部势力的暗中怂恿下坚持搞"两个中国"、"一中一台"的分裂政策，进而分裂祖国。祖国统一是中华民族的共同心愿，我们决不允许一小撮台独分子的分裂活动，决不畏惧强敌干预，决不放弃武力解放台湾的严正立场，力争早日实现祖国统一大业。

和平与发展已成为当今世界的主题，和平与安全的因素进一步增长，不稳定、不确定和相互制约的因素增多，总的趋势走向缓和。在世界形势趋于缓和的环境中，我国周边安全环境既有机遇，又有挑战，总体讲机遇大于挑战。我们一定要抓住机遇，利用和争取一个较长时期的和平环境，集中精力发展我国的经济建设，增强综合国力，在复杂的国际斗争中争取主动权，使我国周边安全环境形成更有利的局面。

思考题：

1.现代战略有哪些基本特征？

2.试论述国际战略形势的现状和特点。

3.我国周边安全环境面临的威胁和挑战主要有哪些？

第四章　军事高技术

第一节　军事高技术概述

人类前进的步伐已经迈入了崭新的21世纪。人类社会正在由工业文明向信息文明转变，出现了社会信息化、经济全球化、军事高技术化、国际战略格局多极化的时代大趋势。在这种形式下，战略理论研究领域也开始出现异彩纷呈的局面，高技术战争理论、控制战争理论、信息战理论、空间战理论等等都成为热门话题。

回首20世纪，信息、材料、能源已成为人类社会赖以生存和发展的三大支柱，军事技术也得到了前所未有的发展，信息技术快速发展，成为各项技术的核心；生物技术和纳米技术领域也有望取得重大突破。随着军事需求的变化和各项技术的交叉融合，未来军事高技术群日益凸现，一大批基础技术领域的重大突破正在酝酿一场新的军事技术革命。

军事高技术化是以美国为代表的发达国家率先起步并极力推动的。20世纪70年代，随着世界范围新技术革命的兴起，以信息技术、生物技术、新材料技术、新能源技术、空间技术、海洋技术为内容的高技术引起世人广泛关注并不断取得新的突破，美军的高技术化进程也随之全面展开，其标志是提出并大力发展以"看"、"打"、"走"、"隐"为内容的新一代军事能力。到20世纪80年代末，美军初步实现了主战武器的高技术化，其成果在海湾战争中得以充分显示。90年代以来，在信息技术迅猛发展的推动下，军事高技术化呈现出加速发展的趋势，以强劲的势头进入21世纪，成为对21世纪世界军事发展及国际战略环境具有重要影响的因素之一。

军事高技术化的实质，是高技术在军事领域里应用的全面化。全面化的实现包括三个发展阶段：其一是军用高技术的突破及新一代武器装备的发展；其二是应用高技术对现有武器装备进行改造；其三是应用高技术对整个军事系统进行改造。目前，美国等发达国家的军事高技术化已处在对整个军事系统进行改造的阶段，也就是上面所说的第三个阶段，大多数发展中国家尚处在第一、第二阶段，第三阶段才刚刚起步。

一、军事高技术的概念与分类

(一)军事高技术的概念

1. 高技术

高技术,亦称高新技术,是从“High Technology”这个英文单词直译过来的。它是指建立在综合科学研究的基础上,在科学技术领域中处于前沿和尖端地位,对发展社会生产力、促进社会文明、增强国防力量起重大先导作用和巨大推动作用的新技术群体。高技术是一个动态的、发展的概念,由于科学技术的飞速发展,今天被称为“高”的技术,到了明天,有了更高的技术出来,它就会成为“平”、“低”、“常”技术了。高技术最主要的特征是“综合性”,即各项高技术都是由多种技术组成的,是一个技术群。当代的高技术主要指信息技术群、新材料技术群、新能源技术群、生物技术群、航天技术群和海洋开发技术群等。

2. 军事高技术

军事从来不是一个独立于其他领域之外的封闭系统。几乎所有的现代技术都应用于军事;反过来,为军事需要而专门开发的技术也大都能用于民用上。换句话说,一项技术姓军还是姓民,只是侧重点的不同,程度上的差异,没有本质的区别,高技术也不例外。

所以说,军事高技术或军用高技术,指主要用于军事方面的,对提高军队战斗力,满足国防现代化需要,强化国防实力,起重大作用的那一部分高技术。具体地说,军事高技术是建立在现代科学技术成就的基础上,处于当代科学技术前沿,对武器装备发展起巨大推动作用的那部分高技术的总称。

(二)军事高技术的分类

军事高技术包括两个层次,即军事基础高技术、军事应用高技术。

1. 军事基础高技术

军事基础高技术是指武器系统和国防科技装备的研制所需要的各种基础理论和技术。军事高技术在基础技术方面主要集中在十个方面,包括军用微电子技术、军用电子计算机和人工智能技术、军用光电子技术、军用航天技术、军用新型材料技术、军用生物技术、军用信息技术、军用核技术、军用海洋开发技术、军用定向能技术,由此构成了军事高技术争夺的“十大热点”。

(1)军用微电子技术。微电子技术是指微小型电子元件和电路的研制、生产及运用它们实现电子系统功能的技术领域,其核心是军用集成电路技术,其先进程度用线宽或集成度来表示。军用微电子技术的应用遍及各个领域,被称为现代武器装备的“神经系统”。在当今世界,无论是发达国家,还是发展中国家,都不惜斥巨资来发展军用微电子技术,并把它放在军事高技术发展的首要位置。微电子技术在军事领域的运用,使武器系统的体积、重量和功耗大大减小,可靠性大大提高。特别是从信息能力方面使武器装备性能发生了革命性的变化。在21世纪,军用微电子技术将在进一步缩小线宽、增大集成度的基础上,寻求在改进集成技术、采用新型材料、研制新概念器件上的突破。

(2)军用计算机和人工智能技术。电子计算机是20世纪最辉煌的科技成果之一,它标志着现代科学技术发展的又一个重大突破。在军事上,计算机是战略、战役、战术武器及航天系统的信息处理中心，是军队自动化指挥系统的核心，是实施战场指挥管理和武器控制的主要装备。电子计算机的技术水平已成为衡量军事技术发展和武器装备现代化程度的主要标志。当前，计算机技术竞争的一个重要方面是研制第五代“智能”计算机，它是用计算机部分代替人的思维或决策过程的技术。这一技术的进一步发展，将导致智能机器人和智能武器的出现。智能机器人的研制也是高技术竞争中一个最激烈的领域。

(3)军用光电子技术。光电子技术是以激光器和先进光电探测器为基础，由光学技术、电子技术、精密机械技术和计算机技术等密切结合而形成的一项军事高技术。目前已广泛应用于侦察预警、跟踪识别、火控制导、通信导航、模拟显示、信息处理和光电对抗等领域。军用激光器是重要的军用光电装备之一，激光测距机、激光指示器已大量装备部队；激光雷达正在迅速发展；激光制导武器在近期的局部战争中发挥了巨大作用。红外技术也是军用光电子技术的重要内容，美国的“小牛”导弹、“斯拉姆”空地导弹和欧洲的“崔格特”反坦克导弹，都是利用目标红外图像引导的导弹，实现了“发射后不管”的使用方式。高性能的红外焦平面阵列仪器，使夜视装备实现了全天候、高透视的效果，使夜间战场实现了白昼化，目前已经广泛应用于坦克、飞机、舰艇的火控系统，并向小型化的单兵装备迅速发展。美国现役的导弹预警卫星，采用红外焦平面技术，能够从地球同步轨道探测到导弹发射的尾焰，是其反导弹系统的核心部分。未来军用光电子技术发展的重点将主要是促进激光应用的小型化和低成本化，积极发展光纤领域的长波长、单模式传输技术，以及在红外领域发展凝视红外焦平面阵列技术等。

(4)军用航天技术。军用航天技术是指为军事目的服务的航天技术。它主要是利用卫星和其他航天器所携带的各种遥感器、无线电接收机、通信设备和其他观测设备，执行侦察、预警、通信、导航、测绘和气象测报等军事航天任务。军用航天技术的发展，必将加剧太空的军事争夺，对未来的军事活动将产生深远的影响。

(5)军用新材料技术。信息、材料和能源是客观世界的3大要素，而新材料技术又是其他高技术发展的物质基础和重要依托。它们性能优异，在军事领域有着广泛的应用，在提高武器装备性能，实现新功能，突破现有局限性方面有着极为重要的意义。如复合材料与传统的金属材料相比，比强度和比刚度高，军用飞机和航天器使用后，可减轻重量20%~40%。这类材料已经成功地运用于F—16、F—18、“幻影”2000等军用战斗机和“民兵”、“三叉戟”等战略导弹，以及M—1、“豹”Ⅱ等坦克上，取得了良好的效果。隐身材料则使导弹和飞机的隐身技术走进实用阶段，美国的F—117、B—2、F—22等隐身战机均大量使用了这类材料，因而具有良好的隐身效果。军用新型材料技术在20世纪后期已有了重大发展，到21世纪，军用新型材料研究的重点将集中在信息材料、结构功能材料、新能源材料、超导材料及低成本材料四个方面。其中信息材料将主要是提高容量和处理速度，提高全频域灵敏度，以及实现机、电、光与生物电子高度融合等；结构功能材料将向复合化、一体化和智能化方向发展；超导材料则有可能走出实验室。

(6)军用生物技术。随着军用生物技术的迅速发展，一大批危害极大的生物武器已经或即将步入现代战争。生物技术在军事上的应用主要包括：

①开发生物传感器，提高对毒剂、炸药和麻醉剂的实时探测和识别能力；

②利用微生物在各种条件下逐渐形成并完成生物化学转变的能力,生产具有特殊用途的产品,或者解决危险废物和战略金属回收问题;

③研制特种生物材料,例如具有密封使用且有良好化学和机械性能的生物弹性体,新型的生物粘合剂,新型生物润滑剂等;

④开展生物电子学研究,研究生物芯片,进而开发生物计算机,像人脑那样具有学习、记忆、逻辑思维能力;

⑤利用基因工程,通过基因转移和重组,培育毒性大、耐力强、有抗药性的新的致病微生物,制造基因武器。

(7)军用信息技术。军用信息技术是在作战体系中综合运用现代电子与信息科学技术和军事科学理论,融指挥控制、侦察情报、预警探测、通信和电子对抗为一体,实现作战信息收集、传递、处理自动化和决策方法科学化,保障实施高效指挥的人–机结合的系统技术。在复杂多变的未来战场上,可靠的军用信息系统是确保诸军、兵种合同作战和协同指挥、充分发挥各种现代武器系统整体综合作战能力的关键,是整个军事力量的"中枢神经"。军用信息系统一般分为战略和战术两级。战略系统是国家和战区级指挥系统,战术级主要是军、师级系统。21世纪军用信息系统的发展趋势将是实现多级多维多系统综合一体化,数据传输处理实时化,以及提高生存防护能力等。

(8)军用核技术。军用核技术的重点在于发展核武器。核武器是利用核材料的原子核反应瞬间释放的巨大能量对目标造成杀伤破坏作用的一类武器的总称。核武器从原子弹发展到氢弹,从氢弹发展到增加辐射弹、电磁脉冲弹、核爆炸激励的定向能武器等,如今第四代核武器又在开始研制中。核武器因其巨大的杀伤力,在战争中主要发挥威慑作用。当代核武器的研究,在武器类型上,一是研制小型核武器。小型化,是核武器发展的又一个新动向。据悉,俄罗斯曾经研制一种体积虽小、但杀伤威力却很大的核炸弹。这种炸弹可以装在一个长60厘米、宽40厘米、高20厘米的普通公文箱中,尽管携带和操作都很简便,其威力却相当于1000吨TNT炸药。有人把这种核炸弹称作为"袖珍核弹"。二是研制钻地攻击的核武器。钻地攻击的核炸弹,显示出核武器发展的新动向。1997年6月,西方报刊曾经大量报道,美军已经部署了一种编号为B61—11的新式核炸弹。B61—11核弹长约3.66米,装在一个坚硬的贫化铀弹头里,用B—2轰炸机投掷。这种贫化铀弹头能够射穿地下工事上面覆盖的坚固岩石和混凝土,穿入地下达15米;如果地层比较松软,它的钻地深度可达到数十米,然后在地下工事里爆炸,用冲击波摧毁地下目标。美军研制B61—11核弹时,以小规模爆炸试验代替计算机模拟,以保持其弹头的安全。这种全新的核弹不仅对地下硬目标具有前所未有的破坏力,而且爆炸以后,其放射性物质大多被包容在地下,对环境的危害相对比较小。三是发展第四代核武器。美国、法国、俄罗斯正在研制的第四代核武器将不产生剩余核辐射,可以作为"常规武器"使用。例如,氢气在一定的压力下可以转化为固态结晶体,称金属氢。金属氢在室温下不需要密封就可以保存很长时间,其爆炸威力相当于同等质量TNT炸药的25~35倍。这种威力强大的化学爆炸物被称为金属氢武器,是第四代核武器之一。核同质异能产生的爆炸威力比同质量的普通高能炸药的能量大100万倍。科学研究表明,极少量的物质与它的反物质相互作用,可以迅速释放出巨大能量。反物质核武器是目前研究的第四代核武器中最重要的一种。

(9)军用海洋开发技术。军用海洋开发技术,主要包括海水淡化、海水提铀、海底采矿以及海底工程建设技术。随着海洋开发技术的发展,海底将成为建设巨大军事基地的理想场所,水下基地将部署大量遥感设备和各种高效自动杀伤武器,并利用甚低、超低频通信技术和卫星上的C^3I系统联网,指挥作战。

(10)军用定向能技术。定向能技术又称束能技术,它是利用强激光、高能粒子束、强微波的能量,产生高温、高压、电离、辐射等综合效应,以"能束"的形式定向发射,借以摧毁或损伤目标的技术,并以此制成定向能武器。采用定向能技术的武器具有很多优点:一是能在极短的时间里把高度集中的"能束"能量直接照射到目标上。例如,有的聚焦激光波束的能量达到1亿瓦平方厘米,短时传输这么大的能量,将导致目标被破坏。二是射束以光速或接近光速传播。射击时往往不需要计算提前量,可直接对准目标,瞬间进行射击,抗干扰性能好,是防御反舰导弹最理想的一种手段。三是只对目标本身造成破坏,不像核武器那样会造成大面积的破坏。目前绝大多数国家该技术尚处于武器的探索性发展阶段或可行性验证阶段,但美国的定向能技术已进入成熟阶段,即将应用于武器领域。

2. 军事应用高技术

军事应用高技术是利用各种科技成果进行武器装备的研制和生产的技术,以及军队充分发挥武器装备效能的综合使用技术。军事应用高技术的内容非常广泛,分类方法多种多样。按其完成的军事任务可分为:战略武器装备技术、战役战术武器装备技术、后勤保障装备技术、军事工程技术、军事系统工程技术等。按其研制的武器装备的种类可分为:制导技术、隐身伪装技术、侦察监视技术、电子对抗技术、航天技术、激光技术、核生化武器及防护技术、军队指挥自动化技术、作战平台及常规武器技术等。

本章在对军事高技术进行总体概述之后,将主要从应用的角度围绕以上内容展开论述。

二、军事高技术的发展趋势

随着科学的发展,高新技术不仅渗透到战场各个领域、各个环节、各个角落,而且使战场更加广大,使战场形态在时间、空间、杀伤破坏力、作战方式、指挥控制、物资耗费等方面出现了许多新特点。

(一)由武器平台的高技术化向传感器等信息技术的各个领域发展

军事高技术的发展首先导致了新一代武器平台的诞生。具有高机动性和隐身性的武器平台,从海湾战争起就已成为美军空中、海上和陆上的主战武器装备。从今后的趋势看,虽然发达国家武器平台的高技术化仍将继续,但进一步发展的余地已经不大。迄今为止,飞机、坦克、军舰等作战平台本身性能的提高已几乎接近极限,而武器平台上所载电子信息装备和精确制导武器的发展却方兴未艾。大量新型电子信息装备和精确制导武器的发展和投入使用,正在不断赋予现有平台新的活力,实现作战能力的更新。20世纪90年代以来,世界军事强国的武器中传感器更新换代的速度与平台相比已明显加快,一代平台、多代负载的武器发展思路日益受到重视。在近年有关军事革命和信息战问题的讨论中,美国已经明确提出“要更加重视传感器”，认为当前军事领域的变革所以是一场革命，正是由于各种传感器、通信以及精确制导武器等技术已经最终达到了那种“特别重要的”程度，主张改变以往那种认为军事力量主要是军舰、坦克和飞机的观点，而把注意力放在思考信息和电信技术所能提供的军事力量上来。在近几年美国国家安全委员会提出的国家安全战略规划以及美国国防部的科技规划中，信息技术始终占据主导地位并是重点投资领域。充分利用信息技术发展的成果，努力提高争夺和利用战场信息技术的能力，从而进一步发挥现有平台的潜力甚至使现有平台的作战能力“倍增”，仍将是今后一个时期军事高技术化的一个重要趋势。

(二)由单一武器或系统的高技术化向“系统集成”发展

在高技术特别是信息技术发展的推动下，现代军队正在成为由众多武器系统构成的复杂而又庞大的系统。要想驾驭这样一个系统，使之最有效地运转，从而正确、充分地发挥各系统的威力和潜力，就必须实现各种武器系统的一体化。“系统集成”指的就是这种一体化的大系统及各系统的相互作用。因此，由单一武器或系统的高技术化向“系统集成”发展，是高技术对整个军事系统进行改造的必然途径。与以往那种利用军事技术发展提供的条件从纵向上研制一代比一代先进的单一武器或系统的思路不同的是，“系统集成”强调推行“横向技术一体化”，即充分利用高技术各领域的最新发展，用共同的软件、标准和规程，从横向上对现有的武器系统进行全面改造或改进，使其具备通用性、“联动性”、组合性，进一步提高所有武器装备和作战系统的整体效能。

(三)由追求单一的进攻或防御能力向建立攻防兼备的能力发展

近年来，高技术化领先的国家越来越重视将航天、火箭、微电子、信息网络等技术成果用于发展攻防兼备的高技术作战能力，并且不断取得新的进展。其重点主要表现在两个领域：(1)导弹的攻防兼备能力。一方面通过发展精确制导技术，大力提高巡航导弹等各类中远程导弹的进攻能力；另一方面通过发展导弹防御技术，企图获得对导弹的防御能力。(2)信息的攻防兼备能力。海湾战争之后，信息战作为21世纪信息化战争的重要作战样式，已引起世界各国的高度重视。例如，美国依仗其信息技术领先的优势，多年来已发展了大量可用于实战的电子干扰、电子摧毁、计算机网络攻击等信息进攻手段，近年来又在大力发展信息防御技术。1998年底，美国防部正式批准成立了计算机网络防御联合特种部队，用于保护美军的计算机网络和系统不受入侵者的攻击。不久前美国防部又组建了一个新的电脑网络战中心，该中心的职责就是使美国“不受黑客的袭击，并且构想袭击敌人计算机网络的办法”。

(四)由技术领域向军事的各个领域发展

发达国家在军事发展高技术化的过程中，不仅重视技术本身的进步，而且重视与技术进步相适应的军事理论和军队编制体制的发展。利用信息等高技术方面的优势，加速向能更有效地利用高新技术的兵力规模、结构和作战理论转变，使高技术化的发展进入到军事的各个领域，建设技术更先进、结构更合理、作战能力更强的新型军事力量。

(五)军事高技术化将会由少数发达国家向更多国家发展

少数发达国家军事高技术化的成果及其在实战中显示出来的巨大威力，已在并将继续促使更多的国家加入到高技术化的行列。海湾战争以来，世界许多国家都结合本国实际制定了高技术发展规划,并大幅度增加发展高技术武器装备的投入,这势必造成军事高技术由少数发达国家向更多国家发展的趋势。

三、军事高技术与军事谋略

人类战争史证明,凡是有军事对抗活动的场合,就有军事谋略的运用。

(一)高技术使谋略运用发生嬗变

1. 谋略内容不断翻新

由于高技术广泛运用于军事领域,军事对抗活动的手段、方法、环境等变化,一些古老的军事谋略需要赋予新的内容。比如"集中兵力"是历代军事家所公认的一条用兵方略,但在高技术条件下作战,已不再强调兵力的集中配置,而主要是强调火力的集中使用,发达国家的军队则强调的是集中战斗能力。又如传统的"瞒天过海",以往常常是通过频繁的调动部队来实施,现在这一谋略主要是在电子战领域实施,"瞒"的是敌人的各种电子眼睛。于是,这一计谋有了新的形式和内容。

2. 方法综合化

众所周知,古代乃至近代战争中,一般说,军事家使用一两条妙计就可达到作战目的。比如孙膑仅使用"减灶法",便把庞涓引诱到预歼地区。现代战争中,战场透明度高了,需要谋略的综合运用。外军曾作过统计:使用一种欺骗方法时,成功率不足50%;使用两种欺骗方法时,成功率不足80%;而综合使用三种以上的欺骗方法时,成功率才能接近100%。马岛战争中,英军顺利在圣卡洛斯港登陆,就是综合使用了"以假乱真"、"声东击西"、"调虎离山"等多种谋略方法。

3. 谋略空域多维化

从总体上说,高技术战争是陆、海、空、天、电、磁"多维一体"的作战。战场的扩展,极易造成作战判断上的失误和难以弥补的困境,对谋略在多维空间的运用提出了新的更高的要求。20世纪末期,一种新的作战样式——非接触作战悄然崛起,进一步增大了战场的不确定性,要求指挥员必须善于多维谋划。

(二)谋略手段的高科技含量突出

纵观近些年高技术局部战争,"谋略差"在很大程度上体现在科技含量上。如果说传统意义上的谋略是靠"人脑而谋",当今的谋略则是靠人脑和电脑合谋,出现了以计算机为辅助的快速决策。在战争中,无论是战略上的运筹帷幄,还是战役战斗中的谋划良策,可以说都离不开电子计算机的参与。据有关资料介绍,美军为拿出一个合理的海湾战争轰炸计划,空军先在战区攻击模型上进行计算仿真,五角大楼利用各种决策支持系统进行演习。输入信息后,计算机一般15分钟就能给出1~3个经过可行性论证,以及经过功效、得失权衡比较的模拟作战方案。进入21世纪,这一"人—机"结合的决策过程更加快捷。谋略的运行过程,实际是获取信息、分析信息、储存信息、传递信息和使用信息的过程。这需要借助现代高科技手段来完成。在战争中,夺取信息空间和控制信息资源,已成为关乎战争全局的环节。因此,最大限度地获取信息,是高技术局部战争中发挥军事谋略作用最重要的先决条件;尽可能地控制信息,不使敌方得到充足和真实的信息,就会限制敌方谋略作用的发挥;正确地使用信息、巧妙地实施谋略,就会实现作战企图的最佳效益。

(三)让谋略插上高科技的翅膀

适应高技术条件下局部战争新的情况、新的挑战,让谋略插上高科技翅膀势在必行。更新谋略观念,强化谋略同科技"并轨",注重用先进的科学技术发展军事谋略的方法和手段,不断拓展谋略的使用范围,努力提高谋略的使用价值。注重提高谋略思维水平,让形象思维与逻辑思维相结合,定性分析与定量分析相结合,研究历史与研究未来相结合,善于多角度进行辩证思考。特别是要注重研究谋略与科技相互融合的有效途径。注重强化谋略训练与演练,更新知识结构,进一步加大高科技知识学习的力度,尤其是加强以计算机为主的信息化知识的学习。实践证明,提高指挥员高技术条件下的谋略素质和指挥水平,需下大力抓好"人—机"结合的谋略训练。

探索高技术条件下战争谋略的发展方向,基础是学习高技术。只有学习研究高技术,熟悉高技术,懂得高技术,才能对付敌人的高技术武器装备;才能集中优势,打敌重心,高技术与中低技术装备相结合,现代新打法与传统打法相结合,军、警、民相结合,军事手段与非军事手段相结合,形成综合力量、整体威力,从而在未来战争中更加有效地打击敌人。因此,学习军事高技术,对于我们夺取未来反恐战争、反侵略战争的胜利和实现祖国统一有着非常重要的现实意义。

综上所述,高技术是一把双刃剑,它的发展既能造福于人类,也能毁灭人类自身;既能给世界和平增加新的安全系数,又能造成新的不稳定和不确定因素;既能抑制世界大战的爆发,又能引起更广泛意义上的各类局部冲突;既可以控制战争的进程和规模,又有无法把握和难以驾驭的一面;既能使战争变得异常残酷剧烈,生灵涂炭,又可使战争成为"无硝烟、看不见、不流血"和没有时间限制的无休止的"和平"争斗;既可以将战争限制在军人之间展开,又可以把战争立刻转向社会、平民,变成一场新形式的"人民战争";既可使战场成为高科技杀伤性武器较量的试验场,更可以使战场变成争夺制信息权的电子对抗基地。

目前,高技术发展出现一些新趋势,如民用产品超过军用产品,军民两用技术的投资大于纯军事技术的投资等等, 这说明人类发展高技术的和平愿望比以往任何时候都更为强烈。但不管怎样,对这个问题的分析判断不能也不应该仅仅局限于科技本身,时代背景以及国际社会的运行机制对科技的属性和发展方向具有重要的制约作用。比如,国际军控和裁军领域取得的实质性进展,多极格局加速形成,大国关系的深刻调整、合作、对话、不以武力解决分歧的共识达成等,既是科技进步推动的结果,又反过来影响和制约着高技术的性质和方向。从这个意义上说,高技术发展的和平性的一面更加突出了,21世纪人类的安全应该得到更多的保障。

第二节 精确制导技术

第二次世界大战后,各种军事高技术迅猛发展,其中精确制导武器的研究进展备受瞩目,其在各国军队中的大量装备和广泛应用,对现代战争产生了巨大、深刻的影响。如今,精确制导装备的拥有程度和运用能力已经成为衡量一个国家军事现代化程度的一个重要指标。

一、精确制导技术的概念

精确制导技术的基本含义是:以各种高性能光电探测器为基础,采用目标识别跟踪、相关跟踪等新方法,控制和引导武器准确命中目标的技术。

制导技术的出现最早可以追溯到二战末期,当时纳粹德国制造的V1、V2导弹,采用的惯性制导和辅助程序制导技术,解决了常规弹头不能远程作战和不能在飞行中修正弹道的缺陷,极大地提高了战斗力。二战结束后,美、苏接收了德国的大批武器装备和制造技术,其中就包括V1、V2导弹及其制造技术。之后,美苏在此基础上延伸和发展,大大丰富和提高了制导技术。现在的精确制导技术,在中(段)制导的配合下,特别注意提高武器末(段)制导的精度。尤其是主动寻的制导技术的应用,使精确制导武器具有远程作战、“发射后不管”、自动选择目标和攻击目标要害部位的能力,而且直接命中目标的概率不仅不受距离的影响,甚至更为有利。

二、精确制导技术的分类

随着无线电、红外、激光、微波、电视、光电、声电等技术以及精密测量技术、自动控制技术、微电子、计算机等等技术的飞速发展,制导技术也得以快速发展,目前常用的制导方式可分为寻的制导、遥控制导、惯性制导、地形匹配和景象匹配制导、全球定位系统(GPS)制导、复合制导6类。

(一)寻的制导

寻的制导又称自寻的制导,其主要特点是:通过弹上的导引系统(导引头或寻的器)感受目标辐射或反射的能量,自动跟踪目标,导引武器飞向目标。此方法精度很高,但是作用距离较短,主要用于末段制导。

寻的制导系统由导引头、计算装置、执行装置等组成。导引头利用多种测量方式,源源不断地获得目标的各种数据,然后输入计算装置。通过计算装置的精确计算后,发出各种修正或攻击指令,最后由执行装置来实施。根据导引头接收能量(波长)的不同,可将之分为:(微波)雷达寻的制导、红外寻的制导、毫米波寻的制导、电视寻的制导和激光寻的制导等类型。按目标信号来源分类,寻的制导的主要方式可分为:主动寻的制导、半主动寻的制导和被动寻的制导。

主动寻的制导:弹上装有能量发射装置(照射源)和接受装置。当主动导引头捕捉到目标并能正常跟踪后,无需其他装置参与,就能独立完成任务,其最大的优点与被动寻的制导一样,就是发射后不管。

半主动寻的制导:弹上无能量发射装置,照射目标的能源安装在弹外的地面、水面以及空中等机械制导站内。如我国的HQ—61中、低空地空导弹,就是采用一部大功率连续波照射雷达对目标进行跟踪的,此雷达安放在导弹发射点。

被动寻的制导:不使用照射源,弹上只安装接受目标本身辐射能量的装置,利用目标的不同物理特性作为跟踪信息来源。

(二)遥控制导

引导系统的全部或部分设备安装在弹外制导站,由制导站执行全部或部分的测量武器与目标的相对运动参量并形成制导指令之任务,再通过弹上控制系统导引制导武器飞向目标,这种制导方式称为遥控制导,可分为指令制导和波束制导。

1. 指令制导

指令制导有下列几种方式:

(1)手控指令制导。利用人眼或光学系统跟踪目标和导弹,由操作手控制制导武器飞行方向,并命中目标。这种方式常用于短程制导武器。

(2)半自动指令制导。利用人眼跟踪目标,利用仪器自动跟踪导弹和发现发出修正导弹飞行路线的指令。另一种半自动指令制导则是对目标进行自动跟踪,而由操作手控制导弹。

(3)自动指令制导。目标和导弹的跟踪和导弹的控制均自动化,可细分为有线指令制导和无线指令制导。

2. 波束制导

波束制导又称驾束制导,是利用雷达波束或激光波束导引导弹飞向目标的遥控制导技术。其系统及工作过程是:制导站雷达(或激光器)向目标发射一束旋转波束,导弹沿波束的旋转轴飞行,弹上设备自动测出导弹偏离波束旋转轴的参数并形成制导指令,弹上控制系统根据指令导引导弹飞向目标。如美国的"麻雀I"导弹就是采用雷达波束制导。虽然激光波束制导直到20世纪70年代才出现,但由于它有很多优点,故发展较快,如瑞典的RBS-70小型防空导弹就采用了激光制导。

遥控制导的优点是弹上设备简单,在较短射程范围内可获得较高制导精度;缺点是射程受到制导站跟踪探测系统作用距离的限制,精度随射程增加而降低,但随着各种精确测量技术的发展,这种影响越来越小了。

(三)惯性制导

利用惯性测量设备测量导弹运动参数的制导技术,称为惯性制导技术。惯性制导系统全部安装在弹上,主要有陀螺仪、加速表、制导计算机和控制系统。采用此类制导技术的中远程导弹,一般用于攻击固定目标,有关目标的特征信息是预先设置好并输入弹载计算机。导弹飞行过程中,计算机根据惯性测量装置测得的数据和初始条件,给出制导指令,弹上控制系统根据指令导引导弹飞向目标。

根据惯性测量仪表在弹上的安装方式,可将惯性制导技术分为平台式惯性制导和捷联式惯性制导两种。

惯性制导是一种自主制导技术,它不需要弹外设备的配合,也不需要外界提供目标的直接信息,仅靠弹上设备独立工作,不与外界发生联系,因此有抗干扰性强、隐蔽性好、不受气象条件影响等优点。

惯性制导的主要缺点是:制导精度随飞行时间(距离)的增加而降低,因此工作时间较长的惯性制导系统,常采用其他制导方式来修正其积累的误差,这就构成了复合制导。

(四)地形匹配与影像匹配制导

地形匹配制导又称地图匹配制导。其工作原理是:在导弹发射区与目标之间选择若干特征明显的标志区,通过遥测、遥感手段按其地面坐标点数据绘制成数字地图(称为高程数字模型地图),预先存入弹载计算机内。导弹飞临这些地区时,弹载的雷达高度表测出地面相对高度和海拔高度数据,计算机将其同预存数字地图比较,算出修正弹道偏差的指令,弹上控制系统执行指令,控制导弹飞向目标。

影像匹配制导又称数字影像匹配区域相关制导或区域相关制导。其工作原理与地形匹配制导相似,是利用弹载"影像匹配相关器"获取目标区域景物图像数字地图(称为灰度数字模型区域图),将其与预存的参考图像(灰度数字地图)进行相关处理,从而确定导弹相对与目标的位置。数字式影像匹配区域相关器,一般由成像传感器、图像处理装置、数字相关器和计算机组成。景物图像的获得可由不同工作波长的设备完成,从而有雷达区域相关、光学区域相关、电视摄像区域相关、红外成像区域相关等类型的数字地图。

(五)全球定位系统(GPS)制导

全球定位系统(GPS)制导又称卫星制导,该系统是美国为满足各军种导航需要,于1987年开发,1993年建成的导航卫星全球定位系统,简称GPS系统。

GPS系统由空间设备、地面控制设备和用户设备三部分组成。空间设备由24颗导航卫星(其中21颗工作卫星,3颗备用卫星)构成;用户设备为各种GPS接收机(导航接收机)。该系统最初的研制目的是为海上舰船、空中飞机和地面车辆等提供全天候、连续、实时、高精度的三维位置、速度和精度的时间信息,现已扩展成为精确制导武器复合制导的一种手段。其工作原理是利用弹上安装的GPS接收机接受4颗以上导航卫星播发的信号来修正导弹的飞行路线,提高制导精度。目前已报道的GPS空间位置精度为16米,时间精度为1微秒。出于保密考虑,美国现在开通的GPS服务分为两个等级,即标准定位服务(SPS)和精密定位服务(PPS),只有后者才能实时获取精确的GPS数据。精确制导武器利用GPS系统可以大大提高制导精度。例如,美国BGM—109C"战斧"巡航导弹已改装为"Block Ⅲ"型,其主要改进是加装一个GPS接收机和天线系统,据说可使圆概率误差(CEP)值由9米降为3米。

安装GPS接收机还可以取消地形匹配制导,缩短制定攻击计划所需时间,或攻击非预定目标。

(六)复合制导(组合制导)

复合制导亦称组合制导。上述各种制导系统(技术、方式)单独使用时各有长短。一般导弹从发射到命中目标要经历三个飞行阶段,即初始段、中段和末段。若在其中某段或某几段采用一种以上的制导方式,即称为复合制导。采用复合制导的目的是为了提高导弹命中精度,增强其抗干扰能力,增大制导距离。但在"一体化"、减少重量和体积、系统可靠性、大容量高速计算机等方面有很高的要求,成本也较高。随着科学技术的不断发展,这些问题正得到逐步解决,复合制导将得到越来越广泛的运用。

目前,常用的复合制导有:惯性—星光制导,惯性—雷达相关制导,惯性—地形匹配制导,遥控—寻的制导,惯性—遥控—寻的制导等等。

三、精确制导技术在军事上的应用

精确制导技术在军事上的应用,主要表现为精确制导武器的广泛使用。从英阿马岛战争到后来的海湾战争和科索沃战争,精确制导武器以其卓越的性能,令人满意的打击效果,给世人留下了深刻的印象。

(一)精确制导武器的定义和特点

精确制导武器是指直接命中率超过50%的制导武器。直接命中的含义是指制导武器的圆概率误差小于该制导武器弹头的杀伤半径。精确制导武器有如下特点:

1. 可控性强

采用导引、控制系统或装置,调整受控对象(导弹、炸弹、炮弹等)的运动轨迹,使之完成规定的任务,并且具有了初步智能化特征,可以自动识别,搜索目标,进一步选择最佳杀伤范围。

2. 命中精度高

这是精确制导武器最基本的特征,现在一些先进的具有代表性的制导武器,其命中概率已达80%以上,圆偏差概率在2米以下,比普通弹药高出几十倍甚至上百倍。

3. 总体效能高

衡量精确制导的效能主要看其精度、威力、射程、效费比、可靠性等战术技术性能指标。虽然精确制导武器单发制造费用较高,但是其整体效能却是常规武器所无法比拟的,比如一枚数万美元的反坦克导弹就能摧毁数百万美元造价的坦克,一枚几百万美元的防空导弹就能击毁几千万美元一架的飞机。而最具代表性的是英阿马岛之战中,阿根廷一枚20万美元的"飞鱼"反舰导弹击沉了英军一艘价值2亿美元的"谢菲尔德号"导弹驱逐舰。

(二)精确制导武器的分类

精确制导武器包括精确制导导弹和精确制导弹药两大类。

精确制导导弹是一种依靠自身的动力装置推进,由精确制导系统探测、处理、引导、控制其飞行轨迹、导向并命中目标的武器,是精确制导武器中类别最多和使用数量最大的一种现代化武器。

导弹的分类方法很多,一般常用的有四种:

(1)按发射点与目标位置的关系分。比如,从地面发射攻击地面目标的为地地导弹;从空中发射攻击地面目标的为空地导弹,反之,从地面发射攻击空中目标的就叫地空导弹;以此类推,我们就知道比如岸舰、舰空、潜地、空潜、潜潜等导弹的含义了。

(2)按攻击目标的范围分。可分为:反舰导弹、反坦克导弹、反潜导弹、反弹道导弹、反卫星导弹等等。

(3)按飞行轨道分。可分为:在主动段按预定弹道飞行,在发动机关闭后按自由抛物体轨迹飞行的弹道导弹;在大气层中以巡航状态飞行的巡航导弹等。

(4)按作战使用分。可分为打击战役战术目标的战术导弹和打击战略目标的战略导弹。

精确制导弹药可分为末制导弹药和末敏弹药两类。前者主要有制导炮弹、制导炸弹、制导地雷等;后者主要是一些反装甲、反集群目标子弹药。两类弹药自身基本无动力装置,需借助火炮、飞机投掷。

(三)精确制导武器的现状

在精确制导武器中,种类、数量最多的是各类导弹,其次是制导炮弹和制导炸弹。这里着重介绍防空导弹、巡航导弹、反坦克导弹、空空导弹、空地(舰)导弹、地地战术弹道导弹、制导炮弹、制导炸弹八种。

1. 防空导弹

防空导弹又称面空导弹,主要包括地空导弹和舰空导弹。防空导弹按其用途、射程、射高分有:高空远程防空导弹,最大有效射程超过40千米,最大有效射高超过20千米;中空中程防空导弹,最大有效射程15~40千米,最大有效射高6~20千米;低空近程防空导弹,最大有效射程≤15千米,最大有效射高≤6000米;超低空便携式防空导弹,有效射程≤15千米,有效射高≤3000米。

防空导弹的运用始于20世纪50年代,当时主要是地空导弹,用于攻击轰炸机和高空侦察机,但由于技术原因,存在着比如制导方式单一、抗干扰能力差、体积笨重、使用维护不便、机动性差等缺点。经过半个多世纪的发展,国外防空导弹已发展到第三代,主要是改进了第一代的缺陷而发展起来的,典型代表有"爱国者"(美)、SA-90(法)、ADATS"阿达茨"(美、瑞士)、西北风(法)等。

2. 巡航导弹

巡航导弹是指在大气层内以巡航状态飞行的各种导弹,又称飞航式导弹。二战中纳粹德国制造的V1就是其原型。巡航导弹的优点是射程远,命中精度高,打击效果明显,通用性强,综合效益高等。但这种导弹也有其明显的缺点:一是飞行速度较低(一般只能是亚音速飞行),这就为拦截创造了可能性;二是准备时间较长,需要的信息量大。

巡航导弹包括实施核威慑和打击的战略巡航导弹、远程战术巡航导弹、各种飞航式反舰导弹和各种飞航式空舰导弹等。

3. 反坦克导弹

反坦克导弹是指用于摧毁坦克和其他装甲目标的导弹。自从20世纪50年代开始研制以来,与传统的反坦克武器(火箭筒、无坐力炮、反坦克炮)相比,它具有射程远、威力大、重量轻、机动性强等优点,现已成为反坦克的主力军。

4. 空空导弹

空空导弹是指从空中平台发射,攻击空中目标的导弹。它是歼击机对空作战的主要武器,也是歼击轰炸机、轰炸机、攻击机的空中自卫武器。它与航炮相比,具有射程远、命中精度高、毁伤威力大等优点。按射程可分为近程(距)(数百米至20千米)、中程(距)(20~100千米)、远程(距)(超过100千米)导弹。

到目前为止,空空导弹已经经历了四代。第四代空空导弹的特点是:多数兼具超视距攻击和近距格斗的功能;全高度、全方位、全天候攻击能力;制导精度和抗干扰能力大为增强等。

5. 空地(舰)导弹

空地(舰)导弹是指从空中平台发射,攻击地面和水面目标的导弹。按作战使命可分为战略空地导弹和战术空地导弹两类。战略空地导弹均为战略巡航导弹,可携带核弹头。战术空地导弹可分为通用战术空地导弹、反辐射(反雷达)导弹、反(舰)导弹等。

6. 地地战术弹道导弹

地地战术弹道导弹是从地面发射,攻击敌方战役纵深重要目标的导弹。其按射程可分为远程(5000~10000千米)地地战术导弹、中程(3000~5000千米)地地战术导弹、近程(≤3000千米)地地战术导弹。

二战中纳粹德国制造的V2就是其原型,现在已经发展到第三代,基本采用固体火箭发动机,机动发射,制导技术先进,命中精度高,反应速度快,具有多种战斗部等优点,已成为陆军地面作战的"杀手锏"。

7. 制导炮弹

制导炮弹是用地面火炮发射,弹丸带有制导装置的炮弹。其主要打击对象是各种装甲目标。制导炮弹主要有激光制导炮弹、毫米波制导炮弹、红外寻的制导炮弹以及复合制导炮弹等。

8. 制导炸(航)弹

制导炸(航)弹是航空制导炸弹的简称,是指由飞机投掷,带有制导装置、能自动导向目标的滑翔炸弹。它们大都由常规炸弹加装制导装置和气动控制面(弹翼、尾翼)构成。制导炸弹由各种飞机携带,用于摧毁敌防空系统、火炮、坦克和装甲车辆、机场、桥梁、建筑物等,是对地面目标实行精确打击的重要武器。

(四)精确制导武器的对抗

1. 精确制导武器的弱点

精确制导武器技术含量高,命中率高,但其自身仍存在一系列弱点:

(1)系统组成复杂,任何一个部分或部分间的结合出现故障和差错,都会影响整体的效能。

(2)作战使用时技术与保障环节较多,任何一个环节或其相互配合出现差错均将影响作战效能的发挥。

(3)除惯性制导外,使用的其他各种制导系统都可以干扰。

(4)战场环境(地形、目标与背景、天时、电磁等)及气象条件都影响其作战效能。

这些弱点提供了对抗精确制导武器的可能性。

2. 对抗精确制导武器的手段

(1)摧毁手段。这是积极的、进攻性的手段。第一种方式是摧毁敌方精确制导武器的发射系统。第二种方式是摧毁敌方精确制导武器的侦查预警、指挥控制系统。第三种方式是拦截摧毁已发射的精确制导武器。

正在研究的拦截摧毁武器有动能拦截弹、定向能武器(激光)、高效率微波武器等。

(2)干扰欺骗手段。主要技术途径是干扰精确制导武器的制导系统。主要方式有:①利用地形地物。将重要目标(如导弹发射架等)隐蔽在侦察死角,如山坡背面,山沟里,或较厚的植被下面。伊拉克的“飞毛腿”导弹发射架就曾藏在立交桥下。②采用伪装手段,如伪装网等。③电波“静默”。控制雷达开机和无线电通信。④采取隐身措施。如减小雷达反射截面,减少红外辐射特征,涂敷雷达波吸收涂层、红外隐身涂料和低激光反射涂料等。⑤利用不良气候条件。⑥施放烟幕。⑦对目标进行加固(装甲、构筑工事和掩体)。⑧提高目标的机动能力,如提高行军状态与战斗状态互相转换的速度及越野能力、行驶速度、最大行程等。

3. 巡航导弹的对抗

(1)巡航导弹的特点。巡航导弹的优点是:雷达反射截面小(发现距离短),低空和超低空突防能力强,防空雷达很难及时发现。巡航导弹的弱点是:飞行速度较低(目前多数为亚音速),透析选定攻击目标的能力差(目前多用于攻击事先经过充分侦察和预定固定目标)。

(2)对抗巡航导弹的措施。这类措施主要有:①侦察。弄清巡航导弹发射平台的部署情况及其可能攻击的目标。②立探测网,尽早预警。探测网通常由预警卫星、预警飞机及无人驾驶预警飞机、飞行器等装载的雷达、各种地面雷达、战场低空探测雷达和目视观察哨等构成。③控制。在统帅部战略意图指导下明确分工,联合作战截击来袭巡航导弹。④多层联合拦截。由于巡航导弹难于发现,而且几乎可以在任何地方实施跃升加俯冲,因此必须采取分层防御,诸军种联合实施纵深作战,利用火炮、导弹、激光武器等直接分层拦截。

在100千米以外可利用战斗机发射空空导弹摧毁,或利用机载干扰机使巡航导弹改变航向。在100千米以内可使用各种舰空、地空导弹,如“爱国者”(美)。在几十千米距离上可使用近程和超近程地(舰)空导弹,如ADATS(阿达茨)导弹等。近距离拦截可使用近程防御系统,如“守门员”(荷)系统的7管30毫米机关炮,每分钟发射7×600发脱壳穿甲弹,在导弹的航路上筑成一道弹幕,将其摧毁。

在中近程上,将来还可以使用新概念武器,如战术激光武器、高功率微波武器、粒子束武器等。

4. 地地战术弹道导弹的对抗

海湾战争演示了反战术弹道导弹的技术可行性,结束了“弹道导弹无克星”的历史。

(1)战术弹道导弹的主要特点。

①飞行速度快、时间短。按最小能量弹道计算,射程1000千米左右的弹道导弹,从发射到命中目标只需8~9分钟;射程100千米左右的弹道导弹,从发射到命中目标只需3分钟。

②助推飞行时间短,助推火箭关机高度低。

③可携带不同类型的弹头,包括核、生、化等弹头。

(2)对反战术弹道导弹武器系统的一些制约因素。

①只能在战术弹道导弹飞行的中后段或末段才能实施拦截,这样探测要求更高、预警时间更短。

②不能用天基武器拦截助推飞行中的战术弹道导弹。

③只能用非核武器拦截,否则将在自己的防区造成核灾难。

(3)反战术弹道导弹武器系统的方案。

反战术弹道导弹武器系统的方案具有如下共同点:在战术弹道导弹飞行的中后段或末段,用地基拦截弹进行拦截,该系统主要由预警雷达、指挥控制通信中心和拦截导弹武器构成,分层防御、拦截、摧毁。美、英、以色列的方案即是例证。

①美国的方案:

第一层:高空远程拦截。拟使用THAAD(战区高空区域防御拦截)及"箭"式导弹。

第二层:战术弹道导弹飞行末段的防御。拟采用地基雷达和"智能眼"卫星探测预警,用ERINT(增程拦截弹)及(或)"爱国者-Ⅲ"导弹进行拦截。

②英国的欧洲战区防御系统方案:

探测系统:天基红外探测器,机械高空光电探测器和工作频率在400~10000兆赫的地基雷达。

第一层:射程为400千米的大气层外拦截弹。

第二层:射程为30千米的大气层内拦截弹。

第三层:射程为10千米的末段拦截弹。

③以色列的方案:

探测系统:遥控飞行器,携带光电探测器的高空气球和地基雷达。

第一层:40千米以上高度用"箭"式反战术弹道导弹武器,采用破片杀伤摧毁战斗部。

第二层:用射高20千米的AB—10型中低空地空导弹拦截。

第三层:利用未来的低空防御技术,如电磁炮、战术激光武器等。

上述三个方案的基本作战模式可概括为以下过程:

第一步:卫星及(或)飞机及时探测出敌方刚刚发射升空的弹道导弹,计算机处理探测到的数据,判定目标性质,发布预警并决定是否拦截。预警时间越长,防御部队的发射准备就越充分,越有可能在更远的距离拦截目标。预警系统还应为地基雷达指示目标,减少其搜索的空域,增大其探测的距离。

第二步:地基雷达捕获、跟踪、识别来袭目标,为地基拦截导弹提供目标的弹道数据,引导拦截导弹飞行。捕获、跟踪目标的距离越远,对拦截越有利。

第三步:拦截、摧毁来袭导弹。拦截距离越远,高度越高,则防御区域越大,并可提供第二、第三次拦截机会。反之,即使拦截成功,形成的破片也会造成伤害。例如,海湾战争中有一枚"飞毛腿"导弹在沙特阿拉伯的里亚得上空被"爱国者"导弹拦截,但因拦截高度太低,一部分碎片落在一座办公大楼上,炸死一人,炸坏大楼一角。

(五)精确制导武器的发展趋势

近代一系列高技术战争表明,精确制导武器已成为现代战争的基本火力,随着微电子技术、计算机技术、光电技术、新材料技术等技术的发展,尽管不同类型的制导武器有各自不同的特点,但是,世界各国在发展精确制导武器过程中却有着以下相同的发展趋势。

1. 提高武器人工智能化

未来战争的战场环境越来越复杂,瞬息万变,精确制导武器要适应各种各样的环境,并要在极短的时间内识别、跟踪、击毁目标，仅仅依靠现有的制导技术是远远不够的，必须使其具有人工智能，让其在战场上自动识别真假目标，自动选择最佳攻击时间、地点，自动识别对己方威胁最大的目标，而最重要的是要能够自动规避反制导武器，提高生存能力。

2. 进一步提高命中精度

现在的精确制导武器与非制导武器命中精度相比虽然不可同日而语，大多达到了50%以上，但是也有很多不尽如人意的地方。据统计，在海湾战争中，精确制导武器在实战中的总体效能只有50%~60%，仍需进一步改进提高，而要提高命中精度就必然要提高制导系统的性能。精确制导武器现阶段的发展方向主要为：(1)探测方式从点源探测向成像探测方面发展；(2)普遍采用复合制导技术；(3)探测元件从单元向多元发展；(4)一种武器多种制导头；(5)信号处理由模拟式向数字式发展，提高信息处理速度。

3. 提高抗干扰能力和突防能力

在现代高技术战争中，各种电磁干扰武器相继出现，并发挥着重要的作用。而在实际战争中，敌方又千方百计地破坏精确制导武器的正常工作条件，所以精确制导武器就不可避免的会受到干扰，其应有的效能就难以发挥。提高抗干扰能力已成为精确制导武器发挥效能的关键，其发展方向为：(1)提高攻击隐蔽性，如多采用被动寻的制导；(2)采用多种抗干扰措施，毫米波制导将是发展重点。

提高突防力的发展方向：(1)采用隐身技术，降低雷达反射面，减少被敌方雷达发现的几率或尽量缩短敌方发现距离，降低其反应时间短，使其无法拦截。(2)提高速度，研发超音速导弹，使对方防御系统来不及反应，从而提高生存能力。

4. 提高远程打击能力

由于技术进步和新的作战理论的发展，现代战争更加强调对敌方战役纵深甚至战略纵深实施有效的火力打击；另一方面，精确制导武器的发射平台一般较昂贵，而且又面临着对方远程火力的打击。所以，为了提高打击的灵活性和武器发射平台的生存能力，发展远射程精确制导武器已成必然趋势。

5. 提高武器的通用性，向“模块化”发展

将武器系统分为若干组件，并采用模块化设计，这不仅仅是精确制导武器的发展方向，而且也是其他武器发展的必然趋势。这样的好处不仅降低了武器本身的制造费用，而且还减少了武器维护费用。比如，我们可以更换不同的导引系统，组装成不同用途的精确制导武器，以对付不同类型的目标，适应不同军种的需要。

第三节　伪装和隐身技术

一、伪装技术

伪装就是进行隐真示假，为欺骗或迷惑对方所采取的各种隐蔽措施，是军队战斗保障

的一项重要内容。

伪装的基本原理是减少目标与背景在可见光、红外、微波波段等电磁波的散射或辐射特性方面的差别,以隐蔽真实目标或降低目标的可探测性特征;模拟或扩大目标与背景的这些区别,以构成假目标欺骗敌方。

(一)伪装技术措施

伪装的技术措施包括:天然伪装、迷彩伪装、植物伪装、人工遮障伪装,烟幕伪装、假目标伪装等。

1. 天然伪装技术

天然伪装技术,就是充分利用地形、地物、夜暗和能见度不良的天候条件(雾、雨、风、雪等),隐蔽目标或降低目标的显著特性。该技术主要用于对付光学侦察,在一定条件下亦能对付红外侦察、雷达侦察、声测和遥感侦察。实施天然伪装应因地制宜,并保持背景外表不发生任何破坏和不合理的改变,使在探测器中目标配置后形成的斑点与背景的总斑点图案吻合。天然伪装具有简便、省时,无需更多材料的特点。

2. 迷彩伪装技术

迷彩伪装,就是利用涂料、染料和其他材料来改变目标的颜色及斑点图案,以消除目标的光泽,降低目标的显著性和改变目标的外形。外装迷彩大致可分为保护色迷彩、变形迷彩、仿照迷彩、多功能迷彩等。

3. 植物伪装技术

植物伪装技术,就是利用种植植物、采集植物和改变植物颜色等方法对目标实施伪装的技术。植物伪装技术简单易行,所以在现代战争中仍是常用的伪装技术,而且十分有效。

4. 人工遮掩伪装技术

人工遮掩伪装,就是利用各种制式伪装器材设置对目标进行遮蔽的屏障,伪装遮障由遮障面和支撑构件组成。遮障面采用制式的伪装网或就便材料编扎,制式遮障面有各式伪装网和伪装遮障。支撑屏障按其用途和外形,可分为水平遮障、垂直遮障、遮掩遮障、变形遮障和反雷达遮障等五种。

人工遮障的设置必须尽量使遮障面轮廓、斑点、图案和物理特性(反射可见光、红外线、雷达波)与周围背景相接近,同时还应考虑距离不同时的观察效果,以避免目标暴露。

5. 烟雾伪装技术

烟雾伪装,就是利用烟雾遮蔽目标,迷惑敌人。这种无源干扰技术通过散射、吸收的方式衰减光波能量,干扰敌方的光学侦察。在红外波段,经过改进的烟幕同样具有遮蔽作用。同时,烟幕还可用于对付激光制导炸弹。

6. 假目标伪装技术

假目标主要是指仿造的兵器(如假飞机、假火炮、假坦克、假军舰等)、人员、工事、桥梁等形体假目标。使用假目标能迷惑敌人,吸引敌人的注意力和火力,从而有效地保护真目标。假目标伪装技术的关键在于,假目标的制作外形、尺寸应与真目标一致,在红外辐射及微波反射特征上,应尽量类似于真目标。此外,还有灯火与音响伪装技术等。

(二)现代伪装在高技术战争中的应用

现代伪装在高技术战争中的应用主要包括:防光学侦察、防雷达侦察及防红外侦察。

1. 防光学侦察伪装

防光学侦察伪装,是指利用天然遮障、人工遮障、伪装材料、烟雾及布置人工斑点等来减少目标的暴露特征,防止敌人光学侦察的发现。

目标与背景颜色的差别直接影响到光学侦察的效果,因此,处理颜色的差别是防光学侦察最有效的方法。这些方法主要有:消除颜色差别,降低颜色差别,模仿颜色差别。

2. 防雷达侦察伪装

雷达波近似直线传播,因此,利用地形、地貌是防雷达侦察伪装的最佳途径。但对于雷达通视区内的目标,则应设法消除和模仿雷达波的反射差别。

①消除雷达波反射差别。消除目标与背景对雷达的反射差别,目的是消除它们之间的回波差别,使雷达荧光屏上无法显示目标信号。消除的方法可以从目标、背景和雷达分辨率三个方面考虑:提高背景反射雷达波的强度,使雷达荧光屏上目标回波淹没在背景回波中;利用雷达分辨率的限制,将目标配置在地物近旁,使目标的光标信号与地物的光标信号融为一体;减少目标对雷达波的反射强度,如使用衰减无线电波的干扰器材作为隔绝遮障,或在目标的表面覆盖对雷达波吸收率高的材料,可以达到削弱雷达反射目标的目的。

②模仿雷达波反射差别。在目标上装有雷达波接受与发射装置,当这种装置接受到雷达所发射的脉冲时,经延迟、放大后再发射出去,使敌方雷达显示屏上看到的距离和位置均与真实目标不同。另外,也可设置防雷达假目标。

3. 防红外侦察伪装

防红外侦察伪装的途径分为消除和模仿红外辐射差别两个方面。

消除目标背景的红外辐射差别的方法有:将目标配置在与红外侦察器材不通视的天然屏障中;利用具有一定厚度且背景相似的粗糙器材将目标遮掩;在发热目标表面涂刷隔热层或覆盖隔热材料以降低红外辐射。

模仿红外辐射差别的方法有:对付红外夜视和照相,可在对付光学侦察的假目标内增设热源;而对付红外探测仪,则可直接设置热源。

二、隐身技术

隐身技术,又称隐形技术或低可探测技术,是通过降低武器装备等目标的信号特征,使其难以被发现、识别、跟踪和攻击的综合性技术,是21世纪主要发展的军用高技术之一。

隐身技术是传统伪装技术走向高技术化的发展和延伸,它综合了如流体力学、材料学、电子学、光学、声学、热学等众多领域的技术于一身。隐身技术包括主动(有源)隐身技术和被动(无源)隐身技术两大类。主动(有源)隐身技术主要是指利用光或电子干扰手段隐蔽己方目标,比如施放光或电子干扰,使对方光电探测系统迷茫,或释放诱饵,使对方跟踪假目标。被动(无源)隐身技术则相反,是靠减少武器装备等目标的可探测信息特征来达到隐形目的的。

(一)被动(无源)隐身技术

1. 隐身外形技术

外形是目标暴露的主要特征,现代兵器对外表形状处理得如何,将直接影响到反可见光和雷达侦察的效果。

(1) 防雷达探测隐身外形技术。目标的雷达散射截面积与雷达探测距离的4次方成正比,它直接决定着雷达的探测能力。因此,要想缩短雷达的探测距离,防雷达探测的外形设计也必须把减小雷达散射截面作为武器系统隐身的重要措施。在外形设计时,应避免出现任何边缘、棱角、尖端、缺口等垂直相交的面,将这些部位设计成锐缘或弯曲缘,以抑制强天线型散射和谐振散射。

(2)防可见光探测隐身外形技术。在可见光侦察条件下,目标的尺寸越小越难辨认;目标的外表形状越不规则,则外形轮廓也越不清楚。因此,隐身兵器的外形设计必须考虑到尽量减小目标的外形尺寸。

2. 隐身结构技术

世界各国对兵器隐身结构的研究,是以整体结构和局部结构为对象,探索其组合规律和合理形式,达到减少目标被探测特征的目的。现代兵器的结构非常复杂,反光、声、电、热、磁探测的隐身结构技术应与之相匹配发展。

(1)防雷达探测隐身结构技术。主要包括:合理设计发动机进气和排气系统;减小辐射源数量,尽量消除外露突起部分;采用遮挡结构;缩小兵器尺寸。

(2)防红外探测隐身结构技术。主要是通过改造红外辐射源来抑制目标的红外辐射。其技术措施包括:采用散发热量较小的发动机;改进发动机结构,改进发动机喷射的设计;采用闭合环路冷却的环境控制系统,用以降低载荷设备的工作温度。

(3)防电子探测隐身结构技术。主要包括:减少无线电设备;采用低截获概率技术改进电子设备;减小电缆的电磁辐射;避免电子设备天线的被动反射率。

(4)防可见光探测隐身结构技术。主要包括:控制目标的亮度和颜色;控制目标发动机喷口的火焰和烟迹信号;控制目标照明和信标灯火;控制目标运动构件的闪光信号。

(5)防声纳探测隐身结构技术。主要包括:改进发动机和辅助机的设计;采用减振和隔声装置;减小螺旋桨运动对介质的扰动噪声;合理进行目标整体设计等。

3. 隐身材料技术

隐身材料技术是隐身技术的关键技术。隐身技术的出现并取得突破性进展,在很大程度上与传统隐身材料的改造和新型隐身材料的研制是分不开的。目前已研制出的隐身材料类型很多,主要有以下几种:

(1)吸波、透波材料。吸波材料是指对雷达波吸收能力很强的隐身材料。当雷达波照射到这种材料上时,由于吸收、散射等原因,使电波大量衰减而透过蒙皮(涂层)的部分电波照射到目标体内或目标体(非吸波材料制造)上后,又经目标体反射到蒙皮(涂层)上,再次被吸收、散射、最后只有一部分反射回雷达。

(2)吸热、隔热材料。吸热材料是指那些热容量较大或能将热能转换成其他能量的材料。隔热材料是导热系数小、热阻大的材料。用于隐身兵器的吸热材料,由于热容量大、升高温度所需吸收的热量就较多,目标向外辐射红外线就较少;又由于材料能将部分热量转换成其他形式的能量,使目标向外辐射红外线的强度减弱。而隔热材料则可直接隔阻或大大减少目标向外辐射红外线。

(3)吸声、阻尼声材料。使用吸声、阻尼声材料之所以能减弱、消除武器装备(特别是各类舰船、潜艇)的反射波,降低目标的辐射噪声,是因为这类材料具有优越的吸声性能。用于潜艇的吸声和阻尼声材料有吸声涂料和吸声瓦(降噪阻尼吸声橡胶片)两类。

对抗侦察监视,除了上述伪装、隐身等技术措施外,还有保密、机动、佯动、干扰、摧毁等措施。对付不同的侦察监视手段,应灵活采用不同的对抗措施。

(二)主动(有源)隐身技术

无源(被动)隐身技术有其固有缺陷,如隐身外形会在一定程度上影响飞行器的气动性能和弹药装载量;吸波涂层会增加平台和武器的重量,影响其速度和机动性等。有源(主动)隐身技术可有效地克服上述弊病,获得更佳的隐身效果,因此近年来越来越受到青睐。实现有源隐身的主要技术途径有:

(1)采取有源抵消法。近年来,随着射频技术和计算机技术的发展,探知雷达波信号的相位成为可能。目标可在此基础上发射与敌方雷达波幅度相近、相位相反的电磁波,二者能量对消,从而使敌方雷达接收机合成方向图上的指示始终为零,雷达手无法发现目标。美国的B—2隐身轰炸机所装备的ZSR—63电子战设备就是一种主动发射电磁波的有源对消系统。

(2)采用低截获概率电子设备。为尽量减少机载电子设备电磁信号被截获的机会,通常采用如下措施:机载雷达自主管理发射功率,捕获到目标后立即将辐射能量自动降低到跟踪目标所需要的最小值;在时间、空间和频谱方面控制电子设备的电磁波发射;采用频率捷变技术。如美国的B—2、F—22等隐身飞机都装载了低截获概率雷达。

(3)采用主动伪装措施。在兵器上安装特殊照明系统或采用电致变色材料。目标与背景之间存在一定的对比度,这种对比度与颜色、表面反光特性有关。安装特殊照明系统可调节目标的表面亮度,降低或消除目标与背景的对比度;采用电致变色材料可使目标与背景颜色相近或一致,从而取得隐身效果。

(三)当代隐身技术机理研究

近年来,美、俄、英、法等军事强国都加大了隐身技术的研究力度,研究范围不断扩展,新隐身机理研究取得突破,一批新型隐身材料研制成功并投入使用。可以预见,隐身兵器和作战平台将会有较大的发展,并逐步实现全天候、全天时、多功能的隐身,“隐身战场”正在形成之中。

在外形隐身、材料隐身、结构隐身等传统隐身技术的研究基础上,各国都在不断探索新的隐身机理,主要有以下几种:

(1)仿生学隐身技术

在自然界中,许多动物都有天生的隐身本领,为隐身研究提出了一些有趣的课题。比如,为什么变色龙能根据背景环境而变化颜色?燕八哥与海鸥的大小相近,为什么雷达截面只是海鸥的1/200?蜜蜂的体积远小于麻雀,但为什么雷达截面反而比麻雀大16倍?科学家们正在研究这些现象，以寻求新的隐身机理和技术。

(2)等离子体隐身技术

实验证明，飞机、舰船、卫星等兵器的表面形成等离子体层后，雷达波会被吸收或折射，从而使反射到雷达接收机的能量减少。例如，应用该隐身机理研制的13厘米长的微波反射器，在4~14吉赫的频率范围内，可使雷达接收的回波能量减少到原来的1%。等离子体不仅可吸收雷达波，还能吸收红外辐射，具有吸收频带宽、吸收率高、使用简单、寿命长等优点。等离子体隐身技术已在俄罗斯部分战斗机上使用，隐身效果可与美军目前的隐身战斗机相媲美，并且不影响飞机的气动性能，为飞机隐身开辟了一条新途径。

(3)微波传播指示技术

这种技术是利用计算机预测雷达波在不同大气中的传播特点来实现的。大气层的湿度、温度等环境因素的变化能够改变雷达波的作用距离，使雷达波在传播过程中发生畸变，以致在雷达覆盖范围内产生“空隙”，即盲区。同时，雷达波在大气中以“波道”形式传播时，能量集中于“波道”内，“波道”外几乎没有能量。如果掌握了不同天候条件下的微波传播规律，通过计算和预测，使突防兵器在“空隙”内或“波道”外通过，就可以避开敌方雷达的探测，达到隐身的目的。

(4)有源隐身技术

有源隐身技术主要是利用光电、红外等主动干扰手段隐蔽目标。其主要技术途径：削减和抵消敌探测信号；使敌雷达、红外探测仪出现大面积的虚假特征信号。美国国防部预测，在未来15年内，战场军事装备将采用有源射频、红外隐身技术来部分取代以减少雷达、红外特征信号为主要途径的被动隐身技术；到2015年，战场军事装备还将配装“一体化欺骗装备”，使其免受敌方袭击。

(四)隐身材料简介

隐身材料是兵器实现隐身的重要手段，其开发和运用是隐身技术发展的关键环节之一。目前已在使用和尚在研制的新型隐身材料有：

1. 宽频带吸波剂

目前隐身吸波材料中多使用磁性吸波剂，存在吸收频带窄、密度大、不易维护的缺点。各国目前正在竞相开发各种新型吸收剂，如：美国开发的席夫碱基盐类吸收剂，在受到雷达波照射时，其分子结构会轻微而短暂的重新排列，从而吸收电磁能量，使雷达波衰减80%，而其重量只有铁氧体材料的10%；欧洲推出的多晶铁纤维吸收剂，是一种磁性雷达波吸收剂，重量较一般的雷达吸收涂层轻40%~60%，可在很宽的频带内保持高吸收率，实现了雷达吸收材料薄、轻、宽频带的目标。该项技术已用于法军的战略导弹和无人飞行器。

2. 高分子隐身材料

高分子隐身材料研制周期短、投资少、效益大，极具发展潜力。其中的导电聚合物结构多样、密度低、物理化学性能独特、能与无机磁损耗物质或超微粒子复合，可发展成为一种新型的轻质、宽带微波吸收材料。高分子的光功能材料能够透射、吸收、转换光线，有的材料在光的作用下可以变色，它们将在红外和可见光隐身技术中大显身手。

3. 纳米隐身材料

当材料的尺寸达到纳米级时，会出现小尺寸效应、量子效应、隧道效应、表面和界面效应，从而呈现出奇特的电、磁、光、热特性，使一些纳米材料具有极好的吸波特性。如纳米级的氧化铝、碳化硅材料可以宽频带吸收红外光；某些纳米金属粉对于雷达波不仅不反射，反而具有很强的吸收能力。美国研制出的“超黑粉”纳米吸波材料，对雷达波的吸收率高达99%。这些纳米隐身材料可用来制成吸波薄膜、涂层或复合材料。

4. 手征材料

所谓“手征”，是指一种物质与其镜像之间不存在几何对称性，且不能通过任何操作使之与镜像相重合。研究表明，具有手征特性的材料能减少入射电磁波的反射并能吸收电磁波。在基体材料中掺杂手征结构物质，可形成吸收雷达波的手征复合材料。

5. 结构吸波材料

吸波性能优良的结构材料主要有层板型、蜂窝型与复合型，一般以热塑性材料（如环氧树脂）为基体与吸波剂混合，并用玻璃纤维、碳纤维、芳纶纤维、碳化硅纤维进行增强而成。新研制的结构型吸波材料不仅对雷达波、红外线有很高的吸收率，而且具有较好的承载能力，容易维护，发展潜力很大。采用碳纤维增强的热塑性树脂结构吸波材料作为武器系统的主承力结构，不仅具有良好的透波、吸波性能，而且强度高、韧性大、质量轻，可使武器减少自重、增强机动性能。美国计划大量使用结构型吸波材料，把“联合攻击战斗机”(JSF)研制成一种表面不用任何涂层的隐身飞机。

6. 智能隐身材料

智能隐身材料是一种具有感知功能和信息处理功能，可通过自我指令对信号做出最佳响应的功能材料。它具有自动适应环境变化的优点，如表面喷涂了智能材料薄膜层的飞行器可自动检测并改变表面温度，控制红外辐射特征。智能隐身材料将广泛应用于武器平台，使其具有自检测、自监控、自校正、自适应功能，为实现智能型隐身提供技术上的可能。

（五）当代隐形武器简介

采用隐形技术，不易被敌方发现的武器称之为隐形武器。随着科学技术的发展，隐身技术研究也有了突破性进展，更由于战争的需要，各种隐形武器也相继出现，并且在实战中发挥重要作用。目前比较成熟的有隐形轰炸机、隐形战斗机、隐形侦察机、隐形巡航导弹等，而隐形坦克、隐形战舰等正在研制中。

1. 隐形飞行器

隐形飞行器特别是隐形飞机是研制和取得成果最多的隐形武器，其发展主要有以下几个特点：①将形成完整的体系结构；②隐形性能将不断得到加强，飞行器雷达截面将不断减小；③多种隐形特性复合运用，能够对抗多种侦察手段；④重视对现役飞机的改装，使其具有部分隐形性能。

在隐形技术方面美国居世界领先地位，第一代（如F—117）、第二代（如B—2）隐形战斗机已服役并取得了实战经验，第三代隐形战机正在研制当中，并于不久将装备部队，如F—22、MRF多用途战斗机，RAH—66“柯曼奇”侦察/攻击直升机等。此外美国还注重各种现役飞机的改装，如F—16C/D、F/A—18E/F和OH—58D等。其他国家如俄罗斯的米格—31、苏—

27,日本的TV无人侦察机,加拿大的CL—227“哨兵”隐形飞机,西欧国家联合研制的欧洲战机(EFA)等均具有了一定的隐身性能。

2. 隐形战舰

隐形战舰的研究是20世纪90年代开始兴起的,与隐形飞机一样,其主要目的是为了使舰船具有低可探测性和高生存能力。隐形战舰的隐形途径主要有:①改进舰体的上层建筑,采用吸波和透波材料,采用尾流隐蔽技术等来减少舰船的雷达散射截面积。②采用超低声发动机、辅助机和传动部件,采用隔音罩,消声装置等等技术来降低舰船的噪声辐射。③采用隔热和涂敷绝热层等技术抑制舰船的红外辐射。④改进电子设备,减少电缆辐射的技术抑制舰船自身的电磁特征。目前,各国都重视隐形战舰的研制,美国研制的隐形战舰种类最多,其中最引人瞩目的是“海影”远洋隐形战舰。

第四节 侦察监视技术

一、侦察监视技术概述

(一)侦察监视技术的基本概念

现代侦察监视技术是指为发现、识别、监视、跟踪目标,并对目标进行精确定位所采用的一系列技术措施。

随着现代科学技术特别是高技术的发展,现代侦察监视技术已经取得了并正在不断取得突破性进展,基本上实现了全方位、全天候、多手段的侦察,成为获取对方信息的最主要技术手段,它可以为指挥人员的决策提供及时、全面、准确的情报信息,是夺取战争胜利的重要保障。

(二)影响侦察的基本因素

1. 目标的特征信息

目标所产生的声、光、电、磁、热、力等信息,称为目标的特征信息。现代侦察监视是以目标特征信息的暴露为前提的,目标不同,其特征信息必然不同。目标特征信息的强弱与背景反差等,都是影响侦察识别探测距离的重要因素。战场目标最主要、最直接、最便于使用遥感方式探测的特征信息是目标本身辐射或发射的各种波(电磁、声波等)。各种目标辐射或反射波的形式和能力是不同的。几乎所有的目标都能够辐射红外线,并且有反射电磁波的特性;某些目标(雷达、电台)还能够辐射强烈的电磁波;目标在运动时还不可避免地发出声波,从而为现代侦察监视技术设备的探测,提供了目标的特征信息。

2. 地形、地物条件

各种光学侦察设备、地面侦察雷达都要求通视条件良好,而地形起伏、高大地物遮障、地球曲率都会给这部分侦察设备观察目标带来障碍。

3. 气象条件

侦察器材受暗夜和气象条件的影响程度，取决于它们采用的工作波长，波长越短，频率越高，受到的影响越大。如，暗夜使工作在电磁频谱最高段的光学器材失去作用；烟、雾、雨、雪则降低红外器材的效能，而对雷达的影响较小；大的降水影响高频雷达的工作，而对低频雷达的影响较小。因此，要具备全天候、大空域、全时辰的侦察监视能力，就必须综合运用各种技术侦察手段，才能完成侦察保障任务。

4. 人为条件

现代战争战场瞬息万变，对方又采用各种手段千方百计的阻挠己方侦察，随着科学技术的发展，反侦察手段也有所进展，比如隐身技术、伪装技术等，这就对侦察监视技术提出了更高的要求，不仅要具备全天候、大空域、全时辰的侦察监视能力和必须综合运用各种技术的侦察，而且还要不断运用高技术，改进侦察设备，只有这样，才能及时、准确、全面地掌握对方信息。

(三)现代侦察技术的分类及侦察系统的工作进程

1. 现代侦察技术的分类

现代侦察技术主要是指应用现代高技术手段进行的侦察。它按照各种运载侦察装备平台的活动空域，分为：地面侦察、水面(下)侦察、空中侦察、航天侦察四类；按照侦察任务范围，分为战略侦察、战役侦察和战术侦察；按照侦察活动的方式，分为武装侦察、谍报侦察和技术侦察；按照不同兵种的任务范围，分为陆军侦察、海军侦察、空军侦察和战略导弹部队侦察；按照侦察监视所采取的手段，分为观察、窃听、搜索、捕俘、火力侦察、照相侦察、雷达侦察、无线电侦察、调查询问、搜索文件资料等；按照实现探测知识的技术原理，分为光学侦察、电子侦察、声学侦察三类。

2. 侦察系统的工作过程

高技术侦察系统的工作过程为：获取目标的特征信息；以波的形式通过介质对获取的情报信息进行传输；接受输来的情报信息；对情报信息进行加工、处理、分析、判断；将侦察监视得到的目标信息直接传递到指挥所信息处理显示设备，为指挥提供决策所需的准确情报。

二、现代侦察监视技术的主要种类

(一)无线电侦察技术

无线电侦察技术分为无线电通信信号接收、测向和无线电非通信信号接收、测向两大类。详细内容请参看电子对抗有关章节。

(二)照相侦察技术

照相侦察，是依靠照相机摄取目标图像，从而获取情报信息的一种技术。照相侦察技术包括：可见光照相侦察、红外线照相侦察、紫外线照相侦察、多光谱照相侦察、微波照相侦察、激光照相侦察等。

1. 可见光照相侦察

可见光是波长为0.39~0.76微米的电磁波，它能引起视觉，故称可见光。可见光照相根据使用胶卷的不同可分为黑白照相和彩色照相。由于人眼对色彩的分辨本领较高，所以彩色照相可以增加分辨物体的信息量，并易于判读。

2. 红外线照相侦察

红外线的波长范围为0.76~1000微米，它位于可见光谱的红外端，故称为红外线。红外线照相是红外胶卷对目标和背景反射和辐射的红外线感光形成的影像。它的主要优点有：

(1)配合黑白照相，以弥补其色调的不足。在红外照片上，由于植物的色调很浅，所以桥梁、码头等目标就明显显现出来，而上述目标与背景在黑白照片上色调差别不大，故不易区分。因此红外照片与黑白照片相配合使用更便于准确详细地判读目标。

(2)能揭露部分伪装。由于绿色植物对红外线的反射率要远高于一般绿色颜料，因此涂上绿色保护漆的军事目标即使处于绿色植物背景中或覆盖反可见光伪装网，在红外照片上依然容易被识别发现。

(3)能在烟雾中使用。由于景物反射的红外光在烟雾中衰减较小，故在烟雾中进行红外照相容易获得目标图像信息。

3. 紫外线照相侦察

紫外线波长范围为0.1~0.39微米，它在可见光谱的紫外端，故称紫外线。照相机镜头上装上紫外滤光镜，就可以进行紫外线照相。由于白雪对紫外线的反射率很高，而一般白色颜料及大多数材料对紫外线的反射率较低，所以紫外线照相可用于揭露雪地上涂有白色颜料的伪装目标。

4. 多光谱照相侦察

多光谱照相是在可见光照相的基础上，通过各种滤光片和多种感光胶片的组合，向红外和紫外两个方向扩展而形成的一种照相方法。它能够把同一目标发射的各种波长的电磁波(目标的光谱)划分为若干窄的波段(光谱带)，在同时间内，由几台仪器分别在各个不同光谱带上对同一目标进行照相，然后将图像资料进行加工处理，并绘制成光谱曲线，再以同样的方法将预先测得的各种目标反射与反射光谱曲线作比较，就可以鉴别出目标的类型。

5. 微波照相侦察

微波照相是利用无线电回波或目标自身辐射的微波形成图像的一种照相方法。微波照相不受气象条件、光照条件的限制，并且有利于揭露隐蔽和伪装的目标，显示目标景象。

6. 激光照相侦察

激光照相是利用激光良好的相干性实现的非透镜成像。这样照相记录了目标的全部光信息，因此又称为全息照相。其优点为：①观看全息底片近似于观察实物，即改变观察角度，可以看到原先被障碍物挡住的部分；②全息底片的任何小的一块，都能再现拍摄的完整画面；③同一底片可使用不同频率的激光束拍摄不同的画面，目前，同一底片最多可拍摄150幅画面而不相混淆。激光全息照相的照片生动逼真，立体感强，分辨率高，容易判读，为军事侦察提供了良好的应用前景。

(三)雷达侦察技术

雷达侦察是利用物体对无线电波的反射特性来发现目标和测定目标状态(距离、高度、方位角和运动速度)的一种侦察手段。

1. 雷达的组成及工作原理

雷达由天线、天线控制设备、调谐机构、接收机和终端设备等部分组成。雷达侦察的基本原理为:用雷达对抗侦察设备,对敌方各种雷达设备所发射的信号进行侦收、检测、识别、分析、定位和处理,以查明敌方武器装备的类型、用途、性能、和配置,并测定其各种参数,实施告警和引导干扰或为火力摧毁提供坐标。

2. 侦察雷达的类型及应用

(1)预警雷达。预警雷达一般采用相控阵或超视距技术,其作用距离在1000~5000千米之间,能在远距离上探测到各种远程导弹或轰炸机,根据探测数据提供早期的预警。

(2)中、近程对空侦察雷达。中、近程对空侦察雷达探测的目标主要是各种作战飞机、巡航导弹、直升机、无人驾驶机等。这种雷达的作用距离在150~200千米之间,主要担任防空系统的空情侦察任务,也可以对我方飞机导航或对制导雷达作方向引导。

(3)炮位侦察雷达。炮位侦察雷达主要用于对敌人发射火炮的位置进行测定,并能为己方炮兵射击校正弹着点,其作用距离一般在20~50千米之间。

(4)战场侦察雷达。战场侦察雷达主要用于对战场各种地面活动目标进行侦察,也可以对超低空飞行的直升机、地地导弹进行侦察。这种雷达按照最大作用距离可分为:近程侦察雷达,探测距离为10千米以内;中程侦察雷达,探测距离为30千米以内;远程侦察雷达,探测距离为30千米以上。

(5)海岸侦察雷达。海岸侦察雷达是以海上各种舰、船、低空飞行的飞机、岸舰导弹为主要侦察目标。这种雷达具有较强的海浪杂波信号(海浪强烈反射雷达波)抑制能力,探测距离一般在100~200千米之间。

(四)传感器侦察技术

1. 地面传感器侦察

地面侦察传感器是一种能够对地面目标所引起的战场环境的物理场变化进行探测的小型侦察设备。它能够适应各种环境,全天候、全时辰、被动式地连续工作。它可用飞机空投、火炮发射,或人工埋设到交通线上和敌人可能入侵的地段,侦察敌人地面目标活动情况,或者在己方要地担任警戒任务。

地面传感器依据其探测器的工作原理,可分为:声响传感器、震动传感器、磁性传感器、红外传感器、应变电缆传感器等类型。

(1)声响传感器。声响传感器的探测器是一个传声筒,其工作原理与麦克风和调频发射机的工作原理相同。声响传感器的优点是能够鉴别目标是人员还是车辆,根据人员谈话可以判明是敌方还是己方,根据车辆的声响可以判明其种类。其探测范围,一般对人员正常谈话可以达到40米,对运动车辆可以达到数百米。如美国陆军使用了一种悬挂在树上的被称为“音响浮标”的装置,探测距离为300~400米,接近人的听觉范围。

(2)震动传感器。震动传感器是通过震动探头(也叫拾震器)拾取地面震动波来探测目标的类似于记录地震和原子弹爆炸震波的地震仪。震动传感器分空投式和地面安放式两种,主要用来接收人员或车辆活动造成的地面震动信号。震动传感器的灵敏度高,可探测到30米处行走的人员或300米处行进的车辆,但其探测距离受土质和地形影响较大。坚硬土质探测距离远，松软土质探测距离近，洼地、沟壕、溪流几乎可以使拾震器失去作用。

(3)磁性传感器。磁性传感器的探测器为一个磁性探头，其工作原理与金属检测器相同。当由铁磁金属制成的物体，如步枪、车辆等进入磁性传感器的探测范围时，传感器便发出警报信号。其探测范围，对武装人员在5米之内，对轮式车辆在15米以内。

(4)红外传感器。红外传感器是利用钽酸锂(LiTaO)受热释电的原理而制成的无源被动式探测器。该探测器通常隐蔽地布设在监视地区(道路)附近，当目标经过时，红外探测头即吸收目标发出的红外辐射，释放电荷，变成电信号输出。它能发现视角扇面内20~50米以内的目标。其优点是：体积小，无源探测，隐蔽性好；响应速度快，能探测快速运动的目标，并能测定目标方位。不足之处是：必须人工布设，探测张角范围有限，无辨别目标性质的能力。

2. 水下传感器侦察

水下侦察传感器主要是"声纳"。声纳是接受水中声波的装置，主要用于对水中目标的搜索、测定、识别和跟踪，也可以用于水声对抗、水下通信、导航和对水下武器(鱼雷、水雷等)的制导或控制。

声纳的基本原理是：捕捉、接收水声信号，将水声信号转换成电信号，经过放大处理后，由显示控制台显示定位。其按工作方式可分为被动式声纳和主动式声纳。被动式声纳又称噪声声纳，它本身不发射声波信号，靠捕捉水面和水下目标(水面舰艇、潜艇、鱼雷等)在航行和工作时所产生的噪声，来搜索目标并确定其方位、距离和速度。主动式声纳又称回声声纳，它本身发射声波信号，靠目标反射的回波信号来搜索测定目标。

(五)其他侦察技术

侦察监视技术除无线电、照相、雷达和传感器侦察技术外，还有战场窃听侦察、战场电视侦察和炮位声测侦察等技术。

战场窃听侦察，是以偷听敌人语音来获取情报的一种手段。其基本样式可分为：声音窃听、电话窃听和激光窃听。

电视侦察，是利用电视技术获取图像情报的一种技术。其特点是：①音像共存，现象直观；②情报传递速度快，传播面广，时效性强；③可搭载各种平台实现立体侦察；④具有全时辰侦察能力。

炮位声测，是侦察利用声音探测装置发现敌人正在发射的炮兵阵地，确定其位置以引导我炮兵或火箭兵以火力进行压制或摧毁的一种技术。声测设备是一组(至少有两个)分开配置的听音器，假设火炮发出的声音，以已知速度均匀地向外传播，到达各听音器时就会出现时间差，根据每两个听音器之间的距离(声测基线)和听到声音的时间差，就可以确定火炮位置。

声测侦察的特点是：①不受能见度限制，可全天侦察；②不受透视条件限制，可在山地森林实施侦察；③受战场无关声音的影响较小，当无关声源(如飞机、坦克)距听音器大于400米时，一般不影响声测作业；④既可侦察敌方的炮位，又可以为己方火炮校正弹着点；⑤属于被动式侦察设备，隐蔽性较好。

三、侦察监视技术在军事上的应用

现代侦察监视技术在军事上的应用,按空间地域及其运载工具的不同,可分为地面侦察、海上侦察、航空侦察、航天侦察。

(一)地面侦察

地面侦察监视是指在陆地上进行侦察与监视,可分为便携式侦察和机动侦察,可执行战略、战役、战术侦察任务。常用的侦察设备有:可见光照相机、望远镜、潜望镜、观察镜、瞄准镜;各种红外光、微光、激光、电视、声测等侦察观测器材,地面传感器、地面侦察雷达、装甲侦察车、无线电技术侦察设备、电话窃听器等。

现代化装甲侦察车上装备有各种侦察观测设备,如大倍率光学潜望镜、主动红外观察镜、微光观瞄仪、激光测距仪、地面导航仪、红外报警仪、战场侦察雷达、核生化探测器等先进的侦察设备。

(二)海上侦察

海上侦察主要分为水面舰艇侦察、海军航空兵侦察和两栖侦察,可用于执行战略、战役、战术侦察任务。常用的技术装备有:舰艇警戒雷达、声纳、各种红外、微光、激光、电视等光电侦察设备;潜望镜等光学观察设备;红外搜索仪、水声侦察仪、雷达侦察仪、磁力侦察仪,以及电子侦察设备等。

(三)航空侦察

航空侦察是指使用航空器在环绕地球的空气间,对敌方活动、阵地等情况进行的侦察与监视。航空侦察使用的平台有:飞机、飞艇、飘浮气球、系留气球和旋翼升空器等,其中又以有人驾驶侦察机、侦察直升机、无人驾驶侦察机和预警机为主。航空侦察主要用于执行战略、战役、战术侦察任务。

航空侦察设备主要有:可见光照相机、红外照相机、红外前视设备、侧视雷达、红外扫描相仪、多光谱相机、激光扫描相机、电视摄像机、合成孔径雷达、机载预警雷达、微波辐射仪、无线电技术侦察设备等。

(四)航天侦察

航天侦察按使用的航天器的不同可分为卫星侦察、宇宙飞船侦察、空间站侦察和航天飞机侦察。航天侦察主要用于战略侦察,也可以进行战役、战术侦察。

卫星侦察是使用人造卫星进行的侦察。根据任务和侦察设备的不同,侦察卫星又分为照相侦察卫星、电子侦察卫星、海洋监视卫星、预警卫星和核爆炸探测卫星等。

航天侦察的设备主要有:可见光照相机、电视摄像机、多光谱照相机、各种扫描仪、红外线探测器、侧视雷达、无线电技术侦察设备及探测核爆炸用的X射线、γ射线、中子探测器等。

四、高技术侦察特点和发展趋势

(一)空间上的立体化

由于现代武器的射程急剧增加,部队的机动能力迅速提高,现代战争必然是大纵深的立体战争。为了适应这种特点,侦察与监视体制必然是由空间、空中、地(水)面以及水下侦察系统组成的战场立体侦察系统。众所周知,各种侦察与监视系统虽然各有自己的优点和特长,但也都存在着各自的局限性。然而,当人们把性能互补的几种侦察系统组成一个有机的综合体系时,就可以在侦察与监视的地域、时间、周期以及情报的处理和利用方面,取长补短,互相补充,互相印证,从而获得准确、完整的情报。

海湾战争中, 以美国为首的多国部队部署了适应立体战场的侦察情报设备或平台系统。其中,空中侦察有侦察卫星23颗,各种侦察机、预警机和无人驾驶机130多架;海上侦察有各种舰船装载的信号监听、测向和电子支援系统以及雷达监视系统;地面侦察有装甲侦察车、战场侦察雷达、炮位侦察雷达、战场电视、地面遥感和传感器热成像仪、光电侦察设备以及谍报侦察等。这些装备(或手段)遍及天、空、地、海之间,组成了远中近程、高中低空的全方位、多层次,多手段的立体侦察监视体系,形成了各具特色、性能互补、全天候、全天时侦察监视网,为制定作战行动计划,确定武器攻击的目标,发挥武器装备效能等提供了可靠的情报保障。

(二)速度上的实时化

情报的价值首先取决于其实效性。现代战争的作战方式转换快、战斗节奏快、战场情况瞬息万变,因而要求军事侦察尽量缩短获取、传递和处理情报的时间,以使侦察情报具有一定的实时性。

海湾战争中,美国使用"锁眼"KH—11照相侦察卫星拍摄到的战场地物图像,经卫星上数/模转换器变成数字信号后,立即传送到华盛顿国家判读中心还原成高分辨率(0.15~0.3米)地面图像,供判读人员使用,全部过程在1.5小时内即可完成。

上述快捷、高效的实时侦察能力,得益于高技术的侦察监视技术手段和以计算机为核心的军队自动化指挥系统。它们组成的侦察监视系统,提高了收集、分析、处理、传送战场信息的实效性,能够为指挥员提供及时准确的战场情报。

(三)手段上的综合化

现代高技术战争首先是信息总体战, 单靠某一种侦察手段难以完成侦察情报保障任务,因此必须依靠诸兵种的合成侦察力量,综合运用各种技术侦察手段,以形成整体侦察的最佳功能,才能满足部队作战的需要。当今世界各国侦察监视系统都向多频段、多传感器综合使用的方向发展。这种系统能把可见光、红外、夜视、电视、激光、雷达等各种侦察技术有机地组合起来,形成功能齐全的综合化侦察系统。美国的"锁眼"KH-12照相侦察卫星,既能将目标成像,又能侦察各种电磁波信号;美军"升降式目标侦察系统"在M113型装甲输送车上装有战场侦察雷达、前视红外仪、电视、激光测距机/目标指示器,以及射频干扰仪,可对目标的多种频段信息特征进行侦察定位,为战斗行动提供全面的侦察保障。

(四)侦察与攻击一体化

具有高技术武器装备的部队,基本上实现了情报、指挥与控制、打击一体化。当今,美、俄、英、法的战斗机,除装备有先进的脉冲多普勒火控雷达外,还装有前视红外仪、红外搜索跟踪系统、微光电视设备、夜视眼镜及地形跟踪雷达等,能在各种恶劣的天气和夜幕条件下作战,实施侦察搜索和有效的攻击。如美国的F-117隐形战斗轰炸机,机上装有红外搜索跟踪系统和激光测距/目标指示系统,夜间飞行性能好,一旦发现目标,只要机上瞄准具的十字线对准目标，激光制导炸弹就可以准确无误地击中目标。美国M1A1、英国“挑战者”2、苏制T—80型主战坦克，都装有先进的光电侦察设备，能够在昼夜间搜索目标进行攻击。

（五）更加注重提高侦察监视系统的生存能力

由于侦察监视系统本身存在一些缺点，同样可以被对方的侦察监视系统反侦察，更由于现代反侦察手段的不断提高特别是精确制导武器的威胁，侦察监视系统的生存能力越来越受到各国的重视。比如，反卫星导弹、激光武器的出现，高空中的卫星不再是“高枕无忧”，而是要不断地提高反攻击、反电子干扰、反辐射的能力。

第五节　电子对抗技术

随着科学技术的不断发展，电子技术几乎渗透到军事技术的各个领域。电子技术水平的高低和装备数量的多少，已成为军事系统现代化水平高低的重要标志之一。包括C^3I系统在内的一切军事电子系统的效能能否充分发挥，将直接影响现代化武器系统乃至整个军事系统的综合作战能力。敌对双方围绕电子系统使用效能的削弱与反削弱、破坏与反破坏的斗争——电子对抗，已成为现代战争的显著特征和重要组成部分。

一、电子对抗概述

（一）电子对抗的定义

电子对抗是指采用各种措施、行动（比如利用电磁能或定向能）以攻击、削弱、破坏对方电子设备（系统）的使用效能，保护己方电子设备（系统）正常发挥效能的斗争。

电子对抗（电子侦察、干扰）一般不能直接对敌人员和武器装备构成杀伤，但它能使敌无线电通信指挥系统失灵、雷达迷茫、火炮和导弹系统失控，为保卫自己和大量杀伤敌有生力量创造条件。因此，电子对抗对夺取战争中的制海权、制空权，甚至整个战争的主动权具有重要意义，其地位越来越重要，已成为军事电子技术中发展最快的领域之一。

在国外，电子对抗通常被称为电子战。1993年，美军将电子对抗定义为：电子战是利用电磁能和定向能以控制电磁频谱，或用电磁频谱攻击敌方的任何军事行动。电子对抗与电子战的实质相同。

（二）电磁频谱

电磁是物质所表现的电性和磁性的统称，如电子感应、电磁波。频谱则是一个信号的各次谐波，同一个信号参量可以是幅度和相位。电磁频谱是这二者的总称。

按照使用的电磁频谱，运用电磁能量来探测、确定、削弱或瓦解敌方使用的电磁频谱，同时又能保障己方正常运用电磁频谱的军事行动，是电子对抗的重要组成部分。目前，雷达电子对抗的频段有米波、分米波、厘米波和毫米波四个波段。进入光波波段，则称光电对抗，包括红外对抗、电视对抗和激光对抗等，主要用以对付红外探测、夜视设备和激光雷达，以及用以对付红外、电视、激光制导的武器系统。在电子对抗斗争中，光电对抗是近年来发展最快的电子对抗领域。

(三)电子对抗的主要内容

电子对抗的主要内容有无线电通信对抗、雷达对抗、光电(红外激光)对抗等。

1. 无线电通信对抗

无线电通信对抗简称通信对抗。通信的目的是传递信息。语音通信中的信息是语言，以差错量(误码、误比特率)衡量。数字通信中的信息是数据，将原始数据如语言、文字、图像等变成数字通信脉冲编码信号而实现信息交换的方式，称为数字通信。无线电通信是把信息从发射端传送到接收端，通信系统的质量以有效性、可靠性、抗干扰性指标衡量。通信对抗是对为削弱、破坏敌方无线电通信设备的使用效能，保护己方无线电通信设备正常发挥效能而采取的各种措施和行动的统称。其基本内容包括通信对抗侦察、通信干扰和通信电子防御等。

通信对抗侦察，是为获取通信对抗所需的情报而进行的电子对抗侦察。其主要通过搜索、截获、分析和识别敌方无线电信号等方式，来查明敌方无线电通信设备的频率、频谱结构、调制方式、功率电平、工作体制、配置位置以及通信规律、通信网络的性质和组成等。

通信干扰，是为削弱或破坏敌方无线电通信效能而进行的电子干扰。按干扰性质，无线电通信干扰可分为压制性通信干扰和欺骗性通信干扰。欺骗性通信干扰又叫通信欺骗。通信干扰的目的，在于破坏、降低敌方通信系统工作的有效性和可靠性。一般雷达的发射和接收是在同一地点，而通信的收、发则分在两地，往往不知接收端的位置，通常只能在较大方位范围实施干扰。通信干扰信号对通信发射端不产生干扰作用，仅对通信的接收端进行干扰。当通信干扰信号特征与通信信号特征接近吻合，接收机难以区分干扰信号时，干扰效果最佳。

通信干扰的方式与雷达干扰方式类同，有窄带噪声和连续波单音干扰(瞄准式)、宽带噪声干扰(阻塞式)和扫描调频干扰(扫描瞄准式)。语音通信干扰的调制方式有等幅报、调幅报、移频报、单边带等。对不同通信方式必须使用不同的最佳干扰方式，对语音通信的干扰使系统信噪比下降，接收端听不清，对数字信号的干扰使系统信噪比下降，误码率增加，信息无法恢复。

通信电子防御，是电子防御的重要组成部分，是为保护己方电子设备及其系统正常发挥效能所采取的措施与行动，主要包括反电子侦察、反电子干扰和防反辐射武器摧毁等。该防御通常由雷达、无线电通信等专业部(分)队和使用各种电子设备的战斗部(分)队，按统一计划分别组织实施。

2. 雷达对抗

雷达是通过发射探测脉冲并接收被照射目标回波来发现、测定目标的空间位置并可对目标进行跟踪的设备。雷达对抗是指与敌雷达和雷达制导导弹系统及火控系统做斗争的各种战术和措施的总称。它利用专门的电子设备或器材，对敌雷达设备做斗争，以阻止敌方雷达获得电磁信息，减弱和破坏武器系统的效能和威力，同时保护己方的电子设备及武器系统在敌干扰条件下仍能发挥效能和威力。其中，进攻性对抗措施主要包括雷达的侦察、干扰、伪装、欺骗和摧毁。

1942年9月，美海军首次在实战中应用了雷达对抗。雷达对抗发展最早，技术更新最快，对抗频段分布最宽，是综合技术发展最受重视的一个专业领域。半个世纪以来，雷达对抗技术和装备发展迅速，其战术应用效果明显。由于雷达对抗装备能够及时发现雷达的照射，快速测量雷达信号参数和识别威胁，可对最具威胁的雷达进行干扰破坏，从而使对方的雷达迷茫，雷达制导的导弹系统和火控系统失效，因而成为现代防空系统以及飞机、军舰等高级平台保卫自己、消灭敌人必须具备的电子技术设备。

雷达对抗与反对抗的斗争，其实质是电磁信息的斗争。雷达对抗按技术的不同可分为：雷达对抗侦察、雷达干扰和反辐射摧毁等。雷达的电子进攻和雷达本身的电子防御，常被称为"雷达对抗"和"反雷达对抗"。

随着雷达对抗技术的不断发展，现代雷达对抗技术的特点和要求是：发展单倍频程、多倍频程的天线、微波元件和功率器件的圆极化和多种极化，以适应对各种雷达的侦察、干扰；雷达干扰机应有尽可能高的功率，特别是高的连续波功率；全频段、全空域的侦察干扰能力；适时快速的信号处理能力，以适应高密度、多威胁目标的信号环境；能够准确获取雷达的多种参数，具有掌握各种雷达"指纹"的能力；综合使用多种对抗技术，对付多部雷达的能力；具有多种技术设备，对雷达技术发展具有快速反应的能力。

未来战争中，雷达对抗与反对抗斗争将更加激烈，雷达对抗可在空间、地面、海上和水下进行，促使了"空中电子战"的迅速发展。

3. 光电对抗

光电对抗包括光电侦察与反侦察、光电干扰与反干扰、光电制导与反制导、光电隐身与反隐身、光电摧毁与反摧毁等。

为避免雷达对抗的影响，第二次世界大战后主要军事大国都继续研究红外线在军事上的应用。1950年，美国研制成功第一个无源红外线制导系统，首先在AIM—9"响尾蛇"导弹上应用，使之具有了较高的跟踪精度。随着该导弹的装备，红外对抗从此应运而生。美海军作战飞机在配备红外制导导弹的同时，还在飞机上配置了红外探测瞄准设备，此后其他作战飞机也陆续配置了与雷达报警设备功能相似的红外告警设备及红外对抗手段，以破坏红外制导导弹的跟踪效果。

在越南战场，20枚激光制导炸弹摧毁了17座桥梁。马岛战争中英军用ALM—9L攻击阿根廷的幻影飞机，发射了27枚导弹，击落了阿根廷24架飞机。海湾战争中，许多重要军事目标是由光电制导武器毁伤的。目前世界上光电制导的武器已有100多种，美国在研的红外制导导弹有30多种，红外成像制导导弹和激光制导武器各20多种。

光电对抗频段包括激光、红外与可见光频段。光电制导包括红外点源制导、红外成像制导、红外/雷达复合制导、红外/紫外双色制导、激光制导及电视制导等十几种体制，其产品有数十种型号。光电威胁频谱宽：紫外波段0.2~0.4毫米；可见光波段、激光波长分别为0.53~0.904毫米、1.06~10.6毫米；红外波段1~3毫米、3~5毫米、8~14毫米。光电威胁是全方位、全天候的威胁。光电电子对抗的样式与雷达电子对抗类同，包括攻防两个方面，但其频段高（波长短)、技术难度大,已构成独立的光电对抗领域。

光电对抗的主要设备有激光测距机、激光雷达、红外侦察、电视跟踪等十几个方面、数百种型号的技术设备。光电对抗侦察主要是指截获对方的光电辐射信号、测量技术参数、分析识别辐射源类型,判断截获性质、获取战术技术情报等。

(四)电子对抗的产生和发展

1906年,德国的富勒斯特研制成了世界上第一只可以对无线电信号起放大作用的真空三极管。这是电子技术发展史上的一次重大突破,它不仅促进了军用无线电报、电话和广播事业的迅速发展,也为电子对抗准备了条件。

第一次世界大战中,电子对抗作为一种作战手段引起了军事家的兴趣。第二次世界大战前夕,各军事强国都努力发展自己的军用电子技术,旨在争夺电磁优势。1937年2月,英国政府决定在英国东部和南部沿海地区设置雷达网,该项工程于1939年夏全面完成。第二次世界大战期间,英国东部沿海的雷达网在保卫英伦三岛的战争中,发挥了重要作用。

第二次世界大战后,电子对抗进入了一个缓慢发展时期。直至1947年末,美国贝尔电话实验室的三名物理学家肖客莱、巴丁和布拉坦研制成功第一只点接触型晶体三极管,为电子对抗设备向着功耗低、体积小、重量轻的方向发展提供了有利条件,电子技术也才有了新的突破性进展。朝鲜战争中,面对中、朝军队的反攻,美军将第二次世界大战中使用过的老式干扰机安装在B—29飞机上实施无线电干扰。战争结束后,美官方出版的《美国空军在朝鲜》一书中指出,如果当时没有电子对抗的支援,B—29飞机的损失可能是原来的3倍。

20世纪50年代后期,人们对电子对抗又有了新的认识。先是在携带核武器的战略轰炸机上安装了多种类型的电子对抗设备,以干扰敌方的地面预警雷达、引导雷达和导弹制导雷达,对抗敌人歼击机的无线电指挥通信系统和截击雷达系统。飞机上还装有消极干扰弹,投放锡箔条引诱敌人的红外寻的导弹上当。20世纪60年代初出现了一种专用的电子武器对抗系统,美空军研制了形似飞机,头部装有一个雷达反射体,代号为“鹌鹑”的灵巧装置,上面装有一部和B—52重型轰炸机上使用的无线频率完全相同的干扰发射机,可用同样频率施放无线电干扰。在越南战场及其以后的多次局部战争中,电子对抗成为一种不可缺少的作战方式,争夺战场的电磁优势,已成为争夺战争整体优势的一个重要组成部分。

电子对抗经历了由通信对抗到雷达对抗,再到电子武器系统全面对抗几个发展阶段。在各个发展阶段中,发展陆、海、空军电子对抗装备和提高电子对抗能力,始终是各国争夺电磁优势的重点。近20年来,由于大规模集成电路和微电子技术及微型电子计算机的迅速发展,军用电子设备正向小型化、性能好、价格低廉的方向发展,为大量使用电子对抗装备提供了广阔前景。现代战争中,几乎每一个作战单元都配有电子设备和电子对抗装备,如警戒雷达、红外夜视仪、激光测距机等。电子通信装备和通信干扰机,自动化指挥控制系统及其他电子对抗装备已在战争中得到普遍使用。为争取未来战争中的电子对抗主动权,许多国家专门建立了电子战部队。

二、电子对抗的主要作用

(一)获取重要军事情报

未来战争是信息时代的战争。利用电子对抗的装备和手段,查明敌电子设备的工作性能、技术参数、类别、数量和配置位置等,判断其兵力部署和行动企图,是赢得战争胜利的关键。1943年4月,日本海军大臣山本五十六到前线(中所罗门岛)视察,日本第8舰队司令给另一个指挥所发出了有关视察路线和时间的电文。由于电文被美军截获并破译,所以当山本五十六出发后,美军便出动18架战斗机将山本座机击落。

第一次海湾战争中,多国部队为了对伊拉克实施空袭,获取伊军雷达及防空系统情报,美在投入的53颗各类卫星中,至少有12种共18颗侦察卫星,300余架预警侦察飞机及许多地面电子情报站对伊军实施侦察,伊军大多数军事行动难逃多国部队的"电子耳目"监视。海湾战争爆发前,沙特在美国授意下数次派战斗机闯入伊领空,以激起伊军的雷达反应,从而测定其雷达位置,分析其性能,美军空袭时顺利实施了电子干扰和压制。美国三方技术安全局为美军提供了伊拉克核、生、化、导弹研制和常规武器生产实施的情况及位置,为轰炸提供了目标信息。美国防测绘局提供了1.16亿张地图拷贝和上万张照相地图,为"战斧"巡航导弹袭击陆上目标提供了有价值的情报。

(二)破坏敌方作战指挥

破坏敌方作战指挥,使敌军瘫痪陷入被动挨打地位,是电子对抗的重要任务。1944年,苏军在加里宁格勒附近包围了德军一个重兵集团,德军试图用无线电与大本营联系,求得增援和突围。苏军派出无线电干扰分队压制了德军的无线电通信,使德军250次联络未能成功,终至全军覆没。德集团军司令被俘后供述,投降的主要原因之一是无法与大本营取得通信联络。

(三)掩护突防和攻击

雷达作为预警和兵器制导装备,已成为防御体系的"哨兵"和"千里眼"。他们能对空、对海实施警戒,及早发现来袭敌机、导弹、舰艇,可对火器实施射击控制和导弹的制导。进攻时对敌雷达系统实施干扰欺骗或摧毁,使其失去战斗能力。在海湾战争中,多国部队空袭编队得到了各种电子战飞机4000多架次的电子支援,掌握了制电磁权,致使伊军作战飞机和防空导弹部队未能做出有效反应。

(四)保卫重要军事目标

在重要城镇、桥梁、机场、工厂和军事要地等目标附近,设置有力的雷达干扰设备或采用欺骗手段,能有效干扰敌轰炸机瞄准雷达和导弹的制导系统,使飞机投弹不准,导弹失控,减少被击中的几率,达到保卫重要目标的目的。如海湾战争中,伊"飞毛腿"导弹发射系统对多国部队构成了一定的威胁,成为多国部队重点轰炸目标。伊军为了欺骗多国部队,用铝板和塑料制成许多假导弹发射架,这些假导弹发射架在雷达荧光屏上显示的雷达回波与真发射架极为相似,引诱多国部队无效轰炸,有效地保存了实力。

(五)夺取战场主动权

未来高技术战争中,电子对抗将发挥重大作用。没有制电磁权,就很难有制天权、制空权、制海权、制陆权,就很难掌握战场主动权。国外有人把电子对抗比为高技术武器的保护神和效能倍增器,视之为与精确制导武器、C^3I系统并列的高技术战争三大支柱之一。

三、电子对抗手段

电子对抗宏观上包括电子对抗与电子反对抗两个方面。电子对抗手段不断创新,派生有电子隐身与电子反隐身、电子制导与反制导等,归结起来主要包括:电子侦察与反侦察、电子干扰与反干扰、摧毁与反摧毁。

(一)电子侦察与反侦察

1.电子侦察

电子侦察是一种搜索、截获敌方电子设备的电磁辐射信号,从中获取其战术、技术特征参数及位置数据等情报的活动。它是电子对抗的组成部分,目的是为了组织实施电子干扰和电子防御,为部队作战行动提供准确的情报。

电子侦察是通过截获、探测、分析、识别威胁辐射源信号特征及有关参数,输出各类辐射源的特征报告,然后对多类报告的信息进行跟踪/滤波、融合/归并、识别/更新、态势评价和威胁估计等数据处理,获得准确可靠和完整的电子情报,为电子对抗及作战提供情报。

电子侦察按对象可分为:雷达侦察、通信侦察和光电侦察。雷达侦察是指侦测、记录敌方雷达及雷达干扰设备的信号特征参数,并对其定位、识别。通信侦察是指对敌方无线电通信电台和通信干扰设备,进行侦察测向、定位,并根据通信电台的技术性能、通信诸元、通联规律,判别通信网的组织、级别和属性。光电侦察是指截获和识别敌方激光雷达、激光制导武器的激光辐射信号和飞机、坦克、导弹等本身的红外辐射信号。

电子侦察是夺取电磁优势的前提条件,没有时空限制,每时每刻都要进行,是和平时期电子对抗的主要形式。现代高技术战争需要电子侦察技术提高侦察效能,研制智能化接收系统,扩大侦察频段,提高信号截获概率和测量精度,以及提高分析处理能力等。

2.反电子侦察

反电子侦察是为了防止敌方截获、利用己方电子设备发射的电磁信号而采取的措施。目的是使敌方难以截获己方的电磁信号,或无法从截获的信号中获得有关情报。

反电子侦察的主要措施有:电子设备设置隐蔽频率和战时保留方式,平时采用常用频率工作;减少发射次数,缩短发射时间,尽可能采用有线通信、可视信号通信等通信手段;使用定向天线,充分利用地形的屏蔽作用,减少朝敌方向的电磁辐射强度;将发射功率降低至完成任务的最低限度;转移发射阵地不使敌人掌握发射规律;减少发射活动,实施沉默。其具体做法还有:设置简易辐射源,实施辐射欺骗或无线电佯动;采取信号保密措施,使用不易被敌截获、识别的跳频电台等新体制电子设备。

电子侦察无论平时、战时都在不间断地进行着,反电子侦察已成为经常性的电子防御措施。反电子侦察涉及所有作战部队,必须严密组织、统一实施,并与其他反侦察手段结合使用。

(二)电子干扰与反干扰

电子干扰与反干扰,是现代战争中夺取战场电磁优势极为重要的作战手段,应灵活掌握，正确决策，实施计划管理。

1. 电子干扰

电子干扰是采用专用的发射信号干扰、破坏敌方电子系统正常工作的专用技术。其目的是削弱或破坏敌方电子系统遂行战场侦察、作战指挥、通信联络和兵器控制能力；为隐蔽己方企图，达成战役、战斗的突然性和提高己方飞机、舰艇、装甲车辆等武器装备的生存能力创造有利条件。

电子干扰从宏观上可分为有源干扰、无源干扰两大类。按干扰专业、干扰专用平台、干扰技术、干扰方式和干扰机的组成类型有多种分类法。专业领域不同，干扰技术特点不同，电子设备的类型不同，信号波形不同，干扰波形设计也不同，如预警、探测、目标监视雷达与跟踪、制导雷达、火控雷达的干扰技术不同；干扰平台不同，作战环境不同、干扰机的设计原则也不同，干扰方案、战术、战法都不同；此外，自卫干扰、随队干扰、远距离支援干扰的设计重点也不同，从而构成陆、海、空军的电子干扰装备系统。对指挥员而言，重要的不是深研设计技术，而是要了解电子技术干扰概貌，决策干扰手段，选用干扰装备，组织电子战斗。

2. 电子反干扰

电子反干扰是识别、阻止敌方干扰以保护己方电子系统处于正常状态的技术。其目的是削弱或消除敌方电子干扰对己方电子设备使用效能的影响。

电子反干扰随着电子系统的不同而异，天线、发射、接收、显示、波形设计均可采用反干扰技术，而且从系统体制、组网运行上进行反干扰效果较佳。电子反干扰按电子设备种类可分为：雷达反干扰、通信反干扰、引信反干扰、导航设备反干扰和光电设备反干扰等。按作战使用可分为：技术反干扰和战术反干扰两大类。技术反干扰主要是提高电子设备本身在干扰条件下的工作能力，在电子设备的发射机、天线、接收机、信号处理系统中采取反干扰措施。技术反干扰针对性强，通常一种反干扰措施只能有效对抗一种干扰。战术反干扰的主要作用是：调整电子设备的配置、组网工作和综合运用等，将不同体制、各种频段的雷达配置组网，发挥整体抗干扰能力；综合运用多种探测和通信手段，有源、无源探测相结合；红外寻的、激光制导和雷达制导相结合；有线通信、运动通信和无线电通信相结合；设置隐蔽台、站（网），适时启用；利用干扰信号对干扰源进行跟踪寻的、定位，必要和可能时实施火力摧毁。

（三）摧毁与反摧毁

专用电子对抗设备和作战手段在战场上的广泛应用，不仅使雷达、通信和光电设备难以发挥效能，并且对作战飞机、舰船、装甲车辆和精确制导武器等构成了严重威胁。电子对抗手段不断升级，已由消极防御发展到“软”杀伤，进而发展到“软”、“硬”杀伤结合，对敌方电子设备直接摧毁。

1. 摧毁

摧毁是指在查明敌方电子对抗装备及其工作情况的基础上，用直接毁伤的方法使其瘫痪并在短期内难以恢复正常工作的一种电子对抗手段，主要有火力摧毁、派遣人员摧毁和反辐射摧毁等。

电子摧毁是对敌方的电子设备实体摧毁。反辐射导弹、反辐射无人机等，就是这种“硬摧毁”的反辐射武器系统。反辐射导弹对辐射源实施摧毁性攻击有两种方式：一种是接收到目标信号后发射。由于导弹具有“记忆”(锁定)装置,发射后,即使被攻击的雷达关机,它仍可“记住”其位置,不偏离航线而击中目标。另一种是“先升空后锁定”方式,先盲目发射,让其无定向在空中飞行、盘旋,一旦接收到目标信号,即咬紧目标,将目标摧毁。反辐射导弹的自导引系统是采用无源被动的跟踪方式,本身不辐射电磁信号,具有稳定性好,不易受干扰和突防能力强等特点,导引头工作频带很宽(“哈姆”反辐射导弹带宽达0.8~20吉赫),具有较高的制导精度,是当今战场上威慑力较高的一种有效电子战武器。

2. 反摧毁

反摧毁是利用战术或技术保护自己雷达及友邻雷达免遭反辐射导弹攻击的技术。目前常用的反摧毁技术有以下几种:采用诱饵引偏技术,部署假雷达阵地;采用雷达发射控制、关机、间歇交替工作;采用反辐射导弹告警系统;采用新体制雷达,如低截获概率雷达、双/多基地雷达、高频雷达、毫米波雷达等;雷达与无源传感器联合组网实施综合对抗技术。

四、电子对抗发展趋势

现代电子战装备发展的技术基础是超高速集成电路、微波集成电路、人工智能、人工神经网络、并行处理技术、光纤数据总线、高级程序语言和隐身技术等高科技成果。电子对抗将面临宽频带、高精度、低截获概率、多模式复合、多信号格式、多技术体制的电子威胁,并要面对全高度、全纵深、全方位的作战空域,必须具有快速应变的作战能力。其发展趋势主要表现在以下几个方面:

(一)利用电磁频谱从射频段向全频段发展

雷达侦察技术向扩展频段、提高测向/测频精度、增强信号处理能力方面发展。根据国外现役及在研的电子侦察设备预测,至21世纪初电子电磁斗争频谱将从射频段向全频段发展。

(二)对抗手段从单一向综合一体化发展

高技术综合战场是以高技术电子兵器的综合应用为特征的,它将导致未来的军事对抗和电子对抗的内容、模式和概念发生深刻变化。未来的电子对抗中,空地、空海一体和陆、海、空、天、电一体的多维立体战要求有多功能的电子战系统。美军未来电子战装备发展趋势为:(1)单平台电子战手段——侦察/干扰/摧毁一体化;(2)单平台上的电子战装备与雷达、导航、通信等电子战设备和系统的综合一体化;(3)多平台电子战设备的综合。法国汤姆逊—CSF公司研制了EWC^{3}I雷达对抗与通信对抗的综合电子战系统;英国马可尼公司研制了多平台由软件驱动的EWCS综合电子战系统,电子战指挥控制系统在战场上与C^{3}I的C^{2}发生交联,并由单平台的综合管理向多平台综合管理发展。

(三)C^{3}I对抗是电子对抗发展的重点

电子对抗的对象是较广泛的,其中主要目标是指挥、控制和通信系统,防空(指挥)雷达系统,武器制导(指挥)系统等。这些系统中最重要的是指挥、控制、通信和情报系统即C^{3}I系统。

C^{3}I系统是国家和军队威慑力量的重要组成部分,是现代化军队的神经中枢。C^{3}I系统一旦遭到破坏,后果不堪设想。俄军认为:“只要能使敌军C^{3}I系统瘫痪,我们便能取得决定性胜利。"1988年11月2日,美24岁博士生罗伯特莫斯编制一种称为"蠕虫"的病毒程序,偷偷输入美国防部、军事基地、大学、私人公司,一夜间从美东海岸传到西海岸,美国防部8500台计算机中有6000台染上了病毒,不得不关机。海湾战争前伊拉克从法国购买用于防空系统的新型电脑打印机,准备通过安曼偷运巴格达,美情报部门获悉后,即派特工把一套带有计算机"病毒"的同类芯片偷换在该打印机内,在战略空袭前以无线电遥控技术将"病毒"激活,使伊军防空指挥系统发生混乱。

第六节　军事航天技术

把航天技术应用于军事领域,为军事目的进入太空和开发、利用太空的综合性工程技术,称为军事航天技术。它主要是研制、使用各种军用航天系统以完成特定的军事航天任务的。军事航天技术已使战争空间由陆地、海洋、大气层扩展到了外层空间。"天战"这一崭新的作战样式已登上了人类战争史的舞台,虽然"天战"还处于其发展过程中的初级阶段,但已对现代战争产生了广泛而深刻的影响。这表明,外层空间已开始成为继陆地、海洋和空中之后的第四战场,军事航天技术将开创一个新的战争模式。

一、航天技术的定义和组成

航天技术是探索、开发和利用太空以及地球以外天体的综合性工程技术,亦称空间技术。通常可将航天技术划分为航天运载器技术、航天器技术和航天测控技术三大组成部分。

(一)航天运载器技术

航天运载器技术是航天技术的基础。要想把各种航天器送到外层空间去,必须利用运载器的能量,克服地球引力和空气阻力。常用的运载器是运载火箭,一般为多级火箭。

运载火箭主要由动力系统、控制系统、箭体结构和无线电测量系统组成。

1. 动力系统

动力系统由火箭发动机和推进剂组成,如果是液体火箭发动机,还应有液体推进剂和输送系统。动力系统有火箭的"心脏"之称,它是使火箭实现飞行运动的原动力。

2. 控制系统

控制系统由制导、自控以及程控等分系统组成。它是火箭飞行中的指挥系统,被称为火箭的"大脑",其任务是保证火箭的稳定飞行,并确保火箭精确地进入预定轨道。

3. 箭体结构

箭体结构包括整流罩、仪器舱段、贮箱、尾部舱段、中间舱段和各舱段的连接、分离等机构。各舱段用来安装宇宙飞行器、制导系统、无线电测量系统、核动力系统。箭体结构设计要使火箭具有良好的气动力外形,保护火箭内部的各种仪器设备在良好的环境下工作。同时火箭在运输起吊和飞行的过程中,箭体结构还用来承受各种载荷。

4. 无线电测量系统

在运载火箭上,通常都装有一些小型的遥控、遥感收发仪器,这是为了了解火箭的飞行情况而附加在火箭上的测量和跟踪系统。它为设计者和使用者提供火箭飞行的实况资料,以供其进行性能分析及必要时进行故障原因分析之用。

(二)航天器技术

航天器是在太空沿一定轨道运行并执行探索、开发和利用太空等任务的飞行器,亦称空间飞行器。航天器分无人航天器和载人航天器两大类。

无人航天器按是否绕地球运行又分为人造地球卫星和空间探测器等。其中人造地球卫星按用途可分为:①科学卫星,用于探测和研究;②应用卫星,直接为国民经济和军事服务;③技术试验卫星,用于技术试验和应用卫星试验。空间探测器按探测目标分为月球探测器、行星(金星、火星、水星、土星等)探测器和星际探测器等。

载人航天器按飞行和工作方式分为载人飞船、空间站和航天飞机等。其中载人飞船又可分为卫星式载人飞船、登月式载人飞船和行星际载人飞船等;空间站又可分为单一式空间站和组合式空间站。

(三)航天测控技术

航天测控技术是对飞行中的运载火箭及航天器进行跟踪测量、监视和控制的技术。为了保证火箭正常飞行和航天器在轨道上正常工作,除了火箭的航天器上载有测控设备外,还必须在地面建立测控系统。地面测控系统由分布全球的测控台、站及测量船组成。航天测控系统主要包括:光学跟踪测量系统、无线电跟踪测量系统、遥控系统、实时数据处理系统、遥测系统、通信系统等。

二、航天技术在军事上的应用

现在,航天器应用的一个重要方面即军事应用。据不完全统计,迄今各国发射的航天器,70%以上是军用或军民两用的。目前已有的和在研的军事航天系统大致可分为四类:军事航天运输系统、军事卫星系统、军事载人航天系统和空间武器系统。

(一)军事航天运输系统

军事航天运输系统是能把航天器、宇航员或物资等有效载荷从地面运送到太空预定轨道,或能将有效载荷带回地面的运输系统。目前可利用的军事航天运输系统主要是一次性运载火箭,还有可重复使用的航天飞机。

(二)军事卫星

军事卫星是专门用于各种军事目的的人造地球卫星的统称。其按用途可分为侦察卫星、海洋监视卫星、军事通信卫星、导航卫星、气象卫星、测地卫星等。

1. 军事侦察卫星

为了摧毁敌方的各种战略目标——导弹武器基地、海空军基地、弹药库以及指挥中心等,首先就要知道这些目标的情况,此时利用侦察卫星就是最有效的方法。与地(海)面和空中侦察相比,卫星侦察的主要特点是:①轨道高,发现目标快,侦察范围广;②可长期、反复监视全球，也可定期监视某一地区；③可在短时间内或实时地提供侦察情报；④不受国界和地理条件的限制。

2. 军事通信卫星

通信卫星就是天基微波中继站，一般部署在地球同步轨道上，也有少数部署在大椭圆轨道和其他轨道上，它接收到地面发出的无线电波以后将之进行放大，然后再转发向地面。军事通信卫星用来担负保密的、大容量的、高速率的战略和战术通信勤务。卫星通信具有覆盖范围大、通信距离远、通信容量大、传输质量高、机动性和生存能力强等优点，因而在军事通信中具有举足轻重的作用。

3. 军事导航卫星

导航卫星是从太空发射无线电导航信号，能为地面、海洋、空中和太空用户导航定位的人造地球卫星。卫星导航或定位是由多颗导航卫星组成的卫星网来实现的，具有高精度、全天候能覆盖全球和用户设备等优点。

4. 测地卫星

测地卫星是用来测定地球大小和形状，测定地区重力场的分布，测定地面的城市、村庄和军事目标地理位置的卫星。此外，测地卫星还可以配备其他专用设备（如多光谱观测相机）进行地球资源的勘察，成为地球资源卫星，用于了解和掌握各国战略资源的储备情况等。

5. 气象卫星

气象卫星是用来从空间获取军事气象情况的卫星，对全球天气监视和天气预报业务均有十分重要的作用。气象卫星主要有两种类型：极地轨道上的极地气象卫星和同步轨道上的静止气象卫星。两者都是军民两用型卫星，但也有专门的军用气象卫星。

（三）军用载人航天器

军用载人航天器就是载人航天器的军事应用。载人航天器包括载人飞船、空间站、航天飞机和正在研制中的单级火箭式空天飞机，它们都可执行军事任务。

1. 载人飞船

载人飞船是能保障宇航员在太空执行航天任务和在空间轨道上生活并返回地面的航天器。典型的载人飞船由轨道舱、仪器设备舱、返回舱、对接装置和太阳能帆板等组成。它的运行时间有限，仅能一次性使用，可独立进行航天活动，也可往返于地面和空间站之间，还可与空间站和其他航天器在轨道上对接后进行联合飞行。它可能担负的军事使命有：作为地面与空间站的军事运输工具，向空间站运送军事补给物资和接送人员；进行空间救护；试验新的军用航天设备；特定目标的侦察等。

2. 空间站

空间站亦称航天站、太空站或轨道站，是在太空具备一定工作条件，可供多名宇航员工作和生活的长期运行的航天器。它是大型的能绕地球轨道做较长时间航行的载人航天器，是多用途的空间基地。与载人飞船相比，空间站具有容积大、载人多、寿命长和可综合利用的优点。由于空间站可承载许多复杂的仪器设备，可由人直接操作，因而可以完成复杂的、非重复性的工作任务。从理论上分析，空间站具有广阔的军事应用前景。例如：军用航天飞机或空天飞机以空间站为基地可对付任何卫星式作战平台，并随时对全球任何地方构成威胁；空间站可以部署、组装、维修和回收各种军用航天器；可试验、部署和使用空间武器等。由此可见，建立空间站对未来高技术战争具有重要的战略意义。

3. 航天飞机

航天飞机亦称轨道器，是带有机翼，靠运载火箭发射进入太空轨道，返回地面时能在机场跑道水平着陆，并可重复使用，兼有载人、运货功能的航天器。航天飞机比火箭、卫星和飞船具有更多的优点和用途，在军事上也具有巨大的潜力。这主要表现在：航天飞机可用于部署、维修、回收各种卫星；可方便地实施空间机动，执行反卫星作战任务，拦截、摧毁或俘获对方卫星；可执行空间侦察，对地目标进行监视跟踪，还可对敌方弹道导弹发射和飞机入侵进行预警；可作为从地面到空间站的军事交通工具，为军事目的向空间站运送人员和物资，为建立永久性空间军事基地和军事工厂服务。

三、未来航天武器装备展望

21世纪，人类在空间中将展开一场前所未有的、以开发利用空间丰富的资源和争夺制天权为主要内容的大竞争，航天武器装备将会在这场竞争中得到更加迅速的发展。

（一）战略弹道导弹的生存能力、突防能力和命中精度将进一步提高

未来战略弹道导弹将向着更好地保护自己和更有效地消灭敌人两个方面发展。采取的主要措施有：改进、完善制导技术，开发研制更先进的制导装置，使之不仅能对弹道的主动段进行制导，而且还能对弹道的中段或末段也进行制导，以进一步提高战略导弹的命中精度；发展一种采用多种发射方式并载有多种弹头的导弹，对导弹和导弹发射井进行抗核加固，进一步提高战略导弹的突防能力和生存能力；完善大型战略弹道导弹，并发展小型的、机动的、携带单弹头的战略弹道导弹，研制隐身效果更好、飞行速度更快的战略巡航导弹，发展防御定向能武器和动能武器的新技术，以提高战略导弹的突防能力；简化导弹发射装置和设备，研制性能好的标准化零部件，进一步提高战略导弹及其设备的可靠性和维修性；逐步实现导弹固体化、小型化和自动化，进一步提高战略导弹的机动作战能力和快速反应能力；随着战略弹道导弹防御系统的发展，全弹道突防技术，如速燃助推、低弹道、抗激光加固、机动弹头、组合诱饵、隐身、干扰、光电对抗、弹体处理等技术将迅速得到应用。在新世纪，伴随着美、俄第二阶段削减战略武器条约的实施，美国将进一步削减导弹核武器的数量，但也将努力提高导弹核武器的命中精度、毁伤能力和快速反应能力，力图建立一支规模较小、生存能力强、攻防兼备、具有足够威慑力量的战略核力量。俄罗斯由于经济衰退、政局不稳、国力锐减，近年内将继续削减战略核力量，在2010年以前其核弹头将保持在1500~2000枚，具备第二次核打击能力。英法将继续奉行有限核威慑战略，把核威慑战略看成是国家安全的战略基础，潜基核力量依然是英法核威慑战略的支柱。

（二）发展新的军用卫星系统，提高单星作战性能和生存能力

目前，美国正在加速实施"天基红外系统"、"全球广播服务系统"、"监视、瞄准与侦察卫星"等计划，法、德两国将联合研制"太阳神2号"侦察卫星，法、英、德三国将联合研制下一代军用卫星通信系统，印度、日本、韩国也计划在21世纪初发射自己的侦察卫星。未来将会有

越来越多的国家拥有军用卫星系统，军用卫星的数量也将成倍增加。21世纪还将出现或部署新的军用卫星，如“杀手卫星”、“攻击卫星”和“卫士卫星”等。

在发展新的军用卫星系统的同时，未来军用卫星的作战性能和生存能力也将进一步提高。在作战性能方面，将发展新的遥感技术，提高侦察卫星的分辨率，提高对目标的定位精度和探测能力，提高数据处理和实时传输能力；研制大型卫星，增大通信容量；适应运动通信的要求，建立天地一体的战术移动通信系统。在生存能力方面，将采用电磁、轨道、形状等隐蔽措施，使轨道上的卫星不容易被敌方探测到。

（三）发展微小型卫星，采用多星座工作方式，提高其综合作战能力

现代微小型卫星具有研制周期短，成本低，系统投资少，可快速、机动、搭载发射，抗毁能力强，星上一体设备更新更快等特点，已成为航天技术发展的热点。美国空军提出了实现微小型卫星计划的六项关键技术，即轻型太阳能电池阵列、预想性集成供电和信号系统、多功能结构、超高密度电路、微机电系统和轻型光学系统。日本制定了小型卫星发展战略，发展50千克以下的超小型卫星。英国军方也在加紧研制小型卫星。而俄罗斯的军用小型卫星在前苏联时期就一直占领先地位。

利用微小型卫星构成星座进行工作，也是未来军用卫星发展的方向。由具有不同功能的小型卫星构成的星座，不仅可以提高对地表的覆盖能力，而且可以相互弥补彼此的不足，充分发挥各自的优势。同时，不同种类、不同数目的小卫星互相联合，协同作战，不仅能大大提高其作战效能，而且也有利于提高系统的生存能力。

（四）发展新型军用载人航天器，使之具有机动、灵活、多样的作战效能

未来军用载人航天器将向灵活机动性能更高，技术装备更先进的航天、空天飞机方向发展。航天、空天飞机不仅能充当地面与外层空间的联系纽带，而且能在未来战争中直接参与作战。美国正在实施“冒险星”空天飞机计划和小型军用航天飞机计划，俄罗斯也在实施一项名为“鹰”的研究计划，进行关键技术的演示验证，进而研制空天飞机。

空间站作为未来天基武器系统平台将朝着大型化、永久化的方向发展。未来军用空间站不仅装有各种侦察、通信、指挥、控制等系统，而且还将提供航天飞机、宇宙飞船等停靠的码头，以及作为作战武器系统的平台，将成为作战、指挥、保障、支援四位一体的军事基地。军事专家预测，21世纪将在空间站的基础上发展大型载人航天母舰。

未来的宇宙飞船体积大，载重量大，返回落点精度高，装备有激光武器，且能重复使用，一旦遭到敌人袭击，能进行自卫还击，并能主动攻击对方。

（五）空间武器将陆续投入部署和使用

未来空间武器的发展重点将转向研制反卫星和反洲际弹道导弹等非核能空间武器。预计在21世纪，正在探索、研制中的电磁轨道炮、“智能卵石”拦截弹等动能武器，以及高能激光束、粒子束、高功率微波等定向能武器，将逐渐步入实用和部署阶段；高性能、高精度的反导弹导弹，也将随着遥控、遥测、预警等高新技术的发展而不断发展；一些新型空间武器也将步入探索、论证、试验性研究阶段。美国计划在2025年前后部署和使用包括反卫星武器在内的各种空间武器，以确保美国及其盟国在空间的军事和商业利益，破坏、摧毁敌方的航天装备和空间资源，甚至从空间使用武力，攻击敌方重要的陆、海、空目标，从而控制空间，并

以此达到控制地球的目的。俄罗斯等其他国家(地区)届时也可能部署有限的反卫星武器，以此遏制美国控制空间的图谋。随着各种空间武器的部署和使用,空间攻防对抗将不可避免,空间将成为21世纪战争的又一个重要战场。

四、叱咤风云的第四军——天军

随着航天兵器的广泛运用,外层空间将成为21世纪夺取战争胜利必须控制的军事竞技场,控制太空乃是赢得战争胜利的先决条件。属于第四作战空间(离地球100千米以上)的航天部队,则势必成为继海、陆、空三军种之后的第四军种——天军。谁不拥有天军,谁就没有资格打未来的高技术战争。毋庸置疑,天军将成为21世纪高技术战场上的新型军种。

(一)天军的主要组成

天军,是一支凭借航天技术和一些尖端武器装备来执行军事任务的高技术队伍。从航天系统及其在战斗中的运用来看,未来的天军将由四大部分组成：

1. 航天发射部队

航天发射部队由完成运载工具和航天器发射任务的检查、测试、总装、对接、推进剂加注、瞄准和发射等人员组成。世界上九大航天发射场,即美国的肯尼迪航天中心、圣马科海上发射场、西部航天和导弹试验中心,前苏联的拜克努尔发射场、普列谢茨克基地,中国的酒泉卫星发射中心、西昌卫星发射中心,日本的种子岛航天中心,法国的库鲁发射场等的军职人员,就是天军的航天发射部队。由于各国的情况不一样,每个发射场的人数将由几百到几千名不等。

2. 航天跟踪测量管理部队

航天跟踪测量管理部队由完成航天器轨道测量和控制,及航天器内工作参数的测量和航天器工作控制等任务的军职或文职人员组成。这些部队,除了测控中心外,一般比较分散。如美国现在的航天测控台站就分布在美国乃至世界各地。

3. 防天监视作战部队

防天监视作战部队由监视敌对国的航天器和洲际导弹的发射人员,以及截击敌方导弹或军事航天器的作战部队组成。监视人员时刻监视来自空中、水下和地面发射的洲际导弹,跟踪外层空间的飞行器,发现敌情,及时预警,由航天司令部命令反卫星卫星、反卫星导弹、束能和动能武器等作战部队实施拦截作战。美国和加拿大两国组建的北美航空航天防务司令部及其所属部队和前苏联国土防空军空间防御力量就属于这类性质的部队。

4. 军事航天员部队

军事航天员部队是在航天飞机或航天站上执行军事任务的航天员,他们在整个天军里所占比重很小,一个国家也不过几百人。从美国和俄罗斯载人航天飞行看,军事航天员主要是从事观测、观察和识别,以及从事天战的运输、加注燃料、维修和建造军用航天器等方面的任务。军事航天员在改进战役管理、监视、提供战场情节、获取军事战略情报等方面发挥着无可替代的作用。

目前天军组织比较成型的是美国。1985年9月美国成立了由空军航天司令部、海军航天司令部、陆军弹道导弹防御司令部和海军陆战队航天组织共同组成的联合军事航天司令部,统一管理国防部的航天计划,负责管理和使用军用航天系统,战时即为天战的指挥中心,集中执行太空作战任务。它辖有两个航天部队、4个基地和综合航天中心与防天活动中心,拥有军职宇航员等军职人员数以万计。

(二)天军的作战任务

天军和陆、海、空军军种一样,作为专用的、独立的作战力量。天军的作战任务主要包括两个方面:天空保障和参与天战。

1. 天空保障

天空保障即为本国各类部队作战行动提供天空保障。天军所执行的天空保障任务,主要是通过地面预警雷达系统和卫星预警系统,跟踪监视敌方军用航天器行踪和探测敌方弹道导弹的发射,为其他军兵种提供侦察、预警、通信、导航、气象等作战保障的支援性行动,属于“软性”作战形态范畴。天空保障是天军和平时期的经常性任务与战争时期的主要任务。

2. 参与天战

参与天战即天军的攻击性作战行动。天战是以宇宙空间为主要战场,以天军为主要作战力量,以武器战为主要作战样式的外层空间军事对抗,它包括从太空为陆战、海战、空战提供军事支援,或从陆地、海面(水下)、空中对敌方航空器的攻击行动。天军参与天战,是以独立作战力量或以主要作战力量的身份参战的。天军在天战中所执行的任务包括:发射航天器,指令、控制航天器去攻击外层空间目标和地面目标,使用天基和地基天战武器截击敌导弹和航天器,属于“硬性”作战形态范畴。

(三)天军的武器系统

天军的武器系统包括:军用卫星及其子系统,军用飞船,航天飞机及其子系统,反卫星和反导弹武器及天基作战平台,为进行天战所必须的布置在地面和空间的天战C^3I系统。

1. 卫星系统

军用卫星是天军的“常规武器”。它使军事侦察、通信、测绘、导航、定位、预警、监测和气象预报的能力和水平空前提高,被军事家誉为作战效能的“倍增器”。在近40年中,全世界已发射了3400多颗卫星,其中纯民用的仅占10%。

(1)预警侦察卫星,这是天军的“千里眼”。其主要作战任务是:对战争的全纵深实行全时侦察与全天候预警。一颗在赤道轨道运行的卫星,可以同时侦察地球表面1.63亿平方千米的面积,相当于高空侦察机侦察面积的5600倍;定位精度可控制在10米范围内,可发现7厘米大小的物体,分辨出单兵携带的武器,还具有识破伪装和隐蔽于地下、水下目标的能力。其在近轨道上每秒可以飞行七、八千米,一个半小时左右就可以绕地球一圈,能快速取得各方面情报。当今世界主要国家70%以上的战略情报都是依靠侦察卫星获取的。

(2)通信卫星,这是天军的“顺风耳”。其主要作战任务是:保障野战条件下C^3I系统的支柱。如美国对其全球驻军的实时指挥控制和管理的远距离军事通信和数据传递任务,基本上由其所建成的由16颗通信卫星组成的卫星通信系统予以保障实施。

(3)导航卫星,这是天军的“指南针”。其作战任务主要是:实时准确定位,保障超远程精确打击的实施。导航卫星能为舰艇、飞机和航天器等精确导航,为战略导弹制导,为单兵确定站点等。如俄罗斯的由24颗卫星组成的“全球导航卫星系统”，能自动跟踪己方部队的500多个单位，能为单机、单船、单车和单兵提供全天候、连续、实时、高精度的三维位置、速度和精确时间。其定位精度可达15米、测速精度可达0.1米、测时精度可达100纳秒。用户在任何地方只需几秒钟即可获知自己的精确位置——三维坐标和时间信息；指挥员只需几十秒钟就可以在图上了解其所属部队的位置。

(4)气象卫星，这是天军的“气象台”。其主要用于为空军、海军和地面部队提供远、中、近三期气象预报。气象卫星保障的特点是：适时、预测性强，可保障选择有利气象条件作战和战时武器的配备选择。在当今的太空中有160多颗气象卫星。

(5)反卫星卫星，这是天军的“杀手锏”。其主要用于对敌方卫星进行拦截、摧毁或使其失去效能。它与空间观察网、地面观察网、地面发射—监控系统共同组成反卫星武器系统。需要时，通过地面控制进行变轨机动，经自动寻的的系统接近目标卫星，并将其摧毁。

2. 天军的作战平台

天军的作战平台，即载人航天器，它包括航天飞机、载人飞船和空间站、“航天母舰”三种类型。

(1)航天飞机。它是往返于地球表面与近地轨道之间运送有效负荷的新型宇宙飞行器。它可以像火箭一样垂直起飞，像卫星一样在轨道中运行，像飞机一样滑翔和降落，是天地之间运送人员和物资的最主要交通工具。其军事任务是：用于部署、维修、回收天空实验室、天文观察站和各种卫星；作为天战的武器试验台，对高能激光、离子束等武器进行太空实验，载人操纵各种侦察设备进行军事侦察；可作为航天战斗机和航天机动舰队，利用各种航天兵器进行太空战和攻击空中、地面、海上目标等。航天飞机最大的特点是能反复使用，不像火箭那样只能使用一次。

(2)载人飞船和空间站。它是供天军，即宇航员生活和工作的航天器。载人飞船是一种能使航天员座舱沿弹道式或升力弹式路径返回地面垂直着陆的航天器，是载人航天器中最小的一种。空间站，又称太空站、航天站或轨道站，是一个可供航天员生活和工作的长期运行的航天器，平时是科学实验室，战时可作为天基作战指挥部和武器发射平台。空间站分为单一式和组合式两种。单一式空间站由运载工具一次运送入轨；组合式空间站则由多次运送入轨的空间站单元或组合件组装而成。空间站将成为载人空间基地、空间工厂、空间试验中心和空间作战指挥中心。

(3)“航天母舰”。它是太空飞机起降和运载的平台，是停靠宇宙飞船、航天飞机的空间基地和天基后勤支援保障系统，是未来空间作战的重要基础力量。据外刊报道，正在研制的“航天母舰”有宇宙飞船型航天母舰、飞艇型航天母舰、飞翼型航天母舰和地球航天母舰等四种类型。

这些天军的作战平台，只要配以火箭、导弹、激光炮、电磁炮等武器，就可以对地面、海上、空中和空间目标进行攻击。

3. 天军的太空武器

所谓太空武器，就是指攻击太空目标的武器系统。太空武器攻击的主要目标是军用卫星和飞行中的导弹。太空武器系统目前有四种类型：

(1)定向能武器系统。如激光、射频/微波、带电粒子束武器等。"以能毁星"、"以能毁弹"比"以星毁星"的作战效能更高,且能攻击反卫星卫星不能攻击的2000千米以上的,特别是对部署在3.58万千米的同步轨道卫星。定向能武器接近光速,是飞行最快的导弹速度的3万倍,其能量超过核爆炸的100万倍,并可将能量在亿分之秒钟内发出去,可产生几百万度的高温,几百万个大气压强和几千万伏的强电场,使目标瞬间化为青烟。它是打击远距离(几千千米)来袭导弹的理想武器。

(2)动能武器系统。动能反导弹、反卫星武器,是依靠小质量弹丸同攻击目标高速碰撞为杀伤机理的武器系统。动能武器因获得动能的来源不同而有多种武器种类,主要有动能拦截弹、电磁炮和群射火箭等。如,由几十个火箭发射装置集合发射的群射火箭,能在凌空弹道上形成一个多层密集的火箭阵雨,与来袭弹头相撞而将其击毁。

(3)天雷系统。天雷,亦称"太空雷",实际上是一种装有相当大威力的战斗装药的反卫星卫星。其主要功能是:攻击绕地运行的卫星和部署在太空中的各种战略防卫系统。它不仅有雷壳、引信和装药,而且还有识别、跟踪目标的探测引导装置和向目标靠近的机动能力。"天雷"由航天工具发射到绕地球运行的轨道上,通过地面指令,靠近并攻击绕地球运行的活动目标。多个"天雷"及其控制系统即可组成网状"天雷阵"。航天飞机在运行轨道上一次可撒布几千枚天雷。

(4)载人太空攻击系统。在载人太空站上安装反卫星、反导弹武器系统,由人来操纵并摧毁太空目标。

在太空运行的航天武器有许多地面、海上、空中等领域的军事活动所无法比拟的优点:居高临下,视野开阔,活动不受限制,无侵犯领空之争议,有超越国境之自由,按天体力学规律运行,便于定时定期观察,连续监视;具有全天候、全天时、全方位的作战能力。目前世界各国已发射了4300多个航天器,共形成空间目标25万多个,目前仍在运行的有7000多个,包括载人飞船100余艘,先后有200余名各国航天员进入太空。

(四)天军的作战特点

天军的主战场是从地面到800千米高、纵横几十万千米的浩瀚无垠的太空,那儿无遮无挡、无风无浪、一望无际,不受地形天候限制。与陆、海、空相比,天战行动有许多非传统的新特点:

1. 战场位移速度快

时间因素乃是众多制约作战因素之首。天军运用的作战武器和打击目标双方都是秒速达几千米到几百千米,交战场所在分秒之内可能从一个国家转到另一个国家。作战时间的计算单位将是用小时,乃至分钟,而不是用年、月。

2. 作战见物不见人

天军作战是不与敌人"打照面"的。一则天军参战人员极少,二则天军没有打人的武器装备。因为天军打击的目标绝大多数是无人操纵的高技术兵器和作战平台。

3. 天军作战过程无声无痕

天军作战时,所有的监视、侦察、预警、通信、导航等防天作战,都是远战,既无法直接看到敌方兵器被击毁的情况,也听不到交战的搏杀声。天军主要使用无形的"软"性杀伤,让对方的航天器或战略导弹中的电子元器件失效而丧失作战能力，而用不着把敌目标打击得“粉身碎骨”。可以说，天军作战是静悄悄的。

第七节 激光技术

激光技术是研究激光的产生、传输及其应用的技术，是20世纪60年代出现的重大科学技术成就之一。它的出现，强化了人们对光的认识，扩展了光为人类服务的新天地。激光的产生标志着人类对光的认识和利用进入了一个新的阶段。激光技术已成为现代科学技术的重要组成部分。激光技术的应用已经深入到社会的方方面面，在工业、农业、医疗、科研和军事等领域都有着广泛的用途。尤其是它在军事方面的应用，更是科技发达国家激烈争夺的一个重要制高点。军事激光技术几十年来发展迅速，目前已在制导、探测、通信和致盲等方面应用，高能的激光武器也在研制之中。从发展趋势看，军事激光技术必将给现代战争带来重大影响。

一、激光概述

(一)激光

激光是一种以量子系统(原子、分子、离子和电子束)受激辐射原理而获得的红外、可见光、紫外乃至软X射线波段的相干电磁辐射。因此，激光也是一种光，只不过是一种由特殊光源——激光器——产生的光。激光与普通的自然光在本质上是一致的，但仍有其自身的特点。

(二)激光器

激光器是利用物质受激辐射放大电磁波的原理产生激光的装置。早在1916年，爱因斯坦就提出了物质受激辐射的原理，直到1954年才由C·H·汤斯等制成氨分子受激辐射微波振荡器。1960年，美国人T·H·梅曼研制成功世界上第一台红宝石激光器。最初人们称它为“光的受激辐射器”，中文译名为“莱塞”，1964年以后才统称为“激光器”。

激光器主要由三部分组成：工作物质、谐振腔(或称共振腔)和激励源。

工作物质，它是激光器的核心。只有能实现能级跃迁的物质才能作为激光器的工作物质。目前，激光工作物质已有数千种，激光波长也扩展到软X光，乃至远红外光。

谐振腔，它是激光器的重要部件，其作用一是使工作物质的受激辐射连续进行；二是不断的给光子加速；三是控制激光输出的方向。

激励源，又称光泵，它的作用是给工作物质以能量，就是将原子由低能级激发到高能级的外界能量。它可以是光能源、电能源、化学能源和热能源等等。

激光器主要是按照下述三种类型来划分的：

按工作物质划分：有固体、气体(原子、离子、分子)、半导体、化学、染料、自由电子激光器、玻璃激光器、氦氖激光器等。

按谐振腔划分：有非稳腔激光器、共焦腔激光器、平面腔激光器、调频激光器和锁模激光器等。

按激发方式划分：有电激发激光器、热激发激光器、光泵激光器和化学激光器等。

激光器是激光技术的重要载体，它一面世，便被广泛应用于军事领域。世界各国都十分重视激光器的研制和发展。激光器的研制水平标志着一个国家激光技术的发展水平。

（三）激光的特点

1. 定向发光

普通光源是向四面八方发光的。要让发射的光朝一个方向传播，需要给光源装上一定的聚光装置，如汽车的车前灯和探照灯都安装着有聚光作用的反光镜，从而才能使辐射光汇集起来向一个方向射出。激光器发射的激光，自身就是朝一个方向射出的，光束的发散度极小，大约只有0.001弧度，接近平行。1962年，人类第一次使用激光照射月球，地球离月球的距离约为38万千米，但激光在月球表面的光斑接近两千米。若以聚光效果很好，看似平行的探照灯光柱射向月球，其光斑将覆盖整个月球。

2. 亮度极高

在激光发明前，人工光源中高压脉冲氙灯的亮度最高，与太阳的亮度不相上下，而红宝石激光器发射的激光的亮度，是氙灯的几百亿倍。因为激光的亮度极高，所以能够照亮远距离的物体。红宝石激光器发射的光束在月球上产生的照度约为0.02勒克斯（光照度的单位），颜色鲜红，激光光斑明显可见。若用功率最强的探照灯照射月球，产生的照度大约只有一万亿分之一勒克斯，人眼根本无法察觉。激光的亮度之所以极高，主要是因为其定向发光，大量光子集中在一个极小的空间范围内射出，能量密度自然极高。

3. 颜色极纯

光的颜色由光的波长（或频率）决定，一定的波长对应一定的颜色。太阳光的波长分布范围约在0.76微米至0.4微米之间，对应的颜色从红色到紫色共7种颜色，所以太阳光不是单色光。发射单种颜色光的光源称为单色光源，它发射的光波波长单一。比如氪灯、氦灯、氖灯、氢灯等都是单色光源，只发射某一种颜色的光。单色光源的光波波长虽然单一，但仍有一定的分布范围。如氪灯只发射红光，单色性很好，被誉为单色性之冠，波长分布的范围仍有0.00001纳米，因此氪灯发出的红光，若仔细辨认仍包含有几十种红色。由此可见，光辐射的波长分布区间越窄，单色性越好。

激光器输出的光，波长分布范围非常窄，因此颜色极纯。以输出红光的氦氖激光器为例，其光的波长分布范围可以窄到2×10^{-9}纳米，是氪灯发射的红光波长分布范围的万分之二。由此可见，激光器的单色性远远超过任何一种单色光源。

此外，激光还有其他特点：①相干性好。激光的频率、振动方向、相位高度一致，使激光光波在空间重叠时，重叠区的光强分布会出现稳定的强弱相间现象。这种现象叫做光的干涉，所以激光是相干光。而普通光源发出的光，其频率、振动方向、相位不一致，称为非相干光。②闪光时间可以极短。由于技术上的原因，普通光源的闪光时间不可能很短，照相用的闪光灯，闪光时间是千分之一秒左右。脉冲激光的闪光时间很短，可达到6飞秒（1飞秒=10^{-15}

秒)。闪光时间极短的光源在生产、科研和军事方面都有着重要的用途。

二、激光技术在军事上的应用

激光技术在军事上的应用主要表现在对武器装备产生影响并相应引起作战方式的变化。

(一)改进和完善现有武器装备,使其成为高技术武器装备

从现代战争的作战武器运用看,激光技术几乎可以融合到所有现代武器当中,配合现有武器装备使用,在军事行动的目标测定、己方定位、射击精度、远程攻击和毁伤威力等方面,发挥了很大的作用,提高了武器装备的作战能力,并在实战中取得积极效果。

1. 激光测距机和激光雷达

(1)激光测距机。它是用激光器作为光源测量目标距离的装备,是激光应用于军事最早的装备。1961年,即世界上第一台激光器出现的第二年,就制成了第一台激光测距机样机。1964年第一批激光测距机交付试用,1968年大批投产。目前,美、俄、英、日、挪威、瑞典、荷兰等技术先进的国家已普遍将之装备部队,其类型不下60种。

激光测距机具有作用距离远、测量精度高、体积小、重量轻以及抗干扰性能好等优点。激光测距机在军事上使用的范围几乎渗透到各军兵种,成了一种极为普遍的军事装备。如炮测距机、坦克测距机、机载测距仪和机载测高机、舰炮测距机,航天技术中的卫星跟踪测距机、超远程的地-月激光测距机,以及遥感技术中用于军事侦察的测距机等等。

测距机的发展趋势是把测距——观察(瞄准)——跟踪综合为一体,使激光测距机成为一种多功能、高度自动化的军事装备。

(2)激光雷达。其原理和微波雷达原理相似,主要用于确定目标的距离、速度、加速度和角坐标(即确定坐标的位置)。

激光雷达的优点是:测距精度达几厘米(微波雷达为几米);测角精度高达0.1毫弧度;抗干扰性能好,可弥补微波雷达的盲区;设备体积小,重量轻。

激光雷达的主要类型有:导弹发射初始段的跟踪测量雷达;低飞行目标跟踪测量雷达;目标飞行姿态的测量雷达;反导和再入大气层测量目标识别雷达,宇宙导航雷达等。上述除宇宙导航雷达外,其他雷达都已正式列入靶场的测试设备。

2. 激光制导

激光制导就是利用激光技术进行导引和控制。它可以导引和控制飞机、军舰和导弹等武器。对一枚导弹来说,激光制导的功能是测量、计算导弹实际飞行的线路和理论飞行路线的差别,形成制导指令,调整导弹发动机的推动方向,控制导弹的飞行路线,以允许的误差命中目标。

用于武器系统的激光制导方式有两种,即半自动式回波制导和半自动式波束制导。半自动式回波制导是弹头本身不装激光发射器,只装激光接收器和导引头。发射源可安装在地面(水面),也可以安装在飞机上。弹头发射后,激光接收器自动接收来自目标反射或散射的激光能量,并将弹头导向目标。半自动式波束制导,也是在弹头上装有激光接收器导引

头，但弹头必须始终沿着地面、水面或空中发射的激光波束飞行并攻击目标。

(1)激光制导炸弹。它是由飞机或其他航空器投掷的无航空动力，但装有激光导引头的爆炸性弹药。最早研制并使用激光制导炸弹的国家是美国。美国1964年制成试验样弹，1968年在侵略越南的战场上进行作战试验和鉴定。激光制导炸弹命中率比手控投放无制导的普通航空炸弹提高200倍，比计算机投放无制导炸弹命中率提高50倍，把航空炸弹的命中率从原来的圆周误差90~100米一下子提高到3~4米。因而，它又被称为“灵巧炸弹”。

(2)激光制导导弹。它是利用激光制导装置将导弹引向目标的武器系统。继“灵巧炸弹”出现以后，美国于20世纪70年代初又研制成功激光制导导弹，于1976年交付试验。目前正在向着标准化的方向发展，现已有12个型号的激光制导导弹。激光制导导弹主要用于反坦克，也可作为空对空、空对舰、舰对舰和地对地导弹等战术武器。

(3)激光制导炮弹。它是由火炮发射依靠自身的激光制导装置(导引头)，将弹丸导向目标的弹药。

激光制导武器的抗干扰能力较强。对武器制导系统的干扰概括起来主要有三个方面：一是人工干扰，如战场上电磁干扰；二是自然背景干扰；三是多弹同时攻击形成的自身干扰等。由于激光自身的特殊性，如方向性强、单色性好、能量集中等特点，使其表现出较强的抗干扰性，电磁干扰、红外干扰、背景干扰等对其奈何不得，而目前对激光的其他人工干扰技术又不成熟，因而激光制导武器是目前战场上受其他限制较少、最具进攻性的武器之一。

3. 激光通信

激光通信和电子通信一样，分为有线通信和无线通信两种方法。有线激光通信称做光纤通信，或称光缆通信。无线激光通信分为大气激光通信和空间激光通信，二者的区别在于：大气激光通信是利用大气作为传输媒介，空间激光通信是以空间物质作为传输媒介。

激光通信的优点是信息容量大，通信距离远，保密性能好，设备体积小、重量轻。信息容量是衡量通信设备优劣的最重要的指标。信息容量与信息频带宽度成正比，频带越宽，信息容量就越大。微波通信由于受通信频道的限制，故基准频带不可能很宽。而激光是用光频作为信道频率，激光的频率高达1011~1015赫兹。因此，激光通信的基频比微波通信基频高107倍。从理论上讲，激光通信可以同时传输一千万套电视节目或一亿路电话。保密性强是说激光波束窄，使信息在空间的散布很小，因此，它不易被察觉或截获。另外，激光通信还有良好的抗电磁干扰和抗辐射的能力。激光通信的弱点是：在大气激光通信中，由于光是直线传播的，所以天气、地形、地物对大气激光通信的影响很大，难以在全天候使用，易受起伏地形和高大地物的阻隔；激光束很窄，因此通信瞄准比较困难，天线必须有精确的方向性。

(二)形成和发展新概念的武器装备

新概念武器是科学技术尤其是高科技发展的结果。目前所说的新概念武器主要有：粒子束武器、动能武器、激光武器、人工智能武器等。激光武器仅仅是新概念武器中的一种。激光武器完全是激光技术在军事领域里直接应用的结果。作为武器，要杀伤或破坏目标都必须有一定的能量，但不同的武器，其能量向外传输的方式是不一样的。传统概念的武器，如炮弹、炸弹，甚至包括威力巨大的原子弹、氢弹等武器，爆炸之后，能量是以炸点为中心向四面八方传播的，这些武器根据自身能量的不同，在一定的范围内造成人员或目标的杀伤或破坏。激光武器则不同，它打破了人们对传统武器的认识，以一种全新概念和作用机理，区别于以往的武器。

1. 激光武器是一种新概念武器

激光武器是以激光能量直接杀伤和破坏目标的一种定向能武器，它利用高速、高能激光束直接杀伤或击毁目标，使其丧失作战效能。这种新式武器的能量是沿一定方向传播的，在传播方向的一定距离内，它有杀伤和破坏作用，而在其他方向的任何距离内，它均无杀伤、破坏作用。它主要由激光器、瞄准跟踪系统和光束控制与发射系统组成。

2. 激光武器的特点

与常规武器相比，激光武器具有以下特点：一是速度快，二是精度高，三是机动灵活，四是不受电磁干扰，五是效费比高。正是由于上述特点，激光武器在作战中表现得非同反响。

(1)打击目标迅速、准确、灵活。常规武器射击运动目标必须考虑提前量，激光武器是以光速传播的高能激光束，因此在射击时不需要计算提前量，一旦发现目标，就能迅速作出反应，以极高的命中精度攻击目标。如果对距离10千米，以400米/秒运动速度飞行的飞机射击，在从发射到击中目标所用的时间内，飞机仅移动1毫米。

激光武器发射的几乎没有质量的高能激光束，是无惯性武器，因而可以灵活、迅速地变换射击方向，扩大射击范围，加上射击精度高，可以连续射击，每秒可发射几百个脉冲串而不影响精度和效果，这样就可以在较短的时间内攻击较多的目标。如可以拦截多枚精确制导炸弹、炮弹和导弹，对付大批量的飞机等。

(2)功率大、输出能量高、杀伤力强。激光武器的核心是激光器，它输出的激光功率大小、光束质量的好坏、热效率高低等情况对其杀伤能力均有较大影响。计算表明，使导弹丧失作战能力的战略激光武器的能量是108瓦，使飞机等铝制作战武器丧失作战能力的战术激光武器的能量则是105瓦左右。1977年，美国首用化学激光器对一枚正在飞行的奈克导弹拦击，实验表明，2×107瓦左右的输出能量，7秒钟左右可使400千米以外的导弹助推器着火、爆炸。

目前用于高空机载的气动激光器，用于陆地车载的放电激光器和用于海上的化学激光器的研究，都有重大突破。

据报道，美国空军用安装在改进的波音飞机上的发射能量为400千瓦的二氧化碳激光炮，击毁了5枚从“海盗式”战斗机上发射的“响尾蛇”导弹。俄国已经建造了作用距离达10千米的防空激光武器系统，试验中击毁过模拟美国的无人驾驶亚音速飞机。德国也研制成功了自己的激光防空武器系统，准备安装在“豹-2”坦克上，可破坏10千米内来袭的飞机、战术导弹等目标，并可破坏20千米远或更远的光电系统。

3. 激光武器被誉为“超级武器”

激光武器是一种非常厉害的、攻防兼备型的武器。按其用途通常可将之分为战术激光武器和战略激光武器两大类。

战术激光武器主要包括激光致盲武器和用于防空、反坦克、反战术导弹的近程激光武器。

激光致盲器就是所谓的“激光枪”，也称“激光视觉干扰系统”。其原理主要是：利用人眼对0.4~1.0微米之间的可见光与部分红外波段的光敏感、聚焦作用强的特点，将激光的波段设在这一范围内，以实现对人眼的严重损伤，这种损伤属永久性损伤。1995年10月，联合国将激光致盲武器列入具有过分致伤或滥杀滥伤作用的非人道武器，在全球范围内加以禁止研制和发展。

近程激光武器，主要是指机载、舰载和坦克、装甲车等携带非高能的激光武器，其用途主要是对付敌人成群来袭的飞机、地面大规模进攻的坦克、空中的战术导弹、尤其是子母弹等战场目标。

专家认为，近程激光武器因其本身的特点，用于防空和对付对方大规模的目标有相当的发展潜力。

战略激光武器就是高能、远距离作战的激光武器。这种武器为实施太空战尤其是太空中的反卫星和反导弹作战提供了重要的物质手段。

(1)反卫星作战。是指利用各种军用卫星从侦察、监视、预警、导航、通信和气象保障等方面支援陆地、海上和空中作战。

第四次中东战争，埃及和叙利亚曾借助前苏联的侦察卫星提供的军事情报，在战争初期掌握了战争主动权；而以色列又是利用美国的侦察卫星提供的情报，在埃及防御的薄弱地带突入其防线，使战局发生扭转。英阿马岛战争，美国有24颗卫星侦察、监视战场，向英军提供情报，使其控制战场局势；前苏联也有37颗卫星监视战场，向阿军提供情报，使其击沉装备精良的“谢菲尔德号”导弹驱逐舰。

海湾战争，美国动用了70多颗卫星，监控整个战场，为多国部队提供了全面有效的信息保障，在支援、指挥、控制战争直到赢得战争胜利起到了重要作用。

上述战例表明，部署在太空战场中的各种军用卫星已参加到战争中来了，并成为战争体系中的重要组成部分。由于战争中卫星的作用，所以反卫星作战变得日益重要起来。

激光反卫星作战是指用激光武器摧毁、破坏和干扰敌方各种侦察卫星、预警卫星的脆弱部位——光电系统，使其失效或丧失能力。

从现在研究的情况看，反卫星作战较反战略导弹作战容易得多，因为卫星运动轨道相对稳定，相对地面运动的速度有限，且光电系统较易受攻击，因而对瞄准跟踪系统和激光的能量的要求不是很苛刻。据说1975年前苏联曾用陆基激光武器摧毁两颗飞临其上空的美国侦察卫星，使其成为瞎子。最近几年，美国与俄罗斯多次进行反卫星试验，成功多于失败。

(2)反战略导弹作战。激光武器反战略导弹，主要是用激光武器全程拦截敌方进攻的战略导弹，拦截的最好时机是处于助推阶段飞行的战略导弹。所谓助推阶段，是指战略导弹从起飞到最末一级发动机关机的飞行阶段。这一飞行阶段的战略导弹，一来很容易被发现、被跟踪；二来导弹的弹头和弹体尚未完全分离，弹体庞大，拦截跟踪方便，易被攻击；三来导弹的分导式多弹头和诱饵等突防装置尚未展开，需要拦截和摧毁的数目小，拦截效果更佳。

20世纪80年代，美国政府曾针对前苏联导弹的威胁，开始了以激光武器为主要拦截手段的战略防御系统的研究，其设想是以陆基部署为主，通过加大太空战斗反射镜来完成反导作战使命，其明显的优势是以光速将能量投射到目标上，并能多次重复发射，大大增加了反导防御系统的灵活性和有效性。

激光武器反战略导弹的主要作战方式有两种：一是陆基加太空战斗反射镜；二是陆基加中转反射镜加战斗反射镜，即地面激光武器发射的光束，首先射向位于3600千米的地球同步中转镜上，再由中转镜反射到位于较低轨道的战斗镜上，最后由战斗镜将激光束照射到目标上。据美国人估计，以一台激光武器在1秒钟内摧毁5枚导弹计算，导弹起飞的最初5分钟内，就可摧毁1500枚导弹。如果部署7台激光器，就可以将来袭的导弹摧毁概率控制在99.7%。目前，反战略导弹的激光武器尚处于研究实验阶段，其主要类型有：以陆基为主的反战略导弹激光武器，舰载高能激光武器，区域防御激光综合反导弹系统，战区防御机载激光反导弹武器和天基化学激光武器等。

根据激光武器日趋成熟的事实，许多军事家对未来的战场做了全新的描述。在陆上，以激光弹为主要作战武器的各型战车驰骋在战场的各个角落；在海上，五花八门的舰载激光武器灵活快捷地击毁各种飞机和海上飞行的导弹；在天上，激光发射平台神出鬼没地围歼"猎物"，激光武器将战争带入一个崭新阶段。

三、激光技术应用上的局限性

激光技术作为一门技术，已经应用到军事领域的很多方面，并被世界各国关注，从而被积极地研制、装备和使用。但在实际运用过程中，仍有许多难点还没有得到很好的解决，不同程度地限制了激光技术在军事上的发展，特别是限制了其作为一种新概念武器的使用。这就是激光技术应用上的局限性，概括起来说，主要有两个方面：一是技术方面，二是应用方面。

（一）技术方面

1. 破坏机理问题

激光怎样破坏、毁伤目标，是一个非常复杂的问题，也是一个科学界直到今天也悬而未解的问题。经过各国科学家40多年的不懈努力，公认的激光的主要破坏方式是烧蚀效应、冲击效应和辐射效应。但是究竟在什么情况下，哪一种破坏方式占主导地位，却并没有准确答案，因而限制了有针对性地研制激光武器的破坏方式的发展。

2. 能量需求问题

激光武器的能量需求主要是针对高能激光武器而言。例如激光武器要用于反导弹作战，其瞬间（亿分之一秒）能量必须达到108焦耳以上，才能摧毁高速飞行中的导弹。这种能量要求相当高，相应的技术也复杂，这也是技术上的难点。

3. 定点跟踪问题

激光束始终对准目标的某一部位才容易摧毁目标。激光束很细，使极细的激光束始终"盯住"目标的某一部位是一个难题。但目标本身又不是静止的，目标往往是高速飞行的同时，自身又发生旋转，在这种条件下要求激光束始终对准目标的某一部位更是难上加难。

（二）应用方面

1. 大气传输问题

激光在大气中的传输受气候、地形、地物和粉尘等的影响较大，并随距离的增加而显著减弱。也就是说，激光通过大气传输将会严重衰减，并可能使光束扩散。原因是激光在大气中传输易产生大气吸收、散射、热晕和激励等现象，造成激光束能量被散射、扰动、漂移和畸变，以致衰减90%以上，直至完全被吸收。较长时间以来，激光束不能作为地面战场武器广泛使用的重要障碍之一是大气传输时能量损耗严重。从目前的研究成果来看，激光虽然能够克服大气中的传输问题，但仍需以消耗相当大的能量为代价。

2. 对抗措施问题

目前有效对抗激光技术的方法措施并不多，这是激光对抗、干扰作战方面的局限性。现在采用的对抗方式主要是：以多种手段积极破坏敌方的激光装置，使其不能发挥作用；在被击目标如飞机、导弹、卫星上采取相应的加厚涂料等防激光措施；利用不良气象、烟雾等，使其能量衰减等。发展有效对抗、干扰、防护激光的措施一直是科研的前沿问题。

3. 条件限制问题

条件限制也是激光武器应用上的重要局限。激光技术领域是一个有待进一步研究、开发的领域。一些技术虽然完善了，如激光枪，并能够装备到部队，但联合国有关限制激光枪使用的条约限制其广泛传播和应用。

四、激光致盲武器的简介及防护

(一)简介

科学技术的飞速发展及其在军事领域的广泛应用，使传统战争模式发生了根本变化，海湾战争和科索沃战争的经验证明了高技术武器在现代化战争中的重要作用。自从1960年7月美国人研制出世界上第一台激光器以来，以激光技术为基础的激光武器在世界各国受到了广泛重视。激光技术还在战场上大量应用，如激光测距、激光通信、激光制导以及激光干扰与致盲等，其中激光致盲武器是现代战争中一种有效的光电对抗武器，其作用是使人眼和光电敏感器件致盲而丧失作战能力。

1. 激光致盲武器的工作原理

激光具有以下特点：一是方向性好，直线传播；二是亮度高；三是单色性好，因为它是由工作物质中众多原子或分子等所发频率基本相同的光集合而成，波长范围窄(因光的颜色是由光的波长决定的)；四是相干性好。

人眼是一个光学系统，对激光有聚焦作用，如果拿激光直接照射人眼，将会破坏人眼的视网膜(激光损伤)而使人致盲。

2. 激光致盲武器的研究与发展现状

激光致盲武器已在美国、英国、俄罗斯以及西欧国家中得到发展，其中美国的激光致盲武器的研制与发展已相当成熟，种类多、功能全，并在海湾战争中用于战场；英国皇家海军装备的激光致眩器在1982年的阿马岛战争中使用，使阿根廷飞行员莫名其妙因惊惶失措和致盲而坠毁或偏离航向；俄罗斯的激光致盲武器已有样机装置，并在飞机、舰船和坦克等装甲车辆上开始了验证，美国飞行员曾多次受到俄罗斯的激光照射；瑞典的战斗机驾驶员和加拿大的直升机驾驶员也曾受到俄罗斯的激光照射而暂时致盲。

激光致盲武器除了对人眼造成伤害外，还会使光电敏感器件，如望远镜、潜望镜、瞄准镜、夜视仪、传感器和光学引信等致盲。

3. 激光致盲武器的防护

随着激光致盲武器的发展和不断完善以及其在战场上的应用,未来的战场将是充满光电对抗的战场,各国军队都十分重视激光致盲武器的防护。

要实施有效的激光防护,可以有三种设计思路:一是在激光到达预定目标之前挡住它;二是利用战术手段和对抗措施;三是改变士兵和战斗部队的光学特征。

(1)挡住激光。

能够实现挡住激光的方法有三种:吸收滤光片、干涉滤光片和能量限制器。

光密度是描述滤光镜对某一激光波长所能达到的保护程度,它是衡量某一厚度传输介质对光衰减或衰减程度的一种量度,表达式为:$OD=\log(I_0/I)$(OD:光密度;I_0:入射光能量;I:透射光能量)。

激光滤光镜要求光密度在4~18之间,激光从滤光镜的出射光强是入射光强的10^{-4}~10^{-18}。当然为使作战人员获得重要的视觉信息又不会使眼睛过度疲劳,可见光的总透过率应不低于80%。

①吸收滤光片。迄今为止,应用于军事目的的大多数滤光片是吸收滤光片。吸收滤光片又有两种形式,一种是通过有色玻璃滤光,另一种是利用光学材料内的染料将光吸收。

有色玻璃只能防护可见光部分的激光(波长范围为400~760毫米);有色玻璃能够抗机械磨损、热冲击及抵御强光源的破坏,但有色玻璃在制造过程中难以控制光密度(主要取决于其厚度)。

燃料掺杂型聚合物材料制成的塑料吸收型滤光片主要是在聚碳酸酯中浸渍有机染料,这种着色聚碳酸酯滤光片只能对付可见光和近红外光谱中极小的一部分。其优点是聚合物材料具有优良的抗冲击能力,可以减少眼睛受碎片伤害的概率。它通过改变有机染料的浓度从而使光密度发生变化。同有色玻璃相比,长时间的日晒使它的滤光性能降低,而且表面易受化学溶剂的侵蚀,也易划上刻痕。

②干涉滤光片。干涉滤光片是利用光学涂层(由几十甚至上百层不同的电介质材料交替沉淀而成)来衰减激光,可以有选择地反射某一波长激光,而让在可见光区内的其他邻近波长大部分通过,因而干涉滤光镜的最大特点是将光反射掉而不是吸收;缺点是被反射的光的颜色随视角的变化而变化,如果激光打到滤光片表面的角度偏离垂直方向时,滤光片能够反射的激光波长也将发生变化。

③能量限制器。能够作为能量限制器的材料主要是非线性光学材料,这是激光防护未来发展的方向。这种非线性光学材料可以是光变色型聚合物材料,或者是液晶型,或其他共轭型聚合物材料。

(2)战术手段和对抗措施。

战术手段和对抗措施包括:用烟幕吸收和散射激光;利用黑色眼罩挡住激光;利用反激光导弹上装有的寻的头来探测、跟踪激光致盲武器激光源并予以摧毁;利用反激光后向反射镜把敌激光束按原方向反射回去,以此来摧毁敌激光装置;利用反激光武器来摧毁敌激光源;利用激光探测器和告警器可以采取有源对抗措施,规避机动或直接攻击;对光电器件的光学系统实施抗激光加固措施也可以减少激光的伤害,如在光学窗口上涂敷一层光致变色材料,可以阻止强激光的进入。

(3)改变士兵的光学特征。

采用间接观察的方式可以改变士兵的光学特征，即采用间接观察装置——电视系统、热成像仪或光电倍增管来观察,人眼不直接观察,伤害的只是光电装置中对光敏感的部件,这是保护高价值目标(飞机、坦克)中的人员的眼睛的一个主要方法。

(二)防护展望

目前战场上不同军兵种对激光防护采用不同的手段。对坦克和装甲车上的驾驶员或其他战斗人员来说,他们通过在光学通道上加装滤光镜、折光板,或在瞄准具上镀反射膜等手段,来保护光学仪器和人员。飞机驾驶员通常则佩戴激光护目镜来防护激光。步兵使用的激光护目镜是一种充满染料的聚碳酸酯塑料护目镜。上述激光防护手段已在美军得到装备。但由于受材料和制造手段的限制，上述激光防护手段只能对某个波长的激光起防护作用,对变波长的低能激光武器还不能进行有效的防护。

随着激光在战场上的广泛应用,各国对激光的防护也越重视,纷纷试图研制出对抗激光武器的新方法、新材料。在众多的激光防护手段中,非线性光学材料受到人们的青睐。因为未来的激光致盲武器将向着“波长灵活可调”的方向发展,而目前的大部分防护材料只能对某一波长的激光进行防护。非线性光学材料具有对激光快速的光开关特性,当激光照射时,材料分子的极性迅速发生变化而变得对光不透明;当激光脉冲消失时,材料又恢复到透明状态。

基于战场激光的威胁已经存在并将日益严重,激光致盲武器的变波长发展方向和目前的激光防护水平,开展非线性光学材料的激光防护效应的预先研究,对提高我军的激光防护水平,打赢高技术条件下的局部战争,都具有重要意义。

思考题:

1.什么是高技术?

2.军事高技术主要包括哪些?

3.军事高技术的发展给现代战争带来哪些变化?

第五章　信息化战争

第一节　信息化战争概述

信息化战争是在信息技术高度发展并广泛应用于军事斗争之后而诞生的一种新型的、充分利用信息资源并依赖于信息的战争形态，其内涵包括：第一，信息化战争是信息时代的产物，是信息时代经济、科技、生产力水平和生产方式在战争领域的客观反映。第二，战争工具决定战争形态，有什么样的战争工具，就有什么样的战争形态。信息时代战争工具的信息化、智能化和综合化，信息武器装备体系的形成，必然导致信息化战争的出现。第三，信息化战争首选的、直接打击的目标是信息获取、信息控制和信息使用的系统及其基础，剥夺敌方信息控制权、使用权和对己方信息系统的威胁，建立己方的信息优势，进而实现己方的意志。制信息权是综合的，它与战争的主动权、自由权、胜利权连在一起，不能单纯从信息技术方面理解它。第四，信息战争将主要在三条战线进行，即军事战线、政治战线和经济战线上，以有形（暴力）和无形（非暴力）两种方式进行。第五，信息化战争的核心是信息和知识以及在信息控制下的物质和能量的综合对抗。

一、信息化战争的产生与形成

20世纪70年代以来发生的局部战争，大量高技术武器装备广泛使用，战争规模突破了传统的有限战场的时空概念，作战行动在一体化的陆、海、空、天、电多维空间同时展开。以电子战为基本表现形式的信息领域对抗贯穿于战争始终，并对战争进程产生着巨大影响。20世纪90年代初的海湾战争及其之后的科索沃战争，使我们看到了信息化战争的雏形。这两次战争，是第二次世界大战以来，投入新式武器种类最多、技术水平最高、战争规模最大、指挥控制能力最强的战争。在战争中，由于武器装备的信息化和智能化程度大大提高，使战争面貌焕然一新。一是以电子战为表现形式的战场信息领域对抗，成为战争中与物质摧毁和反摧毁同等重要的内容，直接关系到战争的胜负。海湾战争中，为确保夺取战场主动权，多国部队在“沙漠风暴”行动前5个小时，动用了EF-111A、EC-130、TR-A、F-4G、EH-60等各型电子战飞机及其他电子对抗设备，在电磁空间开始了代号为“白雪”行动的战场信息领域对抗，大面积、长时间地干扰伊方的电子通信系统和军队指挥控制系统，致使伊方的指挥控制系统完全瘫痪，通信系统失灵，雷达屏幕一片雪花，广播电视也一度完全失常。当多国部队空袭行动开始时，伊军甚至不知道空袭来自何方，飞机无法升空迎战，导弹、高炮找不到打击的目标。在空袭过程中，多国部队使用AGM-88A反雷达导弹准确地摧毁了伊方防空火力，只要伊方的雷达一开机，数秒钟之内，反雷达导弹就可以准确地加以摧毁。以电子战为主要形式的战场信息对抗，使多国部队始终保持着战场上的主动，其信息对抗的激烈程度及其在战争中的地位与作用，是以往战争所不曾有过的。二是具有战场信息处理功能的精确制导武器，成为战场火力摧毁的主要手段。战争中的物质实体摧毁主要靠火力打击。在海湾战争中，多国部队大量地使用了带有战场信息处理功能的精确制导弹药，极大地提高了火力摧毁效果。因此，从一个侧面改变了传统的作战模式。“战斧”巡航导弹、“飞毛腿”地对地导弹、“哈姆”空对地导弹、“海尔法”空对地反坦克导弹、“响尾蛇”空对空导弹、“霍克”地对空导弹等，将海湾战场变成了导弹格斗场。其中最精彩的当数“爱国者”导弹大战“飞毛腿”导弹，显示了精确制导武器的威力。三是具有很强数据处理功能的军队C^3I系统，有效地将陆、海、空、天、电等多维战场空间的作战行动凝聚为一体，开创了多维空间力量进行一体化联合作战的成功先例。海湾战争中，多国部队方面参战国之多、力量构成之复杂、使用的武器种类之繁多，都是二战以来少有的，然而，其各种行动的指挥协调程度却大大提高。在空袭阶段，多国部队平均每天出动飞机2000多架次，这些飞机从不同的基地起飞，沿不同的方向袭击不同的目标，但无一因协调控制不同而造成事故发生，这不能不归功于战场上强有力的自动化指挥控制系统。1992年，美国的坎彭基于对海湾战争的认识编著了《第一次信息战争》一书，将海湾战争称做是世界战争史上的第一次“信息战争”。

信息化战争产生与形成的主要标志，一是数字化军队的出现。数字化军队，是指装备了数字化武器装备的武装力量。它主要是以计算机为支撑，以数字化信息网络为沟通信道，武器、装备通用化，指挥、控制、通信一体化，各个作战单位高度协调，从而最大限度地提高了战斗力，发挥出最佳的作战效能。数字化军队无论从单兵，还是到装甲战斗车、主战坦克、自行火炮、战斗指挥车、攻击直升机、侦察直升机和战术航空兵的近距离作战飞机以及战斗勤务支援车辆等，都采用了数字化的信息获取、传递及处理系统，它将战场上各种情报信息的音频、电磁波、频谱和视频信号采用数字编码的方式进行传递和交换，并通过一种叫做“数据兼容调制解调器”的装置，实现各军兵种和武器系统之间的信息的互通，使战场信息的传递和处理达到一种近似实时的程度，进而提高对战场情况的反应速度，大大加快了部队的整体作战行动。二是天军的出现。天军即航天部队，是运用航天兵器和航天技术在外层空间实施作战行动，或从外层空间向地面或中低空目标实施攻击的作战部队。随着航天技术的飞速发展，人类在外层空间停泊的时间越来越长，在外层空间滞留的人类飞行器也越来越多，这就为在外层空间部署部队和武器装备提供了条件，再加上外层空间本身所具有的位置优势，以及在外层空间行动的自由性，使得外层空间成为战场或对地实施各种支援的基地，这就出现了包括航天器发射部队、航天器管理部队、航天器防护部队、航天器情报部队、航天机动攻击部队等兵种的天军。天军的主要任务通常是实施情报保障，保护己方航天器的安全，对敌方航天器或地面及中低空目标实施攻击等。三是信息化战场的出现。20世纪60年代以来，一大批新技术群迅速形成，如信息技术、生物技术、新材料技术、新能源技术、空间技术、海洋开发技术等。这些新技术群应用于军事领域,最终导致了七大军事高科技的出现,即远程突击术、监视和指挥术、人工智能和精确制导技术、电子战技术、空间战技术、核战技术和训练模拟技术。这些高技术渗透到武器装备中去,就使战场范围由陆地、海洋、空中扩展到外层空间及电磁空间,形成了高技术战场。四是新的作战理论的出现。在信息化战争中,联合作战的理论不断推陈出新,并走向深入,联合作战的兵种模式更多、更复杂,联合作战中的各个单位的积极性、主动性将得到充分的发挥等;在信息化战争中,非线式作战理论将得到广泛应用,战场范围大大拓宽,部队的机动范围也越来越大,甚至在战争中始终保持机动,在机动中对敌实施攻击,在机动中实施防御,作战双方的战线变得复杂多变,甚至没有明显战线,形成双方部队犬牙交错的局面。在信息化战争中,传统的作战原则、歼敌原则将会发生改变,超视距打击将成为主要的打击方式。五是智能兵器的出现。在信息化战争中,武器装备与信息的结合程度得到进一步提高,最后出现能够直接对信息进行处理的武器装备,即智能武器,它主要有:能自动识别目标并实施攻击的智能导弹;能自动按照道路或航线行驶或飞行的智能车辆或智能飞行器;能对信息进行分析的智能传感器;能预先埋设并能自动识别目标的智能地雷等。最高级的智能武器当属能体现人的作战能力的智能机器人。人在作战中的主要任务是进行谋略和指挥上的思考,其他工作都可以由智能机器人来完成。

二、信息化战争的构成要素

未来战争将紧紧围绕争夺控制信息权展开,信息进攻与信息防御的攻防对抗将成为敌我双方较量的焦点,信息化武装力量、信息化武器装备和信息化指挥系统成为信息化战争力量构成的基本要素。

(一)信息化武装力量

信息化武装力量由信息化现役部队、信息化预备役部队、信息化武装警察部队与信息化民兵等力量组成。

1. 信息化现役部队

信息化现役部队是信息化战争武装力量的主体和骨干。第一,信息化现役部队是以计算机技术为支撑,通过数字通信技术联网,使部队从单兵到各级指挥员,能够实时获取、传输和处理各种战场信息,保证作战行动协调有序、精确高效地进行。信息化现役部队装备有数字通信系统、计算机系统,具有信息传输和处理速度快,准确率高,抗干扰能力强等特点,上下级之间、友邻部队之间、单兵与作战平台之间、武器系统之间的信息获取、传输和处理实现一体化,能够做到实时发现目标、实时决策、实时指挥、实时机动、实时攻击。第二,信息化现役部队广泛采用传感技术、定位和识别技术,具有先进的信息探测与获取能力,将侦察情报系统与数字通信系统、指挥控制系统相结合,各级指挥员能够清楚地掌握交战双方作战部署和作战意图,使战场呈现高度透明,可为集中优势力量打击敌要害及薄弱部位提供条件。第三,信息化现役部队采用以先进的软件系统为核心的指挥控制系统和完善的数字通信系统,能够建立起可靠的战场指挥信息网络,从而把战斗、战斗支援和战斗保障力量联成一体。第四,信息化现役部队的数字通信网络可实时传递“声、像、图、文”协调动作,以最快的速度形成战斗力。因各种战斗车辆和战斗人员都配有导航定位系统,能够清楚自己在战场上的准确位置,更加容易在各种复杂的战场环境下组织有效协调,使部队战斗力快速凝聚并精确"释放",迅速达成作战目的。第五,信息化现役部队利用数字通信系统和后勤装备指挥控制系统,可以提高后勤装备保障的时效性和灵活性,使繁重、复杂的作战保障变得简单、便捷。作战中,信息化部队的后勤装备部门不仅可以通过信息系统掌握战斗部队作战物资的消耗情况、人员车辆的损伤情况,并根据需要迅速组织救护和保障,而且保障机构还能够准确掌握战损车辆和人员的具体位置,及时赶到救护与补给地点,使各项保障工作有效开展。

2. 信息化预备役部队

信息化预备役部队是信息化现役部队的后备力量,用于补充、加强信息化现役部队或接替信息化现役部队实施作战任务。一般情况下,信息化预备役部队拥有一定数量的信息化士兵、信息化武器装备和C^4ISR系统,但是,信息化预备役部队并不一定保持完整的编制,而是以少量的信息化现役部队为骨干,以预备役信息化士兵为基础,临时动员、编组起来的后备信息化武装力量。一旦遇有战事,经过快速、精确动员,信息化预备役部队可迅速转服现役,执行作战任务。

3. 信息化武装警察部队

信息化武装警察部队是维持国内社会稳定和国家安全的一支不可缺少的力量。信息化武装警察部队由信息化武装警察部队、国家信息安全部队、信息化警备部队、信息化治安部队等构成。信息化战争不仅仅是国家间武装力量的暴力对抗,而且是国家间综合国力的较量。一个国家的社会稳定程度对于其能否赢得信息化战争具有极大的影响作用。在一般情况下,信息化现役部队和信息化预备役部队的主要任务是抵御侵略,捍卫国家主权和领土完整,而大量经常性的维持国内稳定的任务,需要由信息化武装警察部队来担负。通过发挥信息化武装警察部队的有效作用,可以为打赢信息化战争、保证国家信息安全发挥重要作用。

4. 信息化民兵

在信息化条件下,战争将逐步趋向于全民化,民众不上战场却可以直接参与战争,信息化民兵是开展信息化条件下人民战争的重要力量。信息化民兵具有一定的直接参加信息化战争的能力,其主要任务是对信息化现役部队的行动进行支援和保障。比如,为信息化现役部队直接提供兵源,担负各种信息化武器装备、战争物资的保障任务,为信息化现役部队提供其他物质和精神上的支持。更为重要的是,随着武器装备技术含量的增加,信息化民兵的主要任务将集中于为信息化现役部队提供技术保障,以确保信息化武器装备能够发挥出最佳作战效能。由于信息化战争具有无疆无界、全民皆兵的特点,信息化民兵可以通过网络袭击、特种作战等行动给敌人以沉重打击,有力地配合部队作战。

(二)信息化武器装备

信息化武器装备主要由信息化弹药、信息化作战平台、军用智能机器人、单兵数字化装备等组成。

1. 信息化弹药

信息化弹药，即精确制导弹药，主要包括制导炸弹、制导炮弹、制导子母弹、制导地雷、巡航导弹、末制导导弹、反辐射导弹、钻地炸弹和激光制导导弹等精确制导武器装备等。这类武器装备主要是对目标实施物理毁坏的高技术武器装备。实际上，它们都是一种能够获取和利用目标所提供的位置信息，修正自己的弹道，以准确命中目标的弹药。目前，战役战术制导弹药的命中精度，近程的已达0.1米~1米，中程的小于10米，远程的为10米~50米。例如，“铜斑蛇”近程制导炮弹，命中精度为0.3米~1米，只要发射1~2发就能击毁一辆坦克。在伊拉克战争中，F-117A战斗轰炸机使用激光制导炸弹，攻击伊拉克空间总部和电报大楼，达到了“直接点命中的最佳效果”。美军新研制的末制导子母弹，可装6个子弹头用于反炮兵和反坦克作战；英国的“阿拉姆”第三代反辐射导弹，采用新式微型电路和微处理机以及软件控制技术等，自主能力强，具有“发射后不管”等能力，一旦发现目标，导弹就自动攻击，如未发现目标，导弹会爬升到1.2万米高空，继续搜寻辐射源。伊拉克战争中，美英联军发射了大量的精确制导武器，有效地攻击和摧毁了伊拉克的防空系统、指挥中心、战略资源等目标。如“战斧”巡航导弹的命中精度可达10米；美军的GBU-28激光制导钻地炸弹可穿透30米深的泥土和6米厚的混凝土建筑；“联合直接攻击弹药”采用GPS复合制导和末制导后，攻击精度大大提高。精确制导弹药技术的发展已经经历了三代，目前正在向灵巧性和智能性方向发展。

2. 信息化作战平台

作战平台主要包括坦克与装甲车、火炮与导弹发射装置、作战飞机与直升机、作战舰艇等武器载体。信息化作战平台装有大量的电子信息设备，与C^4ISR系统联网，是该系统的节点。它们不仅装有多种信息传感设备，以便探测敌方目标，为实施精确打击提供信息，还有足够的计算机系统及联网能力，为各种作战行动及时有效地提供辅助信息。信息化作战平台除了能充分利用己方和敌方信息外，还有拒敌利用己方信息的能力和侦察、干扰、欺骗功能。目前，发达国家的军队已装备了多种信息化作战平台，如智能坦克、RAH-66“科曼奇”武装直升机、“百人队长”攻击型核潜艇和新型战斗机等。

3. 军用智能机器人

军用智能机器人是指能代替士兵执行各种军事任务的机械装置。军用机器人的战场用途十分广泛，既可驾驶坦克，操作火炮，直接执行战斗任务，也可进行侦察、观测和监视；既可携带地雷、炸药攻击重要军事目标，也可运送弹药和物资，保障部队作战；既可完成排雷、布雷等危险任务，也可清除障碍，维修装备，护理伤员。军用智能机器人按用途主要有战场突击机器人、战场侦察机器人、战场三防机器人、扫雷机器人等。如美军正在开发的“罗伯特”机器人，它可以随装甲部队一起行动，当接近敌方雷场时便发射火箭，将直接装药射向敌人的布雷区，引爆附近的地雷，每引爆一次可清理约长90米、宽8米的一条通路。

4. 单兵数字化装备

单兵数字化装备是从头到脚，从攻击、防护到观察、通信、定位，能实时地侦察和传递信息，具有人机一体化等多功能特点的21世纪士兵在数字化战场上使用的个人设备。近年来，西方发达国家十分重视研制单兵数字化装备，如，美国制定了“21世纪地面勇士”规划，英国推出了“未来野战军人系统”计划，法国已着手开发“未来士兵系统”，俄罗斯正在实施“巴尔米察实验设计工程”，澳大利亚则已开始执行“温杜拉工程”计划。这些国家研制的单兵数字化装备主要由一体化头盔分系统、单兵计算机和无线电分系统、武器接口分系统、防护服分系统和微气候冷却分系统等五个分系统组成。一体化头盔分系统能为士兵提供所有的视听信息。它的关键部件包括：高分辨率平板显示器，一体化夜视系统，完全一体化的微电子系统，以及多功能头盔。单兵计算机和无线电分系统是“士兵系统的大脑”。这个分系统包括：计算机硬件单元，计算机软件单元（用于绘图和指令控制），一个与单信道地面和机载无线电台兼容的部件，一个用于班内通信的士兵无线电部件，话音识别部件，视频画面捕获部件，以及许多其他接口部件，如个人状态监控器、战斗识别分系统、化学检测分系统、地雷探测分系统等。武器接口分系统能与一些武器瞄准系统连用，其中包括AN/PAS-13热成像瞄准仪，以及陆军下一代单兵武器。它们均装有红外探测器和高效瞄准具，集观察、瞄准、射击于一体，能完成昼夜监视、跟踪、精确射击等任务。防护服分系统包括护身甲、肩负装备和制式服装，可以使士兵防化学和生物武器，防轻武器与弹片，可减少被敌发现的红外特征。微气候冷却分系统是一种重约10磅，能在4小时内连续产生300瓦代谢冷气的制冷机。这种制冷机能使士兵在高温条件下穿着核、生、化防护服执行作战任务，保持身体凉爽。

（三）信息化指挥系统

以计算机技术为基础建立起来的战场指挥控制系统，将使数字化部队更迅速、更精确地处理各种信息，简化指挥程序，提高指挥效率，灵活、及时、准确地实施作战指挥控制。

C^4ISR系统是指挥、控制、通信、计算机、情报、侦察、监视系统的简称。C^4ISR系统是军队的“神经和大脑”，它能把军事力量中的各个要素、战场上的各个作战单元充分地粘合在一起，使其动作协调，发挥出最佳的整体效能。C^4ISR系统由传感系统（情报系统）、导航系统（控制系统）、指挥中心和通信系统四大部分组成。传感系统的主要任务是监视敌方行动，如部队调动、导弹发射、飞机起飞和舰艇出航等，主要依靠探测卫星、预警卫星、雷达、无线电监听、高空侦察机等获取相关情报。导航系统通过导航卫星与导航雷达向地面部队、海上舰艇和空中飞机通报它们与目标的准确位置。指挥中心是C^4ISR系统的中枢神经，其核心设备是大型电子计算机。它将收集到的各种情报信息自动进行综合分析，并将敌我双方的态势显示在屏幕上。通信系统用来完成情报和命令的传输，主要由传递信息的各种信道、交换设备和通信终端设备组成。英军正在研制平台综合指挥控制系统、联合战术信息分发系统、作战数据自动化指挥系统等。俄罗斯、日本、印度等国也投入大量资金开发各种C^4ISR系统，以适应信息化战争的需要。

三、信息化战争的基本作战样式

不同的战争形态，有不同的作战样式。信息化战争也不例外，也有其特定的作战样式，主要有精确战、网络战、电子战、情报站和心理战等。

（一）精确战

信息化战争的目标毁伤机制可归纳为两大类型：一是有形的物理毁伤或硬杀伤；二是无形的非物理毁伤或软杀伤。精确战则是以有形的物理毁伤或硬杀伤手段实施的作战样式。精确战是在信息的支持下，运用精确制导武器对敌人实施精确打击的一种作战。

精确侦察、实时传递、精确定位、精确控制、精确打击、精确评估是精确战的基本条件。精确制导武器作为精确战的主要打击兵器，已成为衡量一支军队信息化建设水平的重要标志。精确制导武器已经出现在火力打击武器的各个方面，目前主要有高精度导弹(巡航导弹、空地导弹、防空导弹、空空导弹、反坦克导弹、反舰导弹、地地弹道导弹、反辐射导弹、反潜导弹等)、制导炮弹、航空制导炸弹、制导鱼雷、制导地雷、制导水雷等。不难看出，全部硬杀伤型武器系统都在逐步实现精确化、信息化和智能化。

精确战作为信息化战争的基本作战样式，将与其他作战样式一起，在高度集中统一的指挥控制下，实现作战目的。主要是削弱敌方战争潜力，即利用空基、海基、陆基硬杀伤型武器，打击敌方重要的政治、军事、科技、基础设施等目标，破坏敌人战争潜力；利用空基、海基、陆基和天基硬杀伤型信息武器，攻击敌人的卫星系统、防空预警系统，摧毁敌人的指挥控制系统；通过火力突击，摧毁敌战场作战指挥控制系统，歼灭敌人有生力量，使敌人各种支援保障瘫痪，牢牢把握战争的主动权。

(二)网络战

网络战的出现是信息化战争的一个根本性标志，在信息化战争中处于特殊的地位，发挥着特殊的作用。网络战是以计算机和计算机网络为主要目标，以先进信息技术为基本手段，在整个计算机网络空间上各类信息攻防作战的总称。成功地实施网络战，可以使军队的作战能力倍增。同时，网络战还是国家与社会集团间信息冲突的主要内容，涉及整治、经济、文化、外交等领域。它是一种和信息系统紧密关联的斗争，包括保持己方信息系统安全的对策，并寻求否定对方信息、瓦解、破坏、欺骗对方信息系统安全的对策，涉及舆论、宣传、文化颠覆，涉及经济制裁、外交斗争等多种行动。

1. 网络战的基本特征

以计算机网络空间为战场，以计算机为主要武器，以知识化的程序代码为弹药，以具有计算机攻防能力的人才组成作战部(分)队，以夺取和保持网络信息优势，进而夺取和保持网络制信息权，为政治、经济、军事、外交等战略、战役、战术行动服务。网络战与其他作战样式相比，具有作战力量的多样性、作战手段的知识性、作战空间的广阔性、作战时间的连续性、作战过程的突变性等明显特征。

2. 网络攻击

网络攻击是指为破坏和阻止敌方有效使用其计算机网络而采取的信息作战行动。网络攻击的范围不仅是军队的网络系统，还包括国家的网络系统，同时还可利用国际互联网实施网络攻击。其具体目标是网络中的数据库、网站、节点、信道以及用户计算机等。它是以破坏敌方网络中的工作秩序、瘫痪节点、删改数据、阻止传输等来影响其军事行动的。

——网络袭扰。网络袭扰是指为配合其他军事行动，以扰乱敌作战行动、网络秩序、军心士气为目的而进行的网络欺骗、网络宣传等网络作战行动。网络欺骗是指利用计算机网络对敌实施欺骗的网络攻击行动。网络欺骗根据性质的不同分为进攻性欺骗、防御性欺骗。进攻性欺骗是指在敌方信息网络内实施的欺骗。主要方法是：冒充或控制敌方上级或下级特定台站向其下级发出假命令、指示、或向上级提供假报告；进入敌方共享情报网的服务器,改写、删除其真实数据或提供假数据,使其共享的情报信息出现错误。防御性欺骗是指在我们的军事网络内实施的欺骗。主要方法是:在我军事指挥网络内,设置一些假服务器、假路由器、假网站,专门提供一些虚假的军事信息;在网络通信中实施信息佯动,适时、适当地增大某个方向的信息流量,使敌误以为我将在该方向采取某种行动。网络宣传是指在敌计算机网络或公共数据网内,散布有关战争行动、战况的消息,或虚拟战场环境甚至战争结果,造成敌方军民的心理混乱、恐慌。主要方法是:修改敌方主要网站网页;利用公共网络上的电子邮件散发宣传品;在网上"聊天室"等公共交谈场所贴相关内容的"帖子";设置相关主页和数据库,引诱其观看等。

——病毒攻击。病毒攻击是指利用计算机病毒,对敌计算机网络系统实施破坏的网络攻击行动。计算机病毒是指能够修改和破坏正常运行的计算机程序的一种特殊软件程序,具有潜伏性、传染性、破坏性、繁衍性、针对性、隐蔽性、可控性等特点。按其破坏功能和程度可分为爆炸型、暗杀型、隔离型、过载型、间谍型、矫令型等。病毒攻击的手段或传播途径主要有软盘拷贝、利用互联网上的文件传输、在硬件设备中固化病毒、在软件操作系统中隐藏病毒、通过传输信道注入病毒等。

——数据轰炸。数据轰炸是指从多个方向同时对敌某一网络实施集中的大量的数据释放,造成其网络路由器的堵塞而导致网站瘫痪。路由器是连接网络的桥梁,是网络的核心设备,是网络数据转发和信息资源进出的枢纽,其处理信号的能力是有限的,当某一时刻大量的超过其容量的数据涌入并反复冲击时,极易造成数据通道的堵塞。科索沃战争中,南联盟的"网络战士"召集了大批志愿者,每天向北约的网站发送上万个电子邮件,并把一些逻辑炸弹放于北约的服务器中,严重干扰了北约网络的正常工作。2000年2月,"雅虎"、"电子港湾"、"亚马逊"、"微软"等几家世界级大型因特网站,接连遭到袭击并瘫痪达数小时,"黑客"们采取的就是这种数据轰炸的方式。

——预置陷阱。预置陷阱是指预先在计算机硬件、软件及外部设备中植入病毒、安放逻辑炸弹、留下"后门",并通过商业或其他渠道将其渗透到潜在敌方的网络系统中,一旦战争需要或进入其网络系统窃取情报,或激活病毒、引爆"炸弹"达到破坏其网络的作战目的。海湾战争中,美国中央情报局获悉,伊拉克从法国采购了供防空系统使用的新型打印机,准备通过约旦首都安曼偷运到巴格达,随即派特工在安曼机场偷偷用一台固化病毒芯片与打印机中的同类芯片作了调包。美军在战略空袭发起前,以遥控手段激活病毒,使其从打印机窜入主机,造成伊拉克防空指挥中心主计算机系统程序发生错乱,工作失灵,致使整个防空体系中的预警和C^3I系统瘫痪,为美军顺利实施空袭创造了有利条件。

——信道干扰。信道干扰是指对网络的通信线路实施电子干扰,扰乱其正常运行,降低敌对网络的使用效能。计算机网络是用通信线路通过数据传送和数据交换网把广泛分布在不同地点的多台电子计算机、大容量存储器、数据库、各种输入输出装置等互相连接而成的系统。建设计算机网络的目的是为了传递数据,收集传递信息和互相共享计算机资源。可以看出,不论是计算机网络的物理结构,还是计算机网络的建设目的,都离不开通信。对计算机网络的通信信道进行干扰可有效降低、甚至彻底消除网络的使用效能。多数计算机网络都是"寄生"在通信网上的,其信道构成主要是有线电线路、光缆线路和无线电线路。在其信道上施加干扰信号即可降低数据传输的质量，进而达到扰乱网络正常运行、降低甚至消除其对网络的有效使用。

——节点破坏。节点是指信息网络系统的控制单元及信息交换中心。任何信息网络都有许多节点。对信息网络重要节点的破坏可影响整个网络信息传输的效果。如野战地域通信系统为满足一定的地域覆盖，设有多个地域节点。雷达网部署时，自然的形成了网络管理和信息收集中心。电子武器系统与导弹武器系统结合时，武器控制中心就是关键节点。对信息网络系统的关键节点实施电子干扰，可使全网信息传输受到影响；对信息网络系统的关键节点实施火力摧毁，可使信息网络的整体基础受到破坏。

3. 网络防御

网络防御是指为防止敌方对我计算机网络进行破坏而采取的网络作战行动。随着计算机技术和网络技术的发展及在社会各项领域的广泛运用，网络已成为信息时代国家及社会赖以生存和正常运转的基本条件，离开网络，社会生活、生产活动将受到极大影响。正因为如此，网络已成为现代作战的重要目标，网络防御已成为信息防御的重要内容。

——防网络渗透。防网络渗透是指防止敌方及社会上的网络黑客侵入我计算机网络。防网络渗透是网络防御的前提，敌人的网络攻击行动大都要进入我计算机网络内才能得以实施，只有将其拒之“门外”，才能有效地实施网络防御。防网络渗透的主要方法：一是提供访问鉴别卡。访问鉴别卡是用于控制访问对象的信息安全机制，主要解决用户鉴别、访问控制问题。采用鉴别和访问控制技术，可有效地防止攻击者对信息系统信息的攻击，使我方合法人员安全地使用信息。二是建立网络防火墙。防火墙技术是针对网络不安全因素所采取的一种保护性措施。利用防火墙技术，可阻挡外部不安全因素影响内部网络，防止外部用户非法访问或入侵造成的对内部网络的破坏。

——防病毒攻击。防计算机病毒攻击是指对计算机病毒的侵入所采取的综合措施。计算机病毒作为一种信息化武器，对信息的安全已构成了严重的威胁。如果没有有效的防范和治理措施，计算机病毒造成的危害和损失是难以估量的。防病毒攻击的主要方法：一是及时识别计算机病毒。信息系统及时识别计算机病毒是防治计算机病毒的前提条件。识别计算机病毒主要采取自动检测和人工检测两种方法。自动检测是由查病毒软件自动工作，无需人工干预。人工检测分为直接观察法、检测计算机内存法、检测硬盘主引导区法、检测中断向量法、检测磁盘坏簇法、检测文件型病毒法、查找法等。二是有效清除计算机病毒。清除计算机病毒是防治计算机病毒的关键环节。只有将计算机病毒清除，才能保证计算机系统的安全运行。三是预防计算机病毒感染。对待计算机病毒，也像对待生物病毒一样，要以预防为主。防患于未然。预防计算机病毒的主要方法有隔离法、分割法、流模型法和限制解释法等。

——防电磁泄露。信息系统设备在工作时，信息能经地线、电源线、信号线等，以电磁波的形式辐射出去，使电磁波信息被敌方接收并重现出来，此而造成泄密。采取防电磁泄漏技术，可以形成防电磁泄漏的保护层。防电磁泄漏的主要方法：一是抑制和屏蔽电磁辐射。对电子设备加金属屏蔽，改善电路布局，搞好电源线路滤波，信号线路滤波，设备有效接地，减小传输阻抗，使用绝缘接插件，使用不产生电磁辐射和抗干扰的电缆，采用密封性能好的插头、插座等。二是采用干扰性的防护措施。在系统工作的同时施放电磁干扰，用以掩盖系统的工作频率和信息特征，使敌人无法探测到信息的真实内容，从而达到保密的目的。目前，在防电磁泄漏方面，主要采用降低辐射的措施来研制产品，使用金属机箱、屏蔽层、滤波器、密封垫圈、密封条等，以减小辐射。三是区域防护。根据电磁辐射随着距离的增加而减弱的原理，可在作战指挥控制中心，电子设备周围划定警戒区，防止非法窃听者在近距离窃密。一般的电子设备辐射的电磁波信号，在1000米以外难以接收到。

——防数据失窃。防数据失窃是指防止敌窃取己方信息系统数据而采取的措施。防数据失窃的基本方法是对网络信息进行加密。信息的加密，是信息安全保密最重要的内容，也是技术上较复杂的环节。采取加密技术，旨在确保信息链的安全。信息加密方法主要包括：一是文件加密。文件加密主要是防止敌人窃取以文件形式存储在信息系统中的信息，截获、伪造以文件形式通过信息系统传输的信息。文件加密主要对文件内容本身进行加密和对文件名称进行加密。二是数据库加密。在信息系统中，数据库是数据最密集的地方，也是敌方攻击的重点。因此，必须对各类数据尤其是对秘密级以上的重要数据，采取严格的数据加密措施。根据数据库对数据的管理方式以及数据存放的形式，对数据库加密的方式可分库外加密和库内加密。三是存储介质加密。大量的信息是存储在存储介质上的，目前使用的存储介质主要是磁盘。对磁盘的加密分为软件加密和硬件加密。四是传输数据加密。要防止攻击者通过网络对信息安全造成的危害，必须对通过网络传输的数据进行加密。在信息网络中采用的加密方式有链路加密、端到端加密和传输层加密。

（三）电子战

电子战是指利用电磁能和定向能以控制电磁频谱，为削弱和破坏敌方电子设备的使用效能，同时保护己方电子设备正常发挥效能而采取的措施和行动。电子战主要包括电子侦察、电子进攻和电子防御三个部分。电子战不仅是信息化战争的一种基本作战样式，而且在信息化战争中具有特别突出的作用，是实现信息化战争战略目标最有力的保证之一。

1. 电子侦察

电子侦察分电子情报侦察和电子支援侦察两种。其中，电子情报侦察是通过有长远目的的预先侦察，截获地方电磁辐射信号，测定技术参数，全面汇集和记录数据，进行认真分析核对，查明对方电磁辐射的技术特点、地理位置、用途、能力、威胁程度、薄弱环节及其所保障或控制的武器系统的部署变动情况和战略技术意图等，为战时实施电子支援侦察提供信息，为有针对性的发展和使用电子作战装备，确定作战方针提供依据。电子支援侦察是根据电子情报侦察提供的情报在战时进行的实时侦察，以迅速查明敌方辐射源的类型、工作状态、所在位置、威胁等级和使用情况。为及时实施告警、规避、电子干扰、反干扰、引导摧毁武器等提供信息，支援作战行动。

实施电子侦察，要依靠电子侦察装备来实现。电子侦察装备按侦察对象和功能不同，可分为通信侦察装备、雷达侦察装备、无线电测向装备、光电侦察装备和电子侦察平台。

——通信侦察装备专门来侦察敌方无线电通信。它与一般的无线电通信接收机相似，但信号分析装置和控制装置具有更强的功能，能够在各个频带上搜索和跟踪不明身份的无线电通信信号辐射源，并对其进行识别。有些还具有对地方无线电台进行测向定位和根据已破的密码窃取通信内容的功能。

——雷达侦察装备分为雷达侦察接收机和雷达告警机两种。雷达侦察接收机是专门用来对敌方预警雷达、防空雷达、战场侦察雷达、导弹制导雷达、炮瞄雷达、机载雷达和舰载雷达等雷达进行电子侦察的设备。雷达告警是设置在飞机和舰艇上,能够探测敌方具有威胁性信号的电子侦察装置。

——无线电测向装备是通过指向性很强的天线接收电磁辐射源所发射的信号，以确定辐射源方向的仪器。用两台无线电测向仪或一台移动无线电测向仪在不同地点对某一辐射源进行交叉测量,就可确定该辐射源所在位置。无线电测向装备可用来探测和确定敌方无线电通信设备、雷达、无线电导航台、无线电武器制导设备的位置,了解地方部队、指挥机构和具有电磁辐射特性的电子信息武器的部署情况，为己方制定作战计划和实施攻击提供依据。

——光电侦察装备是专门用来对敌方电光传感、通信、武器控制和制导系统进行侦察的设备。分光电侦察接收机和电光告警机两种。光电侦察接收机用于侦测、识别和标定敌方各类主动式红外遥感设备发出的红外辐射，或敌方的激光雷达和激光测距仪发出的激光束,以获得敌方辐射源的位置、性能、技术参数、使用等情报。光电告警机则装在坦克、飞机、舰艇上,探测和识别敌后具有威胁的光电信号,适时向受到威胁的己方目标告警。

——电子侦察平台,主要是指电子侦察卫星、电子侦察飞机和电子侦察船等大型综合性侦察装备。他们集通信侦察、雷达侦察、无线电测向和电光侦察之大成,具有强大的电子侦察功能。

2. 电子进攻

电子进攻实质为破坏和组织敌方有效使用其他电子设备或系统而采取的信息作战行动。电子攻击的目的是使敌方得不到的信息,或只能得到少量不完整的信息,或制造假象使敌方决策失误而采取错误的行动。电子进攻针对的是敌方的一切军用电子设备或军事信息系统的信息接收设备或传感器,使其在信息化战争中不能正常发挥信息获取、信息传输、信息显示和信息处理等功能,丧失制电磁权,从而导致失去信息优势。定向能武器的出现使电子攻击从软杀伤走向软、硬双重杀伤功能。

——电子干扰。电子干扰是指对敌方电子设备或系统采取电波扰乱措施,目的是使敌方电子设备或系统的使用效能降低甚至失效。按干扰的性质分为压制性干扰和欺骗性干扰。压制性干扰是使敌方电子设备接收到的有用信号模糊不清或完全被掩盖的电子干扰。欺骗性电子干扰是使敌方电子设备接收虚假信息，以产生错误判断和错误行动的电子干扰。按干扰产生的方法分为无源干扰和有源干扰。有源干扰,亦称积极干扰,是通过发射或转发电磁信号对敌方电子设备进行压制或欺骗的电子干扰,可广泛用于对雷达、无线电通信、制导、导航、光电子等电子设备的干扰。无源干扰,亦称消极干扰,是利用本身不发射电磁波的器材反射或吸收敌电子设备发射的电磁波而形成的电子干扰,主要用于雷达和制导干扰。

——电子佯动。电子佯动是指利用电子设备和器材模拟己方部队行动的电磁辐射特征,以欺骗敌方的电子战行动。目的是隐藏己方作战企图,使敌产生错误判断。

——反辐射摧毁。反辐射摧毁是指利用敌方的电磁信号导引反辐射武器摧毁敌电磁辐射源的行动。主要摧毁目标是敌雷达、无线电制导设备、干扰台,以及其他无线电发射设备。主要装备是反辐射导弹和反辐射无人机。

3. 电子防御

电子防御是指为保护己方电子设备及其系统正常发挥效能而采取的措施与行动的统称,是针对敌方的电子侦察、电子进攻而采取的防御性行动。现代化条件下作战,军队信息系统主要是由大量的先进的电子设备组成,电子防御是关系作战指挥和武器控制系统能否正常发挥效能的关键,因此电子防御是信息防御的主要内容。

——反电子侦察。反电子侦察实质为防止敌方截获并利用己方电子设备发射的电磁信号而采取的措施,目的是使敌方难以获取有价值的情报,不易实施有效的干扰和摧毁。反电子侦察的主要措施是:贯彻少设严管的方针,在满足作战指挥的前提下,尽量减少开机数量;隐蔽指挥关系和发射台位置,控制工作时间和频率使用。无线电台通信采用通播、单方发信、碎发等工作方式和组织实施遥控和转信;结合部队的隐蔽和佯动计划组织实施无线电静默和佯动。

——反电子干扰。反电子干扰是指为降低或消除敌方电子干扰对己方电子设备(系统)使用效能的影响而采取的措施。通常体现在电子设备的发射机、天线、接收机和信号处理系统中。包括防止接收机过载,提高信号强度和抑制干扰等技术。反电子干扰的主要措施是:了解并研究敌方无线电干扰设备的战术技术性能、组织实施干扰的原则和方法,有针对性地采取抗干扰训练;查明干扰源并摧毁;无线电通信可采用跳频等具有抗干扰能力的无线电通信设备,使用方向性强的天线;组织隐蔽指挥网和复式网,组织无线电转信。

——防反辐射摧毁。防反辐射摧毁是指为削弱或破坏敌方反辐射武器的攻击效能,保护己方电子设备安全而采取的战术技术措施。防反辐射摧毁的措施是:疏散隐蔽配置,适时规避,间歇关机,构筑防护工事;无线电通信可采取遥控、设置备份天线、天线与机器分开设置等方法。

——防电磁脉冲破坏。防电磁脉冲破坏是指为使电子设备及其系统免受或减轻核爆炸产生的高能电脉冲的破坏而采取的保护措施。防电磁脉冲的主要措施有:采取完善的电磁屏蔽;安装防电磁脉冲保护装置;选用抗电磁脉冲能力强的电子元器件等。

(四)情报战

情报战是指一个国家或集团为满足战争需要,采取各种手段,有意识、有目的、有组织的搜集和窃取敌人情报,为其指定战争政策、方略、计划和行动方案提供依据而展开的活动。情报战之所以能飞速发展,成为信息化战争中一种独立作战样式,关键就在于现代科学技术特别是信息技术的飞速发展和广泛应用,为情报作战创造了条件,提供了手段,如雷达、光学探测装置(可见光遥感装置、红外遥感装置、多光谱遥感装置、微光夜视器材、激光探测装置)、电子侦察设备、声学探测设备、地面传感器等。与传统的情报战相比,信息化战争中情报战的对抗更加激烈,形式更加多样。其主要方式有以下几种:

1. 间谍战

信息化战争中,历史上最古老的情报战形式——间谍战,依靠日益先进的技术手段,依然保持着巨大的活力，仍是情报战的重要手段之一。间谍活动中，金钱交易、色情间谍、窃听、偷窃、制造假情报等传统手段得到进一步应用。然而各种高科技器材和手段的广泛应用，使间谍战“如虎添翼”，从暗杀使用的无声手枪、化学毒剂，到用于窃听、拍照的各种精密仪器设备，无不反映着现代科技的新成果。此外在情报对抗和情报处理上，也大量使用了各种先进的高科技手段和装备。这些新的间谍战手段和方法的使用，极大的扩展了间谍作战的范围，提高了情报收集的效率，加剧了间谍战的激烈程度。

2. 诡秘窃听

情报战中，窃听与反窃听的对抗不仅变得愈加激烈和广泛，而且更加诡秘和有效。电子信息技术的迅速发展极大的促进了电子窃听的发展。利用微型化的电子元件，窃听器做得越来越小，伪装的方法也越来越巧妙。它既可以装在墙壁、电话、电灯、打火机、沙发、椅子里面，也可以藏在书本、提包、首饰、钢笔、领带、纽扣之中；既可以镶入各种礼品之中，也可以藏进鞋跟、假牙里。随着微电子技术的进一步发展，类似于“苍蝇间谍”那种可以自主飞行的窃听机器人也将大量产生，它可由无线电遥控，对一定范围内的几乎所有目标实施有效的窃听。而在窃听技术迅速发展的同时，相应的反窃听技术也有了长足的发展，各种有效的反窃听手段和工具也相继出现和使用。

3. 地面侦听

地面电子侦听主要是通过截收和破译对方的无线电信号而获取情报。它主要靠无线电侦察接收机，就像收音机收听电台广播节目一样，只不过其灵敏度比收音机要高得多。地面侦听不仅监视目标距离远，覆盖范围广，而且接收电子信号的灵敏度高，全天候能力强。为了有效的侦听无线电信号，世界许多国家都建立了规模庞大的电子侦听系统，地面侦听站星罗棋布。一些国家的驻外机构甚至也在地面电子侦听活动中扮演着十分重要的角色，它们其实就是直接建立在别国领土腹地的大型“秘密”侦听站。

4. 海中“猎手”

海洋是军事争夺的重要领域，也是情报战的重要场所。目前，海上猎取情报主要有三种方式：派遣情报船、使用间谍潜艇、海底侦听。其中海底侦听要简便得多，只需在海底布设一套监听装置即可，应用十分广泛。这种侦听装置可以测到各种舰船的发动机和螺旋桨的声音并送到地面站。如美国就建有庞大的水下监听系统，其中部署在太平洋的监听系统，从阿拉斯加顶端沿美国西海岸2080千米处向南一直延伸到加利福尼亚半岛，对几十万平方千米范围内一切舰船的类型、吨位、航向和速度都能准确查清。

5. 空中侦察

航空技术的发展不仅为空军和空战的出现奠定了技术基础，也为情报战向空中扩展准备了物质条件，飞机这种新型装备在战争中的首次使用就是执行战场侦察任务。在现代战争中，战术情报的90%都来自空中侦察。有人驾驶侦察机一直是空中侦察的主要工具，并始终是世界各国发展的重点。各式各样的无人侦察机也纷纷投入情报战场。它们可装备电视摄像机和照相机，可携带激光指示器和红外热成像设备，可在高空长时间飞行，可随时召回，可在敏感地区停留，可穿行于大街小巷。近年来，各国都在想方设法改进和采用新的技术手段，提高空中侦察能力，越来越多的新型“空中间谍”将在未来情报战场上一显身手。

6. 侦察卫星

从1957年10月,前苏联把第一颗人造卫星送入太空至今,世界各国发射的卫星已有数千颗,仅美国和苏联两国就发射了3000颗左右,其中70%是直接或间接从事情报活动的侦察监视卫星。卫星已成为收集战略情报的主要手段。

——照相侦察卫星装有多种遥感仪器,能在150千米~700千米的高度,把数万平方千米的地球表面情况拍在一张照片上,仪器分辨率越高,目标就越清楚,当分辨率为0.3米时,足以分清地面的飞机、舰艇、坦克、大炮和车辆。利用红外传感器合成孔径微波成像雷达,则能透过云层、冰雪、森林等自然障碍物,发现隐蔽的军事目标。

——电子侦察卫星专门侦收并记录无线电通信和雷达信号,窃听地方军事部门和政府机构的信号情报,运行轨道高度一般为300千米~1000千米。为连续监视某个地区或连续窃听通信内容,可以在同一轨道上发射几颗卫星组网,接力式的连续工作。

——预警监视卫星可以监视水面舰船和潜艇的行动,跟踪或截获舰艇的通信和雷达信号,确定舰队的位置、规模和动向,探测核爆炸,发现导弹发射等信息。

7. 网络"间谍"

作为信息处理的主要工具,计算机系统存储着大量系统而完整的情报信息,因此,它理所当然的成为情报战的主要目标。而计算机系统自身安全的脆弱性,有时针对计算机的情报作战行动很容易得逞。于是在计算机系统特别是计算机网络中,一种全新的情报战就激烈的展开了。

各国情报机关针对计算机系统和网络的情报战手段多种多样,主要包括:一是利用相对应的设备进入敌方计算机系统,偷窃秘密情报。如前苏联情报机关就曾打入维也纳国际应用系统分析研究所,利用该所与美国及西欧国家计算机系统的接口设施,成功的窃取了西方国家的大量秘密。二是利用日益扩展的计算机网络,通过非法入侵进行情报活动。三是收买敌方计算机工作人员。这样既可窃取大量的秘密情报,又可以通过在计算机中输入虚假信息,以及在软件中安装只有在特殊情况下才发生作用的秘密指令等手段,进行情报欺骗,其危害不容轻视。

(五)心理战

心理战是研究如何利用那个人的心理规律,按照己方的目的,通过有效的信息去影响和改变对方心理的行动。心理战不仅包括对敌人实施心理打击,动摇和瓦解敌方的民心士气,还包括巩固己方的心理防线,激励本国军民的士气,士气始终保持旺盛的斗志和敢打必胜的信心。心理战最基本的手段主要有心理宣传、心理欺诈和心理威慑。

1. 心理宣传

心理宣传是心理战中最基本最重要也是最直接的手段,其基本目的是要在控制舆论的基础上扩大宣传、瓦解敌人、鼓舞士气。随着信息技术的迅猛发展,心理宣传出现了一些新的特点:第一,传统心理宣传方法不断翻新。传统的宣传形式主要是传单、喊话、广播和电台,在信息时代的心理作战中,这些传统的宣传方法将被赋予新的内容,换发新的活力,传统的心理宣传手段将会更快更新。其中,更快是指宣传信息的收集、处理、编排直至最后完成,整个过程都将完全出于自动化与智能化状态。更新是指信息的载体将打破传统上的单一局面而出现多媒体、光盘等信息技术产品。总之,更快和更新完全是信息时代技术特征的直接反映。第二,电视宣传已成为心理宣传的最佳途径。电视是图像传播媒体的主要代表,电视宣传在现代战争中起到了重要作用。现代电视技术特别是卫星电视广播技术的发展为心理宣传提供了强大的技术支持。在宣传内容制作技术上将更多地采用虚拟现实技术。心理宣传得以利用计算机及相关软件、数字摄影和编辑技术等手段,营造与真实环境相一致的多媒体氛围,通过对敌方国家首脑或决策人物的言行和指挥决策内容的逼真模拟,达到心理宣传的目的。第三,计算机网络空间已成为心理宣传的新领域。由于利用计算机网络进行心理宣传具有灵活多样的交互方式、不受时间空间限制而且形式生动直观活泼的优点,世界上各种宣传机器纷纷地利用计算机网络进行宣传:在宣传手法上,计算机网络技术具有传统宣传技术所没有的优点。利用网络系统,可以窃取对方宣传机密,改变或破坏对方有关宣传的信息和数据库;可以利用网络技术和虚拟现实技术进行心理宣传,也可进行“信息绑架”和“信息讹诈”等。

2. 心理欺诈

心理欺诈最核心的是“诡道”,是用诈,因而是谋斗智也是心理作战最常用的手段。历史上的心理作战在这方面有许多极为生动的战例。在第二次世界大战后期,英美盟军在诺曼底登陆作战中实施的心理作战,十分具有代表性。另外,在二战期间,希特勒就曾成功运用心理欺骗手段除掉了苏联红军的杰出统帅图哈切夫斯基,图哈切夫斯基曾任红军总参谋长,著名的“大纵深作战理论”就是由他提出来的,他是希特勒实现侵略苏联的极大障碍。希特勒为了除掉图哈切夫斯基采用了心理欺骗的手段。首先,纳粹情报头子在《新德意志报》上发表文章《一颗上升的新星》,大力吹捧赞美图哈切夫斯基,含而不露的预言,他将取代斯大林。这些语言使骄横的斯大林难以容忍,极为恼怒。不久,纳粹特务让伪造笔迹的专家,伪造了图哈切夫斯基的笔迹,炮制了证明图与德国将军间有密谋叛乱意图的信件,并且故意泄露给苏联大使馆官员。斯大林得知后,以重金买下了这些“罪证”,结果这位战功赫赫的元帅和另6名将领被斯大林不加审讯就以叛国罪枪毙了,除掉了希特勒侵略苏联的重要障碍。

3. 心理威慑

在军事领域,威慑从来是心理作战的重要方法。威慑就起作用而言,是信息慑服而不是武力毁灭,是从心理上战胜敌人而不是从物质上消灭敌人。然而,威慑的信息是由国家实力提供的。雄厚的综合国力、强大的军事压力、有利的战略态势、优势的武器装备以及坚定的战斗意志等,是构成威慑和遏制敌人行动的基石,也是心理作战产生效应的重要基础。中外历史上采用心理威慑和恐吓进行攻击而取得胜利的战例不胜枚举。

1940年4月德国人入侵挪威前夕,驻挪威首都奥斯陆的德国大使馆举行了一次盛大的电影招待会,来宾大多是挪威的军政领袖和工商界巨头。这部名为《火的洗礼》的影片炫耀了的德军如何以闪电般的速度击败波兰200万大军,特别是飞机的大规模轰炸,在数小时之内把名城华沙变成一片废墟。银幕上的每一个镜头都威胁着每一位观众,令他们深刻体会到了战争的恐惧,电影放映完毕,德国大使一再提醒:是要战争,还是要和平!第二天清晨,1500名德国陆战队员在奥斯陆突然登陆。他们踏着整齐的步伐,高奏胜利进行曲,不费一枪一弹的占领了一个国家。显然,希特勒的威慑和恐怖战术迫使挪威人放弃了抵抗。

第二节　信息化战争的基本特点

随着信息时代的到来和信息技术在军事上的广泛应用，以信息为基础的信息化战争，作为一种新的战争形态正在逐步取代机械化战争。信息化战争是信息起主导作用的战争，是使用信息、信息化武器装备进行的战争，它具有与以往任何战争形态所不同的显著特点。

一、战场空间呈现多维化

伴随着战争形态的不断发展，战场空间维数也在不断增加。冷兵器时代的战争中，战争手段较为简陋，作战方式简单，作战双方往往密集方阵形式进行"点对点"的对冲。这是的战争在空间上表现为一维性。热兵器时代的战争中，交战双方在交战的正面和较大的纵深进行作战，战争在多方向进行，战场呈平面二维性。机械化战争中，随着坦克、飞机、军舰的出现，军队的成分发生了变化，除陆军、海军外，空军应运而生，将战场空间一下子由平面二维扩展为空间立体三维。而信息化战争中，作战行动不但充斥于正常的三维物理空间，同时信息领域的对抗也将异常激烈，空中的较量还将拓展到太空领域，于是，人们利用物理空间中"维"的概念，将信息化战争称为空间多维性战争。

（一）陆地、海洋、空中仍将是信息化战争的主战场

陆地是人类战争有史以来的主战场。随着技术的进步，人类逾越空间的手段增多、能力增强，地面战场的地位与作用有所下降。但是，这并不意味着陆战场在信息化战争中就无足轻重。因为人们不可能从根本上否定自已长期赖以生存的场所，战争不可能只停留于空中、海上或者是太空，信息化战争的最后角逐仍将在地面进行。另外，随着时代的发展，越来越多的国家开始意识到海洋的重要经济价值，海洋的权益观不断增强，再加上技术的发展为各国加强海上力量建设奠定了物质基础。可以预见，在未来信息化战争中，海战场的地位与作用还将上升，成为主战场之一。今天，现代信息技术不断物化于空中力量中，改变了传统的空战方式，让人们最先感受到了信息化战争形态的到来。在未来信息化战争中，空战场将与陆战场、海战场一样，也是敌对双方激烈较量的"舞台"。

（二）太空战场将成为信息化战争中的第四维有形战场

随着航天技术的发展及其在军事领域的广泛应用，太空战场日益成为继陆、海、空战场之后的第四维有形空间。近年来，世界主要军事强国已越来越重视太空武器在战争中的运用。可以想见，太空必将成为未来信息化战争的又一个制高点。

（三）无形的电子信息对抗充斥于有形战场空间

军事领域的信息对抗自古以来就有。然而，电子信息领域的激烈对抗却是信息化战争所特有的，是大量武器装备信息化的必然结果。电子信息领域是信息化战争的重要组成部分。电子信息领域的较量最早出现在20世纪80年代的一些战争，最初表现为电磁频谱范围

内的较量。随着数字技术的发展,战场图像、声音等原先的模拟信息也逐步实现数字化、手段的网络化。因此,计算机领域的对抗也已成为目前信息化战争中电子信息战场的重要组成部分。

二、作战力量形成一体化

武器系统的信息化和智能化,带来了作战力量的一体化。这也是信息化战争区别于机械化战争的重要标志。作战力量一体化就是指分布在信息化战场所有空间相互独立的作战单元,通过数字化通信网络联结为一体,形成具有新的或更高层次的整体性质或状态的作战系统。这种新的作战系统能围绕一个统一的意图,自觉地协调行动,形成整体合力。

(一)信息化战争是一体化联合作战

信息化战争是多种战争力量在多维战场空间的一体化联合行动,其参战力量的一体化与机械化战争中的诸兵种力量合成化有着根本性的区别。机械化战争中的诸兵种力量合成化强调的是具体兵种兵器的搭配与组合,是一种外在的、形式上的“无机合成”,而信息化战争作战力量一体化则通过各力量成分、作战单元的有机组合,将各自的作战效能凝合为一个整体,是一种内在的“有机整合”,而绝不是各种力量成分、各组成部分的简单相加和松散组合。如果用现在较为流行的“鸡蛋理论”来打比方,我们可以将信息化战争各参战力量视为若干个鸡蛋,当这些鸡蛋放在一个篮子里时,他们只是相互间的简单叠加,系统功能未发生质变;当将这些鸡蛋打破在同一个碗里时,它们则是貌合神离的“无机合成”,系统功能仍未发生质变;当将碗里的蛋清和蛋黄充分搅拌后,他们已经是相互融合的“有机整合”,系统功能就发生了质的飞跃。同样的道理,信息化战争的作战力量就如同将各个力量充分“搅拌”,使其相互交融,形成真正的有机整体。

(二)作战力量一体化依赖横向一体化技术

过去武器装备的发展主要是走纵向一体化道路,是武器系统呈现单项家族化、系列化、专业化和功能化。这种发展模式主要局限在单项武器系统的发展上,武器系统之间的关系并没有实质性的改变, 他最多只能引起战场局部范围或作战行动的某个环节的战斗力提升,很难使整体战斗力发生质的跃升。现在,随着以数字融合技术为核心的横向一体化技术在军事领域的广泛应用,作战力量的性质与过去相比发生了巨大的变化。横向一体化技术着眼于战场上各种武器装备系统间的融合和协调, 通过引入数字信息系统和网络技术,使用统一技术标准和规定,从而打破了各军兵种之间严格的任务界限,将广大战场空间内不同作战地域紧密地联结在一起,最终实现作战力量的一体化。

(三)作战力量由“以平台为中心”向“以网络为中心”转变

实现作战力量由“以平台为中心”向“以网络为中心”转变是实现作战力量一体化的标志。横向一体化技术只是为信息化作战力量一体化创造了基础性条件。要真正实现作战力量一体化,还需对力量的结构和行动方式进行彻底的变革。1997年4月,美军提出的“网络中心战”概念就是对信息化作战力量一体化进行的有益探索。美军认为,机械化战争作战力量构成及其行动方式都是以作战平台为中心的,作战平台主要依靠自身的传感器和武器形成战斗力,平添所装载的传感器的种类和探测能力决定和限制了平台的作用,平台之间只能通过有限的几种方法共享信息。而未来信息化战争中,所有的通信系统、传感器和武器系统将组成以计算机为核心的网络。这一网络可以实现真正意义上的信息一体化,各级指挥员可以利用网络交换、共享大量的图文信息。一方面上级指挥员可以指挥控制各作战力量围绕总的意图统一行动,统一调配战场资源;另一方面各作战力量通过网络及时感知整个战场基本态势,自觉执行作战命令,使各作战力量实现"自主协同"。

三、战争过程趋于短暂化

以往战争有一个共同特点,即规模较大,持续时间较长。然而,随着信息技术的发展,展出信息传输与处理的时间极大的缩短了,作战行动节奏大为加快,战争持续的时间成短暂化趋势。

(一)战争目的有限

战争目的的有限性是战争持续时间短暂化的主要原因。战争的军事目的必须服务于政治目的。信息化战争中,指挥员不再谋求攻城略地式的军事征服,而是打击、削弱和瘫痪对手,动摇其政治、经济基础。信息化战争有限的战争目的,决定了它的持续时间不可能太长。为了有效地控制战争的规模,达到有限的战争目的,尽量不使战争升级,拥有信息化武器的国家往往在战略上力求速战速决。

(二)战争消耗巨大

战争的高消耗是战争持续时间短暂化的重要客观原因。信息化战争是经济高消耗的战争。这是因为信息化战争中使用的各类武器装备,不仅杀伤破坏力大,而且打击精度、战场摧毁力相当高,这无疑会使交战双方的战场物资消耗与武器装备的损耗大幅增加。而且,技术含量极高的信息化武器装备,其研制、开发过程复杂,难度大,造价与平时的维护费用高。信息化战争在经济上的高消耗客观上限制了战争的持续时间。

(三)战争时间短暂

战争的高效率是战争持续时间短暂化的又一重要原因。信息化武器装备在构成上由于增加了战场信息处理技术,其战场目标发现效率高,力量投送速度快,指挥决策近实时,因而带来了信息化战争的高效率。战争无须经过较长时间的作战行动和战争力量对比转化,就可以迅速达成战争目的。

四、作战行动体现实时化

作战行动实时化是指部队在战场上反应敏捷、行动迅速,实时地根据战场态势的最新变化,在极短时间内做出决策,制定计划,以最快的速度将战斗效果直接投放到新出现的战场态势上,迅速达到行动目的。而不是像以往战争那样,实施一次战役或战斗,往往需要提前几天至少需要提前数小时,进行多方筹划,尔后才按部就班地采取行动。

(一)战场信息获取实时化

战场信息获取能力的增强奠定了作战行动实时化的基础。目标发现效率的高低直接影响着战斗行动效率的发挥。高度信息化的侦察设备大大扩展了战场信息获取的范围,缩短了对目标的侦测反应时间。这种高精度、大范围、近实时的战场信息获取能力,使得拥有信息化武器的一方,能及早获取信息,迅速做出决策,近实时地采取行动。

(二)战场感知实时化

战场信息网络化提供了作战行动实时化的重要保证。过去,侦察到的战场态势、目标信息要经过由下至上的逐级传递,才能到达指挥控制中心,而指挥员在参谋人员的辅助下对情报信息处理分析后下定的决心,在转化为作战命令、作战计划后又要由上至下的逐级传达到最底层的战斗人员。在这种纵向式、多层次接力式信息传递过程中,每一个环节都会花费一定时间,容易贻误战机。而在信息化战争中,战场信息传递、处理实现了网络化。互联网络不仅保证了同一距离上信息传递速度大为提高,而且实现了各网络用户的战场信息共享。战场目标信息一旦获取,指挥中心、有关部(分)队、战斗单元都可以同时共享,而作战命令和作战计划的相关内容则可以通过网络同时传达给个下级单位甚至战斗员。这样,从获取信息到采取行动的时间大为缩短了,由过去的几天、几小时缩短到几分、几秒,基本做到了实时化。

(三)指挥控制实时化

指挥手段自动化是实现作战行动实时化的关键。指挥手段自动化是信息技术进步带给军事领域的又一重大变化。指挥手段的自动化集中体现在战场信息处理的计算机化上,即有计算机数据自动处理代替繁琐的手工作业方式,从而大大加快了战场信息的处理速度。据有关资料显示,在以往的战争中,运用手工作业方式,指挥员要把85%的时间用于大量的信息处理和复杂的信息数据计算上,而真正考虑战役战术问题的时间只有15%,而信息处理实现自动化后,指挥人员至少可用85%的时间去进行创造性的决策活动。当战场信息传递到指挥中心后,计算机就自动地对各种信息数据进行综合、分类、存储,更新和计算,协助参谋人员制定作战预案,并可快速的运用有关数学方法对各种方案进行运筹分析、评估选优,选出最佳方案,供指挥员决策参考,一旦定下决心,计算机就可迅速的以文字、表格、图形、图像等形式制出作战计划,从而省去了大量的时间,使下定作战决心与作战进程几乎同步进行。

五、作战样式趋向多样化

作战样式是战争形态的具体表现,有什么样的战争形态就必然会出现什么样的战争样式。信息化战争除拥有机械化战争原有的一些作战样式外,还增添了新的作战样式,使其作战样式呈现多样化。

(一)网电一体战将成为未来信息化战争的作战样式

网电一体战将成为未来信息化战争新的作战样式。微电子技术、计算机技术和通信技术的飞速发展及在军事领域的广泛应用,使得战争形态正由物质和能量主导型变成信息主导型,围绕制信息权而进行的作战活动在军事领域全面展开。电子信号和网络媒介是目前信息传输的主要载体,要取得制信息权,最有效的办法莫过于在控制和破坏敌方的电子设备和网络的同时,保护己方电子设备和网络免遭敌方破坏。因此,围绕电子设备和网络的控制与反控制、破坏与反破坏的电子战与网络战将成为未来信息化战争的“主旋律”。随着信息依赖的载体正由分离式电子设备向网络化电子设备发展，这对某一个电子设备实施干扰压制，取得的效果将极其有限。必须借助网络战手段，才能对网络化电子系统实施整体上的攻击，取得整体效果。同时，由于敌方网络难以物理接触，网络战手段必须借助电子战手段，才能以无限的方式达成网络攻击效果。这样网络战和电子战逐渐向一体化发展，“网电一体战”这一信息化战争中才有的作战样式的简单组合，它要求在信息化战场上，将网络战和电子战有计划有机融合，以破坏敌方战场网络化信息系统及其运行并保护己方战场网络化信息系统及其运行。我军在未来作战力量建设、武器装备发展以及人才的培养上都应适应这一作战样式的要求。

(二)情报站、心理战和实体精确摧毁等是信息化战争的重要作战样式

围绕信息的获取权、控制权和使用权的争夺而开展的信息对抗将贯穿信息化战争的始终。其中，以信息获取权利为目的的情报战既是信息化战争不可缺少的组成部分，更是展开其他信息对抗与争夺的基础。也就是说，情报战是信息化战争中实施其他作战样式的前提条件，没有情报战，就不可能有效地实施心理战、网电一体化战和实体精确摧毁等其他作战样式。心理战是运用心理学的原理，通过宣传和其他活动，从精神上瓦解敌方的一种作战样式。心理战是一种特殊的作战样式，其特殊之处就在于它具有与时代发展密切相关的特殊作战理论和作战手段。心理战的理论基础是心理科学。在信息技术高速发展的今天，心理学与哲学、社会学、自然科学等其他科学相互渗透、相互交融，为心理战理论的发展注入了新的生机和活力。同时，心理战的作战手段发展异常迅速，特别是电视等宣传媒体已及互联网在军事上的广泛应用，使得高科技手段越来越多地融合到心理战之中。实体精确摧毁，是信息化战争一方借助智能化武器弹药，对敌方的指挥控制手段系统和战场有生力量进行毁灭性的打击。它作为信息化战争的基本作战样式之一，改变了以往“粗放型”的火力打击模式，而将打击点聚焦于敌方的重心，比如C^4ISR系统等，用较小的代价即可达成最佳作战效果。

六、作战效果实现精确化

作战是交战双方通过多种渠道、以各种形式凝聚能量，并以一定方式在战场上释放能量的竞赛。信息化战争中，信息技术不断融合到武器系统之中，战争能量将是机械动能、热能、信息能三者之和，各种能量将是在信息控制下的有限精确释放。这就带来了信息化战争的效果精确型形态特征。

(一)目标选择的精确性

要想作战效果精确化，首先打击目标的选择要精确。拥有信息化武器装备优势的军队，为了更有效的利用战争手段，不使战争无限升级、规模扩大，必然要在战前精心测定并科学选择攻击目标，以便实施精确打击。而大量先进的电子侦察设备、传感系统的使用，为打击目标的侦察、探测与高精度定位奠定了基础。

(二)作战力量使用的精确性

在以往的战争中，为了确保实现战争目的，往往强调最大限度的动员、调集战争力量；在具体的作战中，为了确保对重要目标的摧毁，也需最大限度的集中兵力实施打击，而无需考虑是否有兵力的浪费。在信息化战争中，这种以量取胜的用兵观将被精确用兵观所取代。

依据这一原则，美军提出了“力量投送”、“兵力投送”概念，即在战场上，根据作战任务种类与大小，充分估计到可能的伤亡，精心选用与组合作战部队。能用一个连解决问题的不用两个连，能用一架飞机解决问题的不用两架飞机。

（三）对目标打击的精确性

可从两个方面理解，一方面火力打击的位置要精确。自从火药用于战争之后，火力摧毁一直是战争双方进行物质摧毁的主要手段。但过去用于火力摧毁的弹药没有信息处理功能，火力摧毁的效率不高。比如，在越南战争中，美军为炸毁一座桥梁，要出动600余架次的飞机，投掷上千枚炸弹。而在信息化战争中，各种具有信息处理功能的弹药制导技术的应用极大的提高了火力打击的精度，基本上实现了点对点的打击。另一方面火力打击的力度要精确。打击行动由自动化指挥控制系统严格控制。没有附带损伤的远程精确打击，将成为信息化战争中的基本火力突击及样式，而地毯式轰炸、大面积射击将退出历史舞台。未来作战就像用伽马刀切除脑瘤一样，准确、干净、利落，这主要是因为未来战争中将大量使用智能武器所致，它们的传感能够捕捉到声波、电波、可见光、红外线等一切可利用的直接或间接目标信息，计算机则对这些信息进行鉴别分析，从而自主的识别、攻击目标。这些智能弹药不仅能百发百中的攻击目标，而且还能根据需要打击到一定程度，不盲目扩大毁伤效果。

第三节　新军事变革

战争作为一种社会实践活动，是人类社会发展到一定阶段的产物，并随着物质技术的进步由低级向高级不断发展。人类社会经历了冷兵器战争、火器战争、机械化战争几种战争形态，目前正向信息化战争演变。所谓军事变革，就是一种军事形态向另一种军事形态转变的过程。新军事变革，是指把工业时代的机械化军事形态改造成信息时代的信息化军事形态的过程，也称信息化军事变革。

一、新军事变革产生与发展

（一）新军事变革的产生

军事变革的发生不是偶然的，它是多种因素共同作用的结果。其中，最根本的因素是科学技术发展及由此引发的武器装备整体飞跃。

1. 技术发展的强劲推动

20 世纪后半叶，人类社会掀起了一场波澜壮阔的高新技术革命浪潮，以微电子技术、电子计算机技术、人工智能技术、通信技术为基础的信息技术，以遗传工程为代表的生物技术，以复合材料、耐高温材料为代表的新材料技术，以及新能源技术和空间技术等高新技术蓬勃发展。在短短 20 多年间，微电子技术就经过了大规模、超大规模、特大规模集成的阶段。军事领域是吸纳和运用高新科技成果最快、最多的领域，高新技术的迅猛发展使得军队的指挥控制能力、远程攻击能力、快速机动能力、精确打击能力和超常毁伤能力得到空前提高,进而引发了这场新军事变革。

前苏军总参谋长奥加尔科夫元帅敏锐地看到了军事领域悄然发生的新变化，于1979年提出了“新军事技术革命”的概念。他认为:“新兴技术将使军事学说、作战概念、训练、兵力结构、国防工业和武器研制重点发生革命性变化。”20世纪80年代初,美国未来学家托夫勒发表了著名的《第三次浪潮》,他认为:“世界上共有3次军事革命即由农业革命引发的第一次浪潮战争革命、由工业革命引发的第二次浪潮战争革命及当前正在进行的由信息革命引发的第三次浪潮战争革命。”

2. 战略需求的内在驱动

20世纪90年代初,苏联解体,华约解散,冷战结束,世界战略格局和军事形势发生了深刻变化,世界范围的大规模战争基本失去了存在的土壤,而国际恐怖主义、非传统安全成为当今世界的重要威胁，这种新的安全需求使得军事斗争的形式和手段发生了根本变化,它使冷战时期那种建立在机械化战争基础,准备打大规模战争甚至核战争的军事斗争方式和军队建设模式,难以适应新的安全威胁。为此,必须彻底改变传统军队模式,建立反应更加灵敏、能应对多种安全威胁的新型军队。

3. 战争实践的探索示范

20世纪70年代以来,世界共发生了几百场局部战争和武装冲突。这些战争实践既有成功的经验,也有失败的教训。人们从实战的经验教训中更加清楚地认识到新军事变革的必然性,进一步增强了推进新军事变革的主动性。以美国为例,20世纪70年代越战的失败,使美军的声誉降到了最低点,也使美军方领导人深刻地意识到必须进行新的军事变革。其后,他们在作战思想、武器装备,军事训练和作战编成等方面进行了一系列改革和创新,使军队的作战能力得到了恢复和提高，从20世纪80年代初入侵格林纳达、1986年空袭利比亚、1989年出兵巴拿马，到1991年的海湾战争、1999年科索沃战争、2001的阿富汗战争和2003年的伊拉克战争,美军的军事行动频频得手,因而更加积极自觉地推动军事变革。

透过这些局部战争，世界其他国家军队认识到军事变革给当代世界军事带来的巨大冲击,同时,也看到了军事变革所塑造出的信息化军队的作战威力,因而增强了紧迫感和危机感。世界各国军队围绕如何缩小与美军的“时代差”和“技术差”纷纷制定措施,竞相加快了军事变革的步伐。

(二)新军事变革的发展

军事变革是一个逐步发展的过程。这次世界新军事变革大体上经历了孕育产生、全面展开、加速发展三个阶段。从20世纪五六十年代信息技术取得突破性发展以来,新军事变已经开始孕育：以海湾战争为标志,新军事变革全面展开。进入21世纪后,尤其是伊拉克战争以来,新军事变革呈现加速发展的态势。

目前,世界新军事变革发展势头十分迅猛,但就世界各国军队信息化建设的进度而言,又是十分不平衡的,有些国家军队的信息化已经初具规模,而有些国家军队的信息化才刚刚起步。美国是启动新军事变革最早的国家,在军队信息化建设上投入最多,也是目前变革进展最快的国家。美军已初步建成了信息化武器装备体系,特别是在世界上率先建立了比较完备的全球性战略级、战役级和战术级军事信息系统。根据美军转型计划，2015年前要实现各军种的数字化，2030年前在数字化的基础上实现全军信息化。英、法、德、日等国军队紧随其后，这些国家信息基础设施先进，社会信息化程度较高，信息产业发达，国民信息素养好，掌握较先进的核心技术，并在武器研发上可得到美国的扶持。目前，这些国家军队单件武器装备的信息化程度较高，具备一定的信息化作战能力。但是，这些国家军队尚未建成完备的各级军事信息系统，特别是战略级侦察预警系统还不完善，因而其武器装备还没有形成信息化作战体系，与西方国家军队相比，俄罗斯的军事变革具有自主性。俄罗斯军工体系完善，具有较强的独立研发能力，同时俄军重视军事理论创新。近年来俄军改革力度大、武器更新快，表现出较大的发展潜力。但是，由于种种原因，目前俄军总体信息化程度比美军还差一个档次。广大发展中国家军队在这次新军事变革中发展相对滞后，这些国家的信息基础设施落后、条件差，军队信息化建设起步晚、投入少，目前军队装备整体水平仍处于机械化、半机械化的状况。

二、新军事变革的基本内容及其实质

(一)新军事变革的基本内容

新军事变革作为军事领域的整体性、系统性变革，涉及军事和战争的方方面面，概括起来主要表现在四方面的根本变革。

1. 武器装备的新飞跃

武器是进行战争的物质手段，也是衡量战争与军队发展水平的重要标志。新军事变革作为军事系统的整体性变革，首先表现为武器装备的信息化、智能化程度越来越高。信息化武器装备主要包括：信息化武器平台，如坦克、飞机、军舰等；信息化弹药，如各种精确制导弹药；单兵数字化装备；指挥信息系统，即C^4KISR系统。

武器装备信息化程度的提高，极大地提高了其作战效能。例如，精确制导武器比非精制导武器的精度提高了10~100倍，作战效能提高了100~1000倍，作战效费比提高10~50倍。第二次世界大战时，摧毁一座普通桥梁要出动20~30架飞机轰炸，现在只要一架飞机投掷1~2枚精确制导炸弹即可奏效。第二次世界大战中摧毁敌方一个坦克师的60%的装备，需要出动5500架次飞机，如今只需出动50~60架次，为第二次世界大战时的1%。

2. 军事理论的新发展

军事理论包括战争理论、军队和国防建设理论，既是军事变革的一个组成部分，又对军事变革具有重要的指导作用，是军事变革的灵魂和核心。随着信息化武器装备的不断发展和广泛运用，传统的战争理论、作战原则，以及战略、战役、战术思想正在发生深刻变化，一些建立在新的物质基础之上的军事理论不断涌现，并在战争实践中逐步成熟，形成新的体系。例如，信息化战争理论、信息战理论、联合作战理论、精确作战理论、非对称作战理论、非接触作战理论、空间作战理论、网络中心战理论等。

值得注意的是，随着技术手段的发展，军事理论创新机制也在发生着变化。以往战争中，军事理论一般都是在总结战争实践的基础上发展起来的。这次新军事变革中的军事理论发展则在一定程度上表现出了超前性。例如，美国军事理论界提出的理论创新"五步递进法”:第一步,提出概念;第二步,模拟论证(作战实验室);第三步,训练试验(训练场);第四步,实战检验;第五步,形成条令、条例。

3. 编制体制的新变化

随着机械化军队向信息化军队的演进,世界各国特别是美国等西方国家军队的编制体制正在进行由工业时代向信息时代的跨时代变革。这种变革的本质是使信息这一主要素能在军队内部和战场上快速、顺畅、有序地流动,以适应打赢信息化战争的要求。在具体变革趋势上,一是领导指挥体制将由纵长形“树”状变为扁平形“网”状;二是部队编成逐步趋于小型化、轻型化、多能化、一体化;三是组建专门的信息战部(分)队;四是空间力量将成为武装力量的重要组成部分。

4. 作战方式的根本改变

技术决定战术。武器装备的新飞跃必然促使作战方式的根本改变。信息时代的作战手段是以信息系统为纽带联成一体的武器体系,与此相对应的作战方式则是“网络中心战”。“网络中心战”作为一种作战理念是美军在上世纪末提出的,这种作战理念相对于工业时代的大规模毁伤性作战,突出特点表现有以下三方面:第一,集中兵力向分散配置转变。工业时代,作战之前首先要把作战力量和物资部署到位,向战区集中。现在,军队作战效能的发挥不再受地理位置的制约,分散部署在各地的精确制导武器可以对选定的目标实施集中打击。第二,基于摧毁作战向基于效果作战转变。工业时代,主要采取歼灭战和消耗战的方式来摧毁敌人的作战能力。信息时代, 一切要从效果出发来确定手段和使用手段的方式,并不是去摧毁敌人的作战能力,而是使敌人对其作战能力失去控制,使其力量失去作用,这就叫基于效果作战。第三,顺序作战向并行作战转变。传统作战是一种顺序作战,从前沿到纵深,逐次展开兵力、逐层作战。而现在,武器技术的发展提供了“并行”作战的能力。这种“并行”体现在三方面:一是时间上的同时;二是空间上的同步;三是战争级上的同一。

(二)新军事变革的实质

新军事变革的实质用一句话来概括,就是军事系统的信息化变革。具体表现在以下四方面。

1. 信息技术是变革的技术支柱。据统计,目前美国等西方国家武器装备的信息技术含量,军用飞机达到50%以上,战略轰炸机和隐形飞机超过60%,作战舰艇为25%~30%,火炮和主战坦克接近35%,空间武器达75%;指挥控制系统的信息技术比重则高达88%。

2. 信息能力成为军事能力的核心。物质、能量和信息是构成军队作战能力的三大要素,工业时代的机械化战争中,物质和能量是构成作战力量的主导要素。在信息时代的信息化战争中,信息成为作战力量构成中的主导要素,失去“制信息权”的一方,由于信息流被切断,军队变成了“瞎子”、“聋子”和“瘫子”,兵力兵器将无法转化为实际战斗力。

3. 信息战将成为信息化战争的主要作战样式。近期几场局部战争表明,信息战在正式开战前就已打响,并贯穿战争全过程。信息战的成败关系到“制信息权” 的得失,进而影响到战争的胜负。

4. 信息化建设将是军队建设和军事斗争成败的关键。无论是打信息战,还是提高军队的信息能力,都依赖平时的信息化建设,只有搞好信息化建设才能有效提高信息能力,打赢信息化战争。

三、新军事变革对我国安全和国防建设的主要影响及应对思考

(一)新军事变革对我国安全和国防建设的主要影响

新军事变革就其深度和广度而言,超过了历史上任何一次军事变革,必将促进世界军事力量的大发展、大动荡和大调整,从而对我国安全和国防建设带来多方面的影响。

1. 世界战略力量对比失衡,我国在国际舞台上面临压力增大

冷战结束后,美国成为世界上唯一的超级大国,竭力打造在其主导下的世界新秩序。在这次新军事变革中,美国作为“领头羊”,已处于全面领先地位。从历史上看,每一次重大军事变革,都会出现军事力量不平衡的局面,而伴随着军事力量不平衡而来的往往是新一轮的动荡式扩张。当年在火器取代冷兵器变革中掌握先机的英国,就曾凭借其强大的军事实力,建立起横跨全球的“日不落帝国”。近几年来,随着美国自身实力地位的急剧膨胀,美国国内建立所谓“美利坚帝国”的声浪此起彼伏。由于美国与其他国家在推进新军事变革方面的不平衡局面在短时间内难以从根本上改变,单边主义和强权政策将继续是美国对外战略中的主流倾向。美国主宰下的单极世界增大了世界的不稳定因素,也对我国安全环境产生了不利影响。

2. 各国军备竞赛加剧,我国发展战略面临两难选择

美国在新军事变革中“一马当先”,引起世界各国“群起直追”,在世界范围内引起了新一轮的军备竞赛。这场军备竞赛主要涉及外太空、信息战、弹道导弹攻防、核武器等多个领域。例如,在核武器竞赛上,冷战时期先后发展起核力量的国家主要是美国、前苏联、英国、法国和中国五个国家。近年来,先后又有印度、巴基斯坦、朝鲜等国家跨过“核门槛”。具备核能力或有意发展核武器的国家还有以色列、日本、伊朗、巴西、意大利、德国等。

军备竞赛是国家经济实力、科技水平等综合因素的竞争。在国家经济实力有限的情况下,投入大量资金用于军备竞赛,必然要影响经济建设,从长远来看也会影响国防建设的持续发展。冷战时期,前苏联在国家经济实力有限的情况下,不惜一切与美国开展军备竞赛,最终导致经济严重衰退,国家解体。这是一个沉痛的教训。有鉴于此,我们必须以科学发展观为指导,科学统筹国家经济建设和国防建设,努力做到在国家经济发展的基础上增强国防实力,确保国防和军队建设的全面、协调和可持续发展。

3. 周边国家通过军事变革实力有所增强,我国安全环境受到一定影响

近年来,我国周边各国不断增大军费投入,加快军事变革的步伐,军事实力强的变得更强,弱的也有增强的趋势。这种态势的发展,将使我国周边安全环境更趋复杂。日本正在积极推进军事变革,竭力扩张军力。日本的海上作战力量,已经远远超过了维护其所谓“1000海里海上生命线”的能力。特别值得关注的是,日本推进军事变革的目的是,既要实现自卫队由机械化向信息化的转型,又要实现由“专守防卫”向“海外参与”的过渡。日本已经突破“宪法”第九条禁止向海外派兵的限制,在阿富汗和伊拉克战争中,出兵配合美国的军事行动;在钓鱼岛和东海划界问题上,屡屡向我国发难;在台湾问题上,始终心怀叵测,伺机而动。印度军力也在超常发展,在某些方面强化了对我国优势。印度目前已建成“三位一体”的

战略核力量;海军拥有3艘航空母舰,具备远洋作战能力,不仅能控制印度洋,而且能够越过马六甲海峡进入南海活动。南海周边各国军力也迅速增长。越南已经引进"苏-27"战斗机,海军陆战队已占其海军总员额的64%,夺控岛礁的能力明显增强;马来西亚投入85亿美元,购买先进战斗机和军舰;菲律宾拨款132亿美元,于2001年全面启动军队现代化计划。这些都对我国周边安全环境带来了不利影响。要有效维护国家统一,确保领土、主权和权益不受他人侵犯,我们必须加速中国特色的军事变革,提高我国的国防实力。

(二)应对新军事变革的对策思考

军事形态的跨时代变革,对于每个国家都是严峻的挑战,同时也带来了发展机遇。这是因为:

第一,美国等发达国家推行新军事变革的经验教训可为我军事变革提供借鉴,可以使我们少走弯路,找到一种投入较少、效益较高的军事发展模式。

第二,信息技术有很强的扩散性,有利于我军武器装备发展的"跨时代跃升"。信息技术很多都是军民通用的,很难严格保密,有利于我们获取利用。

第三,军事强国的信息基础结构和军事信息系统有脆弱性,可为我军发展"撒手锏"武器提供参照。

在冷兵器军事变革中,我们的先人抓住机遇,后来居上,尤其是汉、唐以来,我们把冷兵器的杀伤力与骑兵的机动性很好地结合起来,创造了骑兵快速突击战术,把冷兵器战争推向高潮,成为东方强国。但是,在火器和机械化军事变革中,古老的中国由于受到物质和精神领域的种种羁绊,错失了发展机遇,导致百年耻辱、落后挨打。面对新的挑战与机遇,我们作为中华民族的历史传承人,不能再次错失机遇,必须勇于接受挑战,积极推进中国特色的军事变革。

1. 要有强烈的危机感、紧迫感

美国著名历史学家保罗·肯尼迪在考察工业时代的军事变革历史后得出结论:凡是不能适应19世纪中叶军事变革的国家都以失败告终。如果我们在此次新军事变革中,不能抓住机遇,实现跨越发展,军事力量与发达国家就会形成"时代差",而这种"时代差"的结果是灾难性的。在近期几场局部战争中,科索沃战争,美军基本实现了零伤亡;阿富汗和伊拉克战争,美军都是以极小的人员伤亡代价取胜的。美军之所以能取得这样的战绩,根本原因就是与对手在武器装备上存在着"时代差"。如果我们不能紧紧跟上世界新军事变革的潮流,历史的悲剧就可能在我们这一代和下一代身上重演。

2. 要把推进新军事变革作为国家行为

军事变革涉及政治、经济、外交、教育等多个领域,不只是军队内部的事。军队作为军事变革的主体,必须以超前的眼光和强烈的使命感,筹划好军队的建设和发展,国家相关部门也应积极配合,做好相关配套和保障工作。更重要的是,国家要把军事变革纳入长远发展战略之中,进行统筹规划、合理布局,协调好各种资源和力量,整体推进军事变革。

3. 要走中国特色的变革之路

美国等西方发达国家在新军事变革中已经走在前面,处于领先地位,如果我们只注重模仿,跟在别人后面亦步亦趋,就将永远落后。因此,我们在学习国外推进军事变革经验的同时，更重要的是要立足自身实际，在中国特色上下工夫。在发展模式上，坚决摒弃跟进式发展，采取“跨跃”式发展，以机械化为基础，以信息化为主导，实现机械化和信息化“复合”发展；在发展重点上，采取“有所为、有所不为”的方法，集中有限的资源，集中力量发展“撒手锏”武器。

4. 人才培养是关键

当前，世界军事领域的竞争突出表现为高素质军事人才的竞争。美国军官100%是大学以上学历。其中，硕士、博士研究生达到38.4%；俄罗斯军官98%受过高等教育；日本和印度军官都具备大学文化程度。为进一步适应信息化战争的需要，美军《2020联合构想》对人才培养提出了更新、更高的要求。为此，我们应把高素质军事人才作为军事变革的关键环节，采取有效措施，提高我军官兵和国防后务人才的综合素质，以适应建设信息化军队、打赢信息化战争的需要。

思考题：

1. 信息化战争的基本内涵是什么？
2. 信息化战争作战力量一体化的实质是什么？
3. 信息化战争有哪些基本作战样式？如何进行网络防御？
4. 世界新军事变革的内容和实质是什么？
5. 世界新军事变革对我国安全和国防建设的影响是什么？

第六章 中国人民解放军共同条令与队列训练

条令是我国军事法规的重要组成部分,它体现了军队的性质和宗旨、国家的战略方针、军事思想以及建军和作战的原则。它吸取了军事活动的丰富经验和军事理论研究的最新成果,反映了军事活动的客观规律,具有鲜明的阶级性、严格的规范性、极大的权威性和普遍的约束力,是军队战斗、生括和每个军人都必须遵守的行为准则。我军制定了《中国人民解放军内务条令》《中国人民解放军纪律条令》和《中国人民解放军队列条令》(以下简称《内务条令》《纪律条令》和《队列条令》),它是全军三大共同条令,是军人必须遵守的法典,同时它也适用于参战、支前的预备役人员。

第一节 中国人民解放军共同条令概述

一、《内务条令》

(一)《内务条令》概述

内务,从一般词义来讲,泛指国内事务,或集体生活室内的日常事务。军队内务,是指军队内部日常生活的一切事务,包括军队内部的管理原则、军容风纪、军人职责、相互关系、日常管理制度和各项勤务等。

(二)《内务条令》的产生和发展

我军于1936年8月制定并发布了《中国工农红军暂行内务条令草案》。这是我军的第一部内务条令,它对值日勤务、风纪、卫兵、礼节、请假规则、着装注意事项、班长职责、驻军、出发前和行军中的注意事项等都做出了规定。在抗日战争十分艰苦的1942年,中共中央革命军事委员会对《中国工农红军暂行内务条例草案》重新修改后,发布了《内务条令》和《内务制度》并一直沿用至全国解放。中华人民共和国成立后,我军的建设进入了一个新的阶段,为了适应军队革命化、现代化、正规化建设的需要,中央人民政府人民革命军事委员会提出要"制定共同条令,统一全军的纪律和制度"。1950年我军再次修订了内务条令意见并于1951年初,与《纪律条令草案》和《队列条令草案》一并发布,在全军试行。经过两年的试行,根据我军实行新编制的情况又对其进行了重新修改,于1953年正式发布,在全军实施,此后又分别于1957年、1963年、1975年、1984年、1990年、1997年、2002年对《内务条令》

进行了多次修订。

(三)(内务条令)的主要内容

《内务条令》共分为21章326条,并有附录10项。

第一章　总则。本章是整个条令的纲,集中阐述了我军的性质和任务。

第二章　军人宣誓。誓词是:“我是中国人民解放军军人,我宣誓:服从中国共产党的领导,全心全意为人民服务,服从命令,严守纪律,英勇战斗,不怕牺牲,忠于职守,努力工作,苦练杀敌本领,坚决完成任务,在任何情况下,决不背叛祖国,决不叛离军队。”

第三章　军人职责。中国人民解放军军人,是在中国人民解放军现役的中华人民共和国公民。抵抗侵略,保卫国家和人民的安全,是军人最基本的光荣使命。本章还规定了每个军人必须恪守的军官、士兵、主管人员的职责。

第四章　内部关系。本章规定了军人相互关系、官兵相互关系、机关相互关系、部队(分队)建制相互关系;强调了“中国人民解放军军人,不论职位高低,在政治上一律平等,相互间是同志关系。”但是部署、下级必须服从首长、上级。

第五章　礼节。本章主要规定了军队内部的礼节,军人和部队(分队)对军外人员的礼节及其他时机和场合的礼节。

第六章　军容军纪。本章详细规定了军人的着装、仪容和举止的具体要求。

第七章　对外交往。本章主要规定了军人在对外交往中必须遵纪守法,坚决维护国家和军队的利益。

第八章　作息。本章主要规定了一日时间的分配以及连队和机关一日生活的具体项目、内容和要求。

第九章　日常制度。本章主要规定了行政会议制度、请示报告制度、请假销假制度、连队内务设置制度、登记统计制度,查铺查哨制度、军官留营住宿制度、点验制度、交接制度、接待制度、证件和印章制度、保密制度等制度。

第十章　值班。本章规定值班制度、值班人员一般职责和换班等内容。

第十一章　警卫。本章规定了警卫要求、注意事项和一般守则。

第十二章　零散人员管理。本章规定对公勤人员、单独执行任务人员、探亲休假人员和伤病的管理教育内容。

第十三章　日常战备和紧急集合。

第十四章　装备日常管理。本章规定了武器装备的维护、保养、保管、检查和使用制度。

第十五章　财物和伙食、农副业生产管理。本章主要规定了财物以及生活方面的有关内容。

第十六章　卫生。本章规定了军人个人以及室内卫生的有关管理内容。

第十七章　营区及房产管理。本章明确了营区治安、营区秩序、房地产管理的制度和营区绿化建设,规定了防火和消防工作的制度和措施。

第十八章　野营管理。本章规定了野营前、野营中、野营后的工作任务和内容,明确了野营管理的注意事项。

第十九章　安全工作。本章提出了安全工作的基本要求及对常见事故的预防。

第二十章 国旗、军旗、军徽的使用和国歌、军歌的奏唱。

第二十章 附则。包括我军军旗、军徽、报告词示例;军官证、文职干部证、士兵证式样;各种符号臂章式样;外出证式样;男女军人发型等。

二、《纪律条令》

(一)《纪律条令》的概述

纪律是各种组织要求其他成员共同遵守的行为规则, 纪律是一定阶级意志的体现,是为一定阶级利益服务的。在社会主义制度下,纪律反映人民群众的共同意志,维护人民群众的共同利益,是执行党的路线、方针、政策,搞好社会主义建设的重要保证。

我军纪律,贯彻了从严治军的思想,反映了军队在新时期的特点和广大官兵的愿望和要求,是建立在政治自觉基础上的严格的纪律,是军队战斗力的重要内容,是坚持人民军队的性质、宗旨,是团结自己、战胜敌人和完成一切任务的保征,是军队的法规。它对培养军人高度的组织性、纪律性,养成执行命令、服从指挥、令行禁止、协调一致的习惯,保证军队的高度集中统一和军队革命化、现代化、正规化建设的顺利进行,巩固和提高部队的战斗力都具有重大的意义。军队的工作,无论是管兵、带兵,还是练兵、用兵,都离不开纪律,严明的纪律可以统一全军意志,规范全军行动。

(二)《纪律条令》的产生和发展

我军历来重视纪律条令的制定,建军伊始,毛泽东就亲自规定了《三大纪律,六项注意》,不久又补充了两项,改为《三大纪律,八顶注意》。1929 年 12 月,毛泽东在古田会议决议中提出了编制红军法规的任务,红军领导机关于 1930 年 10 月颁布了我军第一部纪律条令即《中国工农红军纪律条例草案》,从 1930 年起,我军在革命战争年代共颁发过六部纪律条令。这几部纪律条令的颁发和施行,对严明军纪,严明赏罚,保证作战任务的胜利完成,发挥了应有的作用。新中国成立以后,我军正规化建设提上了议事日程,为了适应新形势下的军队纪律建设和奖罚工作的需要,从 1951 年至今的 50 余年间,我军先后颁布了九部《纪律条令》。现行《纪律条令》经 2002 年 3 月 15 日中央军委常委会议通过,2002 年 3 月 23 日由中华人民共和国中央军事委员会主席江泽民签署命令颁布,它是结合军队实际制定的,由正文和附录两大部分组成。

(三)《纪律条令》的主要内容

《纪律条令》共有 7 章 96 条,7 个附录。

第一章 总则。本章着重阐述了我军纪律产生的基础、目的和基本内容,是条令基本精神和原则的高度概括,是条令的总纲,其内容具有很重的分量和深刻的含义。

中国人民解放军纪律的基本内容:

1.执行中国共产党的基本路线、方针和政策。

2.遵守国家的宪法、法律和法规。

3.执行军队的条令、条例和规章制度。

4.执行上级的命令和指示。

5.执行三大纪律、八项注意。

三大纪律：一切行动听指挥；不拿群众一针一线；一切缴获要归公。

八项注意：说话和气；买卖公平；借东西要归还；损坏东西要赔；不打人不骂人；不损坏庄稼；不调戏妇女；不虐待俘虏。

中国人民解放军纪律的基本要求：

1.听从指挥，令行禁止。

2.严守岗位，履行职责。

3.尊干爱兵，团结友爱。

4.军容严整，举止端正。

5.提高警惕，保守秘密。

6.爱护武器装备和公物。

7.廉洁奉公，不谋私利。

8.拥政爱民，保护群众利益。

9.遵守社会公德，讲究文明礼貌。

10.缴获归公，不虐待俘虏。

第二章 奖励，本章明确了奖励的目的和原则、奖励的项目、奖励的条件、奖励的权限和奖励的实施。

奖励应当坚持以下原则：

1.严格标准，按绩施奖。

2.发扬民主，贯彻群众路线。

3.以精神奖励为主，物质奖励为辅。

奖励的项目从低向高的排列依次为：

1.嘉奖。

2.三等功。

3.二等功。

4.一等功。

5.荣誉称号。

第三章 处分。本章明确规定处分的目的和原则、处分的项目、处分的条件、处分的权限和处分的实施。

处分应当坚持下列原则：

1.依据事实，惩戒恰当。

2.惩前毖后，治病教人。

3.纪律面前人人平等。

处分的项目从轻到重的排列依次为：

1.警告。

2.严重警告。

3.记过。

4.记大过。

5.降职或者降衔(衔级工资档次)。

6.撤职或者取消士官资格。

7.除名。

8.开除军籍。

第四章　特殊措施。本章规定了在各种特殊情况下发生问题的处理原则和方法,以及所负的责任。

第五章　控告和申诉。本章明确了控告和中诉的目的。军人实施控告和申诉的条件、程序与形式,保证军人控告、申诉权利的要求和控告军外人员的注意事项。

第六章　首长责任和纪律监察。

第七章　附则。

附则主要规定了奖励、处分登记表的格式等。

三、《队列条令》

(一)《队列条令》的概述

队列有广义和狭义之分,广义泛指成行列的队伍,狭义特指军队进行集体活动时按一定顺序列队的组织形式。《队列条令》是规范全军队列动作、队列队形、队列指挥的军事法规,是全军官兵必须共同遵循的行为规范。

(二)《队列条令》的产生和发展

《队列条令》随着军队武器装备和作战样式的发展变化,兵器的诞生和战术的发展,队列训练与战术训练的区别日益明显,操场上已经容纳不下整个战术训练的内容。

我军最早的《队列条令》是1951年在苏军《队列条令》的基础上,根据我军的实际需要,结合我军队列生活实际编写而成的,我军先后颁布了8次《队列条令》。

(三)《队列条令》的主要内容

《队列条令》主要规范了全体军人和部(分)队队列活动的有关内容,共9章,65条,5个附录。

第一章　总则。包括制定本条令的目的、适用范围、作用与意义、首长机关的责任、队列纪律。

第二章　队列指挥。包括队列指挥的位置、队列指挥的方法,队列指挥的要求。

第三章　队列队形。包括队列基本队形,队列的间距,班、排、连、营、团各级的队形要求。

第四章　队列动作。包括单个军人和班、排、连、营、团的队列动作。

第五章　分队乘坐汽车。包括乘车的准备,乘车实施和车辆行进中的调整。

第六章　敬礼。包括敬礼的种类,敬礼、礼毕的动作以及单个军人和分队、部队敬礼。

第七章　国旗的掌持、升降和军旗的掌持、授予与迎送。

第八章　阅兵。包括阅兵的权限、阅兵的形式、阅兵的程序、师以上部队阅兵以及军兵种部队和院校阅兵。

第九章　附则。包括本条令的参照执行范围,本条令的解释权和本条令的生效时间以及附录。

第二节　队列动作训练

队列动作是指对单个军人和部队所规定的队列训练、队列生活和日常生活的制式动作,也是战斗动作的基础。这里主要介绍单个军人队列动作训练。

一、立正、跨立、稍息、敬礼

(一)立正

立正是军人的基本姿势,是队列动作的基础。军人在宣誓、接收命令、向首长报告、回答首长问话、升降国旗、奏国歌等庄严的场合,均应当自行立正。

口令:立正

要领:两脚跟靠拢并齐,两脚尖向外分开约60度,两腿挺直,小腹微收,自然挺胸;上体正直,微向前倾;两肩要平,稍微向后张;两臂自然下垂,手指并拢自然微屈,拇指尖贴于食指的第二节,中指贴于裤缝;头要正,颈要直,口要闭,下颌微收,两眼向前平视。

(二)跨立

跨立主要用于军体操、执勤等场合,可与立正互换。

口令:跨立

要领:左脚向左跨出约一脚之长,两腿自然伸直,上体保持立正姿势,身体重心落于两脚之间,两手后背,左手握右手腕,右手手指并拢自然弯曲,手心向后。

(三)稍息

主要用于长时间站立。

口令:稍息

要领:左脚顺脚尖方向伸出约全脚的三分之二,两腿自然伸直,上体保持立正姿势,身体重心大部分落于右脚。稍息过久,可自行换脚。

(四)敬礼

敬礼表示军人之间相互团结友爱,表示部署与首长、下级与上级的相互尊重。敬礼分为举手礼和注目礼。

1. 举手礼

口令:敬礼、礼毕

(1)停止间徒手敬礼

要领:听到“敬礼”的口令后,上体正直,右手取捷径迅速抬起,五指并拢,自然伸直,中指微接帽檐右角前约2厘米处(戴无檐帽或不戴帽时微接太阳穴,与眉同高)。手心向下,微向外张(约20度),手腕不得弯曲,右大臂略平,与两肩成一线,同时注视受礼者,听见“礼毕”的口令后，将手放下。

(2)行进间徒手敬礼

要领：在距受礼者 5~7 步处转头向受礼者行举手礼，并继续前进，待受礼者还礼后，将手放下。

2. 注目礼

要领：携枪或未戴军帽等不便行举手礼时，面向受礼者成立正姿势，同时注视受礼者，并目迎目送(右、左转头不超过 45 度)。待受礼者还礼后礼毕。

二、停止间转法

停上间转法是停止间变换方向的方法。

(一)向右(左)转

口令：向右(左)——转

要领：以右(左)脚跟为轴，右(左)脚跟和左(右)脚掌前部同时用力，使得身体和脚一致向右(左)转 90 度，身体重心落在右(左)脚，左(右)脚取捷径迅速靠拢右(左)脚，成立正姿势。转动和靠脚时，两腿挺直，上体保持立正姿势。

(二)向后转

口令：向后——转

要领：接向右(左)转的要领向后转 180 度。

(三)半面向右(左)转

口令：半面向右(左)——转

要领：接向右(左)转的要领半面向右(左)转 45 度。

三、步法与立定

(一)齐步

齐步是军人行进的常用步法。

口令：齐步——走

要领：左脚向正前方迈出约 75 厘米着地，身体重心前移，右脚照此法动作，上体正直，微微向前倾，手指轻轻握拢，拇指贴于食指第二节，两臂前后自然摆动，向前摆臂时，肘部弯曲，小臂自然向里合，手心向内稍向下，拇指根部对正衣扣线，并与最下方衣扣同高(着夏季训服时，与第四衣扣同高)，离身体约 25 厘米；向后摆臂时，手臂自然伸直，手腕前侧距裤缝线约 30 厘米。行进速度每分钟 116~112 步。

(二)正步

正步主要用于分列队和其他礼节性场合。

口令：正步——走

要领：左脚向正前方踢出(腿要绷直，脚尖下压，脚掌与地面平行)约 75 厘米，适当用力使得全脚掌着地，同时身体重心前移，右脚照此法动作，上体正直，微微向前倾。手指轻轻握拢，拇指贴于食指第二节，向前摆臂时，肘部弯曲，小臂略成水平，手心向内稍向下，手腕下沿摆到高于最下方衣扣约 10 厘米处(着夏季训服时,约与第三衣扣同高),离身体约 10 厘米;向后摆臂时(左手心向右,右手心向左),手腕前侧距裤缝线约 30 厘米。行进速度每分钟 110~116 步。

(三)跑步

跑步主要用于快速行进。

口令:跑步——走

要领:听到预令,两手迅速握拳(四指蜷握,拇指贴在食指第一关节和中指第二节上),提到腰际,约与腰带同高,拳心向内,肘部稍向里合。听到动令,上体微微向前倾,两腿微微弯曲,同时左脚利用右脚掌的蹬力跃出约 80 厘米,前脚掌先着地,身体重心前移,右脚照此法动作;两臂前后自然摆动,向前摆臂时,大臂略直,肘部贴于腰际,小臂略平,稍向里合,两拳内侧各距衣扣线约 5 厘米。向后摆臂时,拳贴于腰际,行进速度每分钟 170~180 步。

(四)踏步

踏步用于调整步伐和整齐。

停止间口令:踏步——走

行进间口令:踏步

要领:两脚在原地上下起落(抬起时,脚尖自然下垂,离地面约 15 厘米;落下时,前脚掌先着地),上体保持正直,两臂按齐步或跑步摆臂的要领摆动。

踏步时,若听到"前进"的口令,继续踏 2 步,再换齐步或跑步。

(五)立定

口令:立——定

要领:齐步或正步时,听到口令,左脚再向前大半步着地,两腿挺直,右脚取捷径迅速靠拢左脚,成立正姿势。跑步时,听到口令,再跑 2 步,然后左脚向前大半步(两拳收于腰际,停止摆动)着地,右脚靠拢左脚,同时将手放下,成立正姿势。踏步时,听到口令,左脚踏 1 步,右脚靠拢左脚,原地成立正姿势(跑步的踏步,听到口令,继续踏 2 步,再按上述要领进行)。

四、坐下、蹲下、起立

(一)坐下、起立

口令:听到"坐下"的口令。

要领:听到"坐下"的口令时,左小腿在右小腿后交义,迅速坐下,两手自然放在两膝上,上体保持挺直。听到"起立"的口令时,全身协力迅速起立,呈立正姿势。

(二)蹲下、起立

口令:蹲下、起立

要领:听到"蹲下"的口令时,右脚后退半步,前脚掌着地,臀部坐在右脚跟上,膝盖不能着地,两腿分开约 60 度。两手自然放在膝盖上,上体保持挺直,蹲下过久,可自行换脚。听到"起立"的口令时,全身协力迅速起立,呈立正姿势。

五、报数、出列、入列

（一）报数

口令：报数

要领：横队从右至左、纵队由前向后，依次以短促洪亮的声音转头报数，最后一名不转头。数列横队时，后列最后一名报“满伍”或“缺几名”。连集合时，由各排长向队列内指挥员报告人数，如“第几排到齐”或“第几排实到多少名”。

必要时，连也可统一报数。

要领：连实施统一报数时，各排不留间隔，成临时编组的横队队形。报数时，连指挥员先发出“看齐时，以一排为准，全连补齐”的预告，而后下达“向右看——齐”的口令。报数从一排长开始，后列最后一名报“满伍”或“缺几名”。

（二）出列

口令：某同志或第几名出列

要领：出列军人听到呼点自己的名字或序号以及“出列”的口令后，应答“是”，然后进到指挥员右侧前适当位置或指定位置，面向指挥员呈立正姿势。第一种：位于第一列（含一列横队）的军人出列，按本条上述规定执行。第二种：位于中列（路）的军人出列，向后（左）转，待后列（左路）同序号的军人向右后跨一步（左后退一步）让出缺口后，按本条上述规定实施出列；位于“缺口”位置的军人，待出列军人出列后，即复原位。第三种：位于最后一列的军人出列，先退一步，然后按本条上述规定实施出列。

（三）入列

1.单兵入列

口令：入列

要领：听到“入列”口令后，应答“是”，然后按出列的相反程序入列。

2.班、排出列、入列

口令：第几班（排），出列（入列）

要领：听到“第几班（排），出列（入列）”的口令后，由出（入）列班（排）的指挥员答“是”，并用口令指挥一班（排），按本条的有关规定，以纵队形式出、入列。

第三节　阅兵

一、阅兵权限

阅兵是由党和国家领导人、中央军事委员会主席、副主席、委员以及团以上的部队军政主要首长或者被上述人员授权的其他领导和首长实施，通常由一人检阅。

阅兵分为两种：一种是上级首长检阅；另一种是本级首长检阅。如果由上级首长检阅时，由本级首长任阅兵指挥；当本级军政主要首长检阅时(由一人检阅，另一人位于阅兵台或者队列中央前方适当的位置面向部队)，由副部队长或者参谋长任阅兵指挥。

二、阅兵的形式

阅兵的形式分为两项：一项是阅兵式；另一项是分列式。通常进行两项，根据需要也可以只进行一项。

三、阅兵的程序

(一)迎军旗

迎军旗在阅兵开始前进行，具体方法：将展开的军旗持入队列时，部队应当整队举行迎军仪式，通常成营横队的团横队，特殊情况下，可由机关和指定的分队参加，按照部队首长临时规定队形队列。

步兵团迎军旗时，主持迎军旗的指挥员下达“立正”、“迎军旗”的口令，听到口令，掌旗员(扛旗)、护旗兵齐步进行，当由正前或者左前方向本团右翼进至距队列 40~50 步时，主持迎军旗的指挥员下达“向军旗——敬礼——”的口令，听到口令后，位于指挥员位置的军官行举手礼，其他人员行注目礼；掌旗员(由扛旗换端旗)、护旗兵换正步。军旗行至距离团指挥员右侧 3 步处时，左后转弯立正，成立正姿势。

(二)阅兵式

阅兵式的队形，通常为营横队的团横队，或者由团首长临时规定，列队时，各枪手持枪(冲锋枪手挂枪)。阅兵式程序：

阅兵首长接受阅兵指挥报告，当阅兵首长行至本团队列右翼适当距离时或者在阅兵台就位后(当上级首长检阅时，通常由团政治委员陪同入场并陪阅)，阅兵指挥在队列中央前下达“立正”的口令，随后跑到距离阅兵首长 5~7 步处敬礼，待阅兵首长还礼后礼毕并报告。例如“首长同志，步兵第几团列队完毕，请您检阅。”报告后，左跨 1 步，向右转，让首长先走，而后在其右后侧，当上级首长检阅时，团政治委员在团长右侧，跟随陪同。

阅兵首长向军旗敬礼。阅兵首长行至距军旗适当位置时，应当立正面向军旗行举手礼(陪同人员面向军旗，行注目礼)。

阅兵首长检阅部队。当阅兵首长行至团机关、各营部、各连以及后勤分队队列右前方时，团机关由副团长或者参谋长、各营部由营长、各连由连长、后勤分队由团指定的指挥员下达“敬礼”的口令。听到口令后，位于指挥位置的军员行举手礼，其他人员行注目礼，目迎目送首长(左、右转头不超过 45 度)。当首长问候：“同志们好！”或者“同志们辛苦了！”队列人员应当齐声洪亮地回答：“首——长——好！“为——人民——服务！”当首长通过后，指挥员下达“礼毕”口令，队列人员礼毕。

阅兵首长上阅兵台。阅兵首长检阅完毕后上阅兵台，阅兵指挥员跑步到队列中央前，下达“稍息”的口令，队列人员稍息。当上级首长检阅时，团政治委员陪同首长下阅兵台，然后跑步到自己的队列位置。

（三）分列式

团分列式队形由阅兵式队形调整变换，或者由团首长临时规定。团分列式应当设四个标兵，一、二标兵之间和三、四标兵之间的间隔为40米，标兵应当携带81式自动步枪或者半自动步枪，并在枪上插标兵旗。冲锋枪手挂枪，步枪手提枪。分列式程序如下。

①标兵就位。分列式开始前，阅兵指挥员在队列中央前，下达“立正”、“标兵就位”的口令。标兵听到口令后，成一路纵队持（托）枪跑到规定的位置，面向部队呈持枪立正姿势。

②调整部（分）队为分列式队形。标兵就位后，阅兵指挥员下达“分列式，开始”的口令，而后跑步到自己的队列位置。听到口令后，各分队按照规定的方法携带武器（掌旗员扛旗），团、营指挥员分别进到团机关和营部的队列中央前，各分队指挥员进到分队队列中央前，下达“右转弯，齐步——走”的口令，指挥分队变换成分列式队形。

③开始进行。变换成规定的分列式队形后，团机关由副团长或者参谋长下达“齐步——走”的口令。听到口令后，团指挥员、团机关人员齐步前进，其余分队依次待前移分队离开约15米时，分别由营、连长以及后勤分队指挥员下达“齐步——走”的口令，指挥本分队人员前进。

④接受首长检阅。各分队行至第一标兵处，将队列调整好，进到第二标兵处，掌旗员下达“正步——走”的口令，并和护旗兵同时由齐步换正步，扛旗换端旗（掌旗员和护旗兵不转头）。此时阅兵首长和陪同人员应当向军旗行举手礼。副团长或者参谋长和各分队指挥员分别下达“向右——看”的口令，队列人员听到口令后（可喊“一、二”），按照规定换正步（步枪手换端枪）行进，并在左脚着地的同时向右转头（位于指挥位置的军官行举手礼，并向右转头，各列右翼第一名不转头）不超过45度，注视阅兵首长，此时阅兵台最高首长行举手礼，其他人员行注目礼。进到第三标兵处时候，掌旗员下达：“正步——走”的口令，并与护旗兵由正步换齐步，同时换扛旗，其他分队由上述指挥员分别下达“向前——看”的口令，队列人员听到口令后，在左脚着地时礼毕（将头转正），同时换齐步（步枪手换提枪）行进。当上级首长检阅时，团长和团政治委员通过第三标兵后，到分队通过阅兵首长右侧陪同，各分队通过第四标兵，换跑步到指定的位置，待最后一个分队通过第四标兵，阅兵指挥下达“标兵，撤回”的口令，标兵按照相反的顺序跑步撤至预定的位置。

（四）阅兵首长讲话

分列式结束后，阅兵指挥员调整好队形，请阅兵首长讲话。讲话完毕后，阅兵指挥员下达“立正”口令，向阅兵首长报告阅兵结束。当上级首长阅兵时，由团政治委员陪同阅兵首长离开场地。

送军旗。在阅兵首长讲话后或者分列式结束后进行，将军旗持出队列后，部队应当整队举行送军旗仪式。步兵团送军旗时，参加人员和队形与迎军旗相同。

步兵团送军旗时，主持送军旗的指挥员下达“立正”、“送军旗”的口令。听到口令后，掌旗员（呈扛军旗姿势）、护旗兵按照迎军旗路线的相反方向齐步行进。军旗出列后行进团机关队形右侧前时，主持送军旗的指挥员下达“向军旗——敬礼——”的口令。听到口令后，掌旗员（由扛旗换端旗）、护旗兵换正步，全团按照迎军旗的规定敬礼。当军旗离开距队正面40~50步处时，主持送军旗的指挥员下达“礼毕”的口令，部队礼毕。掌旗员（由端旗换扛旗）、护旗兵换齐步,返回原出发位置。

第四节　军体拳

军体拳是由拳打、脚踢、摔打、夺刀、夺枪等格斗动作组合而成的一种拳术。

一、军体拳的套数

经总参军训部批准,1989年已经列入全军《体育训练教材》,在全军推广的军体拳共有三套。第一、二套各有十六个动作,第三套有三十二个动作。

(一)军体拳第一套

第一套军体拳的主要特点是由格斗的基本功和基本动作组成的套路练习,动作精炼、适用。

第一段:1.弓步冲拳;2.穿喉弹踢;3.马步横打;4.内拨下勾;5.交错侧踹;6.外格横勾;7.反击勾踢;8.转身别臂。

第二段:9.虚步砍肋;10.弹裆顶肘;11.反弹侧击;12.弓步靠掌;13.上步砸肘;14.仆步撩裆;15.挡击绊腿;16.击腰锁喉。

(二)军体拳第二套

第二套军体拳主要是由摔打、夺刀、夺枪、袭击等格斗基本动作所组成的套路练习,动作精炼适用,每个动作都是"一招制敌",能保护自己,同时能锻炼身体,增强体质。

第一段:1.挡击冲拳;2.绊腿压肘;3.弓步击肘;4.砍肋下打;5.上步劈弹;6.双勾后击;7.防左勾踢;8.挟脖拧摔。

第二段:9.里格冲拳;10.防右别臂;11.挡击抱腿;12.踹腿锁喉;13.蹬腿横勾;14.上步捞腿;15.挑砸绊腿;6.弓步上打。

(三)军体拳第三套

第三套军体拳除了具有第一、二套的特点外,还有长拳舒展大方、动作灵活迅速有力、节奏明显的特点,又有南拳步稳、势烈、动作刚劲有力的特点。动作数量等于第一、二套总和,运动量较大,动作难度较复杂,有积极功能,它不但能锻炼身体,又是克敌制胜的有效手段。

第一段:1.踏步右冲拳;2.上步左冲拳;3.弹腿右冲拳;4.下击横勾拳;5.下压反弹拳;6.挑拨侧冲拳;7.歇步勾亮掌;8.虚步上冲拳。

第二段:9.掳冲侧冲拳;10.盖步右靠肘;11.蹬腿马步挂;12.挑臂右砸肘;13.鞭拳转身盖;14.右格左冲拳;15.左格右冲拳;16.侧踹双弹臂。

第三段:17.左右冲锋抛;18.盖拳退步勾;19.左弓双砍掌;20.右弓双砍掌;21.左弓勾挂拳;22.右弓勾挂拳;23.跃起跪步砸;24.马步横砍掌。

第四段:25.掳砍右穿掌;26.掳砍左穿掌;27.仆步勾挑裆;28.飞脚盖步冲;29.转身右砸肘;30.弓步右击肘;31.弓步双抱拳;32.侧蹬转身冲。

二、军体拳的手形

军体拳的手形主要有三种,拳:主要用于击打和砸;掌:主要用于推、砍、劈、抽和打等;勾手:主要是打和勾。

三、军体拳的相关问题

(一)运用口令指挥员军体拳训练

1.把动作的名称当口令,当发出"预备"或"弓步冲拳"口令,大家做预备姿势或弓步冲拳,依次进行。

2.用番号代替口令,喊"一、二……"时,依次进行,口令要短促、洪亮有力。

3.提示性口令是在番号口令前加上动作名称。

(二)军体拳训练对场地和时间的要求

军体拳不需要任何器材,对场地的要求也不高,训练时只要场地平整,土地、草坪、水泥地、树荫下、走廊等都可以练习。军体拳动作要连贯,一气呵成。按照要求第一、二套需要大约25秒,第三套大约需要46秒。

四、军体拳的特点与作用

(一)军体拳的特点

1.套路长短适中,动作精炼,有积极含义,节奏分明,易学易懂,既能单人打,又能集体表演。2.不需要任何器材,对场地要求不高,一块平地即可。

(二)军体拳的作用

1.打军体拳有一定活动量,对发展力量、耐力和速度都有积极的作用,同时可以增强体魄。2.军体拳可以有防身自卫、有克敌制胜的作用,因为军体拳由踢、打、摔、拿、拧等格斗的基本要素组成。

五、军体拳的实施方法

军体拳实施需要制定训练计划,计划首先要了解学习对象的基础如何,如果有一定基础的,进度要适当快些,基础差的进度要慢些。一般先教基本功,再教基本动作。臂功、腿功搭配要适当。最好隔一天安排一次课程为宜,学习动作之前,要复习前一课的内容,使套路动作衔接自然连贯。最后安排一定时间进行复习和巩固,并且检查考核评定成绩。

军体拳是由十几个或几十个单个动作按一定原则合理组成的套路练习,不但要一个动作一个动作学,还要完成整套的套路练习,通常的实施方法有以下几条。

(一)示范讲解

示范讲解时使练习者通过直观的认识,来获得正确规范的动作,练习者可以清楚观看示范动作。对示范讲解员的动作要求连贯并且有一些慢动作,连贯动作为了练习者了解动作的完整性，慢动作为了让练习者看清动作的细节和方向路线。这些要求示范员选择的示范面运用得合理。

示范讲解是练习者形成正确的动作概念的基本方法，讲解过程中语言要精练，讲解的内容有：动作的规格和标准，动作的环节中，动作的攻防含义以及动作易犯错误和纠正方法。

(二)领做

领做是指教员带领练习者做相关动作，先带领练习者做慢动作，再带领练习者做连贯动作。

(三)完整和分解教学法

军体拳有简有繁，有难有易，简单动作要完整教，繁难动作要分解教。

思考题

1.什么是共同条令？军队颁布共同条令的意义是什么？

2.什么是《内务条令》《纪律条令》《队列条令》？它们的作用是什么？

3.贯彻执行共同条令应注意哪些问题？

第七章　轻武器射击

轻武器是指枪械及其他各种由单兵或班组携行战斗的武器,又称“轻兵器”。主要装备对象是步兵,也广泛装备于其他军种和兵种。轻武器的主要作战用途是杀伤有生力量,毁伤轻型装甲车辆,破坏其他武器装备和军事设施。轻武器主要包括枪械和手榴弹、枪榴弹、榴弹发射器、火箭发射器和无坐力发射器,此外还有轻型燃烧武器和单兵导弹等。轻武器的主体是枪械。轻武器重量轻、体积小、便于携带、使用方便,特别使用于近战,是军队中装备数量最多的武器。自动步枪、冲锋枪、班用机枪是步兵分队在近战中歼敌的主要武器;手枪是近距离歼敌的自卫武器。它们构成了轻武器的主要系列。

第一节　轻武器常识

一、战斗性能

半自动步枪和自动步枪均称自动步枪,其主要区别是前者射手每扣动一次扳机只能射出一发子弹,后者只要射手扣住扳机不放,就可以连续射击。现在部队装备的一般是 81-1 式自动步枪。81-l 式自动步枪和 81 式班用轻机枪组成班用枪组。81 式自动步枪是单兵使用的近距离杀伤有生目标的自动步枪。它用火力、刺刀和枪托杀伤敌人,并能发射枪榴弹,使射手具有点、面杀伤有生目标和反装甲的能力。81 式自动步枪对单个目标在 400 米内射击效果最好,集中火力可以射击 500 米内的敌人的飞机、伞兵以及集团目标,弹头飞行到 1 500 米处仍有杀伤力。

射击方法:56 式半自动步枪,只能实施单发射,战斗射速每分钟 35~40 发,81 式自动步枪主要射击方法是短点射(2~5 发),还可实施长点射(6~10 发),必要时自动步枪和冲锋枪可实施单发射,班用机枪可实施连续发射。

战斗射速:战斗射速也称射速,是在战斗中一分钟内发射的弹数。半自动步枪每分钟 25~40 发;自动步枪和冲锋枪点射每分钟 90~110,发射 40 发。

81 式自动步枪使用 1956 年式普通弹在 100 米距离上能射穿 6 毫米厚的钢板、15 厘米厚的砖墙、30 厘米厚的土层和 40 厘米厚的木板。

二、主要机件名称、用途及自动原理：

(一)56式半自动步枪

1.主要机件名称和用途

半自动步枪由枪刺(刺刀)、枪管、瞄准具、活塞及推杆、机匣、枪机、复进机、击发机、弹仓、木托十大部分组成(如图7—1),另有一套附品。

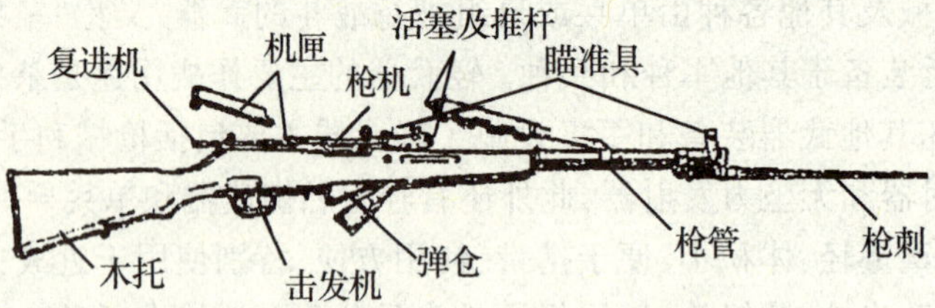

图7-1　半自动步枪十大部机件

(1)枪刺(刺刀):用以刺杀敌人。

枪刺上有枪刺管、枪刺管簧和连接环。根据需要,枪刺可打开或折叠。

(2)枪管:用以赋予弹头的飞行方向。

枪管内是枪膛,枪膛分为弹膛和线膛。弹膛用以容纳子弹,线膛能使弹头在前进时旋转运动,以保持飞行的稳定性。

枪管外有导气箍,用以引导火药气体冲击活塞。枪管外还有枪刺座、通条头槽。

(3)瞄准具(如图7-2):由表尺和准星组成,用以瞄准。

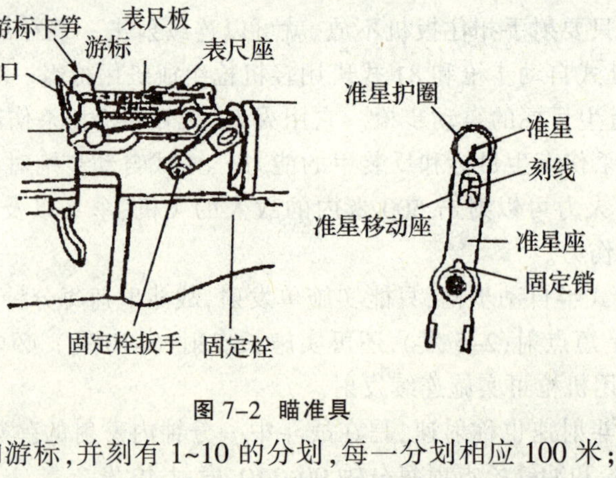

图7-2　瞄准具

表尺板上有缺口和游标,并刻有1~10的分划,每一分划相应100米;“П”、“D”或“3”是常用表尺分划,与表尺3相同。缺口,用以通视准星向目标瞄准。游标,用以装定需要的表尺分划;游标卡笋,用以固定游标在所需位置上。表尺座上有固定栓和固定栓扳手,用以固定活塞筒和推杆。

准星可拧高、拧低,准星移动座可左右移动。准星移动座和准星座上各有一条刻线,用以检查准星位置是否正确,准星座上还有准星护圈。

(4)活塞及推杆:活塞装在活塞筒内,用以传导火药气体压力,推压推杆向后。活塞筒上有上护木。推杆和推杆簧装在表尺座内,推杆能将活塞的推力传送到机栓上。推杆簧能使推杆和活塞回到前方位置。

(5)机匣:用以容纳枪机和复进机,固定击发机和弹仓。

机匣外有机匣盖,用以保护机匣内部免沾污垢,并将枪机和复进机控制在机匣内,连接销,能将机匣盖固定在机匣上。

机匣内有枪机阻铁,当弹仓内无子弹时,能使枪机停在后方位置。闭锁卡槽,能保证枪机闭锁枪膛。拨壳凸笋,用以拨出弹壳(子弹)。

(6)枪机:由机栓和机体组成。用以送弹、闭锁、击发和退壳,并能使击锤向后成待发状态。

机栓上有:挂钩,用以与机体挂钩相连接并带动机体运动;闭锁凸出部,能使机体后部进入闭锁卡槽。机栓上还有机柄、复进机巢和弹夹槽。

机体上有:击针,用以撞击子弹底火;抓弹钩,用以从膛内抓出弹壳(子弹);挂钩,用以连接机栓。机体上还有弹底巢和闭锁斜面。

(7)复进机:由复进簧、导管、导杆和支撑环组成,用以使枪机回到前方位置。

(8)击发机:用以与枪机相互作用形成待发和击发。

击发机上有:击发控制杆,能在枪机闭锁枪膛前,防止击锤松回(击发);保险机,可限制扳机向后,保险机扳到前方为保险。击发机上还有击锤、击锤簧、击发阻铁、弹仓盖卡笋和扳机等。

(9)弹仓:用以容纳和托送子弹。弹仓由弹仓体、弹仓盖、托弹板和托弹杆等组成,可装10发子弹。

(10)木托:便于操作。木托上有下护木、枪颈、枪托、托底板和附品筒巢。铁枪托由架杆、肩托和枪托卡笋组成,可打开或折叠。

附品:用以分解结合、擦拭上油、携带和排除故障。附品包括擦拭杆、鬃刷、铳子、附品筒、通条、油壶、背带和子弹袋。

2.半自动原理

扣扳机后,击锤打击击针,撞击子弹底火,点燃发射药,产生火药气体,推送弹头沿膛线向前运动;弹头一经过导气孔,部分火药气体通过导气孔,涌入导气箍,冲击活塞,推动推杆,使枪机向后,压缩复进簧,完成开锁、抛壳,并使击锤成待发状态;枪机退到后方时,由于复进簧的伸张,使枪机向前运动,推送下一发子弹入膛,闭锁;此时,由于击锤已被击发阻铁卡住,不能向前打击击针,若再次发射,必须松开扳机,再扣扳机。

(二)81—1式自动步枪

1. 主要机件名称和用途

81—1式自动步枪由刺刀(匕首)、枪管、瞄准具、活塞及调节塞、机匣、枪机、复进机、击发机、弹匣和枪托十大部分组成(如图7-3),另有一套附品。

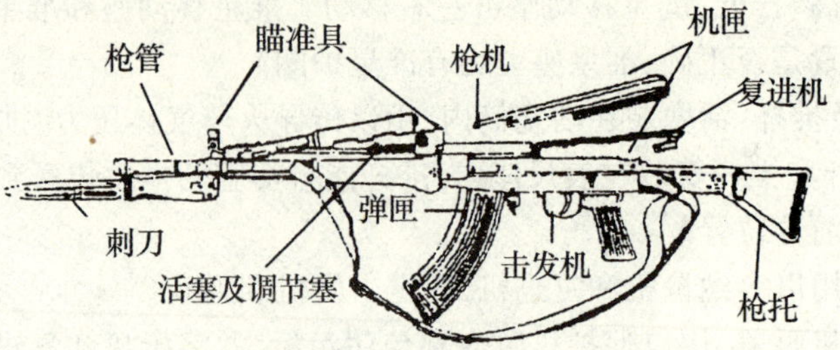

图 7–3 自动步枪十大部机件

(1)刺刀(匕首)(如图 7–4):用以刺杀敌人。刺刀上有刺刀柄、连接环(刀环)、限制凸笋(定位突起)及卡笋,平时作匕首用,并装入刀鞘挂在腰带上,战时结合在枪上。

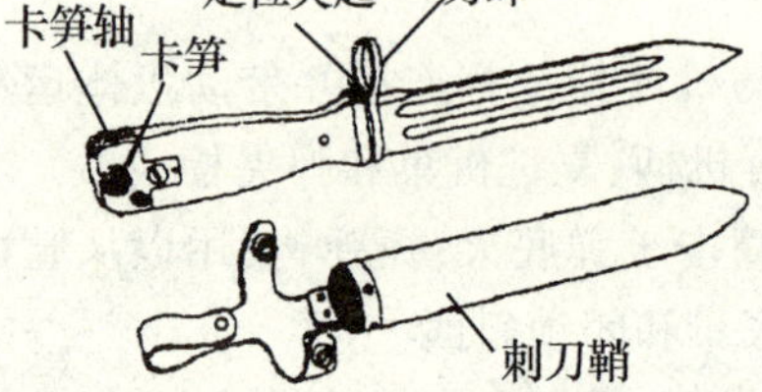

图 7–4 刺刀

(2)枪管(如图 7–5):同半自动步枪,不同的是发射枪榴弹时还赋予枪榴弹的飞行方向。枪管前端有枪榴弹发射具。发射具前端下方有凹槽,用以控制刺刀的安装位置。枪管外还有导气箍,用以引导火药气体冲击活塞。导气箍上刻有“0”、“1”、“2”的数字,用以表示火药气体冲击活塞的大小。

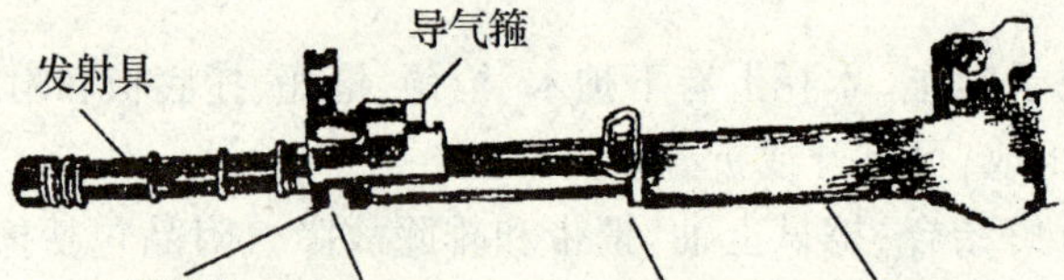

图 7–5 枪管

(3)瞄准具(如图 7–6):由表尺和准星组成,用以瞄准。表尺由表尺座、表尺钣、表尺转轮和限制轮等组成。表尺钣上有缺口和护铁。缺口用以通视准星向目标瞄准,护铁用以保护缺口。表尺转轮,用以装定所需的表尺分划和固定活塞护盖,转轮上刻有 0~5 的分划,“0”分划用以分解结合;“1~5”分划,每一分划相应 100 米。表尺座侧面圆点为表尺定位点,用以指示所装定的分划。

(4)活塞及调节塞(如图 7—7):用以承受火药气体的压力,推压枪机向后。活塞簧,用以使活塞回到前方位置,护盖上有护木和活塞定位凸笋。导气箍上的“1”、“2”,分别表示调节塞上的小孔和大孔,通常装定在“1”上,当武器过脏来不及擦拭或在严寒的条件下射击时装定在“2”上。变换调节塞位置可用弹壳底部卡入弹底槽。当发射枪榴弹时,必须将调节塞转动到“0”的位置,以防损坏活动机件。

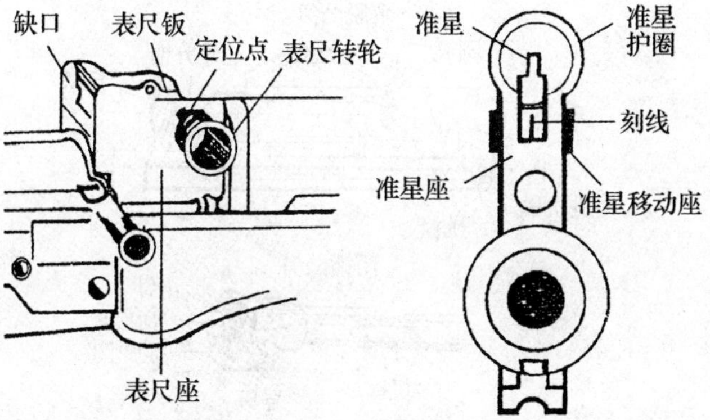

图 7–6　瞄准具

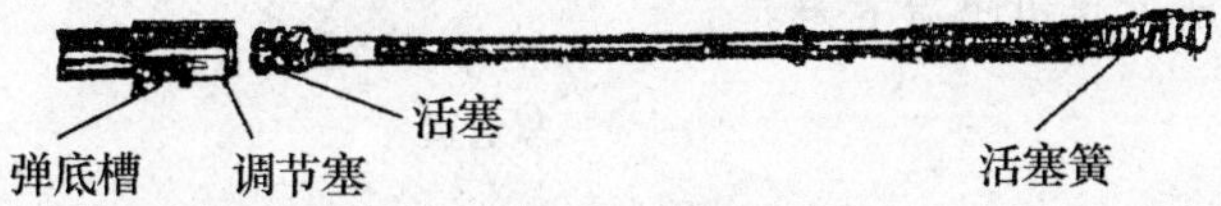

图 7–7　活塞及调节塞

(5)机匣(如图 7–8):用以容纳枪机、复进机、固定击发机和弹匣。机匣外有机匣盖,用以保护机匣内部免沾污垢。机匣还有握把、扳机护圈和弹匣卡笋。

机匣内有闭锁卡槽,能保证枪机闭锁枪膛。当弹匣内无子弹时,枪机阻铁能使枪机停在后方位置。凹槽用以容纳复进机导管座。拨壳凸笋用以拨出弹壳(子弹)。

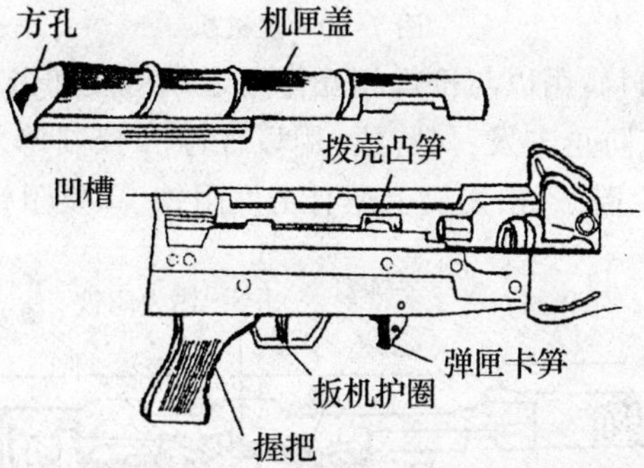

图 7–8　机匣

(6)枪机(如图 7–9):由机栓和机体组成,用以送弹、闭锁、击发和退壳,能使击锤向后成待发状态。

机栓上有圆孔和导笋槽,用以容纳机体,并引导机体旋转形成闭锁和开锁。机栓上还有解脱凸笋、机柄和复进机巢。

机体上有：击针，用以撞击子弹底火；抓弹钩，用以从膛内抓出弹壳（子弹）。机体上还有导笋、送弹凸笋、闭锁凸笋和弹底巢。

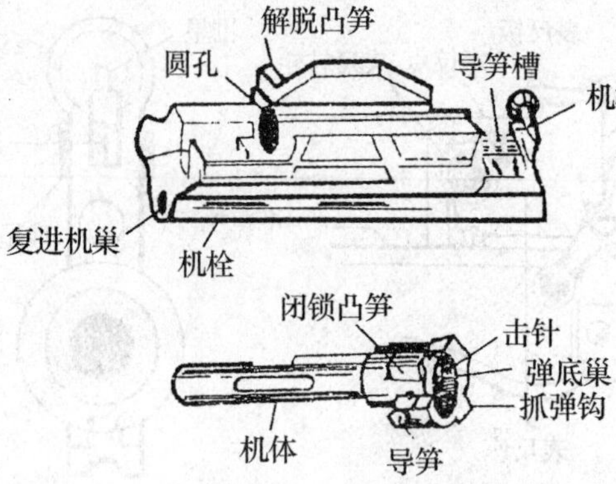

图 7-9　枪机

（7）复进机（如图 7-10）：由导管、导杆、导管座、复进簧和支撑环组成。用以使枪机回到前方位置。导管座上有机匣盖卡笋。

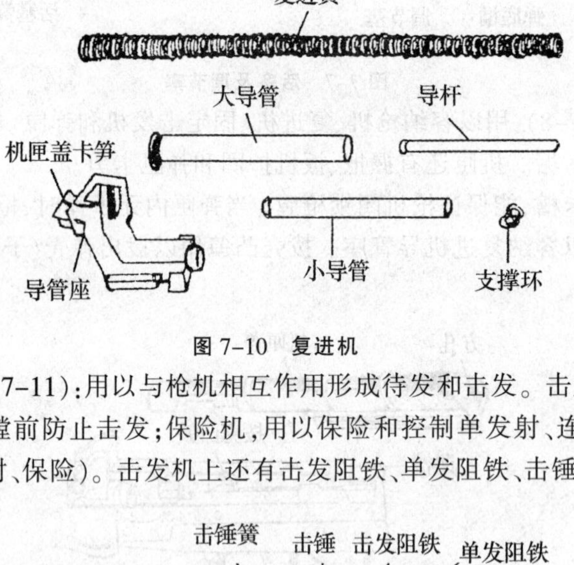

图 7-10　复进机

（8）击发机（如图 7-11）：用以与枪机相互作用形成待发和击发。击发机上有：击发控制机，能在枪机闭锁枪膛前防止击发；保险机，用以保险和控制单发射、连发射（“1”、“2”、“0”分别为单发射、连发射、保险）。击发机上还有击发阻铁、单发阻铁、击锤和扳机。

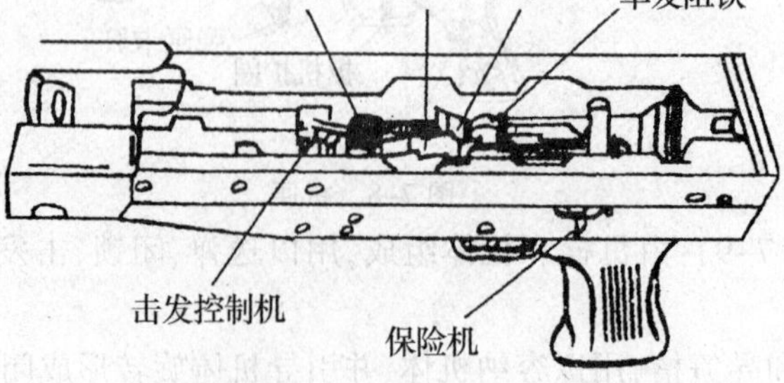

图 7-11　击发机

(9)弹匣(如图 7-12):用以容纳和托送子弹。弹匣由弹匣体、托弹钣、托弹钣簧、固定钣、弹匣盖组成。弹匣体上有:凹槽和挂耳,用以将弹匣固定在枪上;检查孔,当看到子弹时,则已装满子弹。

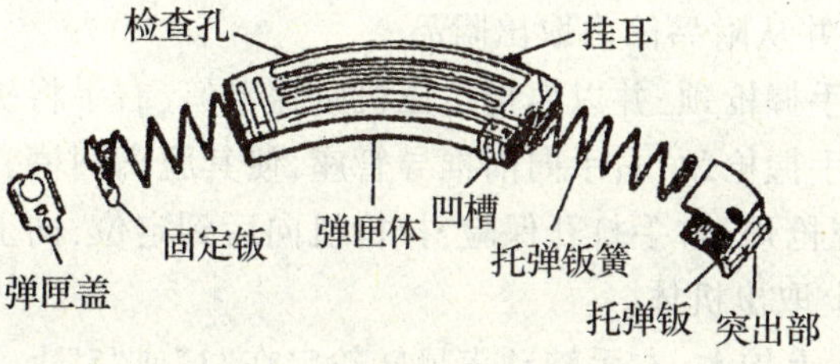

图 7-12　弹匣

(10)枪托(如图 7-13):便于操作。枪托由枪颈、托底钣、附品盒巢和枪托卡笋组成,平时成打开状态,必要时可折叠。

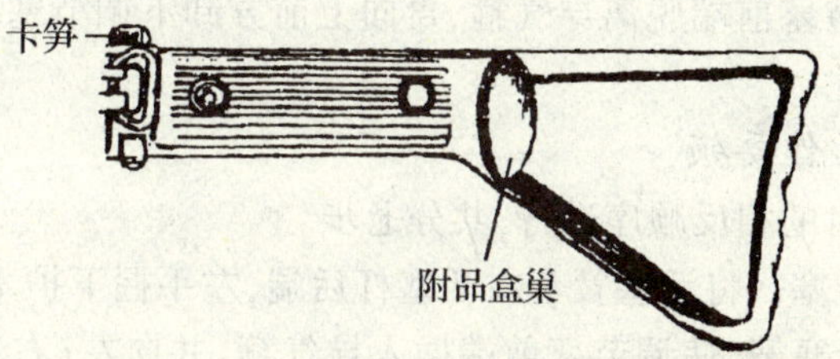

图 7-13　枪托

附品:用以分解结合、擦拭上油、携带和排除故障。附品包括擦拭杆、鬃刷、铳子、附品盒、通条、油壶、背带和弹匣袋。

2. 自动原理

扣扳机后,击锤打击击针,撞击子弹底火,点燃发射药,产生火药气体,推送弹头沿膛线向前运动;弹头一经过导气孔,部分火药气体通过导气孔,涌入导气箍,冲击活塞,推动推杆,使枪机向后,压缩复进簧,完成开锁、抛壳,并使击锤成待发状态;枪机退到后方时,由于复进簧的伸张,使枪机向前运动,推送下一发子弹入膛,闭锁。此时,如保险机定在连发位置,扳机未松开,击发阻铁不能卡住击锤,击锤再次打击击针,形成连发;如保险机定在单发位置,击锤被单发阻铁卡住不能向前,若再次发射,必须松开板机,再扣板机。

三、分解结合

(一)分解与结合的目的和需要

分解结合的目的是为了擦拭上油、检查和排除故障。其要求是:分解前必须验枪,保证安全无事故。分解结合应按顺序和要领进行,不要强敲硬卸。分解下来的机件应按次序放在干净的物体上(按照由右向左、下沿取齐,枪面向前放于机件前)。除所讲的分解内容外,未经许可不得分解其他机件。结合后,应拉送枪机数次,检查机件结合是否正常。

(二)分解结合的动作要领

1.卸下弹匣。左右握护木,枪面向左,右手握弹匣,拇指按压弹匣卡笋(也可右手掌心向上握弹匣,以手掌肉厚部分推压弹匣卡笋,前推取下弹匣。

2.拔出通条和取出附品筒。左手握护木右手向外向上拔出通条。然后用右手食指顶开附品筒巢盖,取出附品筒,并从附品筒内取出附品。

3.卸下机匣盖。左手握枪颈,并以拇指按压机匣盖卡笋,右手将机匣盖上提取下。

4.抽出复进机。左手握枪颈,右手向前推导管座,使其脱离凹槽,先后抽出复进机。

5.取出枪机。左手握枪颈,右手打开保险,拉枪机向后到定位,向上取出。左右转动机体,使导笋脱离笋槽,再向上取出机体。

6.卸下护盖。右手握上护木,左手转动表尺转轮定在“1”或“5”上,再向外拉,使限制轮脱离限制槽。然后向前(或向后)转动使表尺轮上的“0”对正表尺座上的白点。左手握下护木,右手向上向后卸下护盖。

7.卸下调节塞和活塞。左手握下护木,右手将调节塞向右(左)转动到定位,向后拉调节塞,压缩活塞簧,使调节塞前端脱离导气箍,再向上前方卸下调节塞和活塞,并将调节塞、活塞及活塞簧分开。

(三)结合时的动作要领

结合时应按分解时的相反顺序进行,共分七步。

1.装上活塞及调节塞。将活塞簧套在活塞杆后端,左手握下护木,右手将活塞杆插入表尺座的圆孔内,压缩活塞簧,使调节塞前端插入导气箍,并向左(右)转动调节塞,使解脱凸笋进入凹槽。

2.装上护盖。左手握下护木,右手将护木盖前端两侧卡在导气箍上,按压护盖后端向下到定位。左手转动表尺轮使分划“1”对正表尺座外侧的圆点。

3.装上枪机。右手握机栓,使导气槽向上;左手将枪机结合在枪栓上,使导笋进入导笋槽并向前转动到定位。左手握枪颈,右手将枪机从机匣后端装入机匣,前推到定位。

4.装上复进机。左手握枪颈,右手将复进机插入复进机巢内,向前推压,使导管座进入凹槽内。

5.装上机匣盖。左手握枪颈,右手将机匣盖前端对正半圆槽,使后部的方孔对正机匣盖卡笋,向前下方推压机匣盖,使卡笋完全进入方孔内。

6.装上附品筒和通条。将附品装入附品筒内,左手握护木,右手将附品筒盖朝外装入附品筒巢内。然后将通条插入通条孔内,并使通条头进入通条头槽。此时拉枪机数次,检查机件结合是否正确;扣扳机、关保险。

7.装上弹匣。左手握护木,枪面稍向左,右手握弹匣,将弹匣口前端插入结合口内,扳弹匣向后到定位。

四、爱护武器和排除故障

轻武器是单兵的基本装备,是消灭敌人保存自己的重要物质基础,是国家的重要财产。为使其经常处于良好的战备状态,必须了解轻武器的保管、使用原则,学会一般故障的排除方法。

（一）爱护武器的要求

爱护武器是军人的重要职责，因此必须做到勤检查、勤擦拭、勤保养、不碰摔、不锈蚀、无损坏、会擦拭、会保管、会检查、会排除故障，使武器保持完好状态；枪支弹药要放在安全、干燥、通风的地方，确保随时执行战斗任务。

（二）擦拭上油

1.擦拭的时机和要求。实弹射击后，应用浸透油或碱水（肥皂水）的布，将武器上的烟渣、污垢擦拭干净，并用干布擦干后再上油，在以后三四天应每天擦拭一次；训练、演习后应适时地用干布和油布擦拭；不经常使用时，每周至少擦拭一次；在严寒的室外将枪带到室内时等水珠出现后再擦拭上油，被海水浸过或遭毒剂和放射性物质沾染后，应先用淡水冲洗后再擦拭。擦拭上油后，应放在通风干燥处晾干，严禁火烤或暴晒。

2.擦拭上油的方法。擦拭前，应分解武器，准备好擦拭工具。使用通条时，将通条从附品筒的大圆孔穿过小圆孔，再将附品筒盖套在通条上作枪口罩，拧紧擦拭杆，然后用铳子穿过附品筒和通条头上的圆孔，固定住通条。

（1）擦拭枪膛时，把布条缠在擦拭杆活动部分，并插入枪膛，将附品筒盖套在枪口上，沿枪膛均匀地来回擦拭直到擦干净，弹膛应从后面擦拭，最后用布条或鬃刷涂油。

（2）擦拭导气箍、活塞筒时，用通条或竹（木）杆缠布擦拭，擦干净后涂油。

（3）擦拭其他机件时，应先擦净表面的烟渣污垢，对孔、沟、槽等细小部位，可用竹（木）签缠布进行擦拭，而后薄薄地涂上一层油。

五、排除故障的方法

射击中如发现故障，通常拉枪机（套筒）向后，重新装弹继续射击。如仍有故障，应迅速查明原因予以排除。如排除不了，应迅速向指导员报告，以保证及时完成射击任务。

第二节 射击训练

一、瞄准训练

（一）检查瞄准的方法

1. 个人检查

瞄准时头稍微左右移动，检查准星是否位于缺口中央，头稍微上下移动，检查准星尖是否与缺口上沿平齐，也可以用平正准星检查器遮挡的方法，检查准星缺口是否严正。

2. 固定枪检查

将枪放在依托物上，瞄准后不动枪，互相检查瞄准的正确程度。

3. 用检查镜检查

将检查镜固定在枪上,检查者位于射手左侧进行检查。

(二)瞄准误差对命中的影响

1. 准星与缺口的关系不正确

瞄准时若准星与缺口内的偏差为1毫米,在100米远的距离上射弹差约为32厘米。距离增加几倍,偏差量就增加几倍。射弹偏差量的大小与射击距离和瞄准基线的长短有直接的关系。

2. 瞄准线指向的偏差

瞄准时若准星与缺口的关系正确,而瞄准线指向产生偏差时,射弹也会产生偏差,射弹的偏差与瞄准线指向的偏差一致,如瞄准线指向偏左10厘米,射弹也会偏左10厘米。

3. 枪面倾斜

枪面倾斜使枪身轴线的指向产生偏差,枪面偏左,射弹偏左下;枪面偏右,射弹偏右下。

二、验枪

(一)验枪的目的与要求

1. 验枪目的。为了保证安全,使用武器前后以及必要时都需要验枪和验弹。

2. 验枪的要求。认真检查弹膛、弹匣以及教练弹中有无实弹,验枪时严禁枪口对人。

(二)验枪的动作要领

口令:"验枪"、"验枪完毕"

要领:听到"验枪"口令时,右手移握护木,背带从肩上脱下,使枪口向前,以右脚掌为轴,身体半面向右转,左脚掌顺势向前一步,这时两脚分开约与肩膀同宽。然后将枪向前送出,左手接握下护木,左大臂紧靠左肋,枪托贴于右胯,准星约与肩同高,右手掌心向下,虎口向前,拇指打开保险,卸下弹匣,使弹匣口向后,挂耳向下,交给左手握于护木右侧,移握机柄。

当指挥员检查时,拉枪机向后,验过后,自行送回枪机,装上弹匣,扣扳机,关保验,移握枪颈。

听到"验枪完毕"的口令后,左手反握护木,将枪倒置于胸前,背带环约与肩同高,右手拇指挑起背带,身体半面向左转,在右脚靠拢左脚的同时,两手协力将枪送上右肩,恢复肩枪姿势。

三、射击

(一)向弹匣内装填子弹

口令:"装填弹匣"、"起立"

要领:听到"装填弹匣"口令后,右手移握上护木,使枪口向前,背带从肩上脱下,同时左脚向前迈出一步,右膝跪下,臀部坐在右脚跟上,右手将枪置于左腿内侧,枪面向里位于左肩。右手从弹袋内取出空弹匣或从枪上卸下空弹匣,使弹匣口向下、挂耳向左前交给左手,右手将子弹放在弹匣口上,两手协力,将子弹压入弹匣内。装好后,弹匣口向下、挂耳向左装入弹袋内并扣好,左手位于左膝上,右手握上护木,目视前方。

听到口令“起立”后,迅速起立,左手反握护木,将枪倒置于胸前,右手拇指挑起背带。同时,身体半面向左转,在右脚靠拢左脚的同时,两手协力将枪送上右肩,恢复肩枪姿势。

(二)卧姿装退子弹及定复表尺

口令:“卧姿——装子弹”、“退子弹——起立”

要领:听到“卧姿——装子弹”的口令后,右手移握上护木,使枪口向前,背带从肩上脱下,左脚向右脚尖前迈出一大步,也可右脚顺脚尖方向迈出一大步,左手在左(右)脚前撑地,顺势卧倒。以身体的左侧和左肘支持全身。右手将枪向目标方向送出,左手接握下护木,枪面稍向左,枪托着地,右手卸下空弹匣装入弹袋内并扣好,拇指打开保险,拉开枪机送子弹上膛,关上保险,右手拇指和食指转动表尺轮,装定所需分划。然后右手移握握把,全身伏地,两脚分开约与肩同宽的距离,身体右侧与枪身略成一线,目视前方,准备射击。

听到“退子弹——起立”的口令后,稍向左侧身,右手卸下实弹匣交给左手,打开保险,拇指慢拉枪机向后,余指接住往膛内退出子弹,送回枪机,将子弹压入弹匣内,揭开弹袋扣,换上空弹匣装入弹袋内并扣好,扣扳机,关保险,复回表尺,移握上护木,将枪收回,同时左小臂向里合,屈左腿于右腿下。在左手和两脚撑起身体,右脚向前一大步,左脚再向前一步,左手反握住护木,将枪倒置于胸前,右手拇指挑起背带,在右脚靠拢左脚的同时,两手协力将枪送上右肩,恢复肩枪姿势。

(三)跪姿装退子弹及定复表尺

口令:“跪姿——装子弹”、“退子弹——起立”

要领:听到“跪姿——装子弹”的口令后,右手移握上护木,使枪口向前(背带从肩上脱下),左脚向右脚前方迈出一步,右手将枪向目标方向送出,左手接握下护木,同时右膝向右跪下,臀部坐在右脚跟上,左小腿略垂直,两腿约成90度角,左小臂放在大腿上,枪面稍向上左,准星约与肩同高,然后按要领换上实弹匣,打开保险,送子弹上膛,关上保险,定表尺,右手移握握把,目视前方,准备射击。

听到“退子弹——起立”口令后,按要领卸下实弹匣,打开保险,退出膛内子弹,换上空弹匣,扣扳机,关保险,复回表尺,移握上护木,左脚尖向外打开,同时起立,左手反握护木,将枪倒置于胸前,右手拇指挑起背带,在右脚靠拢左脚的同时,两手协力将枪送上右肩,恢复肩枪姿势。

(四)立姿装退子弹及定复表尺

口令:“立姿——装子弹”、“退子弹”

要领:听到“立姿——装子弹”口令后,右手移握上护木使枪口向前,背带从肩膀脱下,以右脚掌为轴,身体大半面向右转,左脚顺势向前迈出一步,两脚分开约与肩同宽,体重落在两脚上,右手将枪向目标方向送出。左手接握下护木,左大臂紧靠左肋,枪托贴于右胯,准星约与肩膀同高。然后按要领换上实弹匣,打开保险,送子弹上膛,关保险,定表尺,右手移握握把,目视前方,准备射击。

听到“退子弹”口令后,按要领卸下实弹匣,打开保险,退出膛内子弹,换上空弹匣,扣扳机,关保险,复回表尺,右手移握上护木,身体大半面向左转,左手反握护木,将枪倒置于胸前,右手拇指挑起背带,在右脚靠拢左脚的同时,两手协力将枪送上右肩,恢复肩枪姿势。

第三节　实弹射击

一、组织实弹射击的原则

(一)指挥员在组织实弹射击时应遵循的原则

1. 组织实弹射击必须在对射手进行武器常识、射击原理、射击动作和方法、观察和测定距离训练之后实施。

2. 组织实弹射击,事先必须进行周密、细致的准备工作,制定具体、明确的安全措施,防止各种事故的发生。

3. 严格按照组织程序办事,实弹射击前应向上级主管部门请示,射击完毕后报告,不得任意延长和更改实弹射击的日期和更换实弹射击的场地。

4. 组织实弹射击时,必须从实战需要出发,从难从严要求部队,注意锻炼射手独立自主地完成射击任务的能力,不准降低标准,不得拼凑尖子,弄虚作假。

5. 组织实弹射击,必须依照总参谋部颁发的最新的条令、教令以及《军事训练成绩评定标准》,严格按照规定的条件和标准具体组织实施。

(二)射击场地的组织和安全规则

1. 射击场地的组织

(1)组织实弹射击的人员的编制

组织实弹射击应由射击场指挥员、地段指挥员、靶壕指挥员和警戒、信号观察、示靶、发弹、记录、医务人员等组成。

(2)组织实弹射击人员的职责

①射击场指挥员。负责设备场地,派遣勤务,组织指挥射击,监督全体人员遵守射击场的各项规定和安全规则,处理有关的问题。

②警戒人员。负责全场的警戒,严禁任何人员和牲畜进入警区,发现险情应及时发出信号并向射击场地指挥员报告。

③信号(观察)员。根据射击场地指挥员的命令发出各种信号,负责警戒区内的观察,发现险情立即报告。

④地段指挥员。在射击场地指挥员的领导下,负责组织本地段的射击指挥。

⑤靶壕指挥员。在射击场地指挥员的领导下,负责组织设靶、示靶、报靶、补靶以及处理有关的问题。

⑥示靶人员。负责设靶、示靶和报靶等工作。

⑦发弹员。根据指挥员的命令,按照规定弹种、弹数发给射手子弹、收回剩余子弹,射击

终止后,负责清查弹药和收交给弹壳。

⑧记录员。负责记录射手的成绩和统计单位成绩。

2. 射击场地的安全规则

(1)对参加实弹射击的各类人员的要求

示弹人员听到或看到准备射击的信号后,应迅速隐蔽,未经射击场地指挥员许可不得随便走出靶壕,若靶壕内发生特殊情况,需要立即停止射击时,应出示白旗或用其他的规定的方法向指挥员报告。

实弹射击前,射击场地指挥员必须向全体人员明确规定各种信号记号以及与警戒、观察人员的联络方法,并要求全体人员严格执行信号规定,参加实弹射击的射手在使用武器前后必须验枪,无论枪内有无实弹,都不得将枪口对准人,严禁将装有实弹的武器随意放置或交给他人,没有指挥员的口令,射手射向不得超出安全射界,在射击过程中,射手若看到靶壕的白旗或者听到停止的口令时,应立即停止射击。

(2)射击场地的确定以及使用的规定

确定实弹射击场地时,必须要有可靠的靶档,有确保安全的靶壕和掩蔽部,并应避开高压线。在使用时,事先必须仔细搜索靶场警戒区,派出警戒,设置警戒旗。必要时应预先将射击开始和结束的时间、危险区域及其射击场的有关信号通知当地有关单位和人员。

二、实施实弹射击的一般规定

实弹射击的一般规定是指实弹射击前,根据实弹射击的客观需要制定的各种行动标准和规则,主要有以下 7 个方面内容。

(一)组织基本射击时,射手进到出发地线后,指挥员令发弹员发给射手或者副射手子弹。以 56 式半自动步枪的练习实弹射击为例,下达口令:“发弹员——发给每个射手 5 发弹”然后下达“装填弹匣”的口令,装填子弹时均采取跪姿,接着发出准备射击的信号,待靶壕树立红旗或用其他规定的方法发出可以射击的信号后,下达射击地线前进的口令。射手进入射击地线后,按指挥员口令做好射击准备,指挥员规定时间发出开始射击的口令或显示目标的信号,射手即行射击。

(二)各种武器实弹射击的第一练习,可在良好的天气气候的条件下实施,实弹射击的其他练习,可在各种天气、各种地形上结合本部队担负的作战任务实施,特别要探讨恶劣天气气候条件下的射击和射击指挥问题。

(三)实弹射击的时候,必须使用手中的武器,如果因为武器的机件损坏或射效不合格而无法矫正,射手不能使用武器必须经上级领导批准。

(四)射击中凡是有时间限制的练习,规定时间一到,指挥员应立即下达停止射击的口令,射手应立即停止射击,射手打错靶算是脱靶。打错者,如果当时能判明打错的弹着,即扣除;如果当时不能判明打错的弹着,应扣除超过发射弹数的弹着,如系环靶,扣除环数最少的弹着,对环靶射击时,命中环线算内环,跳弹命中靶子不算成绩。

(五)射击中若发生故障,如属射手操作原因,应自行排除后继续射击;如属于武器弹药或靶子等原因,扣除排除故障的时间,补发弹药后继续射击。如果条件许可,也可重新射击。

(六)射击完毕后退子弹起立,在原地验枪,验枪完毕后,发出报(检)靶信号,同时指挥射手向右翼排头靠拢,再由右翼排头下达口令带到指定位置坐好,也可以由指挥员下达口令,从射击地线带回。

(七)全场射击完毕,如果不及格者可依次补射,补射成绩算个人成绩,不算单位成绩,补射完毕后,发出射击完毕的信号,召回警戒,指挥员实施小结讲评,依据射击成绩评价训练效果。

三、勤务培训

主要是针对警戒、信号(观察),以及示靶人员的培训。

(1)培训警戒人员,要明确规定信号和任务,确定警戒重点,指定警戒人员的隐蔽位置,规定发现险情与指挥员联络报告的方法,必要时可在现场预演。

(2)培训信号(观察)员时,讲请联络、指挥信号以及传递使用观察信号的方法;明确观察地境、方向以及重点方向和地境,规定联络报告方法。

(3)培训报靶(检靶)人员时,首先要教育他们对工作认真负责,严格执行射击的各项规定,真正做到令行禁止,然后教会报靶人员的报靶方法。

四、成绩评定

实弹射击成绩评定分为四个等级:优秀、良好、及格和不及格。

(一)个人实弹射击的成绩评定标准

射击条件。卧姿,有依托,距离100米,胸环靶,弹数为5发,单发弹,射击时间为5分钟,成绩评定标准为45环以上为优秀;35~39环为良好;34~30环为及格;30环以下为不及格。

(二)单位实弹射击成绩评定标准

优秀。90%以上的射手的成绩在及格以上,并有40%以上的射手的成绩为优秀。

良好。80%以上的射手的成绩在及格以上, 并有40%以上的射手的成绩为优秀和良好。

及格。70%以上的射手的成绩在及格以上。

第四节 军训日常管理及考核

根据中国人民解放军共同条令要求,结合高等院校学生军事训练实际,可以按照如下要求,进行军训期间的日常管理以及考核。

一、一日生活制度

(一)起床

听到起床号后,全体参训学生应立即起床,各级负责人员应检查督促,按规定着装,做好出操准备。

(二)早操

早操以连队或者排为单位进行组织,听到出操号令后,排长应迅速集合整队,清查人数,向连队值班员报告,由连队值班员或连、排长带队到指定场地出操,早操时间通常为30分钟,主要进行队列训练或体育锻炼。

(三)洗漱和整理内务

早操后进行洗漱和整理内务,时间不超过30分钟,班长要指导和协助整理好本班内务卫生。连队值班员要检查全连内务卫生情况,内务卫生要求保持清洁、整齐、统一。

(四)开饭

按照规定时间开饭,开饭前应以连为单位整队带到食堂门口,解散后有秩序地进行购买饭菜,就餐时应保持肃静,文明就餐,用餐完毕后自行离开。

(五)操课

操课前应根据军训计划表做好准备,负责人应提前集合队伍,清点人数。检查着装(不准穿背心、短裤、拖鞋和高跟鞋),并做好点名记录。操课学生要严格遵守记录和各项规章制度,认真听讲,精心操练,尊重解放军,尊重教师,服从管理。使用武器、器材时要严格遵守操作规程,注意安全,严防事故发生。操课结束,应检查训练器材,做好交还工作,连、排讲评后集体带回。往返途中要保持队列整齐,歌声嘹亮。

(六)午休

按照规定时间午休,保持肃静,值班员要检查督促,午休结束后,按照规定整理好内务,做好操课准备。

(七)文体活动

集中军训期间各级统一组织的文体活动必须参加,并可适当安排课外活动时间给学生处理个人事情,但不得擅自外出或离开训练营区。

(八)晚点名

晚点名通常以连为单位就寝前在室外列队进行,时间不超过15分钟,其内容包括清点人数、工作生活讲评、传达上级指示、布置次日工作。

(九)就寝

全体人员听到就寝号后,应停止一切活动,立即熄灯就寝,保持肃静。

二、请假、销假制度

(一)请假要按照级办理请假手续,假满后应按时销假。

(二)学生在操课时间内,非伤病员一律不准请假,特殊情况需经"班主任、辅导员、系领导、教务处领导”签署意见并批准后方可请假,未办理请假手续和未经批准的,按旷课处理。

(三)因病需休息的须出示有效病例证明或校医务室病休证明,经院系指导员和连长同意后,送教务处领导批准即可。

(四)凡请假超过军训时间的1/2者,必须重新培训。

(五)凡因健康原因不能参加集中军训的学生,必须持有效医院证明,申请免修,经院系领导批准后报教务处备案。

三、内务卫生要求

(一)床铺、被褥折叠成统一形状(三角形或四方形),摆放在同一方向,枕头搁放在被子上,床上不堆放衣物、书本或其他杂物,保持床铺的整齐干净。蚊帐内不挂衣服或其他杂物。

(二)鞋类成排摆放,衣物悬挂统一,需晾晒的衣物均悬挂外面走廊。

(三)箱子、行李、脸盆、水桶、牙杯、牙刷、餐具、毛巾等生活用品成排摆放,保持整洁美观。

(四)门板、窗户、玻璃擦拭干净,窗台上不留杂物。

(五)保持地板干净卫生,天花板以及墙壁要定期清扫,不留蜘蛛网。

(六)走廊要求干净,不倒水和剩余饭菜,不往楼下泼水、扔纸屑等杂物,垃圾需打扫成堆放入卫生桶内。

四、军容风纪规定

(一)着装

1.士兵必须按照规定着军服,保持军容严整。

2.严格按照授予军衔的命令佩戴军衔标志和帽徽、肩章、领花等。

3.军服应当保持整洁,配套穿着,不宜混穿。军服内的各种内衣下摆不得外露,着礼服、夏常服时,必须内着配发的衬衣,系配发的领带,着长袖衬衣或者内衣时,下摆要扎于裤子内。

4.着军服时,应当佩戴军帽。戴大檐帽、军训帽时,男士兵帽前缘与眉同高;女士兵帽稍向后倾;戴贝雷帽时,帽顶稍向后倾;帽徽正对左眼上方,帽前下缘距两眉约两指;戴绒(皮)帽时,护脑下缘距眉一指(男士兵),三指(女士兵)。

5.参加执勤、操课、检阅或者携带武器、战斗装具时,通常扎腰带,其他场合可不扎腰带。

6.在操课和集体活动时,通常着军服,着便鞋时只准穿黑、棕色鞋;洗漱时可以穿拖鞋。

7.作战、训练、施工、体力劳动时,通常着训练服,其他场合通常着常服。

(二)仪容

1.军人头发应当整洁,男士兵不准留大背头、大鬓角和胡须,蓄发不得超过1.5厘米;女士兵发辫不能过肩,不准烫发。

2.着军服时,不准戴耳环、项链、领饰、戒指等饰物,不得描眉、涂口红、擦胭脂、染指甲和文身。

3.除工作需要和眼疾外,不准戴有色眼镜。

4.只准佩戴国家和军队统一颁发的勋章、奖章、证章、纪念章和院校徽章，不准佩戴其他徽章。

(三)举止

士兵必须举止端正，精神振奋，姿态良好，外出时必须遵守公共秩序和交通规则，遵守社会公德，自觉维护军队的声誉。在乘坐火车、公共汽车时，要主动给上级和老幼病残人员让座，要敢于同坏人坏事作斗争。

士兵不准袖手、背手和将手插入衣袋，不准猥集街头、搭背挽臂或者嬉笑打闹；不准边走边吸烟、吃东西、扇扇子；不准擅自参加地方组织的舞会；不准参与各种迷信活动；不准酗酒、赌博和参加一些不文明的活动，不准到地方的酒吧、网吧、发廊、按摩室、桑拿浴室、录像厅、歌舞厅和电子游艺厅等场所消费娱乐，严禁军人涉足不健康场所；不准着军服摆摊设点做头卖；不准以军人的名义、肖像做商业广告；不准携带违禁物品。

五、考核

(一)考核内容

军事理论、内务卫生、队列队形、军体拳、实弹射击、作风纪律、会操。

(二)成绩考核

学生军训成绩，根据学生军训过程中的内务卫生、队列队形、军体拳、实弹射击、会操、军事理论等的单项成绩的综合，分别以优、良、中、及格、不及格(重修)五个等级给予个人最终评定成绩，并载入学生档案。

所占百分比为内务卫生 15%，队列队形 25%，军体拳 10%，实弹射击 15%，会操 10%，军事理论 20%，作风纪律 5%。

六、奖罚

(一)在军训中，对在军训中工作成绩突出的各类人员，包括教官、指导员和教师等，可由军训团研究报军训工作领导小组确定实施奖励。

(二)在军训中，学生集体或个人的表现突出或成绩优秀的应该给予表彰，先进军训集体按参训班级的 30%，先进军训个人按班级总人数的 10%评出(4 舍 5 入)，荣获先进军训集体和先进军训个人者，由学校给予表彰奖励。

(三)对在军训工作中表现不好，严重违犯规章制度的个人或集体，视情节轻重和影响大小，给予批评教育或纪律处分，对损坏、丢失训练器材的，应照价赔偿，并写出检查，对破坏武器、器材、私藏子弹造成严重后果的，要依法惩处。

七、军训安全工作规定

(一)要求

安全工作是学生集中军训期间的一项十分重要的工作，预防各种故事的发生，对完成军训任务，增强内外团结，具有重要意义。

1.认真学习有关安全规定，牢固树立安全观念。发生事故要及时报告，查明原因并正确处理。

2.遵守训练场合的各种规定,严格按照操作规程办事,不得在训练场戏耍打闹。

3.严禁私自下河游泳、捕鱼,防止淹亡事故。

4.遵守交通规则,严禁违章行车和非驾驶人员开车。乘车时不准打闹、开玩笑;严禁将头、手、脚伸出车外。

5.落实安全措施,严防火灾、触电、煤气中毒。

6.讲究卫生,注意饮食,防止生病和食物中毒。

7.严格贯彻执行"三大纪律、八项注意"。

(二)武器使用管理规定

1.禁止私人非法获取弹药和利用军训之机进行违法射击,枪支、弹药必须分开保管。

2.爱护武器,人人有责,武器管理员要做到勤检查,勤组织擦拭保养,操课后必须擦拭干净后送回武器库。

3.训练用枪按照规定时间向武器库领用和交回,各连队指定人员办理出入库手续,当场清点数量,分别签字。

4.使用武器必须严格按照操作规程,严禁玩弄枪支,不准枪口对人,在实弹、实爆训练时,要及时收缴剩余的弹药,严禁随意拆除或玩弄爆炸物。

(三)射击场规则

1.组织密弹射击时,应设射击场指挥员、地段指挥员、靶壕指挥员和警戒、信号(观察)、示靶、发弹、记录、修械、医务人员等。

2.射击前后必须验枪,无论枪内有无子弹,严禁枪口对人;严禁将装有实弹的武器随意放置或交给他人,不准将实弹和教练弹混在一起;没有指挥员的命令,射手不准装子弹和射击;实弹射击时,射手不得越出安全射界。

3.发出准备射击信号后,示靶员应迅速隐蔽,竖立红色信号旗,未经射击场指挥员允许,不得跃出靶壕。指挥员未接到靶壕内发出的可以射击信号,不得下令射击,靶壕内如发生特殊情况需立即停止射击时,应出示白旗,或用其他规定的方法向指挥员报告。射手看到白旗或听到"停止射击"的口令时,应立即停止射击,关保险,并将枪支置地。

4.射手按编组指定靶位实施射击。

5.全体人员必须明确各种信号规定,如开始射击、停止射击、报靶和射击终止等信号。

思考题

1.自动步枪和半自动步枪的主要诸元和战斗性能是什么?

2.半自动步枪由哪几大部分组成?主要机件的名称和用途是什么?

3.验枪的目的及要求有哪些?

4.瞄准的动作要领是什么?

5.半自动步枪卧姿装退子弹动作各分几步完成?

第八章　军事地形学

军队的一切战斗行动,都是在一定的地形条件下进行的,都要受到地形条件的影响和制约。随着现代战争的突发性增大,战场范围扩大,参战军种、兵种的增多,部队机动能力的提高,研究利用地形显得特别重要,加之军事测绘成果的不断丰富,军事地形学逐渐成为军事训练的一门重要科目。军事地形学是研究在军事上如何识别和利用地形的学科。

第一节　地形对军队作战行动的影响

不同的地形有着不同的特点,这些特点对军队的作战行动会有不同的影响,认识并分析这些地形对作战行动的制约方式和影响作用是军事上研究和利用地形的前提。

一、地形的分类和作用

(一)地形的分类

地形是地物和地貌的总称。地貌是指地面高低起伏的自然状态,如山地、丘陵、平原等。也包括地表面的固定性物体:含自然形成和人工建造的,如居民地、江河、森林、道路等。依地貌的状态,可分为平原、丘陵地、山地和高原;依地物和土壤的性质,可分为居民地、沙漠戈壁、草原、水网稻田地、黄土地、江河湖泊、山林地、石林地、沼泽地等;依对军队战斗行动的影响,又可分开阔地、隐蔽地和断绝地等。不同地形有不同的特点,对军队战斗行动有不同影响。

(二)地形的作用

地形是军队行动的客观基础,是各级军事指挥员组织指挥作战的重要因素之一。分析判断地形对作战的影响是正确利用地形进行作战的基础。

未来的战争,是高技术战争,随着科学技术的发展,武器装备趋于电子化、智能化、隐形化,战争的突然性和破坏力增大,又使战场广阔,情况变幻莫测,部队机动性强。在以劣势装备对付敌人强势装备的情况下,更加需要充分利用地形以降低敌人装备的效能。

二、几种地形的特点及其对作战行动的影响

(一)平原

1. 平原的地形特点

一般海拔在200米以下,高差在50米以下的地区叫平原。我国平原地区面积约占全国总面积的12%。平原地面平坦开阔、居民较多、人口稠密、交通发达、道路较宽且多、江河较少,大部分为大面积耕种地,物产丰富。北方地区平原多为旱地、夏秋季展望不良、冬春季展望良好。华北地区有两大平原:华北平原和河套平原。华北平原位于河北省的东南部,地势较低,平均高度在30米以下,北起燕山山脉,西接太行山,东濒渤海湾,河流多由西向东流入渤海;河套平原位于内蒙古自治区的西南部,地势较高,黄河流经其中部,但那里的交通被黄河所阻,冲沟较多,交通会受到一定的限制。

2. 平原对作战行动的影响

平原便于机械化部队行动。尤其是北方平原更能发挥坦克和机械化部队的机动性能。但雨水季节时江河有较大的阻碍作用。南方平原的水塘、水沟、小溪对部队机动有一定的影响。冬春季展望良好,射界开阔,但不易选择良好的观察所和炮兵发射阵地;配置在纵深的直射火器不便于发挥火力;大部队行动易露企图。夏季树木繁茂,利用青纱帐便于伪装,但视界和射界受一定限制。平原地区遭受原子武器袭击时,危害范围较大,但利用土堆、小丘、土坑和沟渠等,可起到一定的防护作用。平原地区使用化学武器易受风向、风速等的影响,除了居民地、凹地、沟渠外一般不易滞留毒剂。作战需要有大量的工程设施,一般北方平原利于修筑工事,南方平原地区则因水稻田地多,地下水位高,不利于修筑地下工事。

(二)山地

1. 山地的地形特点

地面起伏显著,高差一般在200米以上的高地叫山,群山连绵交错的地区叫山地。我国的山地约占全国总面积的33%。山地一般沟深坡陡,山背、山脊纵横起伏,道路少且道路质量差,河床窄,水位涨落急剧。人烟稀少,物质匮乏。山地一般山高谷深,斜面险峻,江河水流湍急,隐蔽地、断绝地多,道路和居民地稀少,交通不便,农产较少。高山地区空气稀薄,气象多变,山顶和山脚昼夜之间的温差较大。

2. 山地对作战行动的影响

山地便于凭险固守,隐蔽行动,但不便于部队机动,坦克、炮兵和机械化部队仅能沿公路、平坦谷地运动,大兵团行动也受道路限制;山地便于选择良好的指挥所、观察所,便于隐蔽伪装,便于穿插、迂回、包围和设置埋伏;防守时,利用山洞和坑道等隐蔽部队和储备物质。但判定方位困难,射击、观察死角多,通信联络、指挥协同均较困难。山地对原子、核化武器袭击有良好的防护作用,能缩小杀伤范围和效能。山谷和洼地易滞留放射性物质和毒剂,消洗困难。山地地形便于建筑坚固的坑道工事,但石质山地不易挖掘,作业效率低,后勤保障困难。

（三）山林地

1. 山林地的地形特点

树木聚生的山地叫山林地。山林地的特点与山地基本相似，只是地形更隐蔽，人烟更稀少，交通更不便。

2. 山林地地形对作战行动的影响

山林地便于隐蔽集结；易达成战斗的突然性；便于实施迂回包围，穿插分割；便于轻装部队活动；便于控制要点据险扼守，节省兵力；便于就地取材，修筑工事设置障碍；便于采集野生食物，克服短期困难。但对判定方位、观察、射击、交通运输、抢救伤员、组织协同和实施指挥等都比较困难。对原子、化学武器有防护作用，使其威力相对减少。

（四）丘陵地

1. 丘陵地的地形特点

丘陵地面起伏较缓，高差一般在200米以下的高地叫丘陵。许多丘陵连绵的地区叫丘陵地。我国丘陵地分布较广，约占全国总面积的10%。较大的丘陵地有东南丘陵地、胶东丘陵地和辽西丘陵地等。丘陵地一般形状浑圆，谷宽岭低，坡度平缓，断绝地较少，高差较小。丘陵地一般人烟较多，农产较丰富，山脚附近多为耕地、梯田和谷地，它是介于山地和平原之间的过渡地形。居民多依山傍谷，城镇多在广阔的谷地和水陆交通要点，交通便利。

2. 丘陵地对作战行动的影响

丘陵地对部队机动和各种兵器装备的使用一般限制很小，观察、射击、工事构筑、隐蔽和指挥，对部队攻防战斗均较有利，便于选择良好的制高点、指挥所、观察所和各种兵器的射击阵地，便于通信联络和诸兵种协同作战。丘陵地区便于后勤补给。由于地形起伏，对原子武器袭击有较好的天然防护作用，但山谷和凹地容易滞留毒剂。峡谷和冲沟，是天然的防坦克的好障碍。丘陵地土层较厚，便于构筑野战工事，物产丰富。

（五）岛屿

1. 岛屿地的地形特点

岛屿是散列于海洋、湖泊中的陆地，面积大小不一，通常大的叫岛，小的叫屿。岛屿四面环水，面积狭小，多数为列岛或群岛，少数为孤岛。一般岛上多山，坡度陡峻，地形复杂，岸线弯曲，岸陡滩狭，道路少，且曲折狭窄。居民少，物产有限，淡水缺乏，多数岛上土壤贫乏，植被较少，但热带地区的岛上多茂密丛林。岛上气象复杂多变，夏季台风威胁较大，有些岛屿之间水浅礁多，航道狭窄。

2. 岛屿地对作战行动的影响

岛屿对作战行动的影响，主要取决于岛屿的位置、形状、大小、岛上的地形以及港湾、交通和给水条件等。一般来说，岛屿作战利于防御而不利于进攻。防御时，由于岛上山多，地形险要，登陆地段少，便于依托有利地形，构筑以坑道为骨干、组成完整坚固的防御阵地。凭险固守，但由于四面环水，军队机动和补给受到一定的限制。岛屿和岛屿之间的联络也不方便。协同作战和指挥困难，并且容易四面受敌，战斗独立性大。进攻时，由于岛屿内多险峻山地，沿海的海岸岸陡滩狭，登陆和展开战斗都受到一定的限制。航渡时，战斗队形暴露于海面，容易遭受来自空中、海上和岛屿上的袭击。海洋气候多变，风浪和海潮会影响部队的航渡和增加疲劳。

(六)水网稻田地

1. 水网稻田地的地形特点

江河、沟渠纵横,湖泊、池塘密布,水稻田遍地的地区叫水网稻田地。水网稻田地,地势平坦,展望良好。

2. 水网稻田地对作战行动的影响

水网稻田地视界和射界较开阔,但不易选择良好的观察所、指挥所,配置在纵深的直射火器不便超越射击;由于河渠交错,岸陡水深,河底淤泥,形成开阔地,影响各兵种机动,进攻部队的战斗队形易被河渠分割,不便于指挥、联络和协同;部队连续通过泥泞稻田,体力消耗大,运动速度减低;水网稻田地不易修筑坚固的工事。对原子袭击的冲击波防护性能与平原地区相近,而热辐射易被水吸收,一般不易引起火灾。爆炸后升起大量泥浆,黏性和比重均较大,因而波及范围较小。

(七)沙漠与戈壁

在地表面覆盖着厚薄不一的沙层,形成广阔的沙砾地区叫沙漠。

在硬土层上覆盖着砾石,粗沙的广阔荒漠地区叫戈壁。它不同于沙漠,但戈壁内部往往有沙漠。

我国沙漠与戈壁多分布在西北地区,约占全国总面积的13%。较大的有:塔克拉玛干沙漠、古尔班通古特沙漠、巴丹吉林沙漠、腾格里沙漠、毛乌素沙漠等。戈壁一般多分布在大沙漠边缘地区,也有独立分布的。如内蒙古阴山山脉以北和以东地区,居延海以西地区,河西走廊、柴达木盆地和新疆的广大地区。

1. 沙漠与戈壁的地形特点

沙漠地形多为平坦的沙地和在风力作用下形成的各种沙丘、沙垄与沙质洼地。常分为固定沙丘、半固定沙丘和流动沙丘。固定沙丘:丘高一般为10~30米,坡度20°左右,泥土成分较多,土质松软,夏秋季节杂草、灌木丛生。居民较少且分散,各居民地之间有乡村小路连结。

半固定沙丘:丘高一般10~40米,坡度20°以上,沙丘形状常随风力改变,杂草和灌木多成小片分布,居民较少,无固定道路。

流动沙丘:面积较大,丘高不一。外部轮廓随风改变,位置移动,无居民地,水源贫乏,道路稀少。

戈壁地区:地势平坦或略有起伏,表面布满一层大小不一有棱角的石块或卵石,砾石粗沙混杂,缺少水源,道路较少,但地表坚硬。

沙漠与戈壁地区属于干燥气候地带,气温变化剧烈,夏季酷热,温度高达摄氏50~60°,冬季严寒,温度低达摄氏零下20~30°,昼夜温差大,风多风大,季节性沙尘暴飞沙走石。

2. 沙漠与戈壁对战斗行动的影响

沙漠戈壁地形特殊,气候恶劣,温度变化大,多风沙少水源,给军队战斗行动带来许多不便和困难。

沙漠与戈壁,地形开阔,视界、射界良好,但军队隐蔽、伪装困难; 由于缺乏方位物,军队行动,判定方位困难,易迷失方向。戈壁地面坚硬,便于坦克、机械化部队行动。沙漠地面松软,车辆通行困难,气温变化大,白天酷热,夜晚严寒,气候干燥,风沙大,对人员、装备危害大。由于人烟稀少,水源和农产品缺乏,宿营和补给困难,构筑工事易坍塌。

沙漠对原子袭击防护能力较小,由于反射辐射热的作用强,毒剂扩散广,危害成度大。

(八)居民地

1. 居民地的地形特点

人们按照生产和生活需要而形成的集聚定居的地区叫居民地。根据性质和人口多少分为城市、集镇和村庄等。大的居民地如城、镇,多是某地区的政治、经济、文化中心和交通枢纽。一般依山临江河或海而建筑,人口众多,房屋密集,建筑物高大而坚固,机场、港口、铁路等运输设施比较完善,中小城市一般都有公路和铁路相通。集镇是一种比较大的居民地,房屋较多,山地集镇的街道比较曲折,房屋分布分散,平原上的集镇一般靠近江河两侧,有公路、乡村路或水路相通。交通发达的村庄是较小的居民地,人口不多,房屋结构多为土坯或砖混结构。

2. 居民地地形对作战的影响

居民地常成为攻防的要点,也是敌航空兵、炮兵、导弹、原子和化学武器袭击的目标。城市居民地地形上建筑物密集,易于设置障碍,使机动困难,易于隐蔽、掩护,便于立体防御。高层现代建筑结构坚固,有一定的防御能力,但战时房屋易于倒塌和起火燃烧,水管和煤气管道易于破裂而引起水患、爆炸和中毒事件。居民地便于构成坚固的防御阵地,利于近战、夜战和小分队战斗行动;城市的坚固建筑物对原子武器有一定的防护作用,但易造成间接杀伤和引起火灾,庭院和街巷易滞留毒剂和放射性沾染;利用城市电讯设备可组织部队通信联络,便于部队宿营和后勤补给。但观察和协同不便,战队易被分割。

分析以上几种地形对作战行动的影响,为分析其他地形对作战行动的影响奠定了基础,如沙漠戈壁地形,植被极为稀少,视界、射界开阔,却缺乏方位物,易于迷失方向;土质疏松,影响车行,工事易于滑塌;水源缺乏,昼夜温差大,影响部队的生存能力。沙漠地形对核、化学和生物武器的防护能力差,且消除沾染和卫生处理困难。

三、研究地形的基本方法

在执行作战任务时,认真研究和善于利用地形,并且改造地形是取得作战胜利的一个重要保证,研究地形通常有以下几种方法。

(一)利用航空相片研究

利用航空相片研究,是现代广泛使用的方法。航空相片能即时获得新颖、详细、真实的地形情况,能准确判明敌人的火器配置、施工设施、兵力和技术兵器的集结区域,以及敌人进攻或防御的态势。总之摄影时所发生和存在的情形,都能在相片上显示。但高低、江河的名称和地面点的高程、河流的深浅等情况不能显示,这还得结合地图进行分析判断。

(二)利用电视显示系统进行研究

最近几年军队研究地形出现的新方法有利用电视显示系统来进行研究。利用电视技术显示地形、传输地形图或利用小型发射机直接观察战斗进展,把战场的地形和敌情的变化及时转输到指挥所里。这种方法可以快速提供指挥员确定所需要的地形以及敌情资料。

(三)现地侦查地形

现地侦查地形是研究地形的基本方法,在现地可以真实地了解地形状况,判断其对战斗行动的影响,使得意图符合客观实际,实施正确的组织指挥。

(四)利用地图研究

利用地图研究地形是一种常用的方法。通常在现地侦查前或不易进行现地侦查时采用,地形图能较为准确、详细地显示地形的起伏状况。现代作战,应随时利用地图研究地形,以实施不间断的指挥。利用地图研究地形,不受敌情、天气和时间的限制。

(五)利用沙盘进行研究

沙盘能够形象地显示地形的高低起伏,标示敌我工事、兵力和兵器配置等情况。沙盘既是平时战术训练,又是战时指挥员研究和判断地形、敌情,组织协同和战前练兵的好工具。利用沙盘研究地形的好处是直观、形象,同时能给人以清晰的立体感。

第二节　地形图知识

地形图是战场作战环境的判断、分析和对作战方案的评价以及作战指挥的工具。围绕地形图生成过程的理论与技术知识的介绍,便形成了军事地形学中识图的重要内容。

一、地图概述

(一)地图的定义

将地面的自然和社会现象要素,按一定的投影方法和比例关系,用规定的图式符号、颜色和文字标记,将实地地形,经过一定的综合取舍绘制于平面图纸上的图叫地图。

(二)地图的分类和地形图的用途

1. 地图的分类

根据地图的某些特征,把他们分成一定的种类。按比例尺可分为大、中、小比例尺地图;按用途可分为教学图、参考图、政区图、飞行图、航海图、交通图、游览图等;按内容可分为普通地图和专题地图。普通地图能综合反映地表地理景观的外貌,比较全面地标示自然条件和社会经济要素以及人类改造自然的成果。主要包括自然地理要素,如地貌、水系、土壤、植被等;社会经济要素,如居民地、行政区、工矿、交通网等。专题地图又被称为专门地图,是在地形图上简明、突出地显示一种或几种要素,具有专门化的内容和用途,如地貌图、交通图、地质图、水文图等。普通地图又可分为地形图和地理图,是编绘专题地图的基础。

2. 地形图的用途

地形图是普通地图的一种,地形图具有可判识、可量测和可分析特性。其比例尺大于1:100万,它是国家经济建设、国防建设和军队作战训练、制定作战计划和研究地形不可缺少的重要作战工具。在地形图上能详细地反映长度(距离)、高度、坡度、坐标、水平角度和面积等。专题地图又称专门地图或主题地图,是以普通地图为底图,着重标示某一专题内容的地图,如水文图、人口图、地质图、交通图、历史图、植被图和气象图等。

二、地形图比例尺与地物符号

(一)地形图比例尺

1. 比例尺的概念

地形图比例尺是图上某线段的长度与相应实地水平距离之比。地形图比例尺是说明该图所表示之地面被缩小的尺度,亦称“缩尺”。它不仅是测图、制图的依据,而且也是用图时,进行点的坐标、点间距离量算的依据。

地形图比例尺=图上长:相应的实地水平距离。如图上线段长为1厘米,实地相应线段之水平距离为5万厘米,则地形图的比例尺为1:5万。

比例尺分母愈大,其比值愈小,即地图比例尺越小,图上显示的地形就越概略,精度就越低,说明同一幅面的图中所包含的实地范围就越小。比例尺通常用图形结合数字绘制在图廓的下方。1:1万至1:10万的地图为大比例尺地图;1:20万至1:100万的地图为中比例尺地图;小于1:100万的地图为小比例尺地图。

我国地形图比例尺的系列为1:1万,1:2.5万,1:5万,1:10万,1:25万,1:50万,1:100万。

2. 比例尺的表示形式

为了适应直接量算需要,各种地形图上用得最多的比例尺有如下两种形式。

(1)数字比例尺是以数字显示比例关系的比例尺形式。

如1:10 000,1:50 000,1:100 000等。有时也可在其他场合见到如1:1万、1:5万等书写形式。

(2)直线比例尺。

直线比例尺是将图上长按比例尺关系直接注记成相应实际水平距离的比例尺形式。直线比例尺由尺头和尺身组成,从0分划向左的部分为尺头,全长为1厘米,并将其等分为10个分划,每一分划的分划值为1毫米;从0分划向右的部分为尺身,尺身亦按1厘米一个刻划。尺头的左端点按比例尺以米为单位将图上长注记为实际水平线段长,尺身以整千米为单位注记。

3. 在图上量读距离

(1)依数字比例尺换算距离。

用数字比例尺换算距离时,可先用直尺量取图上两点间的距离长,然后乘以该地形图的比例尺分母,即得相应的实地水平距离。其公式为:实地水平距离=图上长×地形图比例尺分母。

若已知实地水平距离,同样可求出图上长。其公式为:图上长=实地水平距离÷地形图的比例尺分母。

(2)在直线比例尺上量读距离。

先用两脚规量出两点间的长度,或者也可以用直尺、纸条、线绳等来量出两点间距离,并保持其长度,再到直线比例尺上去比量。比量时,先使两脚规的一脚落在尺身的大分划上,另一端落在尺头的小分划上,如果不够一个分划时,应估量,大小分划数相加,即可得出两点间的实地水平距离。如图 8-1 所示,甲、乙两点间实地水平距离为 1250 米。

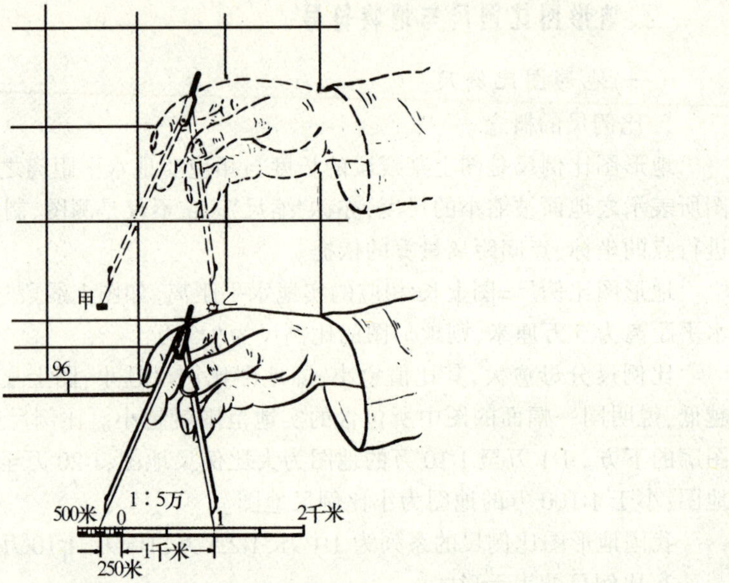

图 8-1 用两脚规量读距离

(3)用里程表量读距离。

在地形图上量取图上的曲线距离, 通常用指北针上的里程表进行。里程表由表盘、指针、滚轮组成。表盘按圆周刻划,由内向外分别刻划 1:2.5 万,1:5 万,1:10 万三种里程。量读距离时,先使里程表的指针对准盘内的零分划,然后右手持指北针,使滚轮垂直向下,从图上起点,开始向所量之线均匀地推至终点,指针在相应比例尺分划圈上所指的千米数,即所量路段或曲线的实地距离,如图 8-2 所示。

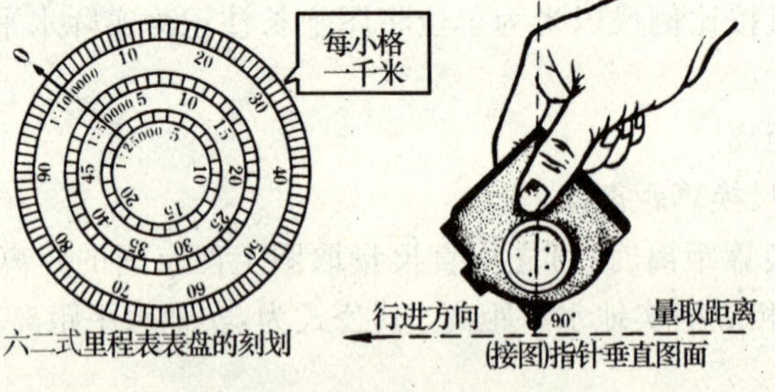

图 8-2 用里程表量读距离

(二)地物符号

地形图符号简称地形符号,是表示地形要素的空间位置、大小(或范围)、质量特性的约定图解记号。由符号辅以文字注记构成。它是表达地表自然和社会现象的基本手段,也是识别应用地形图的依据和语言。地面上的地物,在地图上是用统一规定的符号结合注记表示的,这些规定的图形符号叫地物符号。地物符号用以表示、判断地面固定性物体的地形符号。

1. 地物符号的分类

(1)不依比例尺表示的符号:点状地物符号。

点状符号是指地物在自身结构和形体上自成相对独立、不能依比例尺表示的地物符号。点状符号具有精确的位置特征,对部队判定方位,确定位置,指示目标,实施射击指挥提供重要依据。在图上只用规定符号表示,而不依比例缩绘。这种符号只能供了解实地地物的性质和位置,但不能量取大小,如三角点,油库,变电所,突出的树、塔、亭等。

(2)半依比例尺表示的符号:线状地物符号。

线状符号是指地物具有线性结构特征的符号。这种符号在地图上只能量取其相应实地长度,而不能量取宽度和面积,因此叫半依比例尺表示的符号,如道路、土堤、通信线等,其转折点和交叉位置是按实地精确测定,其长度是按比例尺缩绘的,而宽度不是按比例尺缩绘的。

(3)依比例尺表示的符号:面状地物符号。

面状符号也叫轮廓符号，是指实际地物占地面积能依比例尺显示于地形图上的那些地物符号。它是依比例表示的符号,其在图上不但可以了解它的分布和形状,还可以量取相应实地的长、宽和面积。例如密集式的居民地、街区、森林植被、江河、湖泊、水库池塘等。这类符号的轮廓与实地地物的轮廓相一致,尤其是轮廓的转折点的位置的精确度高,可供部队指示目标和判定方位。

在面状符号里,尤其是植被符号,为了区别植被的种类及对作战行动的重要影响性,当面状符号可以容纳说明注记并可配置符号时，应在其范围内绘配置符号并加以说明注记。

(4)说明和配置地物符号。

说明和配置地物符号主要用来补充说明上述符号不能表示的内容。说明符号是用来说明某种情况的,不表示实地有这类地物,如表示江河流向的箭头、街区性质的晕线等为说明符号;配置地物符号是用来表示某些地区的植被以及土质分布特征,不表示实地地物的精确位置和数量,如果园、森林和灌木等为配置符号。

2. 文字和数字注记的规定

地物符号只能表示实地地物的形状、位置、大小和种类,但不能表示其质量、数量和名称,还需要用文字和数字予以注记,作为符号的补充和说明。如居民地、江河、山的名称、森林的种类、公路的质量等均用文字来注记;高程、比高、河宽、水深等则用数字注记。

3. 地物符号的颜色

地物符号分 4 色描绘:用黑色表示人工及部分自然地物,如居民地、独立地物、管线、垣栅、道路、境界及其名称与数量注记;蓝色表示水系和与冰雪有关的区域,如河流、湖泊、海洋、沟渠、水井及其注记、雪土地貌等;绿色表示天然和人工植被,如森林、果园等;棕色表示地貌和土质,如等高线以及其高程注记、地貌符号(变形地)以及其比高注记等。

表 8-1 地物符号颜色的规定

颜色	使用范围
黑色	人工地物和部分自然地物——居民地、独立地物、管线、道路、边界及其名称与数量注记等
绿色	植被要素——森林、果园等的普染；1978 年后出版图的植被符号及注记等
棕色	地貌要素——等高线及其高程注记、地貌符号及其比高注记、土质特征、公路普染等
蓝色	水系要素——河岸线、单线河及其注记和普染、雪山冰川等

4. 地物符号的图形特点

地物符号的图形多数是按照地物的平面形状制定的，属于正规图形，如街区、河流、公路等；有些是按照地物的侧面形状制定的，属于侧面图形，如突出的烟囱、水塔等；也有少数符号是按照有关意义制定的，如矿井、变电所、气象台等。

三、地貌判读

地貌是指地表自然起伏的形态。目前广泛采用"等高线法"来显示地貌。地貌对部队军事行动有很大影响，图上不仅要显示地貌的一般现象，而且还要准确地判定地貌的起伏状况，地面点的高程、高差，斜面的坡度以及通视情况等，就必须懂得等高线显示地貌的原理和规定。

(一)等高线显示地貌

1. 等高线显示地貌的原理

等高线是把一个模型从底到顶按照相同的高度，一层一层地水平截开，模型的表面便出现一条一条的截口线，把这些截口线垂直投影到一个水平面上，即得一圈套一圈的闭合曲线图形，再将此曲线按一定的比例缩绘到图纸上，就得到表示该地貌的等高线。这就是用等高线显示地貌的原理。概括起来说就是：从脚到顶，相同高度，水平截开，垂直投影。地形图就是根据这个原理显示地貌的，如图 8-3 所示。

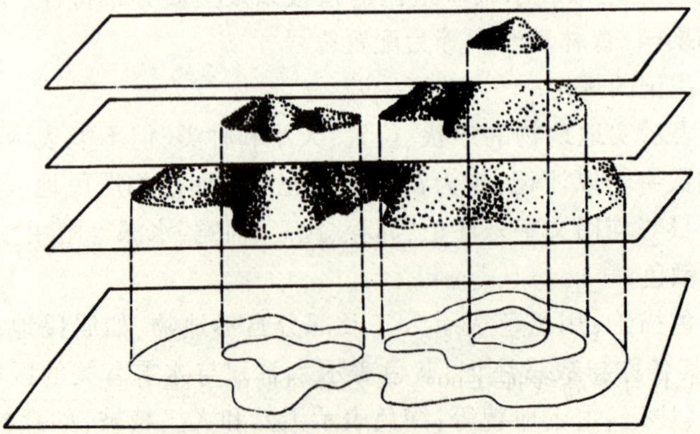

图 8-3 等高线显示地貌的原理

2. 等高线显示地貌的特点

同一幅图上,等高线间隔大的坡度缓,间隔小的坡度陡。

同一条等高线上各点高程相等,并各自闭合。

图上等高线的弯曲形状和相应实地地貌形状相似。

同一幅图上,等高线多山就高;等高线少山就低。

3. 等高距规定

相邻两条等高线水平截面间的垂直距离叫等高距。由于地形图比例尺不同,等高距的规定也各不相同。我国一般地区基本等高距规定1:2.5万为5米,1:5万为10米,1:10万为20米,1:20万为40米,如表8–2所示。高山地区基本等高距一般按规定增大一倍。

表8–2 等高距的规定

比例尺	一般地区 (基本等高距)	特殊地区 (选用等高距)	注:
1:1万	2.5米	1或5米	一般地区指适用基本等高距的大部分地区 特殊地区指那些不适用基本等高距的地区,并非狭指山区
1:2.5万	5米	10米	
1:5万	10米	20米	
1:10万	20米	40米	
1:25万	50米	100米	

4. 等高线的种类和作用

为了便于用图查算等高线的高程和更精确地表现地形,等高线按用途可分为4种。

(1)首曲线(基本等高线)。按规定等高距测绘的细实线,用以显示地貌的基本形态。

(2)计曲线(加粗等高线)。为便于计算高程,从高程起算面起,每隔四条首曲线加绘一条粗实线。

(3)间曲线(半距等高线)。相邻两首曲线之间测绘的长虚线,用来显示首曲线不能显示的局部地貌。

(4)助曲线(辅助等高线)。按1/4等高距的短虚线,用以显示间曲线不能显示的局部地貌。

(二)地貌识别

在地形图上,通过等高线和地貌符号,可以识别地貌的各种形态。

1. 山的各部形态

(1)山顶。凡凸出地面而且高于四周地区的单独高地叫山。大的叫山岭,小的称山丘,山岭、山丘最高部叫山顶。军事上把注有高程的山地叫高地。没有高程注记的叫无名高地。山顶有尖、圆、平山顶之分。山顶在图上用等高线最小的环圈表示。环圈外常绘有示坡线(与等高线垂直的短线),其不与等高线连接的一端表示斜坡的下降方向。

(2)山脊。是由较多的山顶、山背、鞍部相连所形成的凸棱部分。它的最高棱线叫山脊线。如图8–4所示。

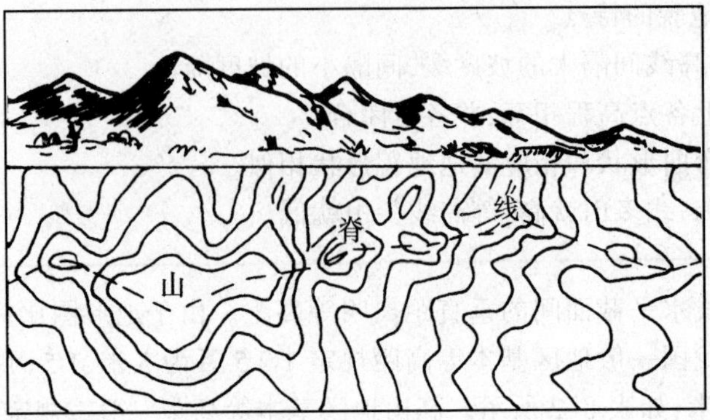

图 8-4 山脊

(3)山背。就是从山顶到山脚凸起部分。图上表示山背的等高线,是以山顶为准向外凸出。山背凸起的部分顶点的连线为分水线。

(4)山谷。是两个山背间的低凹部分。图上表示山谷的等高线是向山顶或鞍部方向凹入的地方。

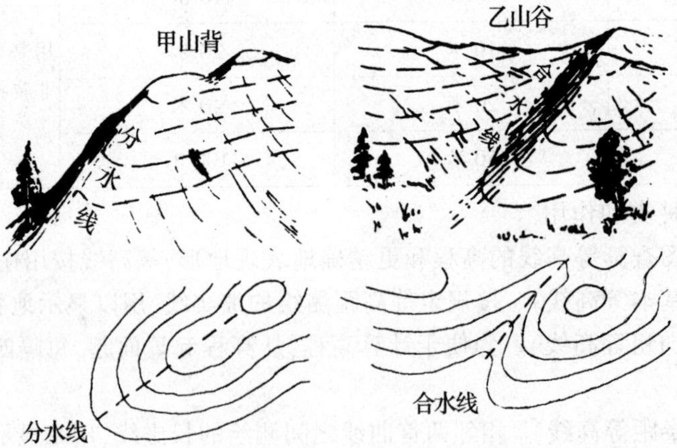

图 8-5 山背和山谷

(5)鞍部。是相连两山顶间形如马鞍状的一块凹地。图上用一对表示山背和一对表示山谷的等高线显示。

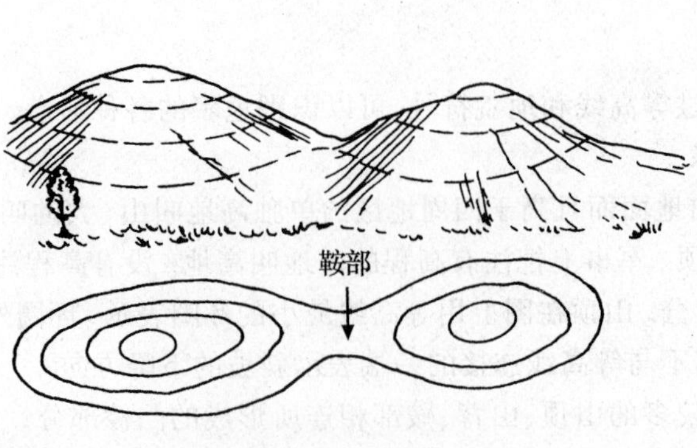

图 8-6 鞍部

(6)凹地。是低于周围地面,且经常无水的地方。图上用环圈形等高线表示,在圈内都绘有示坡线或注记深度。

(7)变形地。由于受自然界的影响,局部地貌改变了原来形态的部分,图上不便用等高线来显示,如冲沟、陡崖、陡石山、滑坡等。

2. 防界线和斜面

(1)防界线。防界线是指军事上能用于防守的界限。防界线要求地势适宜,展望良好,便于设置观察所和构筑射击阵地等。在图上就是要选定在等高线由稀变密的交界线上。

(2)斜面。斜面是指从山顶到山脚的倾斜部分,又叫斜坡。斜面是部队进攻和防御的重要部位,军事上把朝向敌方的斜面称为正斜面;背向敌方的斜面称反斜面。斜面按其形状分为等齐斜面、凸形斜面、凹形斜面和波形斜面 4 种。

3. 特殊地貌形态

地貌形态千变万化,有许多地貌形态是用等高线所不能表示的,如变形地、岩峰、露岩地等。这类地貌的形态在地形图上用特殊地貌符号表示。

(三)高程、坡度和起伏的判定

1. 地面点的高程判定

根据等高线和高程注记的高程可以判定任意地面点的高程。判定高程时通常有三种情况。

(1)目标在两等高线之间。当判定点在两等高线之间,可先判明两相邻等高线的高程,再按其所在位置估计目标点的高程。

(2)目标在等高线上。当所判定的点在等高线上时,只要判明该等高线的高程,即为该点的高程。

(3)目标在山顶或鞍部。主要山顶和鞍部在图上常有高程注记,但一般的山顶和鞍部没有注记,用图时可根据附近的等高线判定。

2. 坡度的判定

需判定坡度时,可用两脚规在坡度尺上比量。坡度尺的纵线表示等高线的间隔,纵线下方的注记表示相应间隔的坡度值。坡度值下的百分比为相应的高差和水平距离之比值。大坡度尺上可量取相邻的间隔相等的 2~6 条等高线之间坡度。如图 8–7 所示。

3. 地面起伏判定

地面起伏判定是先按等高线的疏密及河流的关系位置、河流流向,找出山川大势,进而找出山顶、鞍部、山脊、山谷的分布,详细判明起伏的状况。当等高线在河流一侧时,靠河流的方向为下坡方向;等高线通过河流时依河流流向来判定实际地貌的上下坡方向。

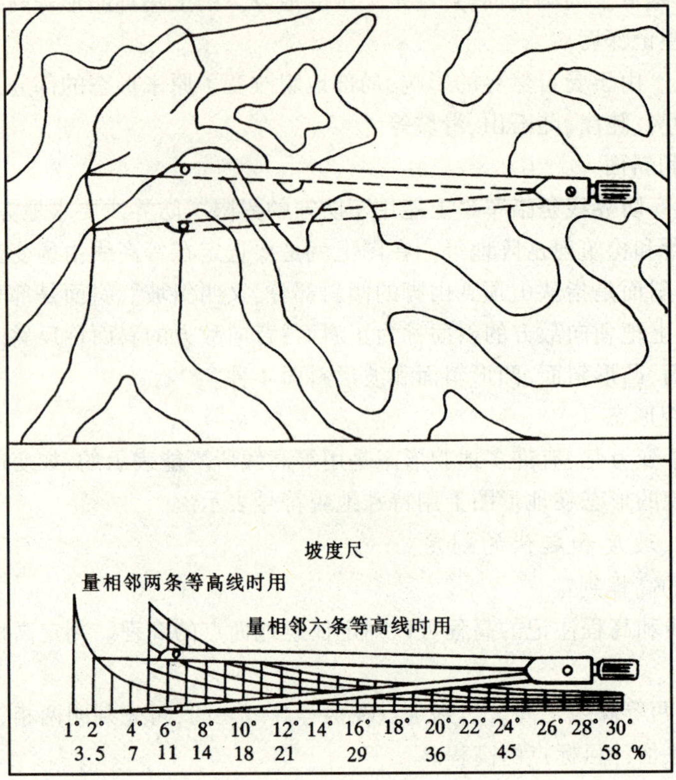

图 8-7　用坡度尺量坡度

第三节　地图投影与地图坐标网

地图投影是研究如何把地球表面这个不可展开的曲面转化为平面的理论和方法。通过对地图进行投影，然后建立坐标网，以便应用其确定平面上或空间中某点位置。

一、地图投影

地球是一个不可展开的曲面，用地理坐标所确定地面点的位置在某些实际应用中十分不便。所以需要将以地理坐标表示的点的坐标转化为以 X、Y 表示的平面直角坐标。解决这一问题的方法便是投影。

(一)地形图的投影选择

地形图是保障部队机动、射击和使用高技术武器作战的基本用图。因此要求投影角度没有变形，并使经线的投影为直线或短距离内保持直线性，以便做方位基准线；长度变形不能超过一定限度,以便于确定线段的长度、范围的大小、战场容量和机动速度。故军用地形的投影方法宜选择正(或横)轴、等角、长度变形不大的投影。目前适合这些投影要求的有高斯—克吕格投影和通用墨卡托投影。这里主要介绍高斯—克吕格投影。

(二)高斯—克吕格投影

该投影由德国科学家G·F高斯提出,后经大地测量学家克吕格补充完善,称为高斯—克吕格投影,简称高斯投影。

1. 基本概念

设想用一个椭圆柱面横切参考椭球面,相切的子午线叫中央子午线。在球心O放一个点光源,将球面上的点、经线、纬线等投射在椭圆柱面上,再经母线AB与CD将柱面裁开并铺展为平面(称为高斯平面),即得高斯投影。如图8-8所示。

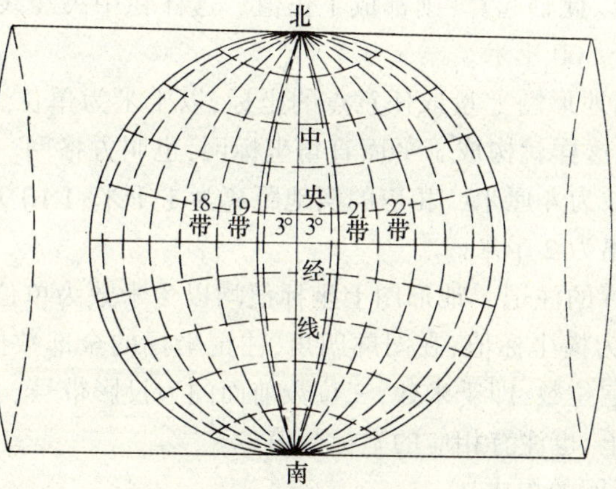

图8-8　高斯　克吕格投影

2. 高斯投影的几种特性

(1)中央经线和赤道投影后为互相垂直的直线。其他各经线都是曲线,并以中央,经线为轴,东西对称;以赤道为轴,南北对称。

(2)推导投影公式时,附加了等角条件,故能使靠椭球面上小区域内任意两方向所夹的角投影后保持不变。

(3)中央经线投影后保持长度不变,其余各经线都有不同程度的增长,距中央经线愈远,增长愈大。

(4)面积有变形,投影后的面积大于参考椭球面上的相应面积。

3. 投影带的划分

为了更精确的表示地球表面,从首子午线起,由西向东每隔经差6°为一带,将全球分为60个带,逐带进行投影,其带号依次用1,2,3,…,60表示,其相应的中央经线为3°,9°,15°,…,357°。我国领土位于东经72~136°之间,其带号为第13至23带。

二、地图坐标网

确定地面上某点位置的长度或角度值,叫该点的坐标。地形图是采用平面直角坐标和地理坐标来确定地面上点的位置的。坐标可以迅速准确地确定点位、指示目标、实施组织指挥。

(一)平面直角坐标

确定平面上某点位置的长度值,叫该点的平面直角坐标。通常用于指示和确定目标在图上的位置,也可以根据方格估算距离和面积。

1. 平面直角坐标的起算和注记

(1)平面直角坐标的起算。纵坐标(X)表示某一直线距赤道的千米数。纵坐标赤道为0起算,向北为正,向南为负。我国位于北半球,纵坐标值都是正值。横坐标(Y)表示某一直线距中央经线的千米数。横坐标本应以中央经线为0起算,以东为正,以西为负,坐标值均为正负值。因不便于使用,所以又规定凡横向坐标值均加500千米(即等于将纵轴沿赤道西移500千米),横坐标值以此轴起算,则都成了正值。这样在中央经线以东的横坐标值均大于500千米,以西的小于500千米。

为了便于从每幅地形图上量取任意点的坐标,以千米为单位,按照相等距离作平行于纵、横轴的若干直线,这样就构成了平面直角坐标网,也叫方格网。其方格的长度规定是1:2.5万地形图方格边长为4厘米, 相应的实地距离为1千米;1:10万地形图的方格边长为2厘米,相应的实地距离为2千米。

(2)平面直角坐标的注记。地形图上坐标值均以千米数为单位注记在内外图廓间纵线上,由左向右增大的为横坐标值;在图廓四角,注记坐标的全部数值,在图廓间只注记末两位数,横坐标值均为三位数,即千米数,三位数前面的为投影带号。为了便于查找,在图幅中央处的纵、横坐标线上,也注有相应的坐标数值。

2. 平面直角坐标网的构成

我国地形图上的平面直角坐标网,是按高斯投影绘制的,它以经差6°为一个投影带,全球共分60个投影带。每个投影带的中央经线和赤道被投影成互相垂直的直线。高斯平面直角坐标系规定:以每带的中央经线为纵坐标X轴,赤道为横坐标Y轴,两轴的交点为坐标原点O,这样每个投影带便构成一个独立的坐标系。方便于量测任意点的坐标,在大比例尺地形图上,以千米(km)为单位,按相等的距离,作平行于纵、横轴的若干直线,而构成了平面直角坐标网。

3. 平面直角坐标的应用

(1)用概略坐标指示目标。用概略坐标指示目标的图上位置时,通常只用该坐标所在的方格纵横坐标的末两位千米数值。

需要指示目标在方格中位置或区分同一方格内的同类目标时,可采用井字格法。其方法是将一个方格等分成九个方格,并按顺时针方向编号。指示目标时,在概略坐标后加注小格的编号即可。

(2)用精确坐标指示目标。对要求位置准确或在图上没有明显特征的小目标,通常用精确坐标来指示目标。其方法是先找出目标所在的方格的概略坐标(千米数);再加上该点所在方格下边和左边坐标线的垂直距离(米数)即可。

(二)地理坐标

确定地面上某点位置的经纬度数值,叫该点的地理坐标。通常用度、分、秒表示。地理坐标在世界上是通用的。尤其在海军、空军和边防、海防和外交中经常使用。常用来指示飞机、舰船和目标的位置等。

1. 地理坐标网的构成

地形图是按经、纬度分幅的,所以地形图南北内图廓线是纬线;东西内图廓线是经线。图廓四角注有经、纬值。在1:20万至1:100万地形图上,绘有地理坐标网。纬度数值注记在东、西内外图廓间,经度数值注记在南、北内外图廓间。在1:2.5万至1:10万地形图上,图廓的四角注有经纬度数值,内外图廓间绘有经、纬"分度带"。东西图廓分度带每一个间隔表示经差一分,南北图廓间表示纬差一分,从内图廓左下角起,纬度值向北增加,经度值向东增加。如把两边相应的经、纬度分度线连接起来,即可构成地理坐标网。

2. 地理坐标的量读

用地理坐标指示目标或确定某点在图上的位置时,一般按先纬度后经度的顺序进行。

在1:20万至100万地形图上,可用两脚规比量目标点的地理坐标,在图廓的分划线上读数。由于南北图廓长度不同,因此在量取某点的经度时,应在靠近该点的南(或北)图廓上比量。

三、方位角和偏角

(一)方位角

1. 方位角的定义

从某点的指北方向线起,依顺时针到目标方向线之间的水平夹角,叫该点的方位角,用密位或度来表示的。

2. 方位角的种类

(1)真北方位角。地面上某点指向北极的方向叫真北,其方向线叫真北方向线,也叫真子午线。从该点的真子午线起,顺时针到某目标方向线之间的夹角,叫真方位角。真方位角主要用于精密测量。

(2)磁方位角。地面上某点磁针所指的北方叫磁北,其方向线叫磁北方向线,也叫磁子午线。从该点的磁子午线起,顺时针到某目标方向线之间的夹角,叫磁方位角。地形图的南、北图廓上的磁南、磁北(即P、P′)两点的连线为该图磁子午线。磁方位角在军队行进、炮兵的射击、航空、航海等作战中应用广泛。

(3)坐标方位角。地图上平面直角坐标纵线所指的北方叫坐标纵线北,从某点坐标纵线北起,顺时针到目标方向线之间的夹角,叫坐标方位角。主要用于炮兵射击指挥。

(二)偏角

1. 偏角的定义

因三种指北方位的不同,彼此间形成的夹角叫偏角。

2. 偏角的种类

(1)磁偏角。以真子午线为准,与磁子午线之间的夹角。磁子午线在真子午线以东的为东偏,在真子午线以西的为西偏。

(2)坐标纵线偏角。以真子午线为准,与坐标纵线之间的夹角叫坐标纵线偏角。坐标纵线在真子午线以东的为东偏,在真子午线以西的为西偏。

(3)磁坐偏角。以坐标纵线为准,与磁子午线之间的夹角叫磁坐偏角。磁子午线在坐标纵线以东的为东偏,在坐标纵线以西的为西偏。

在地形图上三种偏角均有图形说明,东偏为正(+),西偏为负(-)。

第四节 现地使用地图

在军事作战行动中,地形图的使用是指利用地形图所进行的判读、量算、行进、组织有计划和分析评估等工作。

一、现地判定方位

现地判定方位就是实地辨明东、西、南、北方向,确定地形图与现地的关系。判定方法很多,最基本的方法是利用指北针判定,必要时也可以利用地物特征判定、利用时表与太阳判定、以及利用北极星判定等。

(一)利用地物特征判定

有些地物、地貌由于受阳光、气候自然条件影响,形成了某些与方向有关的特征,可以利用这些特征来概略地判定方位。

1. 利用大树判定。大树通常是南面枝叶茂密,树皮较光滑,背面枝叶较稀疏,树皮粗糙,有时还长有青苔。树桩上的年轮也可判定方向,通常北面的间隔小,南面的间隔大。

2.利用地面上的一些突出物体判定。如土堆、土堤、大岩石和建筑物等,通常南面干燥,春草早生,冬季积雪溶化较快;北面较潮湿,易生青苔,积雪溶化较慢。土坑、沟渠和林中空地等,一些凹下来的地物,与上述现象南北正相反。

3.宝塔的正门判定。我国大部分地区,尤其在北方农村的住房、门户以及较大的庙宇、宝塔的正门等一般多是朝南开的。

由于我国幅员辽阔,各地都有一些可供判定方位的地形特征。

(二)利用北极星判定

北极星位于正北方天空。俗话说:“找到北极星,方向自然明”。我国位于北半球,终年夜间都能看到它。北极星位于小熊星座的末端,因小熊星座比较暗淡,所以通常根据大熊星座(即北斗七星,俗称勺子星)和仙后座(即女帝星,又叫 W 星)来寻找。大熊星座由七颗明亮的星组成,形状像一把倒扣的勺子,将勺子外端两星的连线向勺口方向延长,约为两星距离5倍处的那颗星,就是北极星。仙后星座是由五颗明亮的星组成,很像一个“W”字母。在“W”字母缺口方向,约为缺口宽度两倍处的那颗星,就是北极星。

(三)利用指北针判定

指北针携带方便,操作简单,是判定方位的基本工具。以六二式指北针为例:六二式指北针是由磁针、刻度盘、方位玻璃框、角度摆、距离估定器、里程表和直尺等部件组成。判定方位时,平置指北针,待磁针静止后,磁针涂有夜光剂的一端(或黑色一端)所指的方向就是现地磁北方向。如果面向磁针所指的北方,则背后是南,右边为东,左边为西。使用指北针以前,应检测磁针是否灵敏。使用过程中不要靠近高压线和金属物体,更不要错将磁针的S端当做北方。

(四)利用太阳和手表判定

一般来说在当地的时间早上6点左右太阳在东方,12时太阳在正南方,18时左右太阳在西方,根据这一规律便可以根据太阳大概判定方位了。

判定的方法要领是先把手表放平,以时针所指时数(以每天24小时计算)的折半位置对向太阳,表盘上"12"这个数的指向就是北方。为便于判定,可在时数折半的位置垂直竖一根细针或草棍,使其阴影通过表盘中心,判定时须以当地时间为准。

二、地图与现地对照

地图与现地对照,通过标定地图,使地图与现地的方位一致后,将地图与现地进行对比。

(一)标定地图

标定地图,就是按地图的方位与现地的东、西、南、北方向一致的过程。标定的方法主要有以下5种。

1. 概略标定

在现判定方位后,将地图的上方对向现地的北方,地图即已概略标定。这种方法简便迅速,是要求标定精度不高的基本标定方法。

2. 用指北针标定

用指北针标定地图,通常以磁子午线来标定。

3. 利用北极星标定

夜间可以利用北极星标定地图。标定时要认准北极星,再使地图上方概略朝向北极星,然后转动地图,沿东(西)的图廓线瞄准北极星,地图即已标定。

4. 利用明显地形点标定

明显地形点指现地一眼望去比较明显突出的地物和地貌,如山顶、突出树、土堆、塔等独立地物。标定时应先在现地和地图上都能找到的一个明显地形作为端点,确定站立点在图上的位置,然后在现地远方找一个与图上相应的明显地形点,放平地图后,用直尺切于图上站立点和远方地形点的定位点上,转动地图,直至通过直尺边能够瞄准现地相应地图点为止,地图即已标定。

5. 利用直长地物标定

利用直长地物(指公路、铁路、水渠、土堤、通信线路、输电线等地物)标定地图时,应先在图上找到这段直长地物符号,对照两侧地形,使进图和现地的关系位置概略相符,再转动地图,使图上的直长地物符号与现地直长地物方向一致,地图就标定了。

(二)确定站立点在图上的位置

将自己所在位置准确地标定在地图上,叫确定站立点。确定站立点的方法有 3 种。

1. 用截线法确定

在直长地物上用图时,可采用截线法确定站立点的图上位置。其方法是:第一步,准确标定地图;第二步,在直长地物的一侧,选择一个图上和现地都有的明显地形点;第三步,将直尺切于图上相应的地形点上,转动直尺,向现地明显地形点瞄准,并瞄绘方向线,该方向线与直长地物的交点就是站立点在图上的位置。

2. 用后方交会法确定

当站立点附近找不到明显的地形点,而在远方能找到两个以上现地和图上都有的明显地形点时,可采用后方交会法确定站立点在图上的位置。方法是:第一步,标定地图;第二步,选择离站立点较近的图上和现地都有的 2 至 3 个明显地形点;第三步,将直尺边分别切于图上两个地形点符号的定位点上(可插细针),依此瞄准现地相应的地形点,然后分别沿直尺边向后画方向线,图上两方向线的交点就是站立点在图上的位置。采用后方交会法确定站立点时,交会角度应大于 15°、小于 150°。

3. 依明显地形点确定

当站立点在明显地形上时,在图上找出该地形点的符号,即是站立点的图上位置。然后站立点在明显地形点近旁时,可先标定地图,再对照周围明显的地形细部,找出其与站立点的关系位置,即可判定站立点的图上位置。

(三)现地对照地形

现地对照地形就是判明图上所显示的情况,判明现地地形图上相应的位置,使地图上各种符号、等高线图形及注记,与实地相应的地物和地貌一一对上号。

在对照地形前,首先应选择一展望良好的地方作为对照位置。其次要标定地图,确定站立点在图上的位置。对照时通常先对照主要方向,后对照次要方向;先对照明显易辨的地形,后对照一般的地形;先对照图上现地都有的地形,后对照变化的地形;先对照地物,后对照地貌,再综合对照。

三、按地形图行进

按地图行进的基本方法有沿道路行进、越野行进和按方位角行进。

(一)沿道路行进

1. 行进前的准备

(1)确定行进路线。行进路线是根据受领的任务、敌情、地形、天候和部队装备等情况,在图上选择行进路线。选择时,应着重考虑和研究路线上与行进有关的地形因素和敌情。

(2)选择方位物。行进路线确定后,应在沿线选择方位物,如岔路口、转弯点、桥梁、塔亭等,一般应选择高大,明显易于识别的地物作为方位物。夜间行进时,应尽量选择那些航空易见的方位物。

(3)量取各方位物(转弯点)间的里程,并标出各段行程所需要的时间。如行进路线上地貌起伏较大时,应计算实地距离。

(4)将上述资料标示在图上。内容包括行进路线、各段里程、时间、方位物等，标示要醒目，略图力求简洁、清晰。

(5)熟记行进路线。方法是把行进的顺序、每段的里程、行进的时间、两侧方位物、地形特征和经过的村镇等熟记在脑子里。

2. 行进要领

(1)出发前先标定地图。明确前进路线和方向，按出发时间出发。

(2)行进中随时标定地图。按照行进方向，适时转动地图。

(3)对照方位物，及时做判断，随时随地根据方位物判明行进方向和道路，尤其是到岔路口，转弯点，进入居民地，更应判明方向。

(4)掌握行进速度和时间。根据行进任务需求，把握好行进速度、时间。

(5)把握夜间行进的特点。夜间行进观察不便，视度不良，地形重叠，远近不分，高低难辨，容易使人产生错觉，也容易迷失方向。行进时应注意各转弯点的距离要短些，沿途方位要多些，尽量选择高大、透空可见的目标，如山顶、鞍部等。

(二)按方位角行进

按方位角行进，就是按照指北针在地图上预测的方位角行进，这是按图行进的辅助方法。通常是在沙漠、草原、山林地等地形上，或夜间、浓雾等不良天候条件下采用。

1. 行进资料的准备

(1)选择行进路线。首先应在有利于通行的区域选择最短路径，在此基础上尽量多选择方位物，各转折点尽量选在明显、坚固的方位物或其近旁。

(2)量测方位角和距离。在图上量测方位角时，先用指北针标定地图，再使指北针有准星的一端朝向前进方向，直尺边与两转点的连线重合，磁针静止后，其北端所指的密位数即为该段路线的磁方位角。

(3)绘制行进路线图。路线图可直接在地图上标绘，即在各段方向线一侧注记行军路线的资料，也可绘制成略图。略图可以按比例尺缩绘，也可不按比例尺绘制。绘制略图时，先将出发点、转弯点、终点等附近的主要地形与方位物标绘出来，再把各转弯点，按行进顺序依次编号，最后注记各段磁方位角和行进距离或行进时间。

2. 行进要领

(1)在出发点上，标定地图，判定站立点，查明到达下一点的磁方位角、距离和时间，并记住沿途重要方位物和下一点的地形特征。然后观察地形，明确前进方向。当不易判定行进方向时，可利用磁方位角判定。

(2)在行进中，应随时对照地图，边走边观察沿途地形，注意掌握已走过的距离或行进时间。到达辅助方位物后，如仍看不到第二点方位物时，可按原磁方位角再选一辅助方位物继续前进，直到到达第二点方位物为止。若在起伏较大的地段上行进时，要注意调整步幅。

应当注意，用指北针量测角度的误差，一般为3°，个别情况下可达到5°，再加上步幅小对距离的影响，按磁方位行进每千米的可能偏差在100米左右。

(3)将要到达转折点时，应特别注意附近的地形特征。当走完预定的距离和时间，还未见到转折点方位物时，可在此段距离的1/10范围寻找，如仍找不到，应停下分析原因，分析是地形发生变化,还是方向距离有差错。如查不出原因,也找不到应到点位,应按原来路线退回起点(或前一点),再重新前进。

(4)行进中若遇障碍物时,一般应在障碍物对面的行进方向上选一辅助方位物,目测到该点的距离,绕过障碍物到达辅助目标后,仍按原方向继续前进。当对岸仍无辅助方位可选时,应在障碍物作一明显记号,绕过之后可以测其反方位角。

思考题

1.简述地形的分类及对作战行动的影响?

2.如何量读距离?如何区分比例尺的大小?

3.等高线显示地貌有哪些特点?图上如何进行高程的判定?

4.标定地图的意义是什么?如何标定地图?

5.怎样利用地图行进?

第九章　综合训练与战术基础动作

第一节　行军拉练

行军是徒步或乘车按计划所指定的路线进行的有组织的移动。

一、行军拉练的种类

行军方式分为徒步行军和乘车行军；按行军时间可分为昼夜行军和夜间行军；按行军速度分为常行军、急行军和强行军；按行军方向分为向敌行军、侧敌行军和背敌行军。

二、行军拉练的管理与指挥

(一)遵守行军规定

1. 遵守行军时间

分队在上级的行军纵队编成内行军时，应准时到达出发点，加入上级规定的行军序列。应按上级要求准时出发，准时通过各调整点，准时到达目的地。

2. 保持规定的行军速度、距离和序列

行军中，因一些特殊情况，延误了行军时间或不能保持平均时速时，应当适时调整行军速度，保证按时到达目的地。要加强前后联络，当与前面拉大距离时，不要急于追赶，要适当加快速度，逐步赶上，不得随意超越或停下，以保持规定的行军序列。

3. 要遵守行军纪律和交通规则

未经上级允许不得随意改变行军路线。在通过桥梁、渡口、隘口、岔路口等道路被堵塞时，不得争先抢行，应按照上级规定的顺序和指挥迅速通过。

(二)正确掌握行军路线

选择行军路线时，要根据校区所在的位置和参加行军的人数以及天候、季节等特点合理选择行军路线，应尽量选择离市郊最近、路口和车辆最少的路线，以便使队伍尽快走出市区，保证正常的行军。同时，应考虑选择在便于安排大小休息点，便于行军保障车通行，便于选择返回路线和便于设置各种情况的路线。

行军时，指挥员应用行军路线图或者地图，随时对照地形，不断查看沿途的标志点和路标，随时判明所到的位置，正确掌握行军路线，当通过交叉路口时，应弄清楚所要前进的方向和道路。如果对行军路线产生怀疑时，应当立即停止前进，利用地图仔细与现地对照或询问居民，待明确正确行军路线后继续前进。

（三）合理编成行军队形

行军队形是指队伍在行军中所采用的各种队形。通常有一路纵队、二路纵队或三路纵队、四路纵队。行军队形的编成应根据行军人数、路况、地形、桥梁、路口等综合因素而定。在市区通过路口时可采用四路纵队或三路纵队快速通过。在一般乡村公路可采取二路纵队（左右各一路），在乡村小路可采取一路纵队。在编排行军队形时，应尽可能按原有的建制编排，各级指挥员位于本部（分）队的先头，带队老师或班长位于本分队的最后，以便管理和指挥。编排行军队形时，应训练在行进间各种队形的变化方法，如一路纵队变换成二路纵队，二路纵队变换成四路纵队，四路纵队变换成二路、三路纵队，再从二路纵队变换成一路纵队等，以便在行军中根据需要随时变换行军队形。

（四）果断处理各种情况

遇到敌人空袭时，指挥员应指挥队伍迅速向道路的一侧或两侧疏散隐蔽。如果空袭情况不严重或行军任务紧迫时，分队则应以疏散队形，增大距离，加快速度前进。遭敌核武器或其他化学武器袭击时，指挥员应指挥人员就近利用地形防护，迅速穿戴防护衣罩，就近隐蔽防护。通过受染地段时，指挥员要指挥分队尽量绕过受染区，当时间紧迫又无法迂回时，应增大距离，以最快的速度通过。通过时，人员除穿戴防护衣罩外，还应对武器和携带物品进行防护，或者用毛巾、塑料布等进行防护。通过后，应及时消除检查，人员要口服抗辐射药物。

（五）适时组织休息

行军中的休息应由行军总指挥员按行军计划统一掌握。小休息时候，一般在开始行军30分钟后进行，其时间为15分钟，这时要抓紧时间检查，调整携带的装具和物品，以便转入正常的行军，以后约50分钟休息一次，每次10分钟。大休息时，通常在完成当日行程一半以上后进行，应离开道路，以营或连为单位，进入指定地域疏散休息和用餐，使人员保持饱满的战斗热情，做好迅速转入行军的准备。休息时，人员不准随意离队，出发前，应清点人数，打扫卫生，消除痕迹。

三、行军拉练的各种保障

（一）安全保障

行军中各级都要组建安全组，负责车队的安全工作，随时清点人数，发现问题及时报告；妥善处理中暑、中毒、受伤、掉队等意外情况，保证整个行军安全无事故。

（二）医疗保障

行军中因天气、饮食、体力等原因，可能会发生各种伤、病等情况，因此，必须安排医疗保障人员跟随，并携带各种常用药物，以保证处置临时的医疗事故。

（三）宣传保障

行军中各级都要成立宣传组，利用标语、口号等多种形式进行宣传、鼓动，活跃气氛，清除疲劳，鼓励全体人员坚持到底不掉队。

（四）通信保障

行军中必须保障通信畅通，使指挥员随时了解行军中的所有情况，以保证正确的组织和指挥，一般可采用对讲机或其他的移动通信器材。

（五）车辆保障

行军中要安排指挥车、收容车和应急车辆。收容车和应急车应在行军队伍的后面跟进，负责收容掉队人员和及时送重病号到医院。

四、行军拉练的紧急集合

紧急集合是在紧急情况下迅速进行的集合，是应付突然情况的一种紧急行动。如发现和遭到敌人的突然袭击，受到火灾、水灾、地震、台风等自然灾害威胁，上级赋予紧急任务或发生重大意外情况等。

士兵一旦接到紧急集合的信号或命令时，应立即按规定着装，携带齐全武器装备和器材，迅速到达规定的地点集合。紧急集合分为全副武装紧急集合和轻装紧急集合两种。全副武装紧急集合是根据当时部队所处的战备等级状态而确定的。轻装紧急集合是在执行临时性的紧急任务时所采取的一种方式。

五、行军拉练警戒

警戒是防敌袭击和侦察而采取的警卫措施，警戒分为战斗警戒、行军警戒和宿营警戒。

（一）行军警戒

行军警戒是保障军队行军安全的警戒，向敌行军时派出前方警戒，由前方尖兵担任；背敌行军时派出后方警戒，由后方尖兵担任。翼侧有敌情威胁时派出侧方警戒，由侧方尖兵担任。

（二）宿营警戒

宿营警戒是保障军队宿营安全的警戒，兵力大小依照情况而定，如班哨、排哨、营哨等。警戒的方式有：步哨、游动哨、潜伏哨，任务是防敌侦察、袭击、封锁消息，保障主力安全。警戒分队应占领有利地形，构筑必要的工事，实施伪装。

（三）战斗警戒

战斗警戒是掩护军队战斗行动的警戒。主要任务是：防止敌人侦察、袭击，掩护主力展开和进入战斗或占领阵地，保障翼侧和结合部的安全等。

六、徒步行军时应注意的问题

士兵在徒步行军过程中应按照正确的行军要领，坚决服从班（组）长的指挥，灵活处置各种情况，确保按时迅速到达目的地，其中需要注意的问题如下。

（一）士兵徒步行军应按照全副武装和轻装的规定携带有关的装具。

（二）行军前，士兵应检查所带装具是否齐全，佩带是否牢靠，尤其是要仔细检查鞋袜是否合适，以免行军中脚起泡。

(三)行军中,应均匀呼吸,全脚掌着地,调整好步幅,保持正常的行军速度。

(四)行军中,士兵要以灯光、旗语、音响、手势等简易信号通信、运动通信等手段传递口令,保持通信联络。

(五)遇到敌军火力袭击时,士兵就近利用地形进行防护,接到敌核、化学武器袭击警报时,应迅速穿戴防毒面具和防护衣罩就地隐蔽防护,警报解除后,应迅速抢救伤员,检查武器装备,恢复行军队列。

(六)当道路、桥梁遭敌破坏或者遇到难以通行的地段时,应按命令绕行,无法绕行时,应及时报告上级。

(七)行军掉队时,应大步跟上,尽量不要跑动,以节省体力,体力好的士兵要主动帮助体力差的战友,搞好体力互助。

(八)小休息时,士兵应就地休息,及时调整体力,不要乱走动,并按要求处理脚上的血泡。

七、行军拉练乘坐车辆

乘坐车辆是现代化条件下部队实施机动的主要方式。士兵应掌握乘坐车辆的一些基本方法。

(一)登车

通常在车厢尾部成一路或两路队形排好队,按口令,统一依次从车厢后上车。第一名上车时,后一名应给予帮助;前一名上车后,转身拉后一名的手,依次方法进行,注意上车时拿好武器不要碰摔;在没有得到允许的情况下不准从汽车的两侧登车。

(二)乘坐

上车后,按先两侧后中间、先车头后车尾的顺序排成四路,两侧人员背靠车厢板,中间两路背靠背,先上车的可将背包放下,放在指定位置,尔后站好,等其他人员全部上车后,听口令坐下,人员坐在背包或可坐的携行具上。装具一般不取下,轻武器置于两腿之间靠于右肩上。

(三)下车

下车时,通常按登车的相反顺序进行,士兵先按口令起立,背好背包,做好下车准备,待后车厢板打开后,听口令或信号从车厢尾部成两路依次下车。下车时,要适当降低重心,选择比较平坦的地面跳下或扶车厢板下车,也可利用跳板、木梯等简易器材下车或卸重装备。

八、行军中预测天气变化的方法

(一)清晨。太阳未出现之前,看东方黑云,如果鸡头、龙头、旗帜、山峰、车马、星罗,如鱼、蛇,如灵芝、牡丹,或紫黑气贯穿,或在日上下,说明当日有雨,多在13时到17时。

(二)夜晚。看月亮颜色或青或红,说明次日有雷雨,月亮周围白云结成圆光,或大如车轮(月晕),说明来日有大风。所谓“日晕则雨,月晕则风,何方有缺,何方有风”。

结合现代情况有人总结出了“暴热生风，管润生雨”，就是说突然暴热数天，一两天必有大风，自来水管管道上面有水珠渗出，擦去后仍渗出，一两天内有雨。

（三）星光闪烁，必定风作。白云遮住北斗星的2~4小时，天公作变，水面生靛。夏天，水底生苔，水呈靛青色，说明有暴雨。水有泥腥味时，说明雨水将至。下雨时泥腥味很浓，一两日内难晴。

（四）阴历正月初七、初八，北风必定发。阴历二月初三、三月清明、四月夏至、六月十二日有阴天或雨天。

（五）云向东，刮黄风；云向南，雨漂船；云向西，水滴滴；云向北，晒干麦。

由于地理位置的不同和自然环境的差异，以上预测天气变化的方法用于不同地域时会有所不同。

九、特殊情况下的行军

行军时指挥员应当与所属部队保持顺畅的通信联络，及时了解和果断处置各种情况。

（一）遭敌撒布地雷阻滞或者道路遭到破坏时，应当迅速查明布雷地段或者被破坏的道路情况，及时报告上级并进行标示，按班（组）长的指示排除或绕过。

（二）对出现在行军路线上的敌侦察组合机降分队，应当指挥侦察分队、警戒分队迅速将其歼灭。行军任务紧急时，也可以部分兵力封锁、监视机降敌人，主力则绕过敌人继续前进。

（三）遇敌空中、地面火力袭击时，应当组织部（分）队采取防护措施和加大间隔，或者就地疏散隐蔽防护，指挥防空兵积极同敌空袭斗争，必要时可请求上级航空兵，增加战役战术导弹火力压制敌袭击兵器，掩护队伍前进。

（四）遇敌核、化学、生物等武器袭击时，应当迅速发出警报信号，组织部队进行防护，及时消除袭击后果，视情况将遭受袭击的队伍撤离袭击地域；抢修被堵塞的道路，修筑迂回道路，必要时应当在受污染的地方开辟道路；根据情况局部调整部署和计划，并指挥部队继续前进。

（五）与敌遭遇时，应当按照遭遇战斗的要领处置。

（六）与友邻相遇时，应当根据双方任务的缓急和行程的远近，与对方协商行进的顺序，防止拥挤和阻塞。

（七）行进中突然改变方向时，应当立即命令沿原方向前进的侦察分队、警戒分队停止前进，并给其规定下一步的行动方案。在新的行军方向上，立即派出侦察分队、警戒分队和运动保障队、警备调整组；本队沿最短、最方便的道路按照原定队形，或者进行必要的队形调整迅速转到新的行军路线上前进。

（八）临近战斗地区时，应及时搜集、通报前方情况，指挥部队迅速、隐蔽地进入指定地区，尽快做好战斗准备。

第二节 宿 营

宿营是部队离开常驻地执行各种任务时的临时住宿,宿营可采取舍营或露营,或者两者相结合的方式进行。

一、宿营地的选择

学生军训需在外住宿时一般应采取舍营,即住宿在居民家。舍营通常根据军队人数预先联系安排,分别统计男女人数。宿营地通常应符合下列条件。

(一)避开大的集镇、集市、车站、大的桥梁和交通枢纽等明显目标。

(二)避开易发洪水、崩塌、泥石流等危险区域。

(三)避开疫区、传染病流行村落。

(四)方便生活,尽量靠近水源的地方。

(五)有畅通的进出道,便于疏散、隐蔽、集结的区域。

(六)露营地域,夏季要尽量选择高处,避开谷地、低地、洪水道和易于坍塌的地方;冬季应选在避风向阳、土质较黏处,便于搭设简易遮棚或易于挖掘的地方。

二、宿营的准备

组织部(分)队宿营时,准备工作通常有宿营常识教育、现场勘察和物资器材的准备。

(一)宿营常识教育

宿营实施前,应进行群众纪律、民情风俗的教育;在少数民族地区或少数民族聚居地进行宿营训练时,还应进行国家少数民族政策普及和尊重少数民族生活习惯的教育;组织部(分)队学习宿营常识,学会搭设简易帐篷,了解防蚊虫叮咬、防洪、防中暑、防冻伤、防塌方、防煤气中毒、防火灾、预防流行性疾病等基本常识。

(二)现场勘察

野外宿营时,通常以团(营)为单位组织现地勘察,视情况也可以连为单位进行。重点明确地点、各分队的宿营区域、各级指挥所的位置、进出道路、通行联络方法,各种信(记)号,按宿营准备的时限,组织检查的时间、内容等。

(三)物资器材的准备

宿营前,应认真检查个人的着装,比如衣服和被褥等,冬季宿营时重点检查棉(皮)帽、棉(皮)大衣、棉(皮)鞋的携带情况;夏季宿营时应注意重点检查雨衣(布)、蚊帐的携带情况。每人都应准备1~2套干净的内衣,以便更换。除携带装备的锹、镐外,还应准备必要的大镐、大锹、钢钎、麻袋等工具和物资,以弥补制式露营器材的不足,部(分)队应视情况购买或租借部分露营所需要的材料,如搭设简易帐篷的塑料薄膜、稻草、支撑木、斧、锯、线绳等。

三、露营方式

野外露营的方式分为利用制式器材露营和利用就便器材露营。利用制式器材露营，通常是指利用帐篷、装配工事等制式器材进行的露营。利用就便器材露营，通常是指利用车辆、坦克、篷布、雨衣、草木等进行的露营。

(一)简易帐篷

夏季使用简易帐篷在野外露营，帐篷的样式较多，可用雨衣、塑料薄膜、盖布、军毯、帆布等，搭设成屋顶形、一面坡形、伞形等简易帐篷。简易帐篷的形状，可根据装备和就便用材料大小、数量和人数灵活确定。如可以将方形雨布连接起来，将绳子或背包带在两树之间固定就可搭成屋顶形、单面形等简易帐篷。

(二)临时遮棚

临时遮棚一般是在夏季有树林、蒿草、高棵农作物秆的地方，利用自然条件搭设的各种遮棚，如利用树干为支架搭设的屋顶形草棚，利用断崖、断壁等地形、地物以木杆搭设的斜面形的草棚等。在冬季，棚围应用雨衣、篷布、柴草等围盖，棚顶和周围空隙用草堵实，再加盖一层积雪或草皮，以便保暖和伪装。

(三)吊床

丛林地带地面潮湿，毒蛇、毒虫多，在地面搭铺易受其侵害，因此吊床非常适用。若无制式的吊床，可用帆布、毛毯、伪装网等制作简易的吊床。吊床的两端拴在两棵树上，上面再拉一根绳子，搭上方块雨布，4 角用绳子系牢，便形成了一个吊床帐篷。

(四)构筑猫耳洞(掩体)露营

冬(旱)季可在便于隐蔽、伪装，以及土质较好的地形上或利用战壕、交通壕挖地下猫耳洞露营。挖掘时，开口应尽量利用沟、壕的切面，也可以直接在地面开口。一般以班为单位构筑，每个班挖 2~3 个洞为宜，洞内呈方形，顶部铲成拱形。若土质松软或黏结性差，洞内可挖成人字形、了字形、工字形和十字形等以减少顶部单位面积的承受力。构筑猫耳洞露营时，应特别注意防塌方和潮湿，有时也可以适当改造，构筑厅洞式、坑道式、长廊短洞式等生存露营工事。

(五)构筑雪洞露营

冬季在冲沟、雨裂、凹地、谷地等积雪深的地方宜构筑雪洞。当积雪在 1~4 米以上时，可直接开口构筑。洞口大小以一人能进出为宜，开口后可拐 1~2 个直角弯，使通道尽量成“Z”形并修成向上倾斜的斜坡状。雪洞要比通道高一些，洞顶铲成拱形并留出气孔。

(六)构筑雪壕或雪墙

当积雪较多且没有地形可利用时，可就地挖一条雪壕，上面盖上雪块，底部铺上树枝、干草或雨衣，或将雪块砌成雪墙，人员在背风处露营。

(七)构筑雪屋露营

当积雪较少时，可构筑雪屋，一般数人一屋，积雪板结时候，直接切成长方形雪砖，而后按雪量的需要堆砌。雪质松软时，可把雪装入木柜里踩实，加工成雪坯。堆砌中应在雪块间隙敷设浮雪,逐层收顶,洞口可根据风向开成“门”形,顶部为拱形、人字形或圆锥形。视情况也可以用雪堆作围墙,在3~4个角打上木桩,顶部用雨衣或柴草覆盖。雪屋构筑好后,要在屋底部铺上10厘米以上的干草,再铺上雨衣、褥子,用装有软草的麻袋或草捆堵在洞(屋)口,防止冷气侵入。

(八)利用装配式工事露营

指挥机关可利用装配式掩蔽部队露营,高炮部(分)队可将火炮和装配式工事用牵引车篷布盖连接在炮位上露营。

(九)利用车辆露营

部(分)队都可利用装备的车辆进行夏季野外露营。冬季野外车辆露营时,在火炮牵引车和运输车上辅以防寒材料,放置取暖设备,这样可有较好的防寒效果。具体办法:使用木板将草垫固定于车厢板内侧和底板上,将防寒毡拼接好,与车篷布组合在一起并盖在车篷杆上,再以旧棉被分别缝在车篷两端,后面设帘式活门,车厢前部设置活动式双层床,行军时卸下放于车内适当位置。车内可供8人住宿,车厢后留出1米宽的位置,放置训练器材、武器和工具箱等。

(十)利用坦克露营

可将两辆坦克炮管内侧旋转90度,成水平状态,然后用篷布单层横向覆盖,并使之垂直于地面,四周用石块等压紧。

四、露营环境

露营指在无居民以及农作物可利用的山岳、丛林、沙漠、戈壁、草原、沼泽地等环境下的设营。

(一)严寒条件下的露营

在高寒地区露营时,人员应尽量减少在外停留的时间,以防冻伤。通常采用搭设帐篷、建草棚、挖雪洞、堆雪墙、筑雪房等方法。有条件时还可以在棚舍内燃火取暖,但必须指定值班员,以防火灾、一氧化碳中毒或篷房倒塌等事故的发生。露营时应尽量吃热食物、喝热汤或热开水以增加热量。睡觉前应多用雨衣或雨布、干草等隔潮材料铺设地铺,以防潮和保暖;睡觉时注意避风和防寒,可采取两人合睡的方法,同盖棉被、大衣相互依靠取暖。

(二)酷暑条件下的露营

在酷暑条件下露营时,可采用搭建遮棚和搭设吊床的方法露营,搭设遮棚时的位置要选择在干燥且避风的缓坡上,要避开大树、陡峭悬崖,以防雷击或塌方。遮棚和吊床周围要挖排水沟并且铲除杂草。必要时撒些草木灰以防毒蛇、毒虫的侵扰。就地取材时应注意不要成片砍伐草木,以保护天然伪装。

(三)沙漠、戈壁、草原的露营

在沙漠、戈壁、草原露营时,露营地区应选择在绿洲或有水源的地方,以制式器材和就便材料架设帐篷或搭建草棚为主,结合垒石墙、挖土壕设置露营地。搭设帐篷时应避开风口、避开迎面风,帐篷应尽量低矮,多设固定钢杆和拉索。尽量用土或雪将帐篷布下角埋设压紧,以防被风吹倒。根据不同的地形和季节,应注意防洪、防水、防暴风雪、防沙、防泥石流等，并注意节约燃料和用水。

（四）山地露营

山地露营时应把露营地选择在避风、有水、防洪、防崩、防塌的区域，应避开任何危险地段，通常用制式器材和就便材料架设帐篷或搭建草棚。搭棚时通常以班或组为单位，不能成片砍伐林木，破坏天然伪装。帐篷、草棚周围要挖排水沟，铲除杂草等，必要时撒些草木灰。在高山区，特别是在可能吹倒帐篷或草棚的暴风雪地区，最好构筑地窖式简易草棚。

第三节　野外生存

野外生存主要发生在以下几种情况：一是和平时期较长时间远离基本生活区的野外作业和训练，这是在有准备的情况下进行的；二是战争时期的野外行军作战，这是在毫无准备的情况下遭遇的意外情况；三是因意外情况受困荒野，这是特殊环境决定的。不管遇到哪一种情况，都要适应野外生存的环境。

一、野外生存的行装准备

（一）基本用品的准备

1.食品。各种食物的比例可按自己的口味确定，但一定要保证营养物的合理配置。

2.通信设备。个人或小团体野外行动要带上无线电通信设备，以解决通信问题。出发之前，所有电子设备应充足电能，并配带备用电源；使用时应尽量节省电能消耗，以延长使用时间。

3.衣服。根据预定的野外活动季节与时间的长短，挑选合适的衣服，一套换洗的衣服和一套休息时能够保暖的衣服。在严寒天气，应有几件御寒的衣服，雨季外出时必须带上雨衣。

4.鞋子。挑选合适的鞋子，出发前数周就进行试穿，使新鞋与脚有一个磨合过程，以避免或减少脚起泡。

5.背包或行囊。要有一个背着舒适而且结实、防水的背包或者行囊，以便携带衣物和必要的装备。

6.被装。根据季节选择合适的被装，最好选择柔软、轻便、保暖性好的被装。

7.帐篷。在野外生活的时间较长时应备有帐篷，以作为日常活动的场所。

（二）医疗卫生盒

医疗卫生盒内装常用药和卫生用品，所有药品都应标明用法、用量和有效期。还可根据个人的习惯以及执行任务区域的流行病特点，灵活选择搭配，主要药物如下。

1.抗生素。用于治疗常见细菌感染，常用的有阿莫西林、派乙酰螺旋霉素等。

2.抗疟疾类药品。在疟疾流行区，这类药品是必备的。

3.高锰酸钾和漂白粉之类的消毒、灭菌药物。

4.跌打损伤药。如扶他林、三七片、云南白药等。

5.肠道镇定剂。这类药用于治疗急性或慢性腹泻,常用的有神奇止泻丸、黄连素等。

6.膏药类。使用前应保证将伤口擦拭干净,常用的有创可贴、风湿止痛膏、红药水、冻疮膏等。

7.治疗感冒药。

8.防中暑和抗过敏药类。如藿香正气水、人丹、扑尔敏等。

9.防毒蛇咬、蚊虫叮伤药。常用的有蛇药片、风油精等。

10.急救包、绷带等。用来固定受伤部位,促使伤口愈合。

11.镇痛类药。这类药可缓解疼痛,减轻痛苦。

(三)装备百宝盒

1.救生袋。严寒季节外出,带一只长 2 米、宽 0.6 米的聚乙烯薄膜大袋子,意外情况下钻到里面可以减少热量散发,达到保暖救命的效果。

2.指南针和绳索。最好带细而结实的尼龙绳索。

3.饭盒。最好是铝制饭盒,既轻便耐用,又是很好的炊具,还能盛放各类救生物品。

4.鱼钩和鱼线。

5.刀具。在野外紧急求生时,刀既是工具,也是武器。然而刀也是危险物品,如果乘飞机出行应该按照规定,把携带的刀具交给机组人员集中保管。

6.点火用的火柴、蜡烛、打火石,还有放大镜和手电筒,火柴最好带防水的。

7.针和线。针要有大、小几种型号,线要选择坚韧耐磨的,并将其绕在针上。

二、野生食物的食用与识别

(一)野生食物的食用

野生食物是野外生存的重要食物来源,通常包括野生植物、动物、昆虫、鱼类等。识别野生食物,主要是鉴别野生动、植物是否有毒。在野生动物中,除了海洋中外形奇特的鱼类、贝壳、鲨鱼和少数江河中的河豚,以及部分动物内脏有毒不能食用外,其他均可食用。食用野生动物,一般应除去皮毛和内脏后,煮熟其肉食用。猎捕野生动物需要在专家的指导下,经过训练和实践可逐步掌握。另外,昆虫也是野外生存能获取的动物性食物资源,通常可食用的昆虫有蚂蚁、蝉、蟑螂、蟋蟀、飞蛾、蝗虫、蚱蜢、螳螂、蜜蜂等。

在野生植物中,很多植物可食用。在我国就有约 2000 多种可食用植物,可食用植物分为三大类,即野菜类、根茎类和野果类。松树、柳树、杨树、榆树、白桦树的内皮也可食用。

(二)我国常见的野生可食植物有以下几种

1. 野菜类

(1)苦菜。生于山野或路边,3~8 月可采其嫩茎叶洗净生食。叶互生,叶边大多分裂,周围有短刺,近根处叶窄,色绿,表面呈灰白色,断面有白浆,茎叶平滑柔软,夏季开黄色头状花。

(2)蒲公英。生于田野,3~5 月可采食嫩叶;5~8 月可采花熬汤。全株伏地丛生,高 10~20 厘米,体内白色乳汁。叶缘为规则的羽状分裂,色鲜绿,花茎数个,从基部生出与叶等长或稍长一点,上部密生白色丝状毛,头状花序顶生,全为黄色舌状花瓣。

(3)鱼腥草。生于水沟边、渠岸、池塘边以及阴湿地。嫩幼苗可做蔬菜吃,也含挥发性油,幼苗经水煮后换水3次,加油盐调食。全草可做药用,治毒蛇咬伤。用法:将全草捣烂外敷伤口周围或煎汤薰洗患处,或单味煎服。形态:多年生草本,茎上部直立,下部匍匐,节上生须,根并有褐色鳞片。

2. 蘑菇

通常食用的有香菇、草菇、口蘑、猴头菌、鸡菌等,一般的吃法是炒食或作汤。采食蘑菇要注意是否有毒,识别的方法如下:毒蘑菇有多种色泽,颜色美丽;无毒的蘑菇则多呈白色或茶色。菌盖上有肉瘤,菌柄上有菌环和菌托的有毒;反之则无毒。毒蘑菇多生长在肮脏潮湿、有机质丰富的地方;无毒蘑菇则多生长在较干净的地方。毒蘑菇采集后容易变色;无毒蘑菇则不易变色、致密脆弱;毒蘑菇的汁液浑浊似牛奶;无毒蘑菇则清如水。毒蘑菇的味道多辛酸苦辣;无毒的蘑菇则很鲜美。煮蘑菇时,锅里放灯芯草同煮,煮熟后如灯芯草变成青绿色,证明有毒;如果是黄色,则无毒。毒蘑菇能使银器具变黑,如果加进牛奶,牛奶马上凝固,放进葱,葱会变成蓝色或褐色。

3. 海藻类

海藻类生长在海边礁石上或漂浮在海水中,海藻一般无毒,常见的有紫菜、红毛菜、角叉菜、鸡冠菜、裙带菜等。采食海藻应选用海水中新鲜的海藻,海滩上的海藻常常因为脱离海水而腐败变质,不宜食用。

4. 淀粉类

(1)山地瓜。产于我国北部、中部和东部。生长在荒山坡、小树林下、草地以及田埂旁。形态:葡萄科,藤本,有纺锤形根块,叶掌壮1~5厘米全裂,裂片形状颇多变化,叶轴有两翅,夏季开花,花小,黄绿色,聚伞花序。浆果大如豌豆,初蓝色,后变为白色。其根部含淀粉和葡萄糖,可采集食用。

(2)芦苇。分布在我国温带地区,生长在沟边、河沿、道旁以及比较阴湿的地方,多年生长草本,地下有粗壮的根茎,叶片披针形排列成两行,夏秋开花,圆锥花,可采集根部和嫩芽食用。

5. 野果类

(1)茅莓。广布于全国各地,生长在山坡灌木丛中或路旁向阳处,果实以及嫩叶可食用,7、8月果实成熟,味道酸,可生食。形态:攀缘状灌木,在枝叶柄有毛和钩状的小刺,叶子为羽状复叶,小叶多为3片,也有5片的,近圆形,顶端一片较侧生叶片大,边缘有不整齐的深齿缺,下面呈白色,密生短毛。花单生在叶腋,或由几朵聚成短圆锥花序,生在树顶,总梗有稀疏的刺,花瓣呈粉红色,倒卵形,小核果为球形,红色,核有深窝孔。

(2)沙棘。分布于山东、河北、山西、陕西、甘肃、宁夏、青海、新疆、四川、云南等地,生长在河岸的沙地或沙滩上。9、10月时果实成熟可生食,味道酸而甜。形态:有刺灌木,叶子窄,线形或线状披针形,长2~8厘米,上面呈绿色,下面为银白色,花雌雄异株,雄花有两个椭圆形的裂片,雄花蕊有4个,多汁,长0.8~1厘米,直径为5~6毫米,金黄色或橙黄色,许多密生在一起,紧贴树梢上。

(3)胡颓子。分布于山东、辽宁、河南、江苏、福建、广东、湖南、湖北、四川等地,生长在山坡以及空旷的地方,果实可生食。形态:灌木,有刺,高 2~4 米,幼枝褐色,叶子为椭圆形或长圆形,尖端稍长,边缘波状常卷皱,花为银白色,长约 1 厘米,1~3 朵生于叶腋,果皮开始为褐色,成熟后微微发红,内包有一椭圆形的硬核。

(4)有些野果,如野山梨、野栗子、榛子、松子、山核桃等比较容易识别。

(三)判断野生植物是否有毒的方法

1.检验植物能否食用时,可稍稍挤榨一些汁液涂在体表(如前上臂、肘部)等敏感部位,如果起疹或肿胀则不能食用。

2.通过观察哺乳动物所食用的植物种类来分辨哪些植物可以食用,如老鼠、兔子、猴子、熊等吃过的植物一般可以食用,而鸟类可以食用的植物人不一定能够食用。

3.少量尝试不能确定的植物的果、球根、块茎、叶枝等,如食后感觉喉咙痛痒,有很强的烧灼感或刺激性疼痛则应放弃,否则即可认为能食用。

4.通常将采集到的植物割开一个小口子,放进一小撮盐,然后仔细观察是否改变原来的颜色,通常变色的植物不能食用。

(四)野生动物的捕获和食用

野生动物经过加工处理后可食用, 但是某些鱼类如河豚的内脏器官含有剧毒物质,野战条件下不具备精细加工的条件不能食用。

1. 捕鱼

捕鱼可使用钩钓、针钓、脚踩、手摸、拦坝戽水等方法。

(1)钩钓。使用鱼竿、鱼线、鱼钩、钩坠、漂子等器材,也可以使用就便器材自制,比如用针弯成钩,用草秆或鸡毛管做漂子,用弹壳或小石头做成钩坠等。钓鱼时,将饵食挂在钩上抛入水中,等漂子上下颤动时迅速提竿,即可钓到鱼。为引诱鱼群上钩,还可以提前在垂钓处投放一些碎米等食物。

(2)针钓。以针代替钩,用丝线缚在针的中央,穿上鱼饵,不用漂子沉入水中,鱼吞食鱼饵后,针便横搁在鱼腹内,无法逃脱,鱼饵可用蚯蚓、蚱蜢等昆虫。

(3)摸鱼。在浅水处可直接下水摸鱼,摸鱼时两手呈合势,贴水底向掌心合拢摸鱼,摸到后腰迅速向水底按压捕捉,一手握住鱼头,一手握住鱼尾,快速扔上河岸。

(4)拦坝戽水。对小水塘可以采用分片拦坝戽水的方法捉鱼,先在水塘的一角筑起泥坝,用桶或盆将水戽到坝外,待见底后即可在泥中捉鱼,完后按此法逐片戽水捉鱼。

2. 捕蛇

捕蛇时应注意被蛇咬伤,有条件最好穿戴较厚的高帮鞋以及戴上长筒手套防护。

(1)叉捕法。用树枝做一个木叉,叉柄的长短以捕蛇者俯身后两手能够捉住蛇的颈部为准,叉口大小以叉紧蛇的颈部为宜,捕蛇过程中,先叉蛇的颈部,然后俯身以胸部抵住叉柄,再用一只手捉住蛇头颈部,另一只手握住蛇的后部,即可将蛇捉住。

(2)泥压法。对一些不大的、在地面或石头上活动的蛇,可拿一大泥块用力摔在蛇的身上,将蛇粘压在地上或石头上,再行捕捉。

3. 猎兽

猎兽之前可以向当地的战士或当地居民了解动物的习性和捕获方法。对大型动物通常采用枪杀的方法猎获，对小型的动物可采取下列方法。

(1)压猎。采用石板或铁板，也可以采用木板上压上重物做压拍子，用木棍将压拍子一端支起，木棍上设置机关加上诱饵，当小动物取食时，即可被压拍子压住。

(2)套猎。采取各种绳索、钢丝或马尾，一端做一活套圈，另一端系在树干或石头等物上，套子可下在动物经常出没的地方，应保证使活套圈的平面活动路线垂直，其大小和距离地面的高度根据所猎动物的大小而定，以能套住动物的头部为宜。

4. 食用昆虫

昆虫含有丰富的蛋白质、氨基酸、矿物质和维生素。可食用的昆虫种类很多，如蜗牛、蚂蚁、蚯蚓、蚱蜢、蚂蝗、蝉、蜘蛛、螳螂、蟑螂、飞蛾、蝴蝶、蟋蟀、蝗虫等。昆虫可用油炸、烧烤、烹煮等方法处理后食用。在食用昆虫时，一定要煮熟或烤透，以免昆虫体内的寄生虫进入人体，导致中毒或得病。

三、获取饮用水的方法

(一)寻找水源

寻找水源是野外大量取水的唯一方法，一旦找到充足的水源，不仅可以解决野外生存所需的饮用水，而且也解决了其他生活用水。所以在野外应尽可能地找到并利用大自然提供给我们的水源。寻找水源的方法很多，主要有根据动物生活习性寻找水源；根据植物生长特点寻找浅层水；根据地形找水源等。

1. 根据动物生活习性寻找水源

(1)昆虫聚集，找水有利。

在地下水埋藏的地方，往往出现下列征候：地面经常潮湿，蚂蚁尤其是黄蚂蚁、蜗牛、螃蟹等喜欢在此做窝聚居；冬天，青蛙、蛇等动物喜欢在此冬眠；夏天晚上因潮湿凉爽，蚊虫喜欢在此盘旋，以上可作为寻找地下水的线索。

(2)大鱼出洞，水源丰富。

大裂隙、溶洞以及地下河都是鱼类生存活动的场所，尤其在我国的南方，许多溶洞、地下河流中都有鱼类。这些鱼往往从地下河出水口跳出溶洞，这说明此地有丰富的水源。

(3)鸟兽停留地，必有露天水。

各种鸟类经常停留或栖息的地方会有露天水，尤其是候鸟(雁、燕等)飞行时停留或栖身的地方，定会有丰富的水源。

(4)动物足迹，指向水源。

(5)野生动物的生存，离不开水源。

寻找野生动物的足迹，判断多数野生动物运动的方向，顺着方向寻找水源，定会有收获。

2. 根据植物生长的特点寻找浅层水

植物生长与水息息相关，因此我们可以将某地区的植物生长和分布情况作为寻找地下水源的线索。

(1)通常植物生长茂盛之地有水源。

(2)观察树林的生长状况也可判断有无地下水。如正常生长的树木,生长正值良好的地方,地下水埋深一般在1~2米。

(3)树木生长东倒西歪,除了树木本身有病外,大部分是因地下水忽多忽少所致。

(4)树木上部歪,这是由于缺水而根扎不下去的缘故,树木生长自然形成的歪斜,表明倾斜方向有水源。

(5)地下水串通的大裂缝、落水洞口的石头,其表面经常潮湿,常常长满苔藓,而与地下水无关的石头则没有苔藓。因此茂盛的苔藓也是寻找地下水的标志。

3. 根据地形寻找水源

地形、地貌反映了地下水的存储场所和运动特点,因此我们可以根据某一地区的地形、地貌特点来判断该地区有无地下水以及发现地下水的位置。根据地形寻找水源的方法,可以归纳为以下顺口溜。

(1)山扭头,有水流。

(2)万山丛中一盆地,寻找水源较容易。

(3)洼地连成串,暗河在下边。

(4)崇山峻岭水源多,山谷岸边有清泉。

(5)山区平原交界线,多有储藏地下水。

(6)岩溶地形水源多,地貌迹象是线索。

(7)群山抱洼地,地下水富集。

(二)取水方法

1. 收集雨水

雨水通常可直接饮用。下雨时,可用雨布、塑料布大量收集雨水,也可用空罐头盒、杯子、钢盔等容器收接雨水,也可挖坑收集。

2. 日光蒸馏法

在地面挖一适当大小的坑,坑底部中央的地方放收集器皿,坑上悬一块塑料膜,因光线作用产生水汽,水汽变成水珠,下滑至收集器皿中。

3. 冰雪化水

融冰、融雪可获取所需的用水,融冰比融雪容易。融冰只需要较少的热量即可以更快、更多地化出水来。如果只能用雪,应先融化小块,然后逐渐加雪即可。

4. 提取植物中的水

砍断新鲜植物枝叶放在大塑料袋里,在太阳的照射下利用蒸腾作用从中提取水分。

5. 应急措施

在实在无水的条件下,小便也可以应急解渴。有条件的可以做一个过滤器,在竹筒的底部开一个小孔,竹筒里放入小石子、沙、土、碎木炭,将小便排泄于此,下面小孔就会流出滤过的水。

（三）鉴定水质的方法

由于水在自然界的广泛分布和流动，特别是地面水流经地域很广，一般情况下难以保证水源不受污染。在野外没有检验设备时，可以根据水的色、味、湿度、水迹，概略地鉴别水质的好坏。

1. 通过水的颜色鉴别

纯净的水在水层浅时呈无色透明，深层时浅蓝色，可以用玻璃杯或白瓷碗盛水观察，通常水越清水质越好，水越浑则所含杂质越多。水色随含污情况的不同而变化，含低铁化合物呈淡绿蓝色，含高铁或者锰呈黄棕色，含硫化氢呈浅蓝色。

2. 通过水的味道鉴别

一般清洁的水是无味的，而被污染的水总会有一些异味，如含硫化氢的水有臭鸡蛋味道，含盐的水则带咸味，含铁较高的水带金属锈味，含硫酸镁的水有苦味，含有机物质的水有腐败、臭、霉、腥、药味。为了准确地辨别水的气味，可用一只干净的瓶子装半瓶水，摇荡数下打开瓶塞后，立即用鼻子闻，也可以把盛水的瓶子放在60℃左右的热水中，闻到水里有怪味就不能饮用。

3. 通过水温鉴别

地面水（江河、湖泊）的水温，因气温的变化而变化；浅层地下水受气温影响较小；深层地下水，水温低而恒定。如果水温突然升高多是有机物污染所致，工业废水污染水源会使水温升高。

4. 通过水点斑痕鉴别

用一张白纸，将水滴在上面，晾干后观察水迹，清洁的水是无斑迹的，有斑迹则说明水中杂质多，水质差。

（四）饮用水的净化

净化水可以用消毒片、漂白粉精片以及明矾等药品进行，其方法如下。

1.加炭煮沸。把水煮沸3~5分钟，这种方法能将水净化，在水中加一点炭，同时煮沸，可去掉水的异色，并可加一小撮盐。

2.使用净化水药片。一般情况下，1片净化水药片足够净化1升清水；2片可净化1升浊水。净化后的水在使用前，要让其沉淀30分钟。

3.使用碘酒。在每升清水中滴2~3滴碘酒；浊水加倍滴碘酒。之后不能立即饮用，要把水摇动一会儿，30分钟后使用。

4.使用漂白剂。可以在每升清水中滴1~2滴；浊水中滴4滴。之后不能立即饮用，要把水摇动一会儿，沉淀30分钟后使用。因为漂白剂含有亚氯酸盐钠，净化后的水会有很淡的亚氯酸盐钠味。

在野外没有相应条件的情况下，也可以用一些含有黏液质的野生植物净化浑浊的饮用水，如榆树的皮、叶、根，木棉的枝和皮，仙人掌和霸王鞭的全株，水芙蓉的皮和叶都含有黏液质，都含有糖类高分子化合物。这些植物与钙、铁、铅、镁等金属盐溶液化合，形成絮状物，在沉淀过程中能吸附悬浮物，起到净化浑水的作用。将一些含有黏液汁的植物捣烂成糊状加人浊水中，搅拌3分钟，再静止10分钟，可起到类似明矾的净水作用，一般15千克水可用4克植物糊净化。

四、野外取火的方法

对于野外求生者来说，火有着特殊重要的意义。它不仅能使人保持体温，减少体内热量散失，而且还可以烤干衣服、煮饭烧水、熏烤食品、吓跑野兽、驱走害虫等。另外，火还可以作为求救信号向搜救者提供目标。因而野外生存的能力，在某种程度上，取决于取火的能力。

火柴或者打火机在野外生活中是不可缺少的，特殊情况下的取火方法有6种。

（一）发电机、电池取火法。

（二）透镜取火法。用放大镜，如果没有放大镜可用望远镜或瞄准镜、照相机上的凸镜代替，冬季可用透明的冰块磨制。透过阳光聚焦照射易燃的引火物取火，引火物包括腐木、布条抽出的线，撕成薄片的干树皮、干木屑等。夏季雾气较大或者冬季阳光较弱时，可以在正午阳光强烈时取火，然后保持火种以备使用。利用放大镜取火最为迅速的是照射汽油、酒精和枪弹的发射药或导火索，可在1~2秒内点燃引火物。

（三）钻木取火法。用强韧的树枝或者竹片绑上鞋带、绳子或皮带做成一个弓子，在弓子上缠上一根干燥的木棍，用它在一小块硬木上迅速地旋转，最后钻出黑粉末，这些黑粉末冒烟产生火花点燃引火物。用一根干的树干，一头劈开，并将裂缝撑开，塞上引火物，用一根藤条穿在引火物后面，迅速抽动藤条，使之摩擦发热而引点引火物，还可以用两块软质木头或竹片，用力相互摩擦取火，下面垫以棕榈皮或者易燃物也可以引燃取火。

（四）枪弹取火法。取一枚子弹，将弹丸拔出，倒出2/3的发射药，撒在干燥易燃的枯草或纸上，把弹壳空出的地方塞上纸和甘草，然后推弹壳入膛，用枪口贴近撒了发射药的引火物发射，引火物即可燃烧。

（五）藤条取火法。找一段干燥的树木，将一头劈开，并用东西将裂缝撑开，塞上引火煤，用长约0.6米的藤条穿在引火物的后面，双膝夹紧树干，迅速地左右抽动藤条，使之摩擦发热而将引火物点燃。

（六）击石取火法。取一块坚硬的石头（黄铁矿石最好）作“火石”，用小刀的背或小片钢铁向下敲击“火石”，使火花落在引火物上燃烧。

五、野炊

野炊就是在野外将自身携带的食物以及野外采集到的食物进行处理和加热，供人们更好地使用的过程。

（一）野炊位置的选择

野炊时位置的选择通常在隐蔽条件好并且附近有良好水源的地方，最好选择在山坡、沟坎、水渠、森林、居民地等。

（二）使用就便器材和材料野炊

在没有制式炊具可供使用的情况下，作战人员可利用就便器材和材料热熟食物，方法如下。

1. 脸盆、罐头盒、钢盔

在野外可以用石头做支架,或用铁丝吊挂脸盆、铁盒、钢盔等物,用火加热,烹煮食物、烧开水等。

2. 石板或石块

用火将石板烧烫以后,将食物切成薄片放在上面烙熟。将若干拳头大小的石块放在火中烧热,用棍拨到一个40厘米深的土坑内铺上一层,将火堆中烤热的石块先放入坑内,石块上铺上一层大树叶,再将食物放在石块上,上面再盖上一层湿树叶,将剩下的热石头块铺在树叶上,然后再铺上厚厚的树叶压住,3、4个小时后,靠热石块散发的热气将食物烤熟。

3. 铁丝、木棍烤

将可食用的动物肉和根茎类植物块根用铁丝或木棍等挂放在火焰上或炭火中烤(烧)熟。鱼(不去鳞片)和块根应用泥土包裹烤热后剥皮食用,贝壳类动物可放在火堆下烤熟。食用方法:先在地上挖个浅坑,坑的四周衬以树叶或湿布,然后将食物放入坑内,再在食物上盖上树叶或布,上面再压上一层3厘米厚的沙子,最后在坑的上面生起火堆,待食物烤熟后取出食用。

4. 竹节

将竹节的一端打通,将米和水灌人竹节里,米约占2/3。然后将竹节放在火中烘烤,约40分钟后可做成熟饭。

5. 黄泥

用和好的黄泥在地上摊成一个3厘米厚的泥饼,上面铺上一层树叶,将野鸡、野兔或鱼等物除去内脏不脱毛,或不去鳞放在泥饼上,用泥饼将食物包裹成团,放在火中烧2个小时即可食用,食用时,粘在泥块上的兽毛或鱼鳞会随之脱离。

六、野外一般常见的伤病以及防治

(一)中毒的处理

遇到中毒情况时,快速喝下大量的水,用手指触咽部使呕吐,进行洗胃,而后继续喝水,加速排泄,必要时立即送医院救治。

(二)昏厥的处理

摔伤、疲劳过度、饥饿过度等都可能引起昏厥,遇到这种情况时,不要惊慌,一般过一会儿便会苏醒,醒来后,应喝热水并注意休息。

(三)中暑的处理

中暑时,患者感到头昏头痛,口渴,恶心呕吐,继而发高烧,有时流鼻血,脉搏快而强,呼吸急促。严重者昏迷不醒,脉搏细弱,血压下降,瞳孔扩大,甚至死亡。

当出现中暑情况时,应立即在阴凉通风处平躺,并卸下装备,揭开衣裤带,使得全身放松,让其喝些水,尽快用冷水擦身,以增加散热。对中暑严重者,应设法降温,可把病人浸泡(除头部外)在冷水中,并按摩躯干和四肢,或用冰袋敷头部、颈部两侧、双侧腋下、腹股沟和膝弯等处,给病人注射冬眠灵等降温药物。如果病人昏迷,可针刺人中、十宣、涌泉等穴位,待病情稳定后,送卫生部门进一步救治。

(四)冻伤的处理

冻伤是因寒冷引起的局部组织损伤,常发生在手、脚、耳廓、鼻尖等处,冬季气温低,人体受到寒冷的刺激后,皮肤毛细血管收缩,组织缺血、缺氧容易造成冻伤。表现为皮肤浅层肿胀发痒、发痛,出现紫色斑块,严重的还会出现水泡溃烂、冻僵甚至死亡。遇到手、脚、耳廓、鼻尖等冻伤的情况,不要用热水浸泡和火烤,如有水泡,消毒后刺破,然后进行包扎。如严重冻伤,要使伤员迅速脱离寒冷环境,如果是下肢冻伤要禁止走路,然后用温水快速溶化复温,这是当前治疗冻伤最有效的方法。如无温浴条件,可将伤员安置在室内,室温调至25℃~30℃,脱去湿冷的服装,盖好被子,胸部和腋下放上热水袋,随时测量体温。待伤员意识清醒后,饮用一些热茶或热糖水,而后及时送卫生部门救治。

(五)蚊虫叮咬的处理

蚊虫白天大多隐藏在阴暗、潮湿的地方,以黄昏和拂晓最为活跃。为了防止蚊虫的叮咬,应穿长袖上衣和长裤,扎紧袖口、领口,皮肤暴露部位涂抹防蚊药,不要在潮湿的树荫和草地上坐卧。宿营时燃烧艾叶、青柏树叶、野菊花等可驱赶蚊虫。在野外应尽量采取各种措施防治蚊虫叮咬,若被蚊虫叮咬,可用氨水、肥皂水、盐水、小苏打水、氧化锌软膏等涂抹患处止痒消毒。

(六)蚂蝗叮咬的处理

蚂蝗是危害很大的虫类,蚂蝗的种类很多,吸血量很大,由于蚂蝗的唾液有麻醉和抗凝作用,往往吸血时人无感觉,但当其饱食而去,伤口仍在流血不止,常会造成感染、发炎和溃烂。遇到蚂蝗叮咬时不要硬拔,而是用手拍打或用肥皂液、盐水、烟油、酒精滴在前吸盘处或用烧着的香烟烫,让其自动脱落,然后压迫伤口止血,并用碘酒洗净伤口,以防感染。在行进中,应经常注意查看有无蚂蝗爬到脚上,在鞋面上涂肥皂水、防蚊油可以防止蚂蝗上爬。

(七)被蛇咬伤的处理

被毒蛇咬伤后,切不要惊慌和奔跑,要使伤口部位尽量放到最低位置,保持局部相对固定,以减缓毒液在人体内的扩散和吸收。应立即用绳子、布条或者就近拾取适用的植物茎、叶等在伤口上方约2~10厘米处结扎,松紧程度以能阻断淋巴和静脉血的回流,而又不影响动脉血流通为宜。结扎的动作要迅速,最好在受伤后3~5分钟内完成,以后每隔15~20分钟放松1~2分钟,以免被扎肢体因血阻坏死。结扎后,可用清水、冷水加盐或者肥皂水冲洗伤口,以洗去周围粘附的毒液,减少吸收。经过清洗处理后,再用锐利的小刀挑破伤口,或者挑破两个毒牙痕间的皮肤,同时可在伤口周围的皮肤上,用小刀挑开米粒大小的破口数处,这样可使毒液外流,并防止伤口闭塞。但不要刺得太深,以免伤及血管。如果被咬伤的四肢肿胀严重,可用刀刺"八邪"或"八风"穴进行挤压排毒,还可以直接用嘴吸伤口排毒,边吸边吐,每次都要用清水漱口,若口腔内有黏膜破溃等情况,就决不能用口吸,以免中毒。在使用有效的蛇药30分钟后,可去掉结扎,如无蛇药片就可以就地采用几种清热解毒的草药,如半边莲、芙蓉叶等,将其洗涤后加少许食盐捣烂外敷。敷时不可封住伤口,以免妨碍毒液流出,并要保持草药新鲜,以防感染。

(八)出血的处理

如发生出血,应立即采取指压、包扎等方法进行止血,而后清洁伤口,进行消毒。伤情严重时，应马上送医院进行救治。

（九）骨折的处理

发生骨折时，应立即设法给予临时固定，限制活动，以防止骨折处的尖端将其周围组织的血管或神经刺伤，致使疼痛加剧和造成不良后果。

七、野外求救

在野外，生存环境非常恶劣，各种灾难会不期而至，对野外生存者来说，及时了解自己所面临的困境，通知别人，求得救援是非常重要的。

（一）声音信号

如隔较近，可以大声呼喊，三声短，三声长，再三声短，间隔1分钟后再重复。

（二）旗语信号

将一面镜子或一块色泽亮艳的布料系在木棒上，持棒运动时，在左侧长划，右侧短划，加大动作幅度，做“8”字形运动。如果双方距离较近时不必做“8”字形运动，一个简单的划行动作就可以，在左侧长划一次，在右侧短划一次。前者应比后者划的稍长。

（三）反光信号

利用阳光和一个反射镜即可射出信号光。任何明亮的材料都可加以利用，如罐头盒盖、玻璃、一片金属铂片，有面镜子当然更加理想，持续的反射将规律性地产生一条长线和一个圆点，这是莫尔斯代码的一种。要注意环视天空，如果有飞机靠近，应加速反射出信号光。这种光线或许会使营救人员目眩，所以一旦确定自己已经被发现，应立即停止反射光线。

（四）烟火信号

火光作为联络信号是非常有效的，遇险时可根据自身的情况，为保证其可靠程度，白天可在火堆上放些苔藓、青嫩树枝、橡皮等使之产生浓烟；晚上可放些干柴，使火烧旺，使火升高。

燃放三堆火焰是国际通行的求救信号，将火堆摆成三角形，每堆火之间间隔相等最为理想，这样安排也方便点燃。如果燃料稀缺或者自己伤势严重，或者由于饥饿、过度虚脱、凑不够三堆火焰，那么点燃一堆也行。

在白天，烟雾是良好的定位器，所以火堆上要添加散发烟雾的材料，浓烟升空后同周围环境形成强烈的对比，易受人注意。黑色烟雾在雪地或沙漠中最醒目，橡胶和汽油可产生黑烟。

在夜间或深绿色的丛林中亮色浓烟十分醒目，添加绿草、树叶、苔藓和蕨类植物都会产生浓烟，其实任何潮湿的东西都能产生烟雾，潮湿的草席、坐垫可熏烧很长时间，同时飞虫也难以逼近伤员。

（五）利用SOS求救信号

利用求救信号求救就是利用当今的高科技产品发出求救信号。随着现代科学的发展，各种现代化工具如手机、电脑、卫星电话等都可以十分方便快捷地发出求救信号。

最为人知的是SOS代码。SOS是国际通用的求救信号，是save our soul的缩写，在荒原、草地、丛林的空地上以各种形式写上SOS大字求救，往往会取得良好的效果。

第四节 战术基础动作

战术是指导和进行战斗的方法。战术基础动作则是战斗方法的基础。学会战术基础动作,对于灵活运用战术,保存自己,消灭敌人,完成上级交给的战斗任务具有重要意义。

一、敌火下运动的时机和要求

敌火下运动就是在敌人的各种火力(航空兵、炮兵、坦克、装甲车、机枪及步枪火力等)的威胁和拦阻下,应根据敌情、任务,利用地形,灵活地采用不同的运动姿势和方法,正确处理各种情况,适时迅速隐蔽地接近敌人。

(一)敌火下运动的时机

敌火下运动的时机,应接班(组)长的口令、信(记)号,利用我火力掩护或敌火力中断、减弱、转移的瞬间,迅速隐蔽地前进。有时可采取欺骗、迷惑敌人的方法突然前进。

(二)敌火下运动的要求

运动前,应选择好运动的路线和暂停的位置。运动中,应不断地观察敌情、地形、班(组)长的指挥和临兵的行动,保持前进方向,发现目标后,应接班(组)长的口令或自行射击。

二、敌火下运动的姿势与方法

(一)卧倒、起立

1. 卧倒

卧倒是隐蔽身体、减少敌火杀伤的一种最低姿势。动作要领:左脚向右脚尖迈出一大步,左腿弯曲,上体前倾,两眼注意前方,左手顺左脚方向伸出,掌心向下,手指稍向右,以左膝、左手、左肘顺序着地,迅速卧倒、左小臂横贴于地面上,右手腕压在左手腕上;两手握拢,手心向下,两腿伸直,两脚分开与肩同宽,脚尖向外。

2. 起立

动作要领:转身向右,两眼注视前方,左腿自然微弯,左小臂稍向里合,以左手、左膝、左脚的支撑力将身体支起,同时右脚向前迈出一大步,左脚再迈出一步,右脚靠拢左脚,成立正姿势。

携枪时,在转身向右的同时,右手提枪并握背带,然后按徒手要领起立,成持枪或背枪立正姿势。

(二)匍匐前进

匍匐前进是看着不难做起来很难的动作,是通过敌火力封锁下的较短地段或利用较低遮蔽物时采用的动作。根据遮蔽物的高低分为低姿、高姿、侧身和高姿侧身匍匐 4 种。

1.低姿匍匐前进。在遮蔽物高约40厘米时采用。

动作要领：右手掌心向上，枪面向右，虎口卡住机柄，余指握住背带，枪身紧贴右臂内侧；或右手虎口向上，握住背带环处，食指卡枪管，使枪置于右小臂上。前进时，屈回右腿，伸出左手，用右腿和左臂的力量使身体前移，同时屈回左腿，伸出右手，再用左腿和右臂的力量使身体继续前移，依此法交替前进。

图9-1　低姿匍匐

2.高姿匍匐前进。在遮蔽物高约60厘米时采用。

动作要领：携枪的方法同低姿匍匐，也可两手横托握枪，枪托向右，枪面向上前进。前进时，以两小臂和两膝的内侧支撑身体前进。

图9-2　高姿匍匐

3.侧身匍匐前进。在遮蔽物高约60厘米时采用。

动作要领：身体左侧及左小臂着地，左大臂向前倾斜，左腿弯曲，右腿收回，右脚靠近臀部着地，右手持枪，用左臂的支撑力和右脚的蹬力使身体前移。

4.高姿侧身匍匐前进。在遮蔽物高约80~100厘米时采用。

动作要领：收枪的同时屈左腿于腹下，以左手、左小腿的外侧着地将身体撑起，右手提枪，以左手的支撑力和右脚的蹬力合身体前进。

图 9–3　侧身匍匐

（三）直身前进

直身前进时在遮蔽物高于人体，距敌较远，地形隐蔽，敌观察、射击不到时采用的运动方法。在横越公路、街道时，也可用直身快跑通过。

动作要领：目视前方，右手持枪，以大步或快步前进。

图 9–4　直身前进

（四）屈身前进

屈身前进是在遮蔽物略低于人体时采用的运动方法。横越公路、街道时也可用屈身快跑通过。

动作要领：基本同直身前进，区别是前进时上体前倾，两腿弯曲，其弯曲成都应根据遮蔽物的高低决定，以头部不超过遮蔽物为宜。

图 9–5　屈身前进

（五）滚进

滚进是为了避开敌人的观察和射击而左右移动或通过棱线时采用。

动作要领：关上枪的保险，(一定要记得收枪，再滚动)将枪顺置于胸前，两腿顺势交叉两臂向里合，两腿自然伸直，两脚腕交叉或紧紧并拢，全身用力向移动的方向滚进；也可在卧倒的同时(通常是侧卧)右手将枪顺置于胸腹前，两臂紧贴两肋，两腿自然伸直，全身用力向移动方向滚进。

图 9–6　滚进

（六）跃进

跃进是在敌人火力下迅速通过开阔地时采用的运动方法。跃进时要做到跃起快、前进快、卧倒快。跃进前，应先观察前方地形，选择好前进路线和暂停位置，尔后，迅速、突然地前进。

动作要领：如卧姿跃起，可先向左（右）移动或滚动，以迷惑敌人，冲锋枪手、步枪手应迅速收枪，同时屈左腿于右腿下，右手提枪，以左手左膝、左脚的支撑力将身体支起，同时出右脚前进。前进时，右手持枪，枪面向前倾斜45°目视前方，屈身快跑。跃进距离和速度应根据敌火力和地形而定。敌火力越猛烈，地形越开阔，跃进距离应越短，速度应越快。每次跃进的距离一般为15~30米。当进到暂停位置或遭敌猛烈射击时，应迅速隐蔽或卧倒。卧倒后，如无射击任务，则不握枪，做好继续前进的准备。

第五节 大学生参加军训应注意的事项

一、军训可能出现的疾病

（一）中暑

中暑是指由于高温或引起高热的疾病使人体体温调节功能紊乱，而发生的综合症。在军训中由于同学在烈日下操练，属于日射型的中暑。主要是由于日光直接暴晒，使中枢神经受到损害，而发生日射病。根据中暑症状的轻重，又分为先兆中暑、轻症中暑和重症中暑三种。先兆中暑指在高温环境中工作一段时间后，出现轻微的头晕、头痛、耳鸣、眼花、口渴、浑身无力及行走不稳；轻症中暑指除以上症状外，还发生体温升高、面色潮红、胸闷、皮肤干热，或有面色苍白、恶心、呕吐、大汗、血压下降、脉细等症状。重症中暑指除以上症状外，还会有突然昏倒或大汗后抽风、烦躁不安、口渴、尿水、肌肉疼痛及四肢无力等症状。

（二）中暑处理

首先停止训练，迅速离开高热环境，移至通风好的阴凉地方，解开衣扣，让病人平卧，用冷水毛巾敷其头部，扇扇，并给清凉饮料。如果症状得到缓解就可以归队训练。若症状未能缓解，应及时送往医院。

（三）感冒

分上呼吸道感染和急性鼻炎、咽喉炎。

感冒处理：对于一般的打喷嚏、鼻塞应多喝水，不用药物，靠自身的免疫力就可以恢复。若有喉咙发炎则服用银翘片、速效伤风胶囊。如有发烧应及早就医。

（四）腹泻

原因一是食物被细菌感染或进食不当。原因二是饮食习惯改变，尤其是外地来的同学。对于当地的食物肠胃还未能适应。原因三是早上喝冻饮料。

腹泻处理：恶心、腹泻不严重者多喝盐水，盐水比例：1杯水+1/4匙盐。严重者急早就医。

（五）外伤、扭伤、皮肤擦伤

处理措施：伤口干净者先用双氧水消毒。再擦红药水和碘酒。伤口不干净者，到医院清洗包扎。

1.抽筋（处理）。一般出现小腿抽筋，先将抽筋者的小腿放平，拉住脚掌把筋拉直，直到不再抽筋。24 小时后用跌打酒按摩。

2.脚板起泡。用酒精消毒，用针扎两个孔（一个孔存在水泡液流出不彻底的缺陷），把水挤出。若溃疡面不大则让其自然恢复，若溃疡面大则需要纱布包扎。

如果在军训的同学中有出现以上症状，应及时报告。

二、保健

军训过程中同学们进行了较为剧烈的运动，因此在军训结束后要注意自身的保健。

（一）不宜立即停下来休息

剧烈运动时血液多集中在肢体肌肉中，由于肢体肌肉强力地收缩，会使大量的静脉血迅速回流给心脏，心脏再把有营养的动脉血送给全身，血液循环极快。如果剧烈运动刚一结束就停下来休息，肢体中大量的静脉血就会淤积在静脉中，心脏就会缺血。大脑也会因心脏供血不足而出现头晕、恶心、呕吐、休克等缺氧症状。所以剧烈运动刚结束时，还应做些放松调整活动，如长跑之后逐渐改为慢跑、再走几步、揉揉腿，做几下正常深呼吸。这样能使快速血液循环慢慢平稳下来，有利于肌肉中乳酸的清除，消除疲劳。

（二）不宜立即大量饮水

剧烈运动后如果口渴一次性大量喝水过多，会使血液中盐的含量降低。天热汗多，盐分更易丧失，更易使细胞渗透压降低，导致钠代谢平衡失调，发生肌肉抽筋等现象。由于剧烈运动时胃肠血液少、功能差，对水的吸收能力弱。过多的水渗入到细胞和细胞间质中。脑组织是被固定在坚硬的颅骨内，脑细胞肿胀会引起脑血压升高，使人头疼、呕吐、嗜睡、视觉模糊、心律缓慢等水中毒症状。一次性喝水过多，胃肠会出现不舒适胀满之感，若躺下休息更会挤压膈肌影响心肺活动。所以剧烈运动后虽口渴也不宜一次性喝水过多，应采用“多次少饮”的方法喝水。

（三）不宜马上洗冷水澡、游泳、吹风或用空调

有人图一时痛快，剧烈运动刚一结束，马上就用电风扇吹，进入空调室或阴凉处乘凉。这会带走身体很多热量，使皮肤温度下降过快，通过神经系统反射活动，会引起呼吸道血管收缩，鼻纤毛摆动变慢，降低局部抗病力量，此时寄生在呼吸道内的细菌病毒就会大量繁殖，极易引发伤风、感冒、气管炎等疾病。还有些人剧烈运动后立即游泳或立即洗冷水浴，由于肢体温度和水温相差悬殊，也易发生小腿抽筋。因此剧烈运动后，应先擦干汗液，再进行游泳或冷水浴较为妥当。

（四）不宜立即饮啤酒

剧烈运动后，有人把啤酒当水大口大口喝，这样容易使血液中尿酸急剧增加导致痛风。

（五）不宜立即吃饭

剧烈运动时，由于血液多集中在肢体肌肉和呼吸系统等处，而消化器官血液相对较少，

消化吸收能力差。运动后需要经过一段时间调整，消化功能才能逐渐恢复正常。所以剧烈运动后，如果马上吃饭，对食物中营养的吸收差。

思考题

1.敌火下运动的方法有哪几种？简述匍匐前进的动作要领。

2.宿营地的选择应符合哪些条件？

3.什么是野外生存？简述野外常见伤病的救护与防护。

参考书目

1.孟庆金主编.军事教程.武汉:武汉大学出版社, 2001
2.张彦斌,党小林主编.高等学校军事理论课教材.沈阳:白山出版社,1998
3.吴温暖主编.军事理论课教程.厦门:厦门大学出版社,2002
4.褚良才主编.军事学概论.2002
5.总政宣传部主编.军事理论学习提要和辅导讲座.北京:解放军出版社,2002
6.贾福坤、刘勋发主编.学生军训必读.北京:军事科学出版社,2002
7.武炳、张彦斌、杜景山主编.国防教育学.北京:国防大学出版社,2000
8.徐忠敬,张树德主编.毛泽东军事思想与新时期军队建设.北京:国防大学出版社,1998
9.世界军事形势分析.北京:国防大学出版社,1999
10.世界各国军事力量手册.北京:解放军出版社,2006
11.刘新华主编.广东省普通高等学校军事理论教程.北京:海潮出版社,2004
12.吴温暖,匡壁民主编.军事理论教程.北京:高等教育出版社,2007